« PASSAGES »

DENIS MÜLLER

L'éthique protestante dans la crise de la modernité

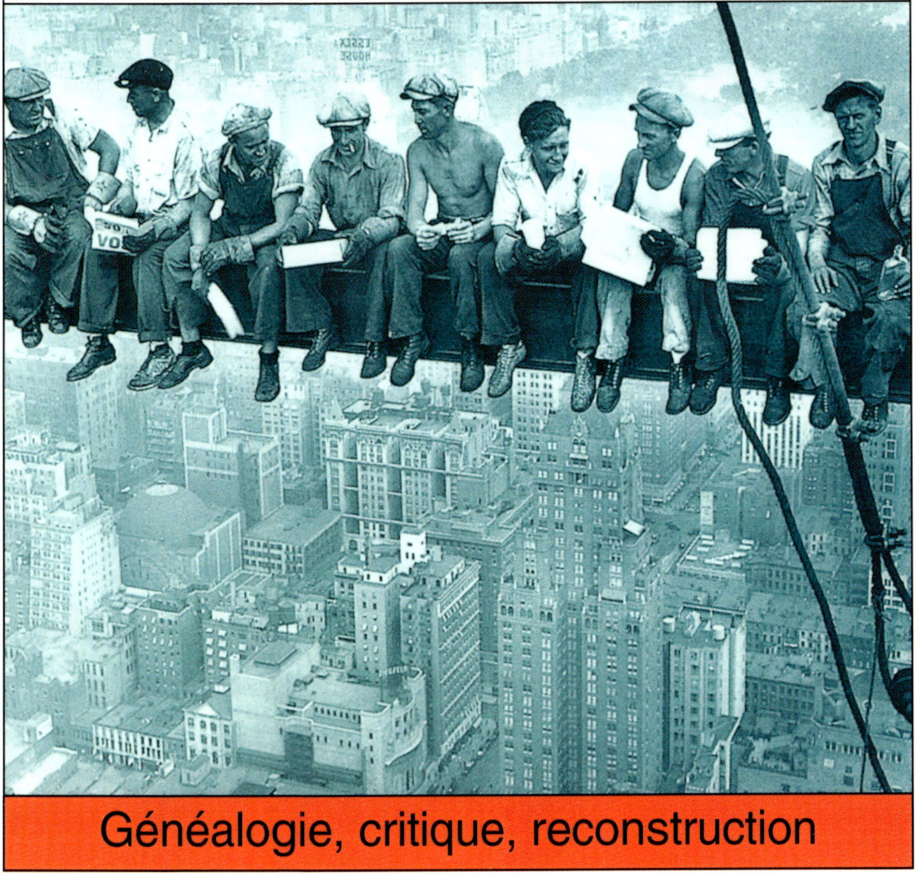

Généalogie, critique, reconstruction

cerf

L'ÉTHIQUE PROTESTANTE
DANS LA CRISE DE LA MODERNITÉ

DU MÊME AUTEUR

Aux Éditions du Cerf (Paris).

Avec P. GISEL *et al.*, *Encyclopédie du protestantisme*, en coédition avec Labor et Fides, 1995.

Aux Éditions Labor et Fides (Genève).

Parole et histoire. Dialogue avec Wolfhart Pannenberg, 1983.

Fascinante astrologie, 1990 (trad. italienne).

Les Lieux de l'action. Éthique et religion dans une société pluraliste, 1992.

Avec Ch. DEMUR, *L'Homosexualité. Un dialogue théologique*, 1992 (trad. italienne).

Réincarnation et foi chrétienne, 1993².

«... Mais tous étaient frappés». Sida, éthique et foi chrétienne, 1996.

Aux Éditions Fides (Montréal).

Les Éthiques de responsabilité dans un monde fragile, en coédition avec Labor et Fides, 1998.

En préparation.

L'Usage politique de la Loi chez Jean Calvin, Paris, Michalon, 1999.

DENIS MÜLLER

L'ÉTHIQUE PROTESTANTE
DANS LA CRISE
DE LA MODERNITÉ

Généalogie, critique, reconstruction

Passages

LES ÉDITIONS DU CERF – PARIS
LABOR ET FIDES – GENÈVE

1999

Ouvrage publié avec le soutien
de la Fondation Irène Nada Andrée Chuard-Schmid
(Université de Lausanne)
et celui
de la Fondation Emil Brunner
(Zurich)

© *Les Éditions du Cerf* et *Labor et Fides*, 1999
(29, boulevard La Tour-Maubourg — F - 75340 Paris Cedex 07)
(1, rue Beauregard — CH -1204 Genève)

ISBN Cerf 2-204-06102-6
ISBN Labor et Fides 2-8309-0908-9
ISSN 0298-9972

INTRODUCTION

GÉNÉALOGIE, CRITIQUE ET RECONSTRUCTION DE L'ÉTHIQUE THÉOLOGIQUE

LE TEMPS DES BILANS

L'heure est aux bilans. L'éthique, si neuve qu'elle paraisse (au rebours de son épaisseur historique), ne fait pas exception. Preuve en soit l'apparition de sommes, de dictionnaires, de synthèses[1]. Dans le marché ou la jungle des mille possibilités, nous ressentons tous le besoin de faire le point, d'ériger des repères (non pas tant pour les autres que pour nous-mêmes), de baliser des pistes.

Qu'est-ce qui se cache derrière cette demande de bilan? Pourquoi chaque institution, chaque domaine de recherche, chaque discipline, ou ensemble de disciplines, éprouvent-ils régulièrement, mais aussi à des moments particuliers de leur développement, la nécessité de s'interroger sur le passé et de tracer des pistes pour l'avenir?

On peut naturellement se contenter de répondre à cette question en la banalisant. Il s'agirait d'une tendance normale de l'être humain et de la société, d'une simple réaction à la demande de mémoire, de «record», de jus-

---

1. Trois exemples suffiront: le *Dictionnaire d'éthique et de philosophie morale* (éd. par M. CANTO-SPERBER), Paris, Presses universitaires de France, 1996; la nouvelle édition de l'*Encyclopaedia of Bioethics*, 4 vol., éd. par W. T. REICH, New York, Schuster & Schuster, 1995; enfin, dans un domaine plus proche de nos préoccupations directes de théologien protestant, mais en prise explicite avec la culture ambiante, l'*Encyclopédie du protestantisme* (éd. par P. GISEL, en collaboration avec un comité éditorial dont j'ai fait partie), Paris-Genève, Éd. du Cerf-Labor et Fides, 1995, voir en particulier les dossiers que j'y ai rédigés, seul ou en collaboration: «Liberté», «Morale» et «Politique». On se reportera en outre à l'essai de synthèse récent et contextuel de G. BOURGEAULT, «Vingt années de recherches et de débats au Québec 1976-1996», *Cahiers de recherche éthique* 20, Rimouski, 1997.

tification. Combien d'évaluations académiques, peu ou prou teintées de stratégies et de contraintes administratives, économiques et politiques, ne sont-elles pas ainsi mises en œuvre dans nos institutions d'enseignement et de recherche, sans que leur finalité et leurs objectifs soient clairement définis et fixés?

Il est clair, cependant, que le bilan, gérant la dette et libérant la promesse[2], est une occasion de remise en cause, de relance positive et de prospective exigeante.

Notre recherche, dans cet ouvrage, porte sur la possibilité d'une généalogie critique des éthiques théologiques, en particulier sous leur forme protestante. Le propos de cette introduction est d'en exposer quelques aspects et d'en tracer quelques lignes de force. Nous croyons qu'un tel type d'approche est plus fécond et plus dynamique qu'un déploiement encyclopédique ou même typologique, qui donnerait à penser la notion de bilan en termes d'acquis plutôt qu'en termes de jalons, d'enjeux ou de reconstruction imaginative.

PAR-DELÀ LA DESCRIPTION PURE ET LA DÉDUCTION DOGMATIQUE: QUELLE GÉNÉALOGIE?

L'éthique, écrivions-nous, n'échappe pas à la règle. Elle aussi dresse ses bilans, s'interroge sur ses sources, prend la mesure de ses ancrages traditionnels et de ses évolutions. On aurait tort de voir dans ce retour réflexif et historique une fuite devant les défis du temps. Il apparaît au contraire de plus en plus que le manque de mémoire et de profondeur de champ constitue un handicap sérieux pour qui s'imaginerait pouvoir trancher les questions éthiques contemporaines de manière purement immédiate et innocente, «à plat», hors de toute conscience des traditions et des conflits qui balisent la position éthique des problèmes.

La philosophie, les sciences humaines en général et, en son lieu spécifique, la théologie participent de ce questionnement, avec les rejaillissements que cela implique pour l'éthique, pour la philosophie morale et pour l'éthique théologique.

Un premier point significatif concerne le regain d'intérêt pour l'histoire même de l'éthique, comme discipline réflexive[3], mais aussi

---

2. Sur ce qui travaille en profondeur nos changements de cap et nos généalogies, voir O. ABEL, «De nouveaux caps», *Esprit*, juin 1997, p. 306-320.
3. Voir J. B. SCHNEEWIND, «Histoire de la philosophie morale», in *Dictionnaire d'éthique et de philosophie morale*, p. 651-657. L'ouvrage imposant de J. ROHLS, *Geschichte der Ethik*, Tübingen, Mohr, 1991, vaut davantage pour sa perspective encyclopédique et diachronique que pour ses qualités réflexives et méthodologiques.

en lien avec le renouveau de l'éthologie[4] et de l'anthropologie culturelle[5].

L'intérêt encyclopédique, donnant souvent lieu à pléthore, risque ici de masquer l'archéologie et la généalogie critique de l'éthique en jeu dans de telles démarches.

Un premier leurre résiderait dans la volonté historiciste d'un savoir total et englobant[6]. Or, il ne s'agit pas, dans le regard historique, de se réfugier derrière le bastion imposant de la tradition[7] et des lettres de noblesse du savoir éthique. L'apprentissage est d'un tout autre ordre: l'expérience historique nous permet au contraire de nous mesurer critiquement à nos prédécesseurs, de *reconstruire* le mode d'élaboration et d'intervention de la recherche éthique, en le replaçant dans son contexte large et multiple (historique, social, culturel, traditionnel, religieux). L'approche historique de l'éthique ne nous ramène pas à des modèles préconstruits et statiques, qu'il nous suffirait de répéter, mais affine notre sens de la contextualité et de la plausibilité de l'éthique.

Nous pourrions prendre en exemple, ici, le regain d'intérêt pour le concept de responsabilité en éthique. À force d'être employé à toutes les sauces, un tel concept en vient à souffrir d'inflation, à condenser à lui tout seul une surdétermination abstraite et emphatique de toute éthique possible. Or, plusieurs études en cours[8] montrent l'intérêt non seulement

4. Voir par exemple la somme monumentale éditée par J. POIRIER, *Histoire des mœurs*, 3 vol., Paris, Gallimard «Encyclopédie de la Pléiade», 1990-1991.
5. Dans son *Introduction à l'anthropologie*, Lausanne, Payot, 1989, M. KILANI porte une attention particulière au concept et à la problématique éthiques de l'altérité.
6. Je me suis exercé naguère à la critique de ces velléités totalisantes dans mon débat avec le théologien néo-hégélien W. Pannenberg (voir *Parole et histoire*, Genève, Labor et Fides, 1983), sans voir suffisamment, à l'époque, que la totalisation théologique pouvait tout aussi bien se retrouver dans le modèle barthien qui me servait de référence. Je me situe aujourd'hui dans une ligne beaucoup plus sceptique à l'égard de toute forme de totalisation théologique. Non que le théologique comme tel doive battre en retraite, ainsi que m'en soupçonnent parfois certains, mais dans l'optique d'un redéploiement non englobant (ni spéculatif, ni systématique au sens hégélien, ni onto-théologique) du théologique comme coupure, césure, ligature. En ce sens-là la parole anti-totalitaire que j'opposais alors à l'histoire totalisante de Pannenberg demande à être pensée plus radicalement encore, comme instance tranchant dans la volonté de système, y compris quand ce système prend la forme d'un conformisme exégétique, historico-critique ou herméneutique. Le débat avec la déconstruction en devient d'autant plus urgent!
7. Si du moins elle est comprise comme donnée intangible et indiscutable. Nous verrons, par la suite, dans le chapitre V de cet ouvrage, pourquoi et en quel sens le recours à une réflexion critique sur la traditionalité et les traditions est requis en éthique fondamentale.
8. Voir en particulier J.-L. GÉNARD, «Responsabilité, communication et interprétation», *Ethica* 9/2, 1997/1, p. 197-213, et, pour la théologie, H. KRESS et W. E. MÜLLER, *Verantwortungsethik heute. Grundlagen und Konkretionen einer Ethik der Person*, Stuttgart, Kohlhammer, 1997, ainsi que mon essai *Les Éthiques de la responsabilité dans un monde fragile*, Montréal, Fides, 1998. Voir ici le chapitre X.

d'envisager le spectre entier de la sémantique synchronique de la responsabilité, mais aussi d'en mesurer l'épaisseur diachronique.

Une deuxième erreur serait de croire que la réflexion éthique (comme d'ailleurs toute autre réflexion humaine) progresserait par paliers successifs, clairement repérables et articulables. Nous devons en finir une fois pour toutes avec la tentation spéculative à la Hegel, ou du moins avec l'hégélianisme vulgaire qui en est résulté[9]. L'archéologie et la généalogie critique de l'éthique n'ont rien à voir, dans la perspective défendue ici, avec une reconstruction dialectique linéaire et progressive, qui gommerait les aspérités, les contradictions et les incohérences du flux historique et culturel, et reviendrait en fin de compte à nourrir l'illusion si fréquente d'un socle éthique univoque sur la base duquel nous pourrions fonder sans difficulté majeure nos réponses aux problèmes moraux contemporains.

Qu'entend-on alors par archéologie, puis par généalogie critique? Ou, plus précisément: quel mouvement de pensée se donne à saisir dans le passage de l'archéologie à la généalogie critique? Le détour critique par l'œuvre de Michel Foucault nous paraît instructif.

«L'Archéologie du savoir» appliquée à l'éthique.

On ne peut se dissimuler que le projet de l'archéologie du savoir proposé en son temps par Michel Foucault a débouché sur des impasses[10].

Pourtant, à défaut de pouvoir nous rallier aux intentions ultimes de Foucault, qui demeurent aux antipodes des nôtres, il nous faut reconnaître une certaine pertinence critique de son projet archéologique.

Foucault a en effet mis en évidence, dans *Les Mots et les Choses* (1966) et dans *L'Archéologie du savoir* (1969), les limites d'une explication du savoir – y compris du savoir éthique – par la doctrine humaniste du sens. Il s'agissait pour lui de partir d'un «empirisme modeste», non d'une déduction transcendentale *a priori* des savoirs et des pratiques qui s'y rattachent.

Il était dans l'air du temps des années 68 de thématiser le lieu d'où l'on parle. L'archéologie proposée par Foucault en fournit un exemple

---

9. La synthèse de J. ROHLS relève à mes yeux d'une telle illusion, voir ses affirmations finales, lourdes de présupposés hégéliens non critiqués, *Geschichte der Ethik*, p. 485-487; j'ai soulevé la question dans ma recension de cet ouvrage, *Études théologiques et religieuses* 69, Montpellier, 1994, p. 598.
10. *L'Archéologie du savoir*, Paris, Gallimard, 1969. Pour une mise en perspective critique, voir l'ouvrage essentiel de H. DREYFUS et P. RABINOW, *Michel Foucault. Un parcours philosophique*, Paris, Gallimard, 1984, p. 119 ss.

significatif. Mais, comme le notent Dreyfus et Rabinow, l'échec méthodologique de l'archéologie du savoir réside dans son incapacité paradoxale à rendre compte de la vérité et du sens propres du lieu même dont parle Foucault[11].

Dreyfus et Rabinow ont raison de s'interroger à ce propos: une «pure description» des savoirs et des pratiques est-elle possible, ou n'est-ce pas se tenir au bord du vide, dans l'incapacité de rendre compte du sens de sa propre entreprise, du sérieux de vérité où l'on se situe? N'est-ce pas succomber à une contradiction performative, culminant dans un nihilisme autodestructeur?

C'est bien la question qui va se poser à nous, dans le domaine général de la reconstruction de l'éthique et dans celui, plus particulier, de la généalogie, de la critique et de la construction de l'éthique théologique. Si nous ne pouvons plus nous permettre la déduction purement théologique (c'est-à-dire dogmatique et fonctionnaliste) de l'éthique, nous ne pouvons pas non plus nous satisfaire d'une archéologie purement descriptive de cette même éthique[12]. Entre les impasses du fondationnalisme théologique et celles de la description pure, nous devons courageusement tenter de nous frayer une autre voie.

Foucault lui-même l'avait fort bien compris, pour ce qui touche son propre domaine. Le passage de l'archéologie à la généalogie, puis de la généalogie du sujet à la constitution d'une éthique d'un nouveau style, caractérise la nouvelle orientation de son œuvre, après l'échec de *La Volonté de savoir,* en 1976, et jusqu'au surgissement de cette éthique en 1984[13].

Que signifie alors la démarche généalogique chez Foucault, et quel usage modifié serons-nous à même d'en faire dans notre tâche théologique?

---

11. H. DREYFUS et P. RABINOW, *ibid.,* p. 127 s. Voir déjà l'aveu de FOUCAULT, *op. cit.,* p. 267, reconnaissant que son discours «esquive le sol où il pourrait prendre appui».
12. Dans la reprise théologique des travaux d'Ernst Troeltsch, il s'est avéré fort tôt que l'approche descriptive de ce dernier risquait de conduire à des impasses, voir par exemple les critiques appuyées de P. GISEL contre le primat de la description, *Vérité et histoire. La théologie dans la modernité. Ernst Käsemann,* Paris, Beauchesne, 1977, 1983[2], p. 457-463. Pour mesurer les évolutions en cours, voir du même auteur «Ernst Troeltsch: aboutissement ou dépassement du néoprotestantisme», *Laval théologique et philosophique,* 1996, p. 719-733.
13. Voir mes réflexions à ce sujet, «Éthique et sujet. À propos de Michel Foucault», *Le Supplément* 170, 1989, p. 181-194, ainsi que dans «L'accueil de l'autre et le souci de soi. La dialectique de la subjectivité et de l'altérité comme thème de l'éthique», *Revue de théologie et de philosophie* 123, 1991, p. 195-212, reprise dans *Les Lieux de l'action. Éthique et religion dans une société pluraliste,* Genève, Labor et Fides, 1992, p. 49-66.

La généalogie du sujet éthique peut-elle constituer indirectement une généalogie critique de l'éthique?

Demandons-nous d'abord en quel sens Foucault emploie le terme de généalogie.

1) Dans un premier temps, la généalogie a chez Foucault, en une sorte de reprise à distance du geste nietzschéen, un sens avant tout négatif. Dans *Surveiller et punir* (1975), par exemple, le prisonnier donne lieu à une généalogie du sujet comme objet. La constitution généalogique du sujet se produit par quadrillage et enfermement, jusqu'à ce que le sujet soit réduit à l'état de corps docile, d'objet de torture mentale ou physique (ce qui, pour Foucault, revient au même). La technologie disciplinaire sous toutes ses formes (y compris dans sa version humaniste, civilisatrice et moralisatrice) agit à deux niveaux: sur le sujet objectivé, mais aussi sur l'investigateur lui-même. Les sciences humaines et sociales ne sont que le versant théorique de cette technologie disciplinaire. Au terme de cette généalogie critique de type négatif, le chercheur lui-même se trouve enfermé dans l'objectivité violente où il croyait pouvoir isoler le sujet observé.

Les sciences sociales ne parviennent donc pas à s'affranchir des pratiques violentes dont elles émanent et qu'elles reproduisent. De ce constat ne jaillit aux yeux de Foucault aucune capacité de prendre théoriquement distance, de délimiter le lieu de vérité ou de sens du discours. On voit que la généalogie critique n'a fait que radicaliser l'archéologie des savoirs et des pratiques, mais sans parvenir à se dégager de ses impasses.

2) Dans *La Volonté de savoir* (où s'arrêtent Dreyfus et Rabinow), on assiste à la transformation des sciences sociales objectivantes en sciences sociales subjectivantes[14]. La généalogie critique ne met plus à jour les enfermements du sujet dans la technologie disciplinaire du savoir lui-même disciplinaire; elle exhibe au contraire le travail interprétatif du sujet à la recherche de son désir même. Certes, le dispositif de la sexualité conduit le sujet à une fausse interprétation de soi. Mais au moins la voie est-elle tracée vers une constitution libre du sujet par lui-même, hors des discours interprétatifs hétéronomes à son expérience.

Généalogie du sujet éthique.

C'est dans le dernier mouvement de son œuvre que Foucault esquisse les bases d'une généalogie critique positive de l'éthique, qui passe par la notion de genèse du sujet éthique proprement dit.

---

14. H. Dreyfus et P. Rabinow, p. 256 ss.

Ce thème a désormais fait l'objet de nombreuses études parmi les spécialistes de Foucault[15]. Rappelons seulement la manière dont Foucault parvient à la notion de sujet éthique. Foucault ne s'est pas contenté de décrire l'ordre du discours, il a voulu rattacher le discours théorique lui-même aux pratiques, et singulièrement, dès la fin des années 80, aux pratiques de soi, qui se rapprochent des formes de la vie ordinaire de Wittgenstein[16]. C'est à partir de l'analyse de ces pratiques de soi que Foucault essaie de dégager la notion de subjectivité éthique, fort éloignée, au demeurant, de toute morale objective, fondée sur des codes extérieurs.

Les problématisations incessantes imposées aux thèmes traditionnels de l'éthique sexuelle antique débouchent selon Foucault sur le «développement d'un art de l'existence dominé par le souci de soi», souci de soi balancé pour ainsi dire entre dépendance et indépendance, universalisation et rapport aux autres, contrôle de soi et souveraineté de soi[17]. L'éthique des plaisirs conduit à une relativisation paradoxale des pratiques sexuelles, dans les textes païens, en faveur d'une concentration nouvelle sur la constitution du soi, sur le rapport à soi dans ce qu'il a d'irréductible. Foucault est bien conscient ici de la différence radicale entre les éthiques païennes et les morales chrétiennes, qui caractériseront ultérieurement la «substance éthique» à partir de la finitude, de la chute et du mal et culmineront dans le renoncement à soi[18]; il n'en demeure pas moins qu'à ses yeux les deux éthiques, la chrétienne et la païenne, en simplifiant fortement, ont en commun de procéder à une élaboration du sujet éthique, à un travail sur soi du sujet, et que c'est donc le rapport à soi qui constitue l'entrée judicieuse en éthique.

Dans la perspective originale tracée par le dernier Foucault, la reconstruction de l'éthique se déplace de l'éthique objective, et donc de l'exposé des doctrines morales et des contenus codifiables, vers la considération de la dynamique propre du sujet éthique, et donc des formes de l'existence éthique. En même temps, le souci de soi, dont il est ici question en termes formels, se déploie en un art de vivre. L'éthique subjective est indissociable, chez Foucault, d'une esthétique de l'existence.

Généalogie critique de l'éthique.

Quelles sont les conséquences de cette généalogie critique positive – esthétisante – du sujet éthique pour la conception même de l'éthique?

15. Voir la quatrième partie de l'ouvrage collectif *Michel Foucault philosophe*, Paris, Éd. du Seuil, 1989, p. 247 ss.
16. Ainsi que le note J. RAJCHMAN, «Foucault: l'éthique et l'œuvre», in *Michel Foucault philosophe*, p. 249-260, 253.
17. *Le Souci de soi*, Paris, Gallimard, 1984, p. 272 s.
18. *Ibid.*, p. 274.

1) La reconstruction de l'éthique à laquelle procède Foucault n'est pas historicisante: il n'essaie pas de remonter à un premier commencement, dont il serait possible de dériver ou de déduire ensuite les formes doctrinales de l'éthique.

2) Étant donné que le sujet n'est pas une substance, mais une forme historique et un mode d'existence transformable[19], l'accent de l'éthique ne porte plus sur ses fondements doctrinaux, sur la morale comme *corpus* ou comme code, mais sur les possibilités mêmes du sujet, sur le rôle transformateur du sujet par rapport aux questions morales concrètes, attenantes au savoir, au bio-pouvoir, à la sexualité ou à la politique. Ainsi, la généalogie critique dégage l'éthique de la morale et donne à voir l'éthique comme un réseau dynamique d'assujettissements, ou, plus simplement, comme la mise en œuvre de la liberté pratique.

3) Quand Foucault parle d'assujettissement et de pratique de liberté il entend un mode global d'existence, un style de vie, et non une série décousue d'acte isolés, susceptibles d'un jugement moral casuistique. La généalogie critique permet donc d'appréhender l'éthique comme un mode de vie, comme l'expression de la vérité globale du sujet[20].

Excursus: différence par rapport à la généalogie de la morale chez Nietzsche.

Malgré tout ce qui le rapproche de Nietzsche, et notamment de son affect anti-chrétien, Foucault se distingue du philosophe allemand sur un point décisif. Chez Nietzsche, la généalogie de la morale apparaît comme une critique destructive totale de la morale chrétienne, en tant que forme dominante de l'éthique objective. L'éthique résultant de cette destruction s'apparente à une éthique des anti-valeurs ou des contre-valeurs, avant tout de la Vie comme valeur antagoniste de la morale chrétienne. *Sa généalogie est toute de méfiance*[21], *sa déconstruction de destruction, sa critique d'ironie.* Elle vise à débusquer «l'origine de nos préjugés moraux[22]», dénonçant leur transformation du ressentiment en idéal réactif.

---

19. J. RAJCHMAN, «Foucault: l'éthique et l'œuvre», p. 254; voir M. FOUCAULT: «L'éthique de soi comme une pratique de liberté», *Concordia* 6, 1984.
20. Des auteurs protestants parlent, dans le même sens mais sous d'autres prémisses, de l'éthique chrétienne comme d'un comportement global, voir par exemple B. C. BIRCH et L. L. RASMUSSEN, *Bible and Ethics in the Christian Life*, Minneapolis, Augsburg, 1989².
21. *Par-delà bien et mal, Œuvres philosophiques complètes* , t. VII, éd. par G. Colli et M. Montinari, Paris, Gallimard, 1991, p. 24.
22. *La Généalogie de la morale, ibid.*, p. 216.

Le théologien ou la théologienne n'a semble-t-il le choix qu'entre deux possibilités: ou bien il ou elle surréagit frontalement aux attaques de Nietzsche, en s'efforçant de montrer la supériorité doctrinale et morale du christianisme; ou bien, abandonnant l'apologétique pour une stratégie plus conquérante, il ou elle tente d'établir que la critique nietzschéenne du refus chrétien de la vie oblige à mieux repenser le christianisme lui-même, par exemple dans le sens du dernier Bonhoeffer ou des travaux de Paul Valadier[23].

Chez Foucault, l'appréciation du christianisme est plus nuancée, parce qu'elle résulte d'une méthode avant tout formelle. Même s'il souligne la forte tension entre la substance éthique du christianisme et la substance éthique des conceptions païennes de l'existence, Foucault ne s'intéresse au fond pas en priorité à ces différences de substance, qui demeurent toujours secondaires. Seule compte pour lui l'expression du sujet, le souci de soi, non au sens d'une préoccupation égoïste de soi, comme voudraient le comprendre les tenants chrétiens du renoncement à soi, mais bien au sens d'un travail constant de soi sur soi et de soi par soi.

Dès lors, on doit aller jusqu'à affirmer que, pour Foucault, le renoncement à soi, s'il témoigne d'une autre vision de la substance éthique, n'en constitue pas moins une simple variante du souci de soi. Les formes ascétiques du christianisme (Foucault tend en fait à assimiler christianisme et ascétisme[24]) ne sont qu'une transformation radicale *interne* au souci de soi[25].

Évaluation critique.

1) Il n'est pas sûr que Foucault ait bien saisi les conséquences de sa généalogie pour l'éthique chrétienne elle-même: cette dernière, loin d'être une falsification du souci de soi, n'en serait que sa transformation radicale. Mais on doit aussi se demander si l'éthique peut être ramenée toute entière au mouvement de l'assujettissement.

2) De ce point de vue, il y aurait un redéploiement à opérer, qui réunirait les périodes successives de Foucault plutôt que de les opposer: le

---

23. *Nietzsche et la critique du christianisme*, Paris, Éd. du Cerf, 1974; *Nietzsche, l'athée de rigueur*, Paris, Desclée De Brouwer, 1989.
24. La vaste reconstruction historique de Peter BROWN, si controversée soit-elle par ailleurs, donne de ce problème une vision infiniment plus complexe (*Le Renoncement à la chair. Virginité, célibat et continence dans le christianisme primitif*, Paris, Gallimard, 1995).
25. Seule la publication toujours attendue du quatrième volume de l'*Histoire de la sexualité* devra permettre de vérifier si la lecture de Foucault allait bien dans ce sens ou permettait pour le moins d'envisager une telle hypothèse.

surgissement du sujet comme liberté pratique, que Foucault n'a jamais compris comme un individualisme, mais qu'il s'en est allé redécouvrir exclusivement dans le champ de l'éthique sexuelle antique, ne rejaillit-il pas sur le champ plus vaste du social, du politique et du médical, et n'appelle-t-il pas une éthique sociale positive, transcendant l'attitude réactive de l'éthique de résistance et de protestation implicitement contenue dans les travaux antérieurs de Foucault?

Il ne fait pas de doute que Foucault ne voulait pas d'un tel mouvement de retour. L'éthique ne pouvait constituer pour lui qu'une éthique de résistance, de vigilance critique. Le sujet éthique positivement mis en exergue dans la dernière œuvre de Foucault n'en devient pas pour autant un sujet donateur de sens, capable de configurer les déploiements positifs d'une éthique du rapport aux autres et à la société. Sur ce point, Foucault demeure trop tributaire de Mai 68.

3) Un dernier problème est à signaler. La généalogie critique de l'éthique s'est opérée, dans l'œuvre de Foucault, au moyen d'enquêtes historiques et de coups de sonde textuels, mais l'histoire de l'éthique comme discipline n'en a pas trouvé de la sorte une fonction proprement constituante. Nous ne saurions nous satisfaire, pour notre part, de penser la contextualité de l'éthique ou l'influence des modèles culturels sur la thématisation du sujet éthique, ainsi que le propose Foucault et que le font trop souvent les historiens de l'éthique sur le plan des doctrines. L'historicité de l'éthique ne se limite pas à des influences extérieures, elle traverse la *Sittlichkeit* de part en part. Une généalogie critique de l'éthique doit penser cette dimension essentielle, si elle ne veut pas céder à la déréalisation subjective ou doctrinaire des éthiques en jeu. C'est pourquoi nous nous efforcerons de signaler, à chaque occasion, l'historicité interne du questionnement éthique chez les théologiens ou les philosophes étudiés dans cet ouvrage.

UNE GÉNÉALOGIE CRITIQUE DE L'ÉTHIQUE THÉOLOGIQUE A-T-ELLE UN SENS?

Notre projet s'inscrit dans la visée plus large d'une généalogie critique de l'éthique théologique, dans sa différence comme dans ses solidarités avec les éthiques profanes ou séculières[26]. Nous nous concentrerons tout particulièrement, dans cette Introduction comme dans la suite de l'ouvrage, sur la question particulière d'une éthique théologique marquée du sceau de

---

26. Voir chapitre I. En Allemagne, les travaux récents de D. Lange et de K. Tanner nous paraissent fondamentaux. Nous y reviendrons.

la tradition confessionnelle dans laquelle nous nous inscrivons, le protestantisme. Mais il va de soi que les remarques suivantes devront pouvoir rejaillir aussi sur toute forme d'éthique théologique au sein du christianisme. L'exemple retenu ci-après (l'éthique protestante) a l'avantage: 1) de documenter le rapport à la modernité et à son approche critique; 2) d'ouvrir sur la problématique de la postmodernité en faisant le pari qu'il est possible de la penser comme une critique dialectique de la modernité, sans céder aux tentations de la régression prémoderne si souvent liée au discours théologique (parfois privilégié en catholicisme) de la postmodernité[27].

Nous allons aborder de front la question la plus difficile et sans doute la plus ingrate de toute notre entreprise. Il apparaît en effet comme acquis culturellement, en particulier dans l'espace public francophone dans lequel nous pensons nous-même et auquel nous nous adressons en priorité, que l'«éthique protestante» représente, sinon une «essence» (un *Wesen*, comme disait A. von Harnack à propos du christianisme[28]), du moins un idéal-type ou une idée directrice claire. De plus, cette matrice de sens ferait corps avec la pensée des Réformateurs, de Luther et de Calvin avant tout.

Or ce double présupposé ne résiste pas à la critique, ni d'un point de vue historique, ni d'un point de vue systématique[29]. Pourtant, il reste très fortement ancré dans les mentalités, il relève d'une représentation culturelle et sociale difficile à modifier.

Notre perspective ne consiste nullement, précisons-le, à vouloir établir une rupture ou une scission entre cet ordre de la représentation et l'ordre plus critique de la reconstruction généalogique. L'ordre de la représentation appartient intégralement à la réalité historique et mentale de notre perception du monde. Ce que nous nous imaginons être «l'essence de l'éthique protestante» correspond non seulement pour une part importante à ce que nous pensons nous-mêmes, comme protestants, de cette éthique, mais renvoie de plus de manière souvent très pointue et très typique à ce que «les autres» (les catholiques, mais également les agnostiques, la généalogie de Foucault étant ici symptomatique d'une attitude critique sans ménagement, mais pouvant reposer sur des préjugés non désignés comme tels) se représentent de l'éthique protestante. Il ne s'agit donc pas

---

27. Voir P. GISEL et P. EVRARD éd., *La Théologie en postmodernité*, Genève, Labor et Fides, 1996. J'ai proposé pour ma part le terme de métamoderne, moins piégé que celui de postmoderne, voir *Les Lieux de l'action*, p. 69-78 («Éthique et religion: une dialectique métamoderne»).
28. Cette notion d'essence du christianisme a été soumise à une critique éclairante par E. TROELTSCH, «Que signifie "essence" du christianisme?» (1903, 1913), trad. fr. in *Histoire des religions et destin de la théologie*, Œuvres t. III, Paris-Genève, Éd. du Cerf-Labor et Fides, 1996, p. 182-241.
29. Le témoin clef de cette problématique est naturellement Ernst Troeltsch (voir le chapitre VI). Voir les remarques pertinentes de H. BOST, «Protestantisme: une naissance sans faire-part», *Études théologiques et religieuses* 67, 1992, p. 359-373.

de se débarrasser d'une caricature facile et forcée. La tâche est beaucoup plus complexe. Même si la construction d'un idéal-type, comme nous l'a appris Max Weber, est utile pour fixer la pensée et pour clarifier les enjeux, il convient de prendre la mesure de ce qu'il nous montre comme de ce qu'il nous dissimule.

L'idée même de «reconstruction généalogique» contient trois éléments clefs, dont il importe de bien saisir la dynamique et les interactions:

1) Du point de vue qui est ici le nôtre, ou, si l'on préfère, en fonction de l'*intérêt émancipatoire et constructif* qui meut notre entreprise, la *reconstruction* généalogique suppose une volonté quasi politique de rendre compte de la *crédibilité* et de la *plausibilité* de l'éthique protestante (et plus largement de toute théologie morale) dans le monde actuel (voir ici le chapitre VIII).

Il faut noter d'autre part que l'intérêt émancipatoire suppose un *travail sur soi*, à même de faire apparaître le souci de soi et le déploiement d'une autonomie singulière de la part des producteurs de l'éthique protestante. Sans cette étape du rapport à soi, l'éthique protestante ne parviendra pas à se penser de manière réflexive et critique. Certes, la réflexivité n'équivaut pas au rapport à soi, encore insuffisamment élaboré, mais elle n'en constitue pas moins à nos yeux une condition préalable indispensable.

Trop souvent, l'éthique protestante s'est pensée dans une sorte d'immédiateté non critique à des contenus traditionnels, sans élucider les conditions de possibilité par lesquelles les instances et les sujets producteurs de cette éthique (les théologiens, les synodes, les textes constitutifs, etc.) parvenaient à la formulation de ces contenus, dans un rapport incessant avec la culture ambiante mais aussi avec les traditions théologiques en compétition avec elle (le catholicisme, les anabaptismes, les fondamentalismes, etc.).

2) La reconstruction *généalogique* est tout naturellement orientée vers le passé, en tant que réservoir de sens et d'expériences. En tant qu'objet culturel ou que noème à interpréter, l'éthique protestante est fondamentalement conditionnée par l'histoire de sa propre constitution et de sa construction différenciée. Notre entreprise, comme toute vraie généalogie, suppose donc un travail sur la tradition, contre un fondamentalisme hagiographique, idéalisant les origines du protestantisme, et en débat critique avec la difficulté chronique du protestantisme à se penser lui-même comme tradition (voir notre chapitre V).

3) Le troisième moment de la reconstruction généalogique reste aisément inaperçu, comme s'il allait au fond trop de soi. En «reproduisant» ou mieux encore en «reparcourant» l'histoire de l'éthique protestante, nous ne nous contentons pas de répéter le passé ou de le figer afin de le rendre plus directement utilisable dans notre présent. Nous assumons, de fait, que les acteurs de cette histoire étaient, eux aussi, des

sujets élaborant une éthique. Ils ne nous livrent pas l'éthique protestante comme un produit fini ou comme un objet statique, mais ils nous la montrent *en train de se faire, en voie de construction et de constitution*. L'éthique protestante se manifeste ici comme un mouvement, un processus, répondant à un projet, à une intentionnalité (doctrinale et morale) aussi bien qu'à une pratique (ecclésiale, culturelle et sociale). La généalogie, avec sa visée reconstructive, n'est peut-être pas si éloignée d'une forme de déconstruction bien comprise (voir chapitre IV); elle appelle, de plus, une nouvelle herméneutique, libérée des étroitesses du sens et de l'obsession d'une textualité pure (voir le chapitre V).

Le concept de reconstruction généalogique, on le voit, réunit le triple moment du projet émancipatoire, de la mémoire instructive et de la reproduction créatrice. Ainsi défini, il entend transcender fortement la réduction nietzschéenne de la généalogie à un pur dévoilement des intérêts ou des soubassements naturels.

Cette triple détermination reste encore toute formelle. Dans le travail d'interprétation lui-même, il s'agira de faire apparaître les choix et les ruptures. Nous verrons alors que notre intérêt émancipatoire, né d'une adhésion à l'esprit réformateur lui-même, entraîne des révisions déchirantes, poussant à la critique de tout un pan de la morale protestante et appelant à une certaine forme de délivrance. Cette révolte de l'esprit doit aller jusqu'à rendre possible une sorte de subversion évangélique de l'éthique protestante, geste protestant s'il en est, puisque qu'en appelant au souffle de vie de l'Évangile contre les scléroses du protestantisme historique lui-même. Le principe protestant cher à Paul Tillich retrouvera peut-être bien alors une nouvelle «substance» (!), plus proche de l'Évangile même.

Dans le travail critique et dans la perlaboration d'une généalogie de l'éthique théologique, prise notamment mais non exclusivement dans sa forme protestante, se joue la question de la reprise et des effets, sous l'éclairage d'une tradition religieuse et doctrinale singulière, d'une généalogie critique de toute éthique, prise dans sa pluralité interne constitutive[30]. En se laissant questionner par l'archéologie et par la généalogie, l'éthique théologique est appelée à reconnaître à la fois ce qui

---

30. Ce point est particulièrement souligné, en symbiose avec la notion des *patterns of moral complexity* de Charles Larmore, par K. TANNER, *Der lange Schatten des Naturrechts. Eine fundamental-ethische Untersuchung*, Stuttgart-Berlin-Cologne, Kohlhammer, 1993. Cet auteur propose lui-même une herméneutique différenciée et soignée de la formation des jugements éthiques, dont il dresse le programme ou le plan de travail selon quatre axes (p. 232): l'analyse historique des traditions et des mentalités religieuses sous-jacentes aux éthiques confessionnelles, l'analyse des institutions productrices des jugements éthiques, l'analyse des transformations des critères du jugement éthique et enfin l'analyse de la réception des connaissances et des sagesses non théologiques au sein même des éthiques théologiques.

la rapproche et ce qui la distingue des éthiques séculières. Son principe d'incarnation la libère en droit de toute peur indue à l'égard de la visée universaliste de l'éthique. Mais il lui confère aussi une indépendance nouvelle, propre à la décomplexer si besoin est. Il ne lui est pas interdit de questionner en retour, y compris sous l'angle généalogique, l'univers des motivations et des représentations axiologiques et idéologiques sous-jacent au discours des éthiques laïques. Un nouveau type de dialogue entre des éthiques de tradition différente devrait ainsi se nouer, riche en interactions et en interfaces interdisciplinaires d'un genre et d'un style nouveaux, par-delà les rigidités dogmatiques et les préjugés étroitement laïcistes[31].

LA DÉMARCHE DE L'OUVRAGE

Afin de vérifier les hypothèses de recherche énoncées ici et d'en approfondir la portée, nous allons procéder en quatre étapes.

1) Tout d'abord, dans les chapitres I et II, nous réfléchirons sur la transformation considérable qui nous semble affecter aujourd'hui la situation de l'éthique théologique. Après avoir occupé pendant plusieurs décennies une position quasi dominante, l'éthique théologique est appelée à jouer un rôle à la fois plus modeste et plus spécifique, comme on le voit à l'exemple de la discussion bioéthique internationale, sur lequel ouvre à dessein le premier chapitre. Les interrogations sur la morale catholique, notamment dans sa version magistérielle, mais aussi sur le statut proprement théologique de l'éthique protestante témoignent par ailleurs d'un déplacement culturel non négligeable. Il importe dès lors de prendre conscience de la nouvelle donne communicationnelle de l'éthique théologique dans l'espace public, ce qui appelle une réflexion critique sur les publics de la théologie, mais également, de manière plus large, sur l'articulation de la théologie, de l'éthique et de la sociologie.

2) Une deuxième étape nous conduira à évaluer la relation de l'éthique théologique avec la problématique de la modernité et de la postmodernité (chapitres III et IV). Faute de pouvoir embrasser la totalité des questions qui se posent dans ce domaine, nous concentrerons d'abord notre regard sur la manière dont un théologien protestant éminent et inclassable, Paul

---

31. L'approche éthicologique de Pierre Fortin, qui me paraît se distinguer de la méta-éthique anglo-saxonne et nord-américaine par son axe généalogique et critique, représente sans aucun doute une proposition créative, susceptible de conforter, par d'autres chemins, les réflexions émises ici; j'y vois, en tout cas, une occasion de dialogue international, transculturel et interdisciplinaire (voir P. FORTIN, *La Morale, l'Éthique, l'Éthicologie*, Sainte-Foy, Presses de l'Université de Laval, 1995).

Tillich, a affronté les implications théologiques et éthiques de la «crise de la modernité», le modèle théorique de l'autonomie et la théonomie constituant à nos yeux un indice sensible de la nécessité de surmonter cette crise sans sacrifier pour autant les acquis culturels et moraux de la modernité comme telle. Dans la foulée, nous nous interrogerons sur le défi nouveau que représente pour la théologie tout entière et donc aussi pour l'éthique théologique le discours récent sur la postmodernité, avec son soubassement social et culturel. Le recours différencié à une forme de déconstruction conquise en dialogue critique avec Jacques Derrida et ses commentateurs théologiens aura ici pour but de nous faciliter ce que nous préférons appeler une approche métamoderne, selon une perspective qui entend déjouer les pièges d'une opposition stérile entre une modernité univoque et une postmodernité équivoque et qui veut ainsi assumer les risques même de la crise incessante de la modernité.

3) Dans une troisième étape, qui forme à nos yeux le cœur de l'ouvrage, nous poserons les bases d'une reconstruction critique de l'éthique théologique, avec une accentuation particulière sur les problèmes de l'éthique protestante. Le chapitre V traite ensemble et successivement la question de la tradition, trop souvent négligée en protestantisme, la signification de l'herméneutique, qui constitue un moment important, mais non suffisant de l'œuvre de reconstruction, et enfin l'usage de la Bible en éthique théologique – une question classique dans le monde protestant, mais qui, justement, ne peut être traitée séparément des insertions traditionnelles et des opérations interprétatives qu'elles supposent. Dans les chapitres VI et VII, nous développons et évaluons les implications de notre modèle théorique (généalogie, critique, reconstruction) à l'aide de deux dossiers empruntés aussi bien à l'histoire de la théologie qu'au débat contemporain en éthique protestante: à l'aide d'Ernst Troeltsch, nous revisitons quelques jalons essentiels de l'éthique protestante (des Réformateurs au libéralisme théologique, en passant par Schleiermacher), dans le but de clarifier sa relation critique aux défis de la modernité (chapitre VI); puis nous questionnons deux témoins centraux de la théologie dialectique, Karl Barth et Dietrich Bonhoeffer, quant à la signification et à la pertinence de leur projet d'éthique théologique (chapitre VII). L'accent est placé, on le voit, sur des auteurs modernes, mais dans un regard généalogique constant sur la manière dont s'opèrent la relecture du passé et la reprise des héritages, afin d'ouvrir des possibilités pour le présent et pour l'avenir.

4) L'ouvrage se poursuit et se conclut sur la question plus globale de la plausibilité culturelle de l'éthique protestante: enjeux œcuméniques (chapitre VIII), questionnement théologique de la philosophie, comme mouvement de retour sur soi (chapitre IX), enjeux pratiques d'une éthique théologique en prise sur l'espace public (chapitre X). Ce sera l'occasion de

nous réinterroger sur l'avenir possible de l'éthique théologique dans un monde en transformation, le travail de généalogie, de critique et de reconstruction nous invitant et nous portant à transcender aussi bien notre nostalgie que nos fantasmes.

Au fil de l'écriture et de la recherche, nous avons pris de plus en plus conscience de la cohérence et des implications de notre hypothèse de lecture. Le modèle ternaire de la généalogie, de la critique et de la reconstruction se précise et s'affine, incluant l'herméneutique et déployant les possibles d'une mise en œuvre plus concrète. Le «résultat» ne forme naturellement en aucune manière une cage d'acier qui viendrait réduire toute opposition à néant ou permettre des classifications commodes, mais ouvre plutôt sur des questions, des résonances et des prolongements qui devraient encourager lecteurs et lectrices à tenter pour leur part des essais plus libres et plus novateurs. Tel est du moins notre espoir.

À certains moments, lecteurs et lectrices seront peut-être surpris par le tour plus personnel de l'écriture et de la démarche; nous avons tenu à maintenir ces changements de rythme et de tension, parce qu'ils correspondent à la fois à une nécessité de la réflexion (discuter de la position sociale de la pensée ou de la déconstruction, par exemple, produit un effet sur l'écriture et sur l'attitude du chercheur) et au bonheur de la découverte au gré de chemins parfois moins balisés. Qu'il y ait de l'imprévu, de l'inattendu et même du déplacé dans notre reconstruction correspond aux exigences les plus risquées de la généalogie et de la critique, lorsqu'elles se laissent elles-mêmes passer au crible de la différance et soumettre à l'épreuve de l'événement ou aux surprises de la Parole. L'éthique théologique elle-même, en cette aventure intellectuelle et existentielle – deux dimensions inséparables – se voit rappelée à sa vocation de démaîtrise, devant rendre compte sans cesse d'une exigence exposée au souffle de la grâce et au défi de l'Esprit, et se voyant en conséquence barrer toute illusion d'enfermement théorique, que ce soit dans une éthique universitaire ou dans une pure logique religieuse et confessante.

Andreas Peter, mon assistant pendant quatre ans, a discuté, relu et mis en page cet ouvrage; Lucie Kaennel nous a fait bénéficier de ses précieux conseils; Diane Barraud a établi les index. Qu'il et elles en soient ici chaleureusement remercié(e)s.

Mené à terme grâce à un congé sabbatique (automne-hiver 1997-1998) principalement passé au Québec (Faculté de théologie de l'Université de Montréal) et à Ottawa (Université Saint-Paul), l'ouvrage est dédié aux collègues, aux ami(e)s et aux étudiant(e)s, en Europe et en Amérique du Nord, qui partagent avec l'auteur la quête d'un penser éthique et/ou théologique mêlant liberté, courage et novation.

Origine de certaines sections

Le présent ouvrage forme un tout; il emprunte partiellement à des recherches préliminaires et préparatoires déjà publiées, qui ont toutes été remaniées et recadrées dans le sens du projet d'ensemble. Nous indiquons ci-dessous la première publication des textes formellement repris, avec entre parenthèses le chapitre où il y est fait recours. Ces textes sont reproduits avec l'aimable autorisation des éditeurs de leur première parution.

«Le projet d'une généalogie critique de l'éthique, ses incidences sur l'éthique théologique et sur la relation entre des éthiques de tradition religieuse différente», *Ethica*, Rimouski, 1997, p. 35-49 (Introduction).

«La bioéthique et le statut théologique de l'éthique séculière. À propos d'un livre récent de H. Tristram Engelhardt, Jr.», *Recherches de science religieuse* 82, Paris, 1994, p. 547-564 (ici chapitre I, p. 29-42).

«Autonomie et théonomie. Le projet d'une généalogie critique de l'éthique théologique», *Revue d'éthique et de théologie morale (Le Supplément)* 200, Paris, 1997, p. 39-60 (ici chapitre III, p. 110-128).

«La rationalité des traditions et la possibilité d'une compréhension universelle. Critique des thèses d'Alasdair MacIntyre et conséquences pour l'éthique contemporaine», *Laval théologique et philosophique*, Québec, 1994, p. 499-509 (ici chapitre V, p. 162-173).

«Introduction» (la contribution due à Éric Fuchs non comprise), Dietrich Bonhoeffer, *Ethique*, Genève, Labor et Fides, 1997, p. XXI-XL (ici chapitre VII, p. 268-286).

«L'éthique de la responsabilité face au défi du mal et des réalités politiques», *Ethica* 6, Rimouski (Québec), 1994/1, p. 35-49 (ici chapitre IX, p. 308-320).

CHAPITRE PREMIER

LA MODIFICATION DU RÔLE DES THÉOLOGIEN(NE)S ET DES ÉGLISES DANS L'ESPACE PUBLIC

La place assignée à l'éthique théologique a considérablement changé durant cette dernière décennie. Après avoir tenu le haut du pavé et occupé souvent la place qui aurait pu revenir de droit aux spécialistes de la philosophie morale, les théologiens moralistes, mais aussi, avec eux, l'ensemble des théologiens et des théologiennes[1] se trouvent dans une situation beaucoup moins confortable. La légitimité de leur apport ne va plus de soi et requiert une nouvelle justification. Il en résulte une insécurité personnelle et institutionnelle, ainsi qu'un certain flou théorique[2].

Lors d'une enquête consacrée au «temps des religions sans Dieu», la revue *Esprit*, en juin 1997, s'interrogeait: «Peut-être peut-on parler, sous l'influence de Lévinas et de Ricœur, d'un "tournant éthique" des religions juive et chrétienne» – et esquissait l'hypothèse d'un passage au «tout éthique», faisant suite au «tout politique» de la fin des années 60. Mais, dans la même page, le rédacteur relevait que ces mêmes philosophies n'étaient pas «sans accointance avec le religieux» et se demandait si elles ne jouaient pas en fin de compte «le rôle d'un substitut à la théologie, ou d'un religieux absent»[3]. Le retour de la philosophie morale s'accompagnerait ainsi d'un retour du religieux dans la philosophie, ce que Ricœur et Lévinas n'ont cessé de contester, soucieux que soit mieux garantie la

---

1. Il arrive en effet fort heureusement que les représentants des sciences bibliques, de l'histoire des religions ou du christianisme, de la dogmatique ou de la théologie pratique soient consultés sur des questions éthiques. La situation dont nous parlons ici – avec ses chances et ses périls – n'est de loin pas le lot des seuls théologiens éthiciens.
2. On en trouve une indication typique et particulièrement véhémente dans l'analyse critique des commissions d'éthique, et notamment de la place discutable qui y serait réservée aux théologiens, chez le philosophe K.-P. RIPPE, *Ethik durch Kommissionen?*, Fribourg, Éditions universitaires, 1999.
3. *Esprit*, juin 1997, p. 89.

spécificité philosophique de leur apport. En même temps, la remarque d'*Esprit* signale la présence, au cœur de l'éthique philosophique, d'un *lieu théologique* apparemment déserté par les théologiens de métier (voir la discussion que nous menons avec P. Ricœur, au chapitre IX). Étrange chiasme, qui doit bien être le symptôme d'une transformation en cours.

Nous aimerions vérifier la portée exacte et la signification précise d'un tel changement, sous un angle à la fois systématique, pragmatico-ecclésial et socio-historique.

Trois champs d'application nous serviront de test. Dans un premier temps, nous évaluerons les implications du déplacement du religieux et du théologique dans le champ de la bioéthique; nous pensons légitime de commencer par l'exemple de la bioéthique, car nul autre domaine n'a vu produire un tel engouement, susciter tant d'ambiguïtés (par exemple la confusion croissante entre bioéthique et bio-droit, ainsi que l'extension indue du champ bioéthique à tout éthique publique) et questionner à ce point la théologie, après en être indirectement issu; puis, nous réfléchirons sur le modèle du Magistère catholique romain, révélateur des recoupements entre éthique normative et pouvoir religieux; enfin, nous nous interrogerons sur les différentes stratégies mises en place par l'éthique protestante afin de relever à sa manière les défis de la sécularisation et de la modernité.

L'EXPANSION PUBLIQUE DE LA BIOÉTHIQUE ET SON DÉFI À LA THÉOLOGIE

Science relativement récente, la bioéthique a conquis ses lettres de noblesse sur le plan académique, au point d'apparaître parfois comme l'*organon* nouveau récapitulant l'ensemble des problèmes traditionnellement dévolus à l'éthique, qu'elle soit médicale, sociale, philosophique ou théologique[4].

---

4. Voir D. ROY, «Promesses et dangers d'un pouvoir nouveau», in *La bioéthique*, «Cahiers de bioéthique» 1, Québec, Presses universitaires de Laval, 1979, p. 81-102; A. DUMAS, «Fondements bibliques d'une bioéthique», *Le Supplément* 142, 1982, p. 353-368; J.-M. THÉVOZ, *Entre nos mains, l'embryon. Recherche bioéthique*, Genève, Labor et Fides, 1990, p. 17 ss.; G. DURAND, *La Bioéthique*, Paris, Éd. du Cerf, 1991; M.-H. PARIZEAU éd., *Les Fondements de la bioéthique*, Bruxelles, De Boeck Université, 1992; M.-L. LAMAU, «Le développement de la bioéthique en Europe», in R. BÉLANGER et S. PLOURDE, *Actualiser la morale* [Mélanges René Simon], Paris, Éd. du Cerf, 1992, p. 137-163; J. HÜBNER et H. VON SCHUBERT éd., *Biotechnologie und evangelische Ethik. Die internationale Diskussion*, Francfort, Campus, 1992; P. BÜHLER, «Les pouvoirs sur la vie et l'éthique de la secondarité. Approche théologique des défis de la bioéthique», *Revue d'histoire et de philosophie*

L'observation minutieuse de la généalogie du discours et des pratiques bioéthiques permet de comprendre les raisons de cette percée épistémologique. On peut en effet ramener cette dernière à quatre facteurs principaux.

1) La bioéthique naît tout d'abord des développements foudroyants des *sciences de la vie* et des *techniques de pointe* dans le domaine biologique et informatique notamment. D'une certaine manière, l'éthique traditionnelle se voit obligée de se complexifier et de se spécialiser à la mesure même des développements scientifiques. La bioéthique a donc nécessairement un caractère secondaire et réactif; cela était certes déjà le cas dans la problématique éthique antérieure, mais l'accélération des processus de la recherche et la dimension souvent irréversible des options engagées contribuent à intensifier encore plus le flux de l'information et à réduire sans cesse le temps de la réflexion. La bioéthique en retire sans aucun doute un prestige croissant, mais elle est de ce fait même exposée à des dangers nouveaux; l'hyperspécialisation interne à la recherche bioéthique accentue l'étanchéité des savoirs et des expertises; elle risque de faire exploser la cohérence interne des principes et des critères moraux; elle succombe souvent, d'autre part, aux pièges de la médiatisation liés à une nécessité toujours plus pressante de faire face à l'urgence.

2) Le geste de naissance de la bioéthique, indiqué en 1971 par Van Rensselaer-Potter dans sa formule: «utiliser les sciences de vie pour améliorer la qualité de la vie[5]», n'était pas seulement conditionné par une sorte de redoublement optimiste du biologisme ambiant. Il signalait aussi les impasses auxquelles semblait être parvenue, aux yeux de beaucoup, l'éthique médicale moderne, élaborée sur les bases classiques de la médecine hippocratique, restructurée autour de la vision judéo-chrétienne de l'existence et finalement ébranlée par les coups de boutoir de la modernité.

La bioéthique contemporaine ne s'est pas encore tout à fait remise du traumatisme de cet arrachement. Doit-elle, dans la droite ligne de Van Rensselaer-Potter, mener à terme la révolution engagée, au risque de subordonner l'éthique médicale elle-même, dans son sens restreint, aux

religieuses 73, 1992, p. 241-258; G. HOTTOIS et M.-H. PARIZEAU éd., *Les Mots de la bioéthique*, Bruxelles, De Boeck Université, 1993; D. GRACIA, *Fondamenti di bioetica. Sviluppo storico e metodo*, Cinisello Balasamo (Milan), San Paolo, 1993; M.-L. LAMAU, «Créativité éthique dans le champ de la bio-médecine», *Recherches de science religieuse* 82/4, 1994, p. 497-519; D. CALLAHAN, «Bioethics», in W. T. REICH éd., *Encyclopaedia of Bioethics*, t. I, édition revue, New York, Simon & Schuster-MacMillan, 1995, p. 247-256; H. DOUCET, *Au pays de la bioéthique. L'éthique biomédicale aux États-Unis*, Genève, Labor et Fides, 1996; E. F. SHELP éd., *Secular Bioethics in Theological Perspective*, Dordrecht, D. Reidel, 1996; J. B. TUBBS Jr. éd., *Christian Theology and Medical Ethics*, Dordrecht, D. Reidel, 1996.
5. Cité par K. DANNER CLOUSER, «Bioethics», in W. T. REICH éd., *Encyclopaedia of Bioethics*, t. I, Londres-New York, The Free Press-MacMillan, 1978, p. 118.

principes radicalement nouveaux d'une bio-génétique englobante, potentiellement totalisante et holistique? Si elle s'engage sur cette voie, il ne lui reste qu'à choisir entre le rationalisme illimité, forme séculière et finalement athée de l'auto-totalisation (la science et la technique servant ici de modèles à l'éthique, la bioéthique n'étant plus que la traduction normative des développements biotechnologiques et industriels incontrôlés), ou bien, à l'autre bout, le gnosticisme séduisant de l'écologie profonde[6]. Ne serait-elle pas mieux inspirée de reconnaître ses propres limites épistémologiques et philosophiques? Pour y parvenir, il me semble que la bioéthique doit satisfaire à trois conditions interdépendantes; tout d'abord, il lui faut reconnaître à l'éthique médicale sa légitimité singulière et son autonomie relative; plutôt que de lui imposer un cadre démesuré, elle doit prendre acte de son caractère institutionnel et prudentiel spécifique. Ensuite, la bioéthique devrait admettre qu'elle n'a pas le monopole de l'approche sociale en éthique; plus précisément, consciente des enjeux éthico-sociaux des questions bioéthiques, elle serait bien inspirée de recourir à la méthodologie de l'éthique sociale en tant qu'elle constitue une approche irréductible à la bioéthique; enfin, elle est amenée à reconnaître des principes éthiques qui la transcendent et qui, comme tels, ne relèvent pas de la bioéthique, mais d'une approche plus large et plus universelle du champ éthique. Cette triple relativisation de la bioéthique (par en bas, si l'on part de l'éthique médicale, transversale, si l'on part de l'éthique sociale, et transcendante, si l'on réfléchit aux fondements éthiques de la bioéthique) conditionne la clarification et la libération d'une activité bioéthique bien comprise et bien formée.

3) La bioéthique prétend remédier à ces dangers en mettant en œuvre une méthodologie *interdisciplinaire*, impliquant en particulier sciences, techniques, médecine, droit, sociologie, philosophie et théologie. Jusqu'à présent, ce pari en faveur de l'interdisciplinarité est souvent demeuré le fait d'une juxtaposition collégiale et bienveillante, principalement axée sur la complémentarité des savoirs positifs et sur le respect mutuel des compétences et des expertises en jeu. Or l'interdisciplinarité, d'un point de vue intellectuel rigoureux, demande davantage que cette addition hybride; elle exige, en dernière instance, la mise à l'épreuve commune et réciproque des présupposés et des principes implicitement ou explicitement engagés dans chacune des disciplines constituant l'*organon* du savoir contemporain.

---

6. S'il fallait une preuve tangible de la symétrie entre ces deux options, on la trouvera sans doute dans l'ouvrage de L. FERRY, *Le Nouvel Ordre écologique. L'arbre, l'animal et l'homme*, Paris, Grasset, 1992. Ferry s'oppose en effet avec d'autant plus de véhémence à la *deep ecology* (dans laquelle il inclut H. Jonas et M. Serres et qu'il impute à l'influence anti-technicienne de Heidegger et d'Ellul) qu'il s'enferre lui-même dans un rationalisme laïque et républicain potentiellement totalitaire. Sur les limites de l'approche sécularite de L. Ferry, voir le chapitre IV de mon ouvrage *Les Lieux de l'action. Éthique et religion dans une société pluraliste*, Genève, Labor et Fides, 1992.

Loin de pouvoir se limiter à des considérations méthodologiques et épistémologiques relatives à l'étude des cas, la bioéthique doit nécessairement s'interroger sur ses propres fondements; elle ne pourra le faire qu'à la condition de se réinterroger sur les conditions de possibilité de l'éthique, c'est-à-dire, finalement, sur la légitimité même d'un *organon* de principes communs, passibles d'un consensus social et d'une mise en œuvre démocratique. La question n'est donc pas seulement celle des fondements internes d'une science particulière nommée «bioéthique[7]», mais, bien plus profondément, celle de l'inscription d'un tel savoir dans une conception globale de l'existence, qui soit à la fois éthique, culturelle et symbolique. On le voit: en ouvrant généreusement la porte à une interdisciplinarité qui ne saurait être de pure coexistence formelle, la bioéthique en appelle, sans nécessairement en être consciente, à une synthèse nouvelle qui la dépasse infiniment.

4) Enfin, la bioéthique s'est constituée à la fois sous l'impulsion de et en réaction à l'éthique théologique, qu'elle soit catholique ou protestante[8]. Plus largement, elle tend à se comprendre comme une éthique séculière, susceptible d'offrir un cadre de référence commun à l'ensemble des partenaires du débat éthique contemporain. La question demeure ici de l'articulation possible entre éthique séculière et éthique religieuse au sens large.

Pour une bioéthique séculière.

C'est le mérite indéniable de l'éthicien nord-américain H. Tristram Engelhardt Jr., bien connu par son maître ouvrage sur les «Fondements de la bioéthique[9]», d'avoir rouvert ce dossier des relations entre l'éthique

7. Sur les difficultés internes à la constitution de la bioéthique comme discipline qui se veut en même temps interdisciplinaire, voir les pertinentes analyses de G. BOURGEAULT, «Qu'est-ce que la bio-éthique?», in M.-H. PARIZEAU ÉD., *Les Fondements de la bioéthique*, p. 27-47.
8. Cela a été bien décrit et analysé par H. DOUCET, *Au pays de la bioéthique*, p. 13 ss. Voir S. E. LAMMERS et A. VERHEY éd., *Theological Voices in Medical Ethics*, Grand Rapids, Eerdmans, 1993.
9. *The Foundations of Bioethics*, New York-Oxford, Oxford University Press, 1986. La deuxième édition de cet ouvrage, profondément remaniée et parue en 1996, reformule le principe d'autonomie à l'aide de la catégorie de «permission», qu'on pourrait traduire par «autorisation» (voir p. 102 ss., 122 ss.). Sur Engelhardt, voir G. HOTTOIS éd., *Aux Fondements d'une éthique contemporaine. H. Jonas et H. T. Engelhardt*, Paris, Librairie philosophique Vrin, 1993, en particulier les contributions de M.-H. PARIZEAU, W. KUHLMANN et M. WEYEMBERG. Weyemberg se trompe sur un détail qui n'est pas sans importance (p. 199, n. 1): Engelhardt n'est pas «vieux catholique», mais catholique romain récemment converti à l'orthodoxie (selon le rite du patriarcat d'Antioche). Pour plus de précisions sur ce point, voir *Bioethics and Secular Humanism. The Search for a Common Morality*, Londres-Philadelphie, SCM Press-Trinity Press International, 1991, p. 149 ss., n. 48. Lors d'un

séculière et l'éthique religieuse. Son livre intitulé «Bioéthique et humanisme séculier» porte comme sous-titre «La recherche d'une éthique commune»[10]. Dans les lignes qui suivent, je vais tenter de résumer la thèse centrale de Engelhardt, avant d'en indiquer la pertinence et d'en discuter la portée.

Le front polémique de Engelhardt est double, mais avec une accentuation évidente du second enjeu: tout en estimant impossible et non souhaitable, sur le plan rationnel et démocratique, d'ordonner l'éthique séculière à un fondement religieux particulier, Engelhardt se bat prioritairement contre ce qu'on pourrait appeler une vision séculariste ou anticléricale de l'éthique. Son adversaire principal n'est pas du tout le traditionalisme religieux sous toutes ses formes (la cause, sur ce point, est considérée comme entendue), mais l'idéologie rationaliste de l'Humanisme Séculier. Sur ce plan, la discussion est particulièrement subtile, exposée à bien des malentendus. C'est la raison pour laquelle Engelhardt distingue explicitement deux types d'humanisme séculier: l'Humanisme Séculier (avec majuscules), comme idéologie athée et anti-religieuse, et l'humanisme séculier, comme base de discussion facilitant la recherche d'une éthique commune (voir 90).

Engelhardt prend tout d'abord acte de deux évidences sociologiques: d'une part, ce qu'il appelle le développement de la sécularité, conséquence, on le sait, du processus de sécularisation; et d'autre part, le développement de l'humanisme, sur les ambiguïtés duquel il va attirer notre attention.

La question de la sécularisation a donné lieu à de nombreuses théories contradictoires[11]; Engelhardt ne nous en donne à vrai dire qu'un aperçu fort sélectif et, à bien des égards, assez rudimentaire. Mais l'essentiel n'est pas là. L'intérêt de la problématique philosophique proposée par Engelhardt réside surtout dans son aval de la différenciation interne des convictions (religieuses et morales) découlant de la sécularisation. La possibilité d'une référence unique, faisant autorité en la matière, nous est désormais

---

séjour à Houston, en mars 1994, j'ai eu l'occasion de m'entretenir avec Engelhardt de la signification de son engagement religieux et de participer avec lui, sur son invitation, à la liturgie des vêpres selon le rite orthodoxe. Engelhardt distingue nettement sa piété personnelle et sa théorie rationnelle en bioéthique. Comme l'a bien vu Weyemberg (p. 195), il utilise des éléments communautaristes dans un contexte libéral. Mais je ne puis m'empêcher de penser que le fossé entre piété privée (individuelle ou communautaire) et pratique publique de la bioéthique se paie, en définitive, chez Engelhardt, d'une sous-estimation du sens social des représentations religieuses et de leur rôle conflictuel effectif dans la pratique concrète de la bioéthique ou de l'éthique clinique.

10. *Bioethics and Secular Humanism* (les chiffres entre parenthèses dans le texte renvoient à cet ouvrage). Voir la réaction de P. KURTZ, principalement visé par les critiques de Engelhardt, «The Case for Mutual Respect», *Hastings Center Report* 22/4, 1992, p. 40.

11. Voir à ce sujet l'ouvrage de O. TSCHANNEN, *Les Théories de la sécularisation*, Genève, Droz, 1992.

soustraite; telle est la principale conséquence, en apparence négative, dont la réflexion éthique doit tenir compte. Engelhardt y voit un trait distinctif de l'âge postmoderne. Cette dissémination possède, pourtant, son côté positif. Loin de nous renvoyer à la pure hétérogénéité des convictions et des engagements, elle appelle au contraire une base commune susceptible de fonder l'éthique séculière. À la thèse descriptive: «nous sommes devenus les uns pour les autres, du point de vue éthique, des étrangers *[moral strangers]*», s'ajoute une thèse normative: «[P]our vivre ensemble dans ce pluralisme absolu, nous devons disposer d'une référence formelle susceptible d'unifier le champ de nos débats». Ce n'est pas un hasard si, à cet endroit de la démonstration, Engelhardt tire un parallèle assez étonnant entre l'humanisme séculier et la notion de loi naturelle. Il est en effet, comme d'autres philosophes de cette fin de siècle (pensons seulement ici à Habermas, à Rawls, à Höffe, à Ricœur et à Jean-Marc Ferry), en quête d'une universalité formelle ou d'un principe de délibération communément ratifié. Chez Engelhardt, l'envers positif de la sécularisation conduit progressivement à la détermination d'un tel principe, par lui désigné comme «cadre neutre de référence *[neutral framework]*».

Jusqu'à présent, nous avons saisi l'intention de Engelhardt comme une tentative d'exploiter au maximum les avantages du processus de sécularisation. Mais pourquoi Engelhardt ne s'en tient-il pas, comme Habermas, au «discours philosophique de la modernité» pour rendre compte de ces avantages? Le fait qu'il désigne à maintes reprises le monde séculier comme un âge foncièrement postmoderne n'est-il pas l'indice d'une certaine oscillation, dans sa pensée, entre l'affirmation positive de la sécularisation et la nostalgie irrépressible d'un temps où l'unité demeurait garantie?

À la différence des communautaristes néo-aristotéliciens qui, à la suite de Hans-Georg Gadamer, cherchent dans la Tradition comme telle la réponse à l'insupportable éclatement provoqué par la modernité, Engelhardt constate le rôle pluriel des traditions et des visions morales; dans un premier temps, il semble même en déplorer les effets dévastateurs; l'adhésion doctrinale ou morale, si elle unit les personnes d'une même tradition par-delà le temps et l'espace, sépare en fait les humains, les pousse les uns contre les autres; la «guerre des dieux» annoncée par Max Weber déploie son venin. Le monde nous apparaît ici comme fragmenté, déchiré entre des métaphysiques et des axiologies rivales; ni les doctrines religieuses ou philosophiques, ni les systèmes éthiques, dans la matérialité de leurs propositions, ne sont à même d'unifier l'humanité.

Or c'est justement de cet éclatement que naît la nécessité principielle et normative de trouver une plate-forme commune, susceptible de procurer aux *moral strangers* le moyen de résoudre rationnellement les controverses éthiques (voir 15-16).

Pareille quête pose naturellement, par ricochet, la question du statut philosophique de cette *communality* qui, pour être toute formelle, n'en fait pas moins référence à la tradition de l'humanisme séculier. La question, on le sait, se pose globalement dans les mêmes termes touchant l'éthique de la discussion de Karl-Otto Apel et de Jürgen Habermas. Karl Popper se l'était déjà posée au sujet du rationalisme critique: l'option rationnelle ne présuppose-t-elle pas la foi suprarationnelle ou prérationnelle en la rationalité, et, par voie de conséquence, la reconnaissance d'une tradition rationaliste?

La discussion est de taille, non seulement pour la compréhension philosophique de l'option rationnelle, mais, plus largement, pour les bases les plus fondamentales d'une philosophie de la religion capable de jeter des ponts en direction de l'approche religieuse des réalités séculières. Engelhardt balise en effet une voie moyenne entre le Charybde de l'hétéronomie religieuse et le Scylla de l'autonomie séculariste et laïciste. Ne se satisfaisant pas de l'élimination pure et simple des éthiques religieuses, il s'efforce de leur redonner place de manière indirecte et seconde, par le biais de sa théorie du *neutral framework*.

Pour parvenir à ses fins, il emprunte le détour d'une étude minutieuse des avatars conceptuels et idéologiques auxquels ont donné lieu les notions de sécularité et d'humanisme. Par rapport aux rationalistes français contemporains (un Luc Ferry par exemple), obnubilés par la Tradition religieuse, Engelhardt fait subir un déplacement capital à la figure de l'adversaire: il ne s'agit plus de supprimer la tradition pour faire place à l'argumentation, ou de substituer la raison athée à la foi irrationnelle, mais de fixer, par mode rationnel, les limites constitutives de l'humanisme séculier lui-même. Engelhardt s'en prend centralement aux tenants d'un Humanisme Séculier absolutisé et idéologisé, délibérément athée et anti-religieux, pour leur montrer au contraire que le véritable humanisme séculier laisse place à une pluralité de visions philosophiques, religieuses et morales: non pas, dit-il avec force, «une bioéthique séculière comme rivale et remplaçante possible de la bioéthique religieuse», mais bien «une bioéthique séculière comme cadre de référence neutre rendant possible la négociation de bioéthiques religieuses variées» (18) – une affirmation qui explique pourquoi Engelhardt fera partie, à titre pour ainsi dire privé, des protagonistes principaux de la revue *Christian Bioethics* lancée en 1995[12].

12. Voir son article programmatique «Moral Content, Tradition, and Grace: Rethinking the Possibility of a Christian Bioethics», *Christian Bioethics* 1/1, 1995, p. 29-47; quand il écrit dans une revue de bioéthique laïque, il revient à son point de vue séculier, voir «Bioethics Reconsidered: Theory and Method in a Post-Christian, Post-Modern Age», *Kennedy Institute of Ethics Journal* 6/4, 1996, p. 336-341. Cette dualité nous semble schizophrénique, d'un point de vue européen; mais Engelhardt suit ici sans difficultés et sans états d'âme apparents la distinction entre le privé et le public usuelle aux États-Unis. Ce qui ne l'empêche pas, cependant, d'assumer *publiquement* ses écrits de bioéthique chrétienne!

Il est bien clair qu'avec une telle position méthodologique, Engelhardt peut sembler bien en deçà des ambitions kantiennes d'une autofondation rationnelle des limites de la raison; il se situe certainement, de ce point de vue, plus près de l'optique pragmatique de Habermas que de l'approche transcendentale de Apel; son scepticisme à l'égard d'un fondement éthique *a priori*, tenant lieu d'autorité morale unitaire, se nourrit en effet d'un pari décidé en faveur d'un espace de délibération rationnelle[13]. De ce fait, Engelhardt tente, au moins en intention, de surmonter les impasses d'un communautarisme principiel qui se satisferait de la légitimité particulière et distincte de chaque tradition communautaire; il accepte le défi d'un espace universel de rationalité susceptible de baliser la voie d'une éthique commune. Pourtant, sa démarche diffère de celle de Habermas sur un point fort intéressant: plutôt que de remédier aux divisions du monde vécu en faisant appel à la notion d'agir communicationnel, *il affronte d'entrée de jeu, de manière plus terre à terre, la contradiction de fait des bioéthiques religieuses*. Sa compréhension spécifique de la bioéthique séculière veut surmonter les effets pervers de la guerre des dieux, mais sans faire l'impasse sur le conflit des interprétations inhérent à la coexistence effective des visions religieuses et morales. De ce point de vue, il y a sans doute à la fois continuité et discontinuité entre *Bioethics and Secular Humanism* de 1991 et les *Foundations of Bioethics* de 1986. La continuité réside dans le refus d'accorder aux contenus religieux une pertinence interne dans l'argumentation bioéthique rationnelle. Mais un déplacement s'est produit, qui oblige Engelhardt (entre-temps converti à la religion orthodoxe) à se démarquer d'un humanisme séculier radical. C'est justement cet écart qui fait l'objet de notre propre réflexion critique, réflexion qui s'inscrit naturellement dans un autre contexte socio-culturel et dans un autre cadre théorique (théologique cette fois) que celui du philosophe et bioéthicien texan.

Les limites d'une bioéthique
fondée sur la seule autonomie du patient[14].

Quel est alors concrètement le point de partage ou le tournant critique où apparaît la scission entre la vision de Engelhardt et l'Humanisme

---

13. W. KUHLMANN, qui se rapproche de Apel, a cependant montré («Les *Foundations of Bioethics* de Engelhardt et l'éthique discursive», in G. HOTTOIS éd., *Aux Fondements d'une éthique contemporaine*, p. 143-156) que Engelhardt ne va pas assez loin dans sa défense de l'argumentation rationnelle et en particulier que son principe d'autonomie sous-estime l'importance de l'idée de justesse normative.
14. Sur les révisions de la notion d'autonomie, voir la mise au point récente de DOUCET, *Au pays de la bioéthique.*, p. 64-75, ainsi que B. MILLER, «Autonomy», in *Encyclopaedia of Bioethics*, t. I, éd. revue, p. 215-220.

Séculier dont il dénonce le caractère clos et stérile ? Il est clair que la réflexion de Engelhardt s'inscrit avant tout dans le contexte de la bioéthique nord-américaine ; elle nous intéresse dans la mesure où cette bioéthique exerce une influence non négligeable, mais pas toujours consciente et réfléchie, sur la bioéthique européenne. Or la bioéthique nord-américaine a souvent mis en avant de manière unilatérale la notion d'autonomie du patient. Engelhardt lui-même, dans ses *Foundations of Bioethics*, avait antérieurement insisté sur une dialectique à deux termes entre le principe d'autonomie et le principe de bienfaisance ; d'autres auteurs (notamment T. L. Beauchamp et J.-F. Childress[15]) argumentent à partir de la dialectique ternaire réunissant les principes d'autonomie, de bienfaisance et de justice. Par-delà ces nuances, certainement importantes, le principe d'autonomie semble demeurer prioritaire, non seulement chronologiquement, mais normativement. Dans *Bioethics and Secular Humanism*, Engelhardt constate, avec beaucoup de lucidité, que le principe d'autonomie et son corollaire, la notion cardinale de consentement libre et éclairé, servent souvent d'alibi à la réflexion bioéthique nord-américaine. On se replie sur le consentement du patient et sur l'exigence de la négociation, à défaut de pouvoir énoncer ce qui est éthiquement requis *(what one ought to do)* ; de fait, le recours au consentement et le respect de l'autonomie se substituent à l'effondrement de toute autorité morale, mais ne produisent pas de nouvelles normes communes (voir 40). Il faut bien admettre en effet qu'on ne saurait construire une éthique sur la seule base de l'autonomie du patient ; s'il n'y a plus que l'autonomie et le consentement, alors, au sens propre, il n'y a plus d'éthique[16] ! Il importe donc de s'interroger sur ce qui fonde l'autonomie. Poser une telle question, c'est admettre, plus largement, que l'éthique séculière ne repose pas sur elle-même, ou sur un sécularisme autosuffisant ; dans ce cas, en effet, l'autonomie du patient serait fondée sur l'autonomie de l'éthique, et nous aurions affaire à une tautologie mortelle. Toute réflexion conjuguée sur l'autonomie du sujet et sur l'autonomie de l'éthique séculière appelle la reconnaissance d'un ordre symbolique de transcendance ; dans les termes de

---

15. *Principles of Bioethics*, New York-Oxford, Oxford University Press, 1994[4] (la première édition date de 1979) ; voir aussi T. L. BEAUCHAMP et W. LEROY éd., *Contemporary Issues in Bioethics*, Belmont Cal., Wadsworth, 1989[3]. Pour une analyse critique du paradigme central de la bioéthique nord-américaine (autonomie, bienfaisance, justice), on lira avec profit E. R. WINKLER, «From Kantianism to Contextualism. The Rise and Fall of the Paradigm Theory in Bioethics», in E. R. WINKLER et J. R. COOMBS éd., *Applied Ethics. A Reader*, Oxford-Cambridge (Mass.), Blackwell, 1993, p. 343-365. Winkler montre de manière convaincante le caractère composite des principes bioéthiques (il s'agit en fait d'un compromis entre des traditions éthiques contradictoires) et la difficulté à passer de ces principes normatifs à leur application (d'où les réactions anti-normatives de l'éthique clinique).
16. Voir dans le même sens D. GRACIA, *Fondamenti di bioetica*, p. 229-230 ; J.-F. MALHERBE, *Pour une éthique de la médecine*, Paris-Bruxelles, Larousse-Ciaco, 1990, p. 60 ss.

Engelhardt, l'éthique séculière, à moins de se clore sur un Humanisme Séculier autosuffisant et idéologique, ne saurait esquiver la question des «buts transcendants» (41) qui la fondent et la motivent. Une éthique commune doit nécessairement s'avérer capable de surmonter la diversité des éthiques particulières; se replier sur le consentement du patient comme principe unique, ce serait prouver par l'absurde notre incapacité «à justifier en termes séculiers généraux une moralité concrète capable de transcender les controverses qui divisent des visions morales rivales» *(ibid.)*.

L'humanisme: une nouvelle religion?

Engelhardt semble en avoir terminé avec la notion d'humanisme séculier, sitôt établi le partage entre le *neutral framework* et l'idéologie d'un sécularisme faisant cercle avec une autonomie radicale. Or la question s'enrichit et se complexifie par l'examen plus attentif de la catégorie d'humanisme, laissée dans l'ombre jusqu'ici. Engelhardt ne manque pas de souligner les équivocités d'un concept non moins ambigu que ceux de sécularité et de sécularisation. Mais, à la pointe de la reconstruction qu'il nous en offre, la fonction quasi spéculative du concept d'humanisme apparaît très clairement: à travers ses vicissitudes historiques, l'humanisme n'a en effet cessé de requérir *des valeurs communes comme conditions transcendantales de la culture et de la société*. L'humanisme recueille, au cœur de la sécularité, l'héritage conjoint de la tradition grecque et de la tradition judéo-chrétienne; telle est la thèse de Engelhardt. On en vient à se demander, à le lire, s'il ne fait pas des valeurs ainsi liées à l'humanisme le substitut de la religion comme fonction unificatrice de la culture et de la société. Il faut pourtant noter que Engelhardt ne voit que partiellement dans le recours à l'humanisme et aux «humanités» une réaction à la fragmentation du monde moderne et postmoderne (74); il s'empresse d'ajouter que l'humanisme joue un rôle critique à l'égard de la religion, en la protégeant contre la bigoterie et contre le totalitarisme. On peut en dire autant du thème des valeurs, souvent associé, aux États-Unis, au développement de la bioéthique et de l'éthique des soins. L'association quasi mécanique entre la santé et les valeurs humaines ne résout guère la question du statut philosophique de ces valeurs. En tout cas, Engelhardt est bien conscient de la solidarité qui existe entre la défense de l'humanisme séculier et celle des valeurs humaines. En Europe, une telle proximité nous obligerait très vite à relever le défi de l'anti-humanisme post-nietzschéen; Engelhardt évoque en passant les thèses de Michel Foucault, pour se tourner très vite vers ses véritables adversaires: les tenants de l'Humanisme Séculier. Aux États-Unis, à en croire du moins l'analyse de Engelhardt, le défi n'est pas tant celui de l'anarchisme que du progressisme rationaliste. Le portrait qu'il nous donne de ces Humanistes-là nous les rapproche davantage de libres-penseurs technocratiques que de contestataires prométhéens (voir 96).

Au cœur de cet Humanisme Séculier, Engelhardt détecte la présence d'un athéisme principiel; il ne s'agit pas d'une pensée centrée sur l'immanence, mais d'une pensée qui joue l'immanence, dans sa clôture absolue, contre toute prétention de transcendance. L'Humanisme Séculier (Engelhardt s'en prend notamment à Paul Kurtz[17]) exclurait *a priori* toute prétention de transcendance: tel est bien ce qui lui est ici reproché. Pour Engelhardt, au contraire, une bioéthique séculière se doit de demeurer strictement dans les limites de l'agnosticisme; loin de contester les prétentions de transcendance, elle les esquive par méthode et les ignore par ascèse, afin de concentrer ses efforts uniquement sur l'éthique commune des *moral strangers*. La mise entre parenthèses (au sens de l'*épochè* phénoménologique) est méthodologique, et non pas idéologique (voir 97).

À cela s'ajoute, pour Engelhardt, l'avantage social, et non seulement intellectuel, du *neutral framework*. L'Humanisme Séculier a en effet tendance à s'organiser en mouvements quasi religieux, avec des chartes et des manifestes, et à contribuer ainsi au climat général d'intolérance; l'humanisme séculier de type formel prôné par le philosophe entend, au contraire, surmonter les effets dévastateurs d'une telle rivalité mimétique.

On doit néanmoins s'interroger sur la thèse centrale de Engelhardt, et cela eu égard aux deux avantages signalés. Sur le plan cognitif, la thèse de Engelhardt a toutes les apparences de la sagesse et de la générosité et semble à même de fournir une plate-forme opérationnelle pour la quête d'une éthique humaniste commune. Mais peut-elle vraiment satisfaire les différents partenaires en jeu? La description de l'adversaire (en l'occurrence l'Humaniste Séculier à la Paul Kurtz) respecte-t-elle vraiment ses droits fondamentaux? Plus largement, la tolérance dont fait preuve Engelhardt, dans l'autre direction, envers les différentes éthiques religieuses, ne reste-t-elle pas toute formelle? Dès lors qu'il s'agit, pour les *moral strangers* engagés dans le débat bioéthique, de donner leur avis et de prendre leurs responsabilités, peut-on si aisément leur demander de faire abstraction de leurs convictions les plus intimes? La même remarque vaut aussi bien pour les Humanistes Séculiers et pour les Humanistes Religieux, pour les laïcs et pour les confessants: pour que vrai débat il y ait dans le *neutral framework*, ne faut-il pas que ce cadre de référence se contente de faire respecter les règles du jeu, sans empiéter sur le droit des participants à faire valoir leurs convictions, et à condition bien sûr que ce soit de manière à éclairer le débat commun?

Mais la thèse demeure aussi problématique quant à sa portée sociale. Engelhardt ne précise guère le statut institutionnel de ce *neutral frame-*

---

17. Auteur de *Forbidden Fruit: The Ethics of Humanism*, New York, Prometheus, 1988.

work. Un peu comme chez Habermas, l'organisation de l'espace public semble être le monopole des représentants de la rationalité. Or qui sont ces représentants, sinon les philosophes de métier et, parmi eux, les plus distingués et les plus reconnus? Ne faudrait-il pas s'interroger ici aussi sur la prééminence tacite accordée à cette corporation? Ne doit-on pas se demander, à la suite de J. Derrida[18], si une telle institutionnalisation privilégiée de la philosophie ne conduit pas à un dépouillement des prérogatives naturelles de l'humanité?

Engelhardt n'en a pas moins le mérite de requérir à quelles conditions peut avoir lieu l'échange interhumain sur les questions de bioéthique. L'élucidation du *neutral framework* n'est pas seulement une affaire de méthode, elle découle d'une exigence éthique éminemment pratique, puisqu'elle se propose de faire échec au sourd potentiel de violence contenu dans la situation des *moral strangers*. L'expérience historique de l'humanité a montré les ravages analogues causés par les athéismes (fascisme, nazisme, communisme) et par les humanismes, quand ils en viennent à s'affronter sans merci, au nom de la supériorité absolue de leur idéologie. La question philosophique demeure: comment se mettre d'accord, entre humains d'obédience et de convictions différentes, afin d'éviter l'inhumanité? Une bonne éducation morale ou le recours aux humanités ne suffisent pas; n'a-t-on pas pu parler, avec de bonnes raisons historiques, d'une «éthique nazie[19]» (expression paradoxale et abominable aux yeux de beaucoup) comme source d'inspiration des horreurs que l'on sait? L'éthique séculière exige de reconstruire les bases d'une axiologie rationnelle et universelle (101). Cette opération n'est possible, selon Engelhardt, qu'à la condition de surmonter les apories respectives et symétriques du traditionalisme et du rationalisme des Lumières. Notons ici en particulier la manière dont Engelhardt s'écarte de l'idéal rationaliste de la modernité. L'humanisme des Lumières a cru pouvoir fonder l'axiologie sur la seule raison, sans voir que les choix axiologiques opérés de cas en cas renvoient eux-mêmes à un «sens moral canonique» (105), autrement dit à un système traditionnel particulier. Comment rendre justice à ce cercle herméneutique, sans renoncer pour autant à l'idéal d'une éthique séculière et sans succomber au scepticisme postmoderne? Engelhardt élimine six tentatives de résoudre cette difficulté; dans l'ordre, la théorie du choix hypothétique (Habermas), celle de la fiction contractuelle (Rawls), celle de l'appel à la rationalité ou à la moralité comme telles (Kant), l'utilitarisme des conséquences ou des préférences, le recours au concept de nature (Jonas), l'équilibre réflexif entre intuitions contradictoires. Après avoir écarté (sommairement) ces six modèles, Engelhardt semble n'avoir plus d'autre issue que le nihilisme et le relativisme. Nous voici

---

18. *Du droit à la philosophie*, Paris, Galilée, 1990.
19. Voir P. J. HAAS, *Morality after Auschwitz. The Radical Challenge of the Nazi Ethic*, Philadelphie, Fortress Press, 1988.

renvoyés à la case de départ: ou bien se replier sur une vision morale ou religieuse particulière, comme fondement singulier de ma bioéthique personnelle, ou bien admettre que l'idéal méthodologique et pacifique d'un *neutral framework* ne fait qu'ajouter à la cacophonie; l'humanisme séculier, mené dans ses conséquences ultimes, s'est autodétruit (111); le renversement radical des valeurs naguère proposé par Nietzsche semble se vérifier de part en part, consacrant le triomphe du perspectivisme le plus absolu; quoiqu'il cite fort peu le prophète de Sils Maria, Engelhardt en affronte de toute évidence les défis les plus décisifs, au prix d'un paradoxe redoutable. La mise en cause de l'éthique traditionnelle est en effet l'occasion d'une transformation radicale de l'humanisme. Mort de Dieu, mort de l'homme, mort de la nature, ce triple affaissement fait place nette à une authentique base rationnelle de l'éthique séculière. L'absence de toute téléologie physico-naturelle soumet par exemple la sexualité aux règles et aux buts purement subjectifs que se fixent les personnes[20]; la notion même de contenu moral devient obsolète: il en découle une bioéthique foncièrement permissive, au sens positif du terme, c'est-à-dire centrée sur le consentement et l'autorisation des participants à l'expérimentation. Finalement, devant la question ultime que constitue le sens de la souffrance et de la mort, la bioéthique séculière reconnaît la contradiction entre leur survalorisation religieuse et leur banalisation athée; elle admet la nécessité d'une hiérarchisation des valeurs, mais sans pouvoir elle-même en proposer la formule.

À ce stade, la bioéthique séculière projetée par Engelhardt se caractérise avant tout par son caractère *aporétique*. Au moment même où elle semble déboucher sur une solution méta-idéologique, elle s'enfonce dans la dialectique toujours plus subtile d'un scepticisme *ad infinitum*. En même temps, Engelhardt est pleinement conscient de l'inacceptabilité du relativisme. Ne plus pouvoir choisir entre le respect des personnes et des intérêts supérieurs (sécurité, prospérité), ou entre la démocratie et la tyrannie, représente une situation moralement intenable. La quête même d'une hiérarchie des valeurs ou d'un contenu moral participe encore de la guerre des dieux; elle est source de violence. La *seule* solution morale au dilemme posé est *l'engagement dans le sens de la résolution des conflits et des controverses* (119). En tranchant ainsi le nœud gordien du relativisme postmoderne, Engelhard semble renouer avec la solution habermassienne; à cette différence capitale, pourtant, qu'il se situe sur le plan de l'engagement *(commitment)*, c'est-à-dire à ce point où non seulement Dieu, mais la raison humaine elle-même ne parlent plus. *Le point de vue moral adopte la perspective la plus nue, celle qui fait appel au minimum de contenu théorique et au maximum d'engagement pratique.* La sortie de

---

20. H. Tr. ENGELHARDT précisera par la suite que son concept d'Humanisme Séculier culmine précisément dans la *personitas (sic)* et non dans l'*humanitas*, encore trop générale et trop abstraite (voir 125 et 140).

l'aporie théorique obéit donc à une logique strictement pratique et volontaire; *le fondement de l'éthique, chez Engelhardt, ressortit exclusivement à une logique de la décision en faveur d'un vivre-ensemble pacifique.* Elle est une éthique volontariste du respect mutuel, puisque la source de l'éthique commune est la volonté commune. Choisir la force plutôt que la négociation, c'est renoncer à régler éthiquement la situation des *moral strangers*, c'est se mettre soi-même en position de hors-la-loi moral (*moral outlaw*, 120).

Pour Engelhardt, seule la «volonté de moralité *[will to morality]*» peut vaincre le nihilisme à la fois induit et surmonté, chez Nietzsche, par la volonté de puissance. C'est cette volonté qui constitue le fondement rationnel de l'éthique et la grammaire de notre résolution intersubjective des conflits moraux. Elle rend possible une réelle confrontation des visions religieuses et morales, mais il s'agit toujours, pour l'humanisme séculier, d'une confrontation pacifique, par voie de témoignage et non de coercition. L'humanisme séculier reconnaît le droit de chacun de vouloir «convertir» l'autre à sa propre vision, puisque la moralité de l'individu dépend de sa volonté d'éthique; est immorale, au contraire, toute volonté de soumettre par la force un individu à la conviction d'un autre individu ou d'un autre groupe, fût-ce la société dans son ensemble. L'éthique de Engelhardt culmine dans un libéralisme radicalement individuel, mais échappe à l'individualisme à un double titre; d'une part, il reconnaît au témoignage un rôle décisif dans l'échange moral entre les sujets; d'autre part, le *neutral framework* ainsi constitué permet aux individus de participer – *in joint ventures*(123) – à des politiques (par exemple dans le domaine de la santé) dont il ne partage pas nécessairement toutes les visées.

Engelhardt compare ce cadre de référence à l'entreprise des postes, qui distribue le courrier quel que soit son contenu idéologique, mais selon des conditions tarifaires égales. Cela n'est pas sans rappeler les justifications des dites entreprises lorsqu'elles se sont mises à desservir le minitel rose! Le *neutral framework* doit garantir les droits égaux de chacun à diffuser et à recevoir l'information qui lui convient, indépendamment du caractère moral ou immoral du contenu des messages véhiculés. Selon Engelhardt, le système de santé doit fonctionner selon les mêmes critères. C'est la seule manière, dans une société séculière, foncièrement pluraliste, de respecter la diversité des convictions. Ainsi, concrètement, la bioéthique séculière accentuera le consentement éclairé, non un concept supérieur de la santé ou des buts idéaux de la médecine; elle privilégiera le respect de la vie privée et de la confidentialité plutôt qu'un projet moral totalisant, et la qualité des soins plutôt que la justice parfaite d'un système de soins sans faille, et, *last but not least*, le marché libre plutôt qu'une régulation égalitariste.

Dans cet ouvrage, l'adversaire central de Engelhardt est précisément l'Humanisme Séculier en tant qu'idéologie particulière, athée et chargée de contenus. Or, comme le fait remarquer lui-même Paul Kurtz (un des tenants de l'Humanisme Séculier aux États-Unis) dans sa recension du livre de Engelhardt, la théorie engelhardtienne du *neutral framework* n'est pas neutre du point de vue axiologique. Elle privilégie un ensemble de valeurs concentrées autour des notions de respect mutuel des personnes, de liberté individuelle et d'auto-détermination[21]. C'est bien la preuve que, pour fonder une théorie du fondement de l'éthique, personne ne saurait échapper au cercle herméneutique de la tradition et de l'argumentation rationnelle. Malgré toute la peine qu'il se donne pour faire droit à l'expression de chacune des traditions en présence dans le débat bioéthique, Engelhardt ne parvient à penser jusqu'au bout ni la charge de contenu philosophique et moral qui affecte[22] son propre discours, ni la pertinence systématique (et pas seulement interindividuelle) des doctrines et des traditions dans la réflexion éthique elle-même. Le recours au témoignage permet de garantir les conditions d'un libre échange d'idées et de convictions, mais le témoignage lui-même, comme le symbole et comme la tradition, donne à penser.

On peut se demander aussi s'il ne faudrait pas remettre en question ou du moins relativiser quelque peu la notion de *moral strangers*, si essentielle au dispositif argumentatif de Engelhardt. Ce concept nous paraît en effet renvoyer à l'ambiguïté même du projet d'établir une plate-forme neutre pour la délibération éthique. Engelhardt pourrait-il parler d'"étrangers moraux" s'il n'avait pas sourdement identifié la diversité des conceptions morales à la différence irréductible des convictions philosophiques et religieuses? Ne faudrait-il pas au contraire postuler une autonomie plus rigoureuse de l'éthique et admettre, en conséquence, que la possibilité même d'ériger la plate-forme neutre tient à une option éthique dont il importe de fonder justement l'universalité? Dans ce cas, l'éthique ne serait pas abandonnée aussi fortement au relativisme et à l'éclatement que le prétend Engelhardt; cependant, elle serait sans cesse à mettre en rapport avec la diversité des convictions et des interprétations qui nous donnent accès au réel et qui conditionnent en outre, il est vrai, la diversité des approches morales elles-mêmes.

Pour penser cette articulation, on pourra recourir à la distinction proposée par B. Gert entre principes fondateurs et principes dérivés de l'éthique[23]. À la suite de Kant, les théoriciens contemporains de la bioéthique se sont efforcés d'énoncer des principes éthiques supérieurs, potentiellement universels (l'autonomie, la bienfaisance, la justice). On sup-

---

21. "The Case for Mutual Respect", p. 40.
22. La tradition axiologique affecte bel et bien la réflexion éthique, si formelle soit-elle; mais Engelhardt ne semble capable de penser cette affection que sur le mode d'une infection (il parle à plusieurs reprises de faits ou de jugements *value-infected*).
23. *Morality. A New Justification of the Moral Rules*, New York-Oxford, Oxford University Press, 1988.

pose par là que nous sommes bel et bien liés par une communauté éthique universelle, suspendue en dernière instance à la parole normative et orientatrice des Droits de l'homme. Nous devrions alors nous reconnaître comme des compagnons éthiques, non comme des *moral strangers*, et cela impliquerait en particulier que nous prenions nos distances par rapport à l'«individualisme éthique» de Engelhardt (voir 135): décréter comme il le fait la priorité absolue de l'individu sur les théories morales, c'est renoncer trop vite à toute théorie éthique normative – y compris à une théorie comme celle de Engelhardt lui-même, faisant de l'individu, sur le plan théorique, le principe premier de l'éthique! En d'autres termes, le débat avec Engelhardt appelle une discussion serrée de la différence entre individu et sujet, seule à même, selon nous, d'introduire au sein de la théorie éthique la nécessaire réflexion sur l'intersubjectivité et de gérer le problème de la violence, crucial pour toute fondation de l'éthique. Le libéralisme optimiste de Engelhardt reste ici trop en deçà du seuil fondamental où se joue l'éthicité. L'aliénation la plus radicale n'est pas d'abord celle des visions morales antagonistes, mais bien celle qui sépare les sujets et les consciences, dans leur quête d'identité et de communication.

Dans un deuxième temps, on reconnaîtra que les principes premiers de l'éthique (liberté, justice, responsabilité, en tant qu'elles relèvent le défi de la violence interhumaine et sociale) se traduisent culturellement et socialement sous la forme de principes moraux dérivés, structurellement liés aux changements sociaux et aux représentations symbolico-culturelles de l'existence. Ainsi, les principes universels premiers dont font état les Droits de l'homme dans leur interpellation normative s'expriment selon des modalités variables et contradictoires, en fonction des contextes historiques et religieux de leur énonciation. Il appartient à la réflexion éthique de faire la part des choses entre l'universalité rigoureuse des principes premiers et la relativité culturelle indéniable de ceux dérivés de l'éthique.

Tout bien considéré, comme *religious strangers* et comme *political strangers*, nous demeurons rattachés à un idéal de communauté éthique universelle. L'éthique n'est pas que la résultante du respect mutuel des personnes, elle fait de ce respect inconditionnel de l'autre la base d'une éthique sociale et cosmopolitique, qui ne saurait comme telle être indifférente au genre, à la race, à la culture et à l'espèce (contre Engelhardt, 140). Engelhardt a bien vu, en post-kantien authentique, le rôle central du respect inconditionnel des personnes, mais son attachement à la relativité des communautés humaines concrètes aurait dû le conduire à énoncer la dimension sociale et politique des principes premiers de l'éthique plutôt qu'à réduire l'éthique à une vision tronquée de ces principes premiers. Philosophiquement, sa théorie souffre d'un appauvrissement du concept de subjectivité; éthiquement, elle réduit la justice et la solidarité au critère unique de l'autonomie et de la liberté de l'individu; philosophiquement et théologiquement, on peut penser que l'expérience historique de la violence interhumaine et du mal, dont rend compte le concept de péché, demeure d'un grand secours pour une théorie de l'éthique qui entend se situer à la taille de l'homme et au cœur du réel.

Chaque religion authentique vise à la réconciliation du particulier et de l'universel: eschatologiquement, la foi juive et la foi chrétienne visent à la synthèse «messianique» de la religion et de l'éthique, sans jamais faire l'impasse sur l'expérience de la violence et du mal; d'un point de vue théologique, la religion apparaît bien comme le motif et le sol ultime de l'éthique, mais l'éthique demeure, *sub specie historiae et humanitatis*, le correctif critique de la religion et le barrage contre toute folie religieuse mortifère. Ce dernier point est fortement mis en évidence par Engelhardt; c'est pourquoi l'éthique théologique ne saurait se contenter d'une approche dogmatique du fondement de l'éthique, avec ce qu'elle comporte de potentiellement violent. Elle doit poursuivre le dialogue exigeant avec l'éthique séculière; car elle partage avec elle la conviction profonde que l'éthique est au service de la personne humaine et de sa commune *humanitas*. Le recours religieux à la transcendance ne garde ici sa raison d'être et sa pertinence qu'à la condition de demeurer vigilant contre toutes les idolâtries subtiles qui ne cessent de le menacer de l'intérieur.

Il faut dès lors reconnaître que les positions officielles de l'Église catholique ne facilitent ni la tâche des théologiens de toute confession, ni celle des hommes et des femmes de bonne volonté désireux d'établir un rapport fécond entre l'éthique séculière et la religion chrétienne. Le fait que Engelhardt ait justement quitté le catholicisme ne saurait constituer un pur hasard. Il témoigne au contraire de la crise aiguë de toute une génération d'intellectuels, aux prises avec une religion (le christianisme, par-delà sa seule dimension romaine) qui ne cesse de décevoir leurs attentes et leurs exigences, souvent très élevées. La confrontation avec le catholicisme et la prise en considérations des retombées sur le protestantisme sont donc inéluctables. Ce sera l'objet des deux étapes suivantes.

LA «SPLENDEUR DE LA VÉRITÉ», OU L'ABSOLUTISME DE LA THÉOLOGIE MORALE

Dans cette deuxième section, nous nous en tiendrons uniquement aux développements les plus récents de l'enseignement du Magistère catholique romain touchant au statut et au contenu de la morale catholique. Notre texte de référence sera l'encyclique de Jean-Paul II *Veritatis splendor*, publiée en 1993[24]. On y trouve en effet à la fois l'expression stylisée

---

24. Abrégée VS. Je suis l'édition française publiée aux Éd. du Cerf à Paris en 1993, avec une préface de X. Thévenot. J'indique à chaque fois entre paren-

d'une conscience absolue de soi et l'indice d'un malaise dans le positionnement social de la théologie morale. Nous ne discuterons pas l'ensemble du texte, mais nous concentrerons sur les trois questions suivantes: 1) comment ce texte analyse et interprète-t-il le contexte dans lequel s'exerce la théologie morale? 2) comment le discours normatif de la théologie morale se comprend-il lui-même dans ce contexte? 3) quelle place reconnaît-il au pluralisme interne de la théologie morale?

Le contexte.

«Une nouvelle situation est apparue dans la communauté chrétienne» (4, 8). C'est cette nouvelle situation, selon *VS*, qui rend nécessaire une relecture de l'enseignement moral de l'Église catholique. Quelles sont les caractéristiques de cette nouvelle situation?

L'encyclique évoque les «nombreux doutes» et les «nombreuses objections, d'ordre humain et psychologique, social et culturel, religieux et même proprement théologiques» (4, 8) qui sont apparus envers l'enseignement moral du Magistère. Il s'agit désormais d'une mise en discussion «globale et systématique» du patrimoine moral catholique, discussion fondée «sur des conceptions anthropologiques et éthiques déterminées».

La nécessité de la réaffirmation de la vérité morale répond ainsi à un défi global, portant sur les principes mêmes de la morale catholique.

Le diagnostic systématique posé par *VS* part d'une scission fondamentale, au sein et sous l'influence de certains courants de pensée, entre la liberté et la vérité. Telle sera, on le sait, la thèse centrale de *VS*: non pas le refus de la liberté, mais l'affirmation de sa nécessaire dépendance par rapport à la vérité qui la constitue.

Sans que le contexte social et culturel envisagé trouve une expression plus précise, il peut être ramené au processus de l'autonomie (voir ici chapitre III), selon lequel la vérité et les valeurs ne pourraient qu'être proposées aux consciences, appelées ensuite à s'en inspirer «de manière autonome» (4, 9).

---

thèses le paragraphe, suivi de la pagination. Pour l'analyse de *Veritatis splendor* voir Ch. Duquoc, «L'encyclique *Veritatis splendor*: présentation critique», *Revue de théologie et de philosophie* 126, 1994, p. 325-332; J. Desclos, *Resplendir de vraie liberté. Lectures de Veritatis splendor*, Montréal-Paris, Médiaspaul, 1994 (avec une attention particulière aux sources explicites de VS); et, d'un point de vue protestant, É. Fuchs, *La Morale de Jean Paul II*, Genève, Labor et Fides, 1994; voir aussi les différentes contributions réunies dans *L'Actualité religieuse dans le monde* 116, 15 novembre 1993, ainsi que les bonnes remarques critiques de N. Biggar, «*Veritatis splendor*», *Studies in Christian Ethics* 7/2, 1994, p. 11-13.

La compréhension de soi et le statut normatif de la théologie morale.

Je n'établis pas ici de différence majeure entre les termes d'enseignement moral de l'Église catholique et de théologie morale, même s'il est évident qu'une telle différence existe dans l'enseignement catholique lui-même, sur la base, notamment, de la différenciation entre le rôle du Magistère et celui des théologiens. Mais le texte lui-même, comme nous le vérifierons plus loin, tend à rapprocher très étroitement les deux notions, au point, selon nous, de ne pas laisser de place pour le pluralisme interne à la théologie morale. La légitimité de les conjoindre émane en un sens de la logique du texte. Nous ne pensons pas l'y avoir introduite de force et de l'extérieur.

On ne saurait assez insister sur le fait que c'est la première fois que le Magistère romain s'exprime explicitement sur des questions de *théologie morale fondamentale*, laissant au catéchisme romain d'une part, à des encycliques particulières d'autre part (voir *Centesimus annus* et *Evangelium vitae*) le soin de traiter les questions de morale appliquée. *VS* est ainsi amenée à pratiquer «un nécessaire discernement entre les spécialistes de l'éthique et de la théologie morale» (5, 11). Autrement dit, le Magistère prend position, d'un point de vue de théologie morale, dans les controverses internes de cette discipline, en exposant «les raisons d'un enseignement moral enraciné dans l'Écriture sainte et dans la Tradition apostolique vivante» (5, 11). C'est cette intrusion qui pousse à la quasi-confusion des notions d'enseignement moral de l'Église et de théologie morale.

L'encyclique établit le point de vue normatif et le statut fondamental de la théologie morale en s'appuyant sur les deux piliers annoncés, l'Écriture et la Tradition, dont les contenus principaux sont développés dans les chapitres I et II du texte. Mais les contenus sont une chose, sur laquelle on peut toujours discuter. Autre chose est la finalité sous-jacente des arguments. Or c'est justement la fonction de ces deux références – l'Écriture et la Tradition – qui demande interrogation généalogique et critique.

Paul Ricœur a très bien montré, dans un texte incisif[25], l'usage discutable de l'Écriture dont fait état le chapitre I de *VS*. Poursuivant sur la lancée de cette analyse, nous notons le glissement qui s'opère progressivement entre le texte de Matthieu 19, 16-21, support de l'enseignement moral de Jésus lui-même (6-9, 12 ss.), la reprise théologique identifiant Dieu et le Bien (à partir de 10), le développement du thème de la perfection et enfin la reprise herméneutique (à partir de 25). Finalement, le texte biblique, censé procurer le point de départ et le fondement de la théologie morale, s'intermêle subtilement et de manière de plus en plus inextricable

---

25. «La Bible dit-elle ce que lui fait dire l'Encyclique?», in *L'Actualité religieuse dans le monde*, p. 18-19.

dans une herméneutique magistérielle. Certes, la figure du Christ y demeure centrale, comme médiation fondamentale de la vérité de Dieu (voir 25, 42: «C'est toujours le Christ, et lui seul, qui donne la réponse intégrale et finale»). Mais, en bonne logique catholique romaine, la réponse du Christ est indissolublement liée à sa présence dans son corps, l'Église[26]. Ainsi est nouée la gerbe rattachant étroitement ce qu'on pourrait nommer l'autorité fondatrice du Christ et l'autorité dérivée, mais néanmoins bien réelle, du Magistère. Dogmatiquement, l'autorité du Magistère est formellement subordonnée à celle du Christ. Stratégiquement, et d'un point de vue généalogique et critique, le Magistère s'empare de l'autorité morale du Christ pour légitimer son autorité absolue en la matière. C'est donc ni plus ni moins à un détournement ou mieux à une confiscation de la vérité christique que nous assistons. Notre différend avec le point de vue romain est ici radical. Nous comprenons d'autant mieux l'embarras de nos collègues catholiques les plus ouverts face à une telle position. Car seule une rupture théologique avec le présupposé initial semble pouvoir permettre un retour du catholicisme à ses racines évangéliques.

Pourtant, on ne comprend bien le geste exégétique de *VS* et sa mise en perspective herméneutique initiée au paragraphe 25 que si on garde en vue le lien structurel rattachant le chapitre I au chapitre II de l'encyclique. Ce que le chapitre I induit, en remontant diachroniquement de l'Écriture à la Tradition, le chapitre II le scelle et le clôt, en recouvrant la dynamique scripturaire de la chape de plomb d'une tradition statique, appuyée sur l'enseignement légitimateur de l'apôtre Paul dans Romains 12, 1-2. Le renouvellement de l'intelligence auquel Paul nous invitait est mis au service total de l'obéissance au Magistère romain. Une fois de plus, la figure de la continuité l'emporte massivement sur celle de la discontinuité critique. La construction subtilement perverse de *VS* est une confirmation grandiose et malheureuse des méfaits du modèle homilétique en éthique théologique.

La place du pluralisme.

Comme nous l'avons vu, *VS* introduit d'entrée de jeu dans ses considérations sur le contexte de l'enseignement moral catholique romain le fait

---

26. L'étude comparative sur la morale catholique et l'éthique protestante conduite en France a bien mis en lumière la différence constitutive entre la conception catholique et la conception protestante de l'Église dans leur lien, sacramentel ou non, avec la vérité, ainsi que les implications de cette différence pour l'éthique ou la morale, voir COMITÉ MIXTE CATHOLIQUE-PROTESTANT EN FRANCE, *Consensus œcuménique et différence fondamentale*, Paris, Centurion, 1987, avec les analyses de B. SESBOÜÉ et A. BIRMELÉ, ainsi que *Choix éthiques et communion ecclésiale*, Paris, Éd. du Cerf, 1992.

que la mise en discussion globale et systématique va jusqu'à s'exprimer au cœur de la théologie morale elle-même. Le contexte lui-même est *de facto* un contexte pluraliste.

La difficulté majeure de *VS* réside dans sa manière de rendre compte du lien systématique entre la pluralité de fait de la théologie morale catholique romaine et l'absoluité de droit de cette même théologie bien comprise, et résumée dans l'option fondamentale.

Or, ainsi que le note finement le théologien moraliste québécois Jean Desclos: «N'y a-t-il pas un malaise dans le fait que le Magistère fait difficilement l'examen de "ses vérités" à la lumière de LA Vérité[27]?» L'ambiguïté dénoncée de l'éthique contemporaine se reflète forcément dans la diversité des théologies morales catholiques. Selon quelles justifications étayées *VS* parvient-elle à la conclusion que la position déontologique du Magistère est meilleure que certaines positions plus conséquentialistes souvent utilisées en éthique appliquée (en bioéthique et en éthique des affaires, notamment)?

Cela n'est possible qu'au prix d'une *réduction* de la pluralité contextuelle en une dualité totale, réduction qui résulte d'une peur excessive envers le processus même de la modernité (voir chapitre III, nos remarques sur l'autonomie et la modernité).

Les trois éléments analysés se rejoignent selon une stricte logique: la dénonciation du relativisme contextuel prépare le terrain à l'auto-affirmation magistérielle de soi comme détentrice de la vérité et implique nécessairement la réduction principielle du pluralisme.

Vue de l'extérieur, la stratégie argumentative de *VS* reflète les conditions sociales et culturelles de sa généalogie postmoderne: faute d'accepter le prix à payer pour une discussion responsable des conséquences de la modernité, la position romaine verse dans une critique radicale de la modernité et pactise avec une lecture récessive et nostalgique de la postmodernité.

LES ALÉAS DE LA CONSCIENCE THÉOLOGIQUE DE SOI DE L'ÉTHIQUE PROTESTANTE

Les différentes étapes de l'éthique contemporaine n'ont pas été sans affecter le destin et la situation de l'éthique théologique, toutes confessions confondues. Le protestantisme, champ principal mais non exclusif de notre ouvrage, est lui aussi en butte à des contradictions internes qu'il convient de connaître avant même de vouloir les surmonter.

---

27. *Resplendir de vraie liberté*, p. 42.

Trois paradigmes nous paraissent pouvoir être esquissés, qui rendent compte des transformations en cours: la déduction théologique de l'éthique, l'autonomisation de l'éthique, la rethéologisation de l'éthique.

Le paradigme de la déduction théologique de l'éthique.

Dans la période de développement de l'éthique théologique et de la théologie morale suivant la Deuxième Guerre mondiale, le paradigme dominant est celui de la déduction théologique de l'éthique. Cette déduction a pris des formes variables, allant de la subordination radicale de l'éthique à la dogmatique (chez Karl Barth) à des modes d'articulation plus différenciés. D'un certain point de vue, la construction d'une théologie éthique relativement autonome, telle qu'elle apparaît dans le projet post-troeltschien d'un Trutz Rendtorff[28], se situe encore dans la logique du même paradigme, tout en occupant une position diamétralement opposée à celle de Barth.

Le paradigme de l'autonomisation de l'éthique.

Dans le cadre de la réception critique des éthiques héritées de la théologie dialectique, celles de Barth et de Bonhoeffer notamment, pour nous en tenir au protestantisme, s'est fait jour la tendance à penser l'autonomie entière de l'éthique par rapport à la théologie. Cela est surtout sensible, sur le plan théorique, chez Paul Tillich, comme nous le verrons plus en détail au cours du chapitre suivant: ici, il n'est plus question d'affirmer une quelconque autonomie de l'éthique théologique comme telle, mais le théologien qui fait de l'éthique est un philosophe comme les autres, à cette différence existentielle près que ses analyses et ses jugements sont imprégnés de la tradition de pensée particulière dans laquelle il s'inscrit.

Le protestantisme ne fonctionne pas en vase clos. Du côté catholique, on a pu observer un débat semblable, confrontant les tenants plus traditionnels de l'éthique de la foi *(Glaubensethik)* et ceux de la morale autonome. Les études les plus récentes montrent la nécessité et la possibilité de surmonter ce dilemme[29]. Mais il nous apparaît difficilement niable

---

28. *Ethik,* 2 vol., Stuttgart, Kohlhammer, 1980-1981, 1990-1991². Existe en traduction anglaise: *Ethics*, 2 vol., Philadelphie, Fortress Press, 1986-1989. Pour une appréciation critique du projet, voir J. FISCHER, *Ethik und Moral,* Zurich, Theologischer Verlag, 1983.
29. Voir l'étude très documentée et synthétique de É. GAZIAUX, *Morale de la foi et morale autonome. Confrontation entre P. Delhaye et J. Fuchs,* Louvain, Leuven University Press, 1995.

qu'une certaine manière de comprendre la morale autonome a conduit à une autonomisation croissante des théologiens moralistes de cette école aussi bien par rapport à l'autorité du Magistère que par rapport à celle de la Tradition morale (thomiste et néo-thomiste en particulier).

Cependant, ce paradigme de l'autonomie ne relève pas seulement d'une élaboration théorique. Il est aussi, et sans doute même d'abord, le résultat et le reflet d'une intégration sociale beaucoup plus approfondie du mouvement même de la sécularisation. Nous ne pouvons plus nous contenter d'une approche purement théologique et normative pour rendre compte de la place de l'éthique théologique dans l'espace public; nous devons aussi nous appuyer sur les résultats de la sociologie de l'éthique[30].

Toutefois, plutôt que d'opposer les deux approches, nous préférons les mettre en tension, de manière qui nous semble infiniment plus féconde.

Du point de vue de la sociologie de l'éthique, il est probable que l'autonomisation de l'éthique résulte d'un passage de la religion à l'éthique (F.-A. Isambert). Mais la nécessité, bien relevée par J.-L. Génard, d'une architectonique différenciée de la rationalité pratique, prenant en considération le triple niveau des valeurs, du rapport à soi et du rapport à autrui, permet de saisir pourquoi toute éthique émergeant dans l'espace public et laïque est appelée à son tour à se situer face à la pluridimensionnalité culturelle et symbolique dans laquelle baignent pour ainsi dire les sujets éthiques en tant qu'acteurs sociaux.

Si l'on examine ce qui s'est passé dans l'évolution de l'éthique théologique elle-même, le processus de l'autonomisation a surtout conduit les éthiciens protestants et catholiques à se spécialiser de manière souvent pointue dans le domaine de l'éthique appliquée (en bioéthique notamment), avec le risque, assumé plus ou moins consciemment et plus ou moins lucidement, de perdre en spécificité théologique ce qu'ils gagnaient en compétence technique.

On a ainsi assisté à une certaine déconnexion de l'éthique et de la théologie, voire, dans telle ou telle situation, des éthiciens et de leur Église respective. Une réflexion sur la légitime différenciation des publics, telle que nous la proposerons plus loin, aurait permis d'éviter bien des malentendus et des fictions inutiles. Le fait demeure, cependant, bien documenté et expérimenté par les éthiciens eux-mêmes, que le labeur éthique

---

30. Voir ici J.-L. GÉNARD, *Sociologie de l'éthique*, Paris, L'Harmattan, 1992; J.-M. LAROUCHE et G. JOBIN, «De la régulation sociale à l'identité morale: le défi de la sociologie de l'éthique selon Jean-Louis Génard», *Sciences religieuses* 25/3, 1996, p. 307-318; G. GIROUD dir., *La Pratique sociale de l'éthique*, Paris-Québec, Bellarmin, 1997. Il nous manque encore une étude sociologique globale de l'éthique théologique et de la théologie morale de ce siècle, qui reprendrait à nouveaux frais l'approche de Troeltsch dans ses *Soziallehren*. Les travaux de F.-A. ISAMBERT, *De la religion à l'éthique*, Paris, Éd. du Cerf, 1994, et de J.-P. WILLAIME, *La Précarité protestante*, Genève, Labor et Fides, 1992, offrent des pistes intéressantes à cet égard. Nous y reviendrons.

de type universitaire implique une collaboration croissante, sur les plans institutionnel et personnel, avec des chercheurs et des instituts très éloignés, pour ne pas dire complètement détachés, des réalités ecclésiales et chrétiennes. Il en résulte, comme dans toute spécialisation des fonctions, une prise de distance psychologique et pratique. Le théologien éthicien ne peut pas, dans ces moments-là et dans ces structures-là, se comprendre d'abord et en permanence comme un représentant de l'institution ecclésiale ou du christianisme comme tel. Certes, il sait qu'il est souvent ressenti comme tel, parfois au prix de confusions grotesques, et qu'il doit par ailleurs assumer sa condition de théologien chrétien précisément dans ces contextes. Mais l'art de la distinction lui apprend à sérier les problèmes et à ne pas transformer à tout instant une question technique, scientifique ou même éthique en une question immédiatement et directement théologique.

Malgré tous ces nuances, l'éthique est devenue, dès le milieu des années 80, l'objet d'un malentendu au sein même des Églises comme de l'Université. Étant donné le rôle majeur que les théologiens ont joué dans le développement de l'éthique en général, l'éthique a pu apparaître comme une sorte de substitut de la théologie. Au lieu de parler de Dieu, de la foi ou du salut, les théologiens – en fait, les éthiciens de formation théologique – se sont mis à parler ou à être compris comme de simples représentants d'une sagesse humaine ou de la tradition éthique judéo-chrétienne sécularisée. La tentation était là et existe toujours, pour ces théologiens moraux et ces éthiciens de formation théologique dont je suis, de retrouver, par le biais de l'éthique, une légitimation sociale et médiatique que leur statut de théologiens risquait de leur faire perdre.

L'éthique est ainsi devenue l'alibi de la mort de Dieu. Cette formule demande explicitation. D'une part, elle prend à contre-pied une certaine compréhension actuelle du labeur théologique; d'autre part, elle appelle une explication proprement théologique du statut de l'éthique.

La théologie de la mort de Dieu, qui fut à la mode à la fin des années soixante, n'est plus au premier plan des préoccupations théologiques actuelles, bien davantage centrées sur le retour du religieux et sur la thématique de la postmodernité. Néanmoins, on doit nuancer un tel jugement. De manière plus feutrée, le théologique, en même temps qu'il reculait en faveur du religieux, s'étiolait culturellement et socialement. Le religieux lui-même s'étendait à l'ensemble de l'humain, cédant à une certaine fonctionnalisation sociale. C'est ainsi qu'on a pu parler du retour des religions sans dieu(x), particulièrement sensible dans le succès récent d'un bouddhisme très humaniste, en France par exemple. La différence entre le religieux et l'éthique tend ainsi à s'effacer, en faveur d'un humanisme éthico-religieux peu rattaché à une perspective théocentrique.

L'autre question, part importante du présent ouvrage, concerne la possibilité de redonner une nouvelle pertinence culturelle à l'éthique théologique, en tant que contribution particulière et *sui generis* au débat éthique contemporain. Or, si l'on veut dégager un accès sensé à une telle approche, il faut d'abord relever le défi des éthiques chrétiennes qui tendent à privilégier la réaction, ou le retour en arrière, au détriment d'une nouvelle contextualisation. Cela nous conduit au troisième paradigme, qui renoue avec la ligne interprétative du premier paradigme, mais dans un contexte historique et culturel complètement différent.

Le paradigme de la rethéologisation de l'éthique.

L'exemple le plus représentatif de cette tendance contemporaine est sans doute l'éthicien protestant nord-américain Stanley Hauerwas[31]. Je le prends ici comme figure paradigmatique d'un mouvement observable également en Europe occidentale et sans doute tentant pour le protestantisme francophone, tout en n'oubliant pas que le contexte socio-culturel et politique nord-américain (relations Églises-État, statut des religions et du religieux, etc.) est très différent du nôtre et interdit un transfert direct et immédiat à notre situation.

Hauerwas est très marqué par trois courants importants de la pensée philosophique et théologique récente aux États-Unis: la théologie postlibérale du théologien protestant George A. Lindbeck[32] (inspirée par Hans Frei et son étude magistrale sur l'«Éclipse du narratif biblique[33]»), la philosophie néo-aristotélicienne de MacIntyre (voir ici chapitre V), enfin la réception du dernier Wittgenstein et de son insistance sur la pluralité des jeux de langage[34]. Il n'en reste pas moins un auteur original et très indépendant, avec un sens particulier de la provocation et de l'exagération.

31. Voir S. E. LAMMERS, «On Stanley Hauerwas. Theology, Medical Ethics, and the Church», in A. VERHEY et S. E. LAMMERS éd., *Theological Voices in Medical Ethics*, Grand Rapids, Eerdmans, 1993, p. 57-77; A. RASMUSSON, *The Church as Polis. From Political Theology to Theological Politics as Exemplified by Jürgen Moltmann and Stanley Hauerwas*, Lund, Lund University Press, 1994; C. DELKESKAMP-HAYES, «Towards a Non-Ecumenical Interchange: Engelhardt, Hauerwas, and Ramsey on Christian Bioethics», *Christian Bioethics* 1/1, 1995, p. 48-64; D. LANGE, *Ethik in evangelischer Perspektive*, Göttingen, Vandenhoeck & Ruprecht, 1992, p. 192-199. Ces deux derniers auteurs sont particulièrement réservés envers la conception de Hauerwas.
32. Les positions de Lindbeck et de l'École de Yale ont été présentées et discutées avec soin par K. BLASER, *Les Théologies nord-américaines*, Genève, Labor et Fides, 1995, p. 126 ss.
33. *The Eclipse of Biblical Narrative. A Study in Eighteenth and Nineteenth Century Hermeneutics*, New Haven-Londres, Yale University Press, 1974. Frei montre notamment, à la fin de l'ouvrage, que Hegel a été plus ouvert au narratif biblique que Schleiermacher – une analyse qui, si nous devions la considérer comme signifiante, devrait nous prémunir contre les amalgames souvent trop rapides que font certains élèves de Frei et de Lindbeck.
34. Sur l'alliance de Wittgenstein et de Barth dans l'École de Yale, voir K. BLASER, *Les Théologies nord-américaines*, p. 133 ss.

Hauerwas voit dans le libéralisme théologique, exemplifié par Troeltsch, mais aussi dans sa traduction dans le libéralisme individualiste nord-américain, la fin de l'éthique théologique proprement dite[35]. Il en appelle à un retour à l'affirmation théologique au cœur de la réflexion éthique, afin que la spécificité chrétienne se fasse à nouveau entendre. Il collabore à la nouvelle revue américaine *Christian Bioethics*, dont le programme est justement de redonner place, dans la bioéthique, à la voix chrétienne; mais sa conception est si étroite qu'il va jusqu'à mettre en doute la légitimité de parler encore de bioéthique, un terme pour lui définitivement identifié aux perspectives séculières et libérales[36]. Il se voit davantage comme un théologien que comme un éthicien, «ce mot affreux» qui, appliqué au théologien, témoignerait de son désamour de la théologie[37].

Le diagnostic négatif posé par Hauerwas est ancien. En 1981 déjà, il dénonçait la dilution de l'éthique théologique en une éthique simplement *religieuse*[38]. Il critiquait ainsi les maîtres de l'éthique théologique nord-américaine, Paul Ramsey[39] et James Gustafson, accusés d'avoir trahi la foi chrétienne par leur attachement trop discret aux fondements théologiques de l'éthique.

Pour Hauerwas, l'éthique théologique, en même temps qu'elle se diluait dans le libéralisme et le sécularisme ambiants, perdait son enracinement communautaire ecclésial. L'erreur commune du libéralisme et de l'éthique théologique libérale est en effet selon lui d'aspirer à une éthique universelle, alors qu'il n'y a d'éthique que communautaire[40]. Hauerwas adopte ainsi une version radicale du communautarisme éthique.

Par bien des aspects, la perspective de Hauerwas souligne des vérités essentielles; ainsi, il a tout à fait raison de soutenir que l'éthique théologique chrétienne est fondée sur une tradition, elle-même constituée pour une part décisive d'un ensemble de récits *(stories)*[41]. Mais en réduisant la tâche de l'éthique théologique à une simple répétition de ces éléments

---

35. Voir S. E. LAMMERS, «On Stanley Hauerwas», p. 58 ss.; Hauerwas suit ici la critique globale du libéralisme effectuée par son ami Alasdair MacIntyre. Cela le conduit à un refus frontal du modèle politique libéral dans sa réalisation aux États-Unis.
36. Voir les objections de C. DELKESKAMP-HAYES, «Toward a Non-Ecumenical Interchange», p. 55.
37. «Christians in the Hands of Flaccid Secularists. Theology and "Moral Inquiry" in the Modern University», *Ethical Perspectives* 4, 1997, p. 32-44, 32.
38. *A Community of Character. Towards a Constructive Christian Social Ethic*, Notre Dame, University of Notre Dame Press, 1981, p. 37.
39. Voir l'article de S. HAUERWAS, «How Christian Ethics Became Medical Ethics: The Case of Paul Ramsey», *Christian Bioethics* 1/1, 1995, p. 11-28. C. DELKESKAMP-HAYES défend Ramsey contre les simplifications de Hauerwas, «Toward a Non-Ecumenical Interchange», p. 52-53.
40. LAMMERS, «On Stanley Hauerwas», p. 59.
41. *The Peaceable Kingdom*, Notre Dame, University of Notre Dame Press, 1993.

narratifs, Hauerwas oublie la dimension argumentative et apologétique de toute théologie; il coupe l'éthique théologique de son environnement social et culturel, au lieu de comprendre la dialectique complexe de l'Évangile et de la réalité.

Ainsi, comme l'ont montré Corinna Delkeskamp et Dietz Lange, la perspective de Hauerwas n'est pas seulement incomplète; elle est fondamentalement intenable. Il doit peindre le diable sur la muraille, en réduisant le monde moderne à un conglomérat de libéralisme, d'athéisme et de sécularisme, pour faire apparaître la foi chrétienne, l'Église et les propres positions théologiques qu'il défend comme d'autres choix nécessaires et plausibles.

Il paie ainsi le prix d'une positionnalité non critique, qui en vient à dégager la réflexion théologique de ses enracinements et de ses ancrages historiques, traditionnels et religieux et à l'ériger en position absolue, incapable de rendre compte des conditions de son élaboration et d'accepter une quelconque remise en question par des tiers.

L'éthique sociale chrétienne proposée par Hauerwas a sans doute le mérite de se vouloir une éthique croyante et ecclésiale, mais, en se focalisant sur un seul de ses publics, elle s'est du coup isolée de toute discussion publique comme de toute problématisation interne.

Le contre-exemple fourni par l'œuvre de Hauerwas devrait nous instruire, théologiquement, éthiquement et pastoralement. Une éthique chrétienne déconnectée de la discussion académique et publique et repliée sur ses propres certitudes est une éthique sourde[42] aux appels du monde et de la société, si ambivalents soient-ils – mais ne sont-ce pas justement le rôle et la grandeur de la théologie de décoder et de reconstruire les appels du monde? Une telle éthique dessert finalement l'Église et les fidèles, en leur procurant l'illusion de pouvoir s'enfermer dans une tour d'ivoire. Si les théologiens et les théologiennes universitaires en phase avec la modernité et la postmodernité ont toujours besoin des mises en garde des laïcs et du peuple de l'Église contre l'isolement dans les savoirs académiques et les pseudo-prestiges, il demeure également vrai, en retour, qu'une théologie et une éthique frileusement ecclésiocentriques manquent à leur devoir envers l'Église elle-même comme envers ceux et celles qui la composent.

Religions et éthiques.

Contrairement aux affirmations massives et simplistes de Stanley Hauerwas et de ceux qui le suivent peu ou prou, il n'est pas vrai de sou-

---

[42]. Voir M. BELLET, *Critique de la raison sourde*, Paris, Desclée De Brouwer, 1992, un petit chef-d'œuvre que tout intellectuel et tout ecclésiastique serait bien inspiré de consulter et de maintenir ouvert sur sa table de chevet.

tenir que le recours aux sciences sociales (nous pensons ici surtout à la sociologie et à la science des religions, mais l'anthropologie culturelle joue également un rôle décisif dans ce domaine) détournerait la théologie et l'éthique théologique en particulier de leurs tâches prioritaires et de leurs objectifs.

La modernité représente aux yeux de certains sociologues le passage «de la religion à l'éthique[43]». Mais à y regarder de plus près, ce passage n'est pas une simple affaire diachronique. Même la (trop?) fameuse «sortie de la religion» dont le christianisme moderne aurait été à la fois le complice et la victime selon la théorie de la sécularisation de Marcel Gauchet[44] suppose un reste de religion au sein du monde post-chrétien, ne serait-ce que sous une forme esthétique et privée[45]; quant au discours de la postmodernité, si ambivalent soit-il (voir ici chapitre IV), il ne cesse de se mesurer aux effets disséminés des différentes formes de religiosité.

La discussion éthique contemporaine, dans sa dimension publique, s'était trouvée en quelque sorte écartelée entre les pièges de la *théologisation massive* et ceux de la *laïcisation extrême*. Il est temps de sortir de ce dilemme mortel, parallèle à celui entre théologie et sciences religieuses qui menace les facultés de théologie dans les universités européennes et nord-américaines.

Dans une étude récente faisant le bilan de la recherche éthique au Québec durant ces vingt dernières années, Guy Bourgeault a bien montré combien, dans le contexte spécifique de son pays, marqué par la révolution tranquille des années 60, la libération du modèle théologique dominant du catholicisme romain avait été nécessaire à l'épanouissement de l'éthique[46]. On constate certaines parallèles entre la situation québécoise et la situation française, où l'empreinte du catholicisme a conduit à poser un regard biaisé sur le rôle de la réflexion éthique et des intellectuels (philosophes et théologiens) dûment formés en la matière[47]. En Suisse, comme dans le

43. Ainsi le titre de l'ouvrage cité de F.-A. ISAMBERT. La perspective globale de Habermas tend naturellement dans cette direction.
44. *Le Désenchantement du monde*, Paris, Gallimard, 1985.
45. A. FORTIN-MELKEVIK a montré comment Habermas et Gauchet, tout en annonçant tous les deux la disparition de la fonction sociale de la religion, divergent sur le sort de l'expérience subjective de la religion, voir «L'exclusion réciproque de la modernité et de la religion chez des penseurs contemporains. J. Habermas et M. Gauchet», *Concilium* 244, 1992, p. 79-91. La position récente de Habermas semble néanmoins plus nuancée, voir «Digression: transcendance de l'intérieur, transcendance de l'ici-bas», in *Textes et contextes* (1991), Paris, Éd. du Cerf, 1994, p. 85-110.
46. «Vingt années de recherches et de débats au Québec 1976-1996», *Cahiers de recherche éthique* 20, Rimouski, Fides, 1997.
47. Pour l'analyse de la situation française, voir Ph. LUCAS, *Dire l'éthique*, Paris, INSERM-Actes Sud, 1990, ainsi que F.-A. ISAMBERT, *De la religion à l'éthique*. Il est frappant de voir combien peu la situation créée par le décret de François Mitterrand instaurant le Comité Consultatif National d'Éthique (CCNE) a permis la reconnaissance de l'éthique comme discipline académique. Les théologiens moralistes, majoritairement catholiques il est vrai (mais

reste de l'Europe, on observe aujourd'hui à un redéploiement assez souple et ouvert des différentes formes de philosophie morale et d'éthique théologique, mais l'effet le plus dangereux que l'on puisse craindre est celui d'une *marginalisation progressive de l'éthique théologique*[48].

Ces mêmes sciences sociales qui ont changé notre regard sur l'état des religions dans le monde et qui ont attiré notre attention sur la recomposition des croyances en jeu dans les sociétés modernes et postmodernes devraient aussi nous aider à repenser d'une manière large et ouverte l'articulation de l'éthique et des religions[49].

L'appel du pied s'adresse ici tout particulièrement à ceux et celles qui rêvent d'en découdre avec les restes du christianisme et de passer enfin aux temps bénis et paisibles de la laïcité dogmatique sans partage.

Le retour du religieux et le débat à l'intérieur de la théologie.

La question est pour nous ici de savoir quelle peut être la portée de la médiation religieuse pour l'éthique théologique.

Le dogmaticien et systématicien Pierre Gisel ne cesse de souligner, dans ses écrits les plus récents, l'importance de la médiation par la catégorie de la religion pour la constitution même de la théologie chrétienne[50]. Nous partageons avec notre collègue lausannois la conviction selon laquelle la théologie ne saurait se limiter ou se réduire à la seule intelligence de la foi (qui demeure, bien entendu, *une* de ses tâches essentielles) et

n'oublions pas le rôle joué par Roger Mehl, André Dumas, France Quéré, Olivier Abel, Jean-François Collange et Jean Ansaldi), ne sont pas reconnus comme tels, mais figurent à titre de représentants des familles spirituelles; et que dire du sort réservé aux spécialistes de la philosophie morale? – une discipline en plein essor international et consacrée, en France même, par le bel et grand ouvrage dirigé par M. CANTO-SPERBER, *Dictionnaire d'éthique et de philosophie morale*, Paris, Éd. du Cerf, 1996. Là aussi, le fait qu'un philosophe marxiste, remarquable au demeurant, Lucien Sève, siège au CCNE comme *représentant du marxisme* (famille spirituelle parmi d'autres) en dit long sur la non-reconnaissance publique de la philosophie morale en France. L'ouvrage récent édité par J.-P. CHANGEUX, *Une même éthique pour tous?*, Paris, Odile Jacob, 1997, corrige heureusement quelque peu le tir, mais sans approfondir les divergences intra-philosophiques et en restant très succinct quant au rôle du religieux.
48. Comme en témoigne l'étude «Ethik durch Kommissionen» de K.-P. Rippe sur les commissions d'éthique, très réservée sur la portée argumentative des éthiques religieuses.
49. Voir à ce sujet J.-M. LAROUCHE éd., *Questions d'éthique en sciences des religions*, *Religiologiques* 13, Montréal, 1996.
50. «Pourquoi porter un regard plus positif sur les rites et les gestes? Quelques éléments d'une évolution récente en protestantisme», *Les Cahiers protestants*, 1995/6, p. 5-13; «Faculté de théologie ou de sciences religieuses?», *Études théologiques et religieuses* 72, 1997, p. 281-292.

qu'elle doit œuvrer, comme théologie fondamentale, à l'élaboration de la signification anthropologique et ontologique de la religion. C'est bien là ce qui nous différencie, Gisel et moi, des positions du barthisme traditionnel et qui nous conduit, en post-barthiens critiques, à considérer la médiation religieuse comme un moment nécessaire du travail théologique dans son ensemble[51]. C'est aussi la raison pour laquelle je ne puis, pour ma part, qu'opposer à Hauerwas un refus ferme et net contre son geste purement réactif de retour immédiat au théologique et au biblique, hors de tout passage par l'anthropologie et la science des religions.

Je diverge toutefois d'opinion quant à la manière dont Gisel tend à réduire le religieux à son pôle dogmatique – privilégiant certes le moment institutionnel de la religion, mais aussi son décalage par rapport au social, et l'opposant, de manière plus ou moins explicite mais toujours assez nette, à son pôle proprement éthique. Certes, son analyse porte d'abord sur une tendance antérieure de la théologie et des Églises à simplement «accompagner» par l'éthique la sécularisation en cours[52]. Mais, pour Gisel, la fonction religieuse est la fonction propre aux Églises, ce qui relègue la fonction éthique en un rôle secondaire. Pour justifier ce décalage, Gisel soutient: 1) que la demande individuelle n'est pas d'abord éthique; 2) que la demande sociale, si elle est éthique, se règle «hors référence religieuse[53]». C'est ne pas voir, à mon sens, que la demande individuelle adressée aux Églises suppose aussi un éclairage spécifique *de leur part* sur les dilemmes éthiques, et que la demande sociale présente un entrecroisement bien plus subtil du religieux et de l'éthique que l'analyse de Gisel ne le suppose. Outre qu'elle me paraît résulter pour une part significative de la division académique du travail et d'un plaidoyer *pro domo*, cette polarisation du religieux contre l'éthique témoigne en définitive d'une conception surannée des relations entre théologie et éthique, ainsi que d'une dissociation discutable entre la religion et l'*éthos* (dissociation contredite par les sciences de la religion elles-mêmes[54]). On peut sans doute regretter le processus d'autonomisation de l'éthique, d'abord observable au sein des facultés de théologie, mais qui s'est ensuite répercuté de façon beaucoup plus large et profonde sur le plan public. Une partie importante de cet ouvrage entend justement prendre en considération les changements sociaux et les déplacements épistémologiques survenus et parvenir à une reformulation du rôle spécifique de l'éthique théologique dans l'espace public. Mais on ne saurait se satisfaire, ni *à l'intérieur* de la théologie et de ses disciplines, ni dans une perspective *religiologique*, d'une réduction trop drastique du religieux à ses dimensions doctrinales, spirituelles ou

---

51. Voir P. GISEL et D. MÜLLER, «Barthisme», in *Encyclopédie du protestantisme*, Paris-Genève, Éd. du Cerf-Labor et Fides, 1995, p. 99.
52. «Pourquoi porter un regard plus positif sur les rites et les gestes?», p. 6.
53. *Ibid.*, p. 7.
54. J.-M. LAROUCHE, *Questions d'éthique en sciences des religions.*

mystiques. *Le religieux en général et la doctrine chrétienne en particulier sont aussi constitués de composantes éthiques* irréductibles, spécifiques à la religion donnée et en dialogue avec d'autres éthiques environnantes[55]. Nous aurions grand tort de nous laisser piéger ici par une scission formelle entre le religieux et l'éthique, scission davantage produite par les effets de la spécialisation des disciplines académiques et les rivalités qui en découlent que par l'examen attentif et respectueux des données religieuses et historiques comme telles.

La place de l'éthique dans la théologie.

Comme nous l'avons vu plus haut, la juste articulation de l'éthique et du théologique présuppose, comme moment nécessaire mais non suffisant, l'élucidation anthropologique de la relation entre l'éthique et la religion (ou le religieux, la distinction ne me paraît pas décisive ici).

L'éthique théologique ne saurait se satisfaire ni d'une autonomisation qui reviendrait à une dissolution pure et simple, ni d'une rethéologisation massive. Dans les deux cas, ce n'est pas seulement l'éthique théologique qui aurait renoncé à s'articuler de manière ouverte et argumentée, mais c'est la théologie chrétienne tout entière qui se replierait sur un religieux particulier, coupé de l'humain, du social, de l'éthique et du culturel.

La tâche de l'éthique théologique n'est donc pas seulement celle d'une discipline parmi d'autres, elle engage la capacité de la théologie tout entière – biblique, historique, dogmatique et pratique – à rendre compte d'*un* aspect constitutif de son rapport au réel; je dis bien un aspect, soucieux de ne jamais réduire la plausibilité culturelle et sociale de la théologie à sa seule dimension éthique.

Le phénomène éthique constitue une dimension constitutive de l'homme créé. L'homme est appelé par le Créateur à exister dans la limite

---

55. Cette affirmation de liens systématiques et pratiques forts entre religion et éthique n'est pas sans rapport avec le traitement barthien de la dogmatique et de l'éthique, mais, comme nous le montrerons plus loin (chapitre VII), elle s'en sépare sur trois points décisifs: 1) nous refusons le *passage direct* de la dogmatique à l'éthique, estimant, avec Troeltsch, que nous avons besoin de la médiation *religieuse* entre la dogmatique et l'éthique; 2) nous craignons, comme Gisel, la moralisation indue de la dogmatique qui émane du modèle barthien; 3) nous résistons, comme éthicien spécifiquement, à la subordination indue de l'éthique à la dogmatique découlant du même modèle, considérant notamment que l'*éthique* fondamentale en théologie ressortit à une tâche spécifique, non identifiable comme telle à celle de la *théologie* fondamentale menée par le seul dogmaticien (cette dernière remarque sous-entend que Barth faisait bel et bien, *nolens volens*, de la théologie et de l'éthique fondamentale, même s'il récusait cette terminologie et l'organisation interne de la théologie systématique qu'elle suppose, de Schleiermacher à Ebeling et à Pannenberg).

que lui assigne la Loi. Il y a donc motif à parler d'une certaine évidence de l'éthique, un thème souligné par G. Ebeling[56] dans la mouvance de W. Herrmann. W. Pannenberg a contesté cette prétendue évidence de l'éthique en lui opposant la crise de l'éthique et la nécessité d'y remédier par une approche dogmatique[57]. S'il partage en effet le diagnostic de Ebeling sur les causes historiques de la séparation de la dogmatique et de l'éthique, il n'en tire pas les mêmes conséquences que lui: pour Pannenberg[58], seule la version intolérante de la dogmatique est condamnée par la modernité; mais, ainsi que l'a montré Alasdair MacIntyre à l'exemple de Nietzsche, l'éthique a définitivement perdu son caractère d'évidence; elle ne saurait donc plus servir de base à la théologie, comme le croient encore Ebeling et même, d'une autre manière, Trutz Rendtorff.

Pannenberg pense ne pouvoir échapper au scepticisme éthique ou au dogmatisme intolérant qu'en reconstruisant philosophiquement les bases anthropologiques de l'éthique[59]. Cela le conduit, dans l'ensemble de son œuvre, à analyser la religion comme donnée centrale de la définition de l'homme.

À la différence de K. Barth – et de ce que fera plus tard Hauerwas –, Pannenberg se refuse en conséquence à concevoir l'approche théologique de l'éthique hors de la médiation religieuse

On doit sur ce point donner raison à Pannenberg. Si l'on envisage en effet l'*exigence éthique* dans ce qu'elle a d'inconditionnel, elle comporte nécessairement une dimension religieuse, au sens le plus large du terme. Nous avons affaire ici à une *structure créationnelle* indépendante de l'histoire du salut et de la révélation. *Le rapport naturel entre religion et éthique s'impose comme un rapport créaturel, hors de tout discours sotériologique sur le péché et la grâce.*

Nous pouvons suivre ici sans arrière-pensée le modèle théologique mis en place par Calvin dans le livre I de son *Institution de la religion chrétienne*: de même que connaissance de Dieu et connaissance de soi s'appar-

---

56. «Die Evidenz des Ethischen und die Theologie» (1960), *Wort und Glaube*, t. II, Tübingen, Mohr, 1969, p. 1-41.
57. «Die Krise des Ethischen und die Theologie» (1962), in *Ethik und Ekklesiologie*, Göttingen, Vandenhoeck & Ruprecht, 1977, p. 41-54. PANNENBERG est revenu plus récemment sur la question, voir *Grundlagen der Ethik. Philosophisch-theologische Perspektiven*, ibid., 1996, p. 14.
58. *Grundlagen der Ethik*, p. 14 s.
59. On notera que la problématique postmoderne du fondationnalisme et du non-fondationnalisme demeure hors du champ de conscience de Pannenberg. Ce dernier, de manière à la fois classique et moderne, présuppose comme évidente la nécessité de fonder l'éthique, même et justement parce que l'éthique a perdu tout caractère d'évidence (*ibid.*, chap. III, p. 52-72). Face à la contestation radicale de Nietzsche et sa reprise dans les théories postmodernes et post-libérales de la déconstruction, il se contente de reformuler la problématique du fondement théologique de l'éthique. Nous reviendrons sur cette question, plus largement, au chapitre IV.

tiennent et se répondent, religion et éthique structurent la réalité de l'homme créé. Bonhoeffer a prolongé cette intuition dans le chapitre de son *Éthique* sur le thème du naturel. K. E. Løgstrup, enfin, l'a concrétisée en parlant du destin et de la nature de l'homme, deux thèmes souvent occultés par la tradition protestante. Le destin n'est pas le contraire de la liberté et de l'éthique, mais il en fixe plutôt les limites et les conditions[60]. De même, la nature précède l'homme, qui ne peut que l'accepter; mais elle lui donne aussi «la chance de pouvoir se reposer sur lui-même» (115). Il y a donc de la spontanéité, de l'originaire, de la vie, qui constituent les conditions de possibilité de l'éthique, du pouvoir et du devoir.

Pourtant, même si quelque chose pointe ici de l'analogie ultime entre le naturel et la religion pour dire l'originaire évidence de l'éthique, Løgstrup comme Ebeling ont tort, à mon sens, de privilégier unilatéralement le thème de l'*accord*[61] entre l'homme et ce qui lui est extérieur. Løgstrup conteste qu'il faille se placer au-dessus de la nature pour prendre au sérieux le message chrétien (120) et affirme que «notre existence se moque bien de la radicalité du message» (121). Mais il commet un contresens: craignant de voir une activité être désignée de manière *univoque* comme chrétienne, il en oublie deux choses: d'une part, *que la nature elle-même de l'homme n'est pas univoque*; d'autre part, théologiquement parlant cette fois-ci, *que l'Évangile demeure interpellation radicale, en extériorité, quand bien même l'activité humaine ne serait jamais chrétienne en soi et intégralement.*

Au cœur de la nature, il y a du non-naturel, de l'artifice, de l'écart, de la déchirure. On ne saurait donc déduire de la nature de l'homme et de son lien religieux constitutif une absolue évidence de l'éthique. L'éthique n'est évidente que dans la mesure où elle s'annonce comme lieu de l'exigence et donc comme *tension* entre l'exigence assumable et l'exigence non assumable. Il lui appartient dès lors d'exercer en permanence la critique des fausses évidences et de ne pas se laisser elle-même piéger par de tels fantasmes. *L'éthique naturelle est dialectique, en son origine, en amont déjà de toute sotériologie.*

Ce point est décisif pour le caractère public de l'éthique. Dans l'espace public, à l'interface des rationalités en jeu et en tension, nous devons commencer par reconnaître, hors de toute foi ou de toute autre foi (antifoi, non-foi, foi autre)[62], *la plus grande non-évidence de l'éthique qui anime l'évidence sensible de l'éthique.* L'éthique est toujours lieu de bifurcation, de débat, de conflit; elle ne s'apaise jamais en accord stable; ses consensus ne sont que des étapes, jamais des résultats.

---

60. *Norme et spontanéité* (1989), Paris, Éd. du Cerf, 1997, p. 105. Les chiffres entre parenthèses dans le texte renvoient à cet ouvrage.
61. *Ibid.*, p. 116.
62. Ce type de remarques suppose une mise entre parenthèses (suspension, *épochè*) méthodologique, car il est clair que, dans l'existence, personne ne parvient à séparer ainsi ses croyances et ses valeurs de sa réflexion.

Ce fondamental pluralisme de l'éthique, mis à mal par *Veritatis splendor*, ne signifie ni que nous devions nous résigner à l'isolement croissant de l'éthique dans une sphère ou dans un sous-système particulier de la société, comme le prétend le sociologue Niklas Luhmann, ni qu'à l'inverse nous devions en appeler à un contenu univoque et universel de l'éthique supposé surmonter ce pluralisme[63]. Nous sommes bien plutôt invités à *rechercher et construire des arrangements convaincants* entre nos différentes intuitions morales, de manière à articuler, voire – dans le meilleur des cas, certainement exceptionnel – à *concilier* nos convictions éthiques individuelles et les bases éthiques qui sous-tendent le droit et la société.

La contradiction interne du sujet éthique, la conscience et la problématique du péché.

Le déchirement constitutif de ce que nous venons d'appeler l'éthique naturelle n'émane donc pas premièrement et uniquement de l'extériorité et de la radicalité du message évangélique du salut et de la grâce.

L'insistance trop forte, chez Løgstrup, sur la spontanéité de la nature et sur l'accord premier entre la nature et l'éthique peut donner à penser qu'il veuille déduire l'éthique de la nature, commettant ainsi à son tour le fatal paralogisme naturaliste.

Le théologien allemand Dietz Lange affirme, au contraire, que *l'exigence éthique ne peut être déduite transcendentalement que de l'expérience de la conscience*[64]. La manière dont cet auteur reconstruit la qualification théologique de l'éthique nous paraît féconde. Nous en analysons ici quelques-unes des affirmations marquantes. À la suite de Schleiermacher, Lange a pour but ultime d'échapper aux apories tragiques et insolubles auxquelles conduisent aussi bien une déduction naturelle qu'une fondation immédiatement divine de l'éthique. La médiation des expériences de la conscience est indispensable, c'est pourquoi le rapport entre l'éthique et Dieu ne sera possible qu'en réfléchissant l'expérience tout humaine que la conscience fait de Dieu. La conscience éthique, comme telle, fait déjà l'expérience du conflit (339-347), de l'écart entre le caractère inconditionnel de l'exigence éthique et le caractère relatif de sa réalisation. Confrontée à l'exigence éthique dans ce qu'elle a de plus radical, la conscience se heurte à la volonté même de Dieu. Son expérience du conflit et de l'écart est désormais comprise comme expérience du péché, au sens théologique, et non d'abord éthique du terme (383).

---

63. Voir à ce sujet W. PANNENBERG, *Grundlagen der Ethik*, p. 15-22.
64. *Ethik in evangelischer Perspektive*, p. 382. Les chiffres entre parenthèses dans le texte renvoient à cet ouvrage.

Il faut être très clair: entre l'éthique et le théologique, il y a changement de jeu de langage, non identité statique des énoncés. Le lieu théologique du péché, essentiel à toute éthique théologique, n'est pas la simple traduction de l'affirmation philosophique de l'inadéquation entre l'exigence éthique et sa réalisation. Nous ne sommes pas ici en régime d'équivalence, mais en régime de radicalisation, d'interprétation différante. C'est un point sur lequel nous reviendrons plus loin, en discussion avec Paul Ricœur (voir chapitre IX).

Classiquement, cela revient à dénoncer l'identification perverse entre la finitude et le péché[65]. Le péché réduit, excède et élève la séparation ou l'aliénation propres à la finitude au rang d'une révolte contre Dieu lui-même, et transforme ainsi l'expérience tout humaine de la séparation interne entre une affirmation de soi contre et à la place de Dieu. Le péché doit être compris comme la séparation de l'homme d'avec sa source, comme la révolte de la liberté contre ce qui la conditionne absolument, comme *Absolutsetzung* du relatif par lui-même et (donc finalement) contre lui-même (386). Autrement dit, le péché n'est pas *identique* à la finitude, il est, tout au contraire, *la confusion et l'inversion du fini et de l'infini*, l'affirmation de l'homme en position de (faux) absolu[66].

En problématisant au plus profond la prétention de la liberté et de l'éthique à se fonder sur elles-mêmes de manière ultime, le discours théologique au sujet du péché met aussi en cause l'auto-absolutisation de la raison moderne ou des Lumières comprises comme élucidation transparente d'elles-mêmes. Ce n'est pas à dire qu'il faille en revenir en deçà des Lumières, dans on ne sait quel espace non touché par l'*hybris* et par les contradictions humaines; c'est un appel, bien plutôt, à une *dialectique théologique des Lumières et de la modernité, visant la reconnaissance de la fondamentale finitude du fini et donc son ouverture au moins possible sur l'infini*. «Humain, trop humain»: plus cet axiome d'origine nietzschéenne sera pris au sérieux, dans le sens d'une acceptation de soi et des limites constitutives de notre rapport au monde, plus nous aurons fait un pas vers la reconnaissance de l'ouverture foncière du monde moderne et post-moderne à l'orientation libre des personnes et à leur potentialité de transcendance.

---

65. D. LANGE est d'avis que P. Tillich n'a pas échappé à ce danger, voir *ibid.*, p. 385.
66. On ne tient pas compte ici de la distinction établie par Lévinas entre l'infini et l'absolu.

CHAPITRE II

LES PUBLICS DE LA THÉOLOGIE ET LES DÉFIS DE LA SOCIOLOGIE

DÉPASSER LE POINT DE VUE PUREMENT HOMILÉTIQUE DE LA RHÉTORIQUE ECCLÉSIASTIQUE CLASSIQUE

Trop souvent, la théorie théologique de la communication en reste au niveau d'un traitement purement homilétique[1], comme s'il suffisait de considérer l'interaction «solitaire» du prédicateur et de son auditoire[2]. Point de vue classique, certes, reliant la rhétorique antique et la nouvelle rhétorique, telle que, par exemple, celle proposée, dans leur fameux *Traité de l'argumentation,* par Ch. Perelman et L. Olbrechts-Tyteca[3]. Mais point de vue trop étroit, justement, pour rendre compte des conditions sociales et culturelles vraiment inédites de la communication et de ses effets révo-

---

1. Par cette terminologie, nous n'entendons nullement dévaloriser la place capitale de la prédication dans la vie et dans l'activité des Églises chrétiennes. Ce que nous contestons, c'est la réduction de la théorie théologique de la communication à sa seule dimension homilétique.
2. Sous ses airs modernes et efficaces, l'ouvrage de F. CRADDOCK, *Prêcher,* Genève, Labor et Fides, 1994, reste foncièrement classique et me semble-t-il assez peu adapté au changement social réellement advenu, avec les transformations colossales qu'il implique en particulier pour les différentes modalités de la communication religieuse.
3. Bruxelles, Éditions de l'université de Bruxelles, 1970. L'approche de Perelman demeure à ce point centrée sur la situation du locuteur individuel dans ses relations à l'auditoire qu'elle en perd de vue, à mon sens, la dimension proprement sociale et culturelle de la communication. Sans doute la clef du problème tient-elle dans la distinction entre l'auditoire réel et l'auditoire potentiel, mais à condition de ne pas réduire l'auditoire potentiel à la dimension «imaginaire» et «mentale» d'un auditoire réel élargi. C'est précisément les limites de la situation locutrice qu'il s'agit de remettre en cause, et, du même coup, celles de la notion même d'auditoire. C'est la raison pour laquelle nous parlerons ici davantage de «public» que de l'auditoire. Mais nous devrons, ce faisant, ne pas devenir dupe d'un simple changement de métaphore (le public vient *voir* un *spectacle*, l'auditoire *écoute* une prédication, une plaidoirie ou une conférence...).

lutionnaires sur la communication religieuse dans ce qu'elle a de spécifique et de particulier.

Nous soulignerons plus loin le rôle fondamental de l'ecclésialité du discours théologique. Nous y tenterons de comprendre ce rôle de manière large, en fonction d'une conception ouverte et critique des relations entre l'Église et la société. Cette conception ne répond pas à un simple besoin formel d'ouverture; elle découle bien plutôt d'une vision substantielle de la vérité évangélique, comprise comme invitation à vivre et à penser la foi au cœur même du monde, et donc, fondamentalement, au gré de médiations incontournables, signifiées dans la communauté ecclésiale de manière centrale, mais nullement exclusive[4].

C'est dans l'optique d'une telle articulation de l'ecclésialité du discours croyant et des nouvelles conditions de sa socialisation qu'il nous paraît possible et nécessaire de repenser les publics de la théologie. Nous le ferons en nous appuyant, dans un premier temps en tout cas, sur la modélisation du théologien catholique nord-américain David Tracy, avant d'en proposer une révision critique, mieux à même de rendre compte de la dialectique de la modernité.

PORTRAIT DU THÉOLOGIEN EN COMMUNICATEUR SOCIAL

Une déformation professionnelle assez répandue et après tout assez communément partagée conduit le théologien à se comprendre en priorité de manière purement théologique. Nous autres théologiens, nous sommes très souvent les champions de la circularité narcissique: portrait théologique du théologien, telle est la variante du «portrait de l'artiste en jeune singe[5]». Or la tâche est différente: pour comprendre *ce qu'il fait*, quelle est *sa fonction réelle* de théologien, le théologien doit d'abord comprendre *quelle est sa situation sociale*, de quel point de vue social réel

---

4. C'est pourquoi, comme déjà signalé au chapitre précédent, je ne saurais me rallier au «tournant ecclésiastique» représenté par la théologie actuelle de Stanley HAUERWAS (voir notamment son ouvrage *Dispatches from the Front. Theological Engagements with the Secular*, Durham, Duke University Press, 1994). J'y vois une forme de nostalgie réactionnaire qui me rappelle mes 25-30 ans (le temps de mon retour à Barth!). Aujourd'hui, contrairement à Hauerwas, je pense qu'il n'y a pas à choisir entre une théologie ecclésiale et une théologie académique: il s'agit de deux modes de communication forcément différents, en fonction de publics eux-mêmes divers. C'est la condition nouvelle de ce pluralisme qu'il convient de prendre en compte pour faire de la théologie au quotidien, à contre temps, sans doute, mais aussi à temps. Je me suis expliqué à ce sujet dans mon article «Bifurcation des philosophes et corde raide des théologiens», *Études théologiques et religieuses* 72, 1997, p. 243-258.
5. Au fond, P.-L. DUBIED a-t-il fait autre chose dans son ouvrage *Le Pasteur, un interprète*, Genève, Labor et Fides, 1990?

et dans quel contexte, autrement dit, il parle quand il prétend s'adresser à quelque personne ou auditoire que ce soit. C'est pourquoi David Tracy a eu tout à fait raison de faire précéder son portrait théologique du théologien d'un «portrait social du théologien[6]».

Le lieu social de la théologie.

Lors d'une soutenance de thèse sur le thème de l'éducation populaire, qui eut lieu à l'Université de Lausanne en 1992[7], Matthias Preiswerk (théologien suisse actif en Bolivie) avait interpellé très directement les théologiens européens sur leur compréhension de leur activité théologique. En particulier, il nous avait demandé *dans quel lieu et pour qui* nous écrivions ce que nous écrivions. Il avait utilisé une image provocante: chaque fois que vous passerez à la rue de Bourg[8], disait-il, souvenez-vous de cette question.

La rue de Bourg! Je dois l'avouer, Matthias Preiswerk avait touché juste et fort. Combien de fois, descendant ou remontant avec plaisir cette rue escarpée, joyeuse et richement illuminée, ne me suis-je pas souvenu de l'interrogation de mon collègue théologien, l'un des rares théologiens de la libération d'origine européenne! J'ai bien dû reconnaître que je faisais partie des usagers de la rue de Bourg. Sans doute, je vais beaucoup moins

---

6. Voir son ouvrage essentiel *The Analogical Imagination. Christian Theology and the Culture of Pluralism*, Londres, SCM, 1981, p. 3-46; voir aussi *Plurality and Ambiguity. Hermeneutics, Religion, Hope*, Chicago, The University of Chicago Press, 1987. Pour une appréciation critique de cet auteur, on se reportera à G. D. KAUFMAN, «Conceptualizing Diversity Theologically», *The Journal of Religion* 62, 1982, p. 392-401 (dans cette recension d'*Analogical Imagination*, Kaufman critique la trop grande autonomie des trois publics et ses conséquences sur l'éclatement de la théologie); W. C. PLACHER, *Unapologetic Theology. A Christian Voice in a Pluralistic Conversation*, Louisville, Westminster-John Knox Press, 1989, p. 155-159 (dans l'optique du débat entre révisionnisme [Tracy] et post-libéralisme [Lindbeck, Placher]); A. FORTIN-MELKEVIK, «Vérité et pluralisme chez David Tracy», in C. MÉNARD et F. VILLENEUVE dir., *Pluralisme culturel et foi chrétienne*, Montréal, Fides, 1993, p. 107-123; K. BLASER, *Les Théologies nord-américaines*, Genève, Labor et Fides, 1995, p. 113-126; G. BAUM, «David Tracy: Pluralism and Liberation Theology», in *Essays in Critical Theology*, Kansas City, Sheed & Ward, 1994, p. 35-51, 45 ss., interroge plus spécifiquement la théorie des publics de Tracy; William C. PLACHER en fait de même dans son ouvrage plus récent, *Narratives of a Vulnerable God. Christ, Theology and Scripture*, Louisville, Westminster-John Knox Press, 1994, p. 161 ss. (voir ici, p. 72 n. 27 au sujet du public «église», que Placher place en tête).
7. La thèse est parue sous le titre: *Apprendre la libération. Exemples d'éducation populaire en Bolivie*, Genève, Labor et Fides, 1994.
8. Rue assez huppée de Lausanne, richement parée de magasins de mode et de boutiques. On y trouve aussi deux cinémas, deux librairies (jusqu'en 1995, où l'une des deux s'est déplacée), fréquentées davantage par un public jeune et cultivé, pas nécessairement fortuné.

souvent (en vérité: presque jamais) dans les boutiques de luxe qui la jalonnent. Mais vais-je si facilement renoncer à ses librairies et à ses cinémas? Et n'ai-je pas du plaisir à faire du «lèche-vitrines» sous ses belles galeries? À boire un café au Fellini nouvellement ouvert, ou à acheter mon tabac à pipe dans un de ses magasins spécialisés? Et pourquoi changerais-je de comportement quand je visite les rues et les sous-sols des quartiers aisés de Montréal, de Boston ou de Paris?

En vérité, le problème doit être vu quelque peu différemment. Je ne suis pas seulement un théologien déambulant dans la rue de Bourg (d'autres collègues, après tout, évitent probablement comme la peste ces lieux de déconcentration intellectuelle et leur préfèrent en permanence l'austérité de leur bureau et d'une bibliothèque de recherche). Je suis, comme mes collègues, un théologien qui, pour l'essentiel, s'adresse *notamment* à des gens qui déambulent le long de la rue de Bourg, comme d'autres s'adressent aux protestants lettrés de France et de Navarre ou à l'intelligentsia aisée des grandes cités d'Amérique du Nord.

La question de Preiswerk avait une visée polémique. Elle mettait en évidence le contexte de prospérité et de confort dans lequel nous, en Europe occidentale et en Amérique du Nord, nous faisons de la théologie au quotidien. Il s'agit là d'un fait indiscutable, dont je dois prendre acte, dont je dois, surtout, prendre conscience, même si, ne l'oublions pas, les universitaires n'appartiennent aujourd'hui qu'au bas de l'échelle des catégories économiquement favorisées et travaillent aussi avec la classe moyenne dont ils sont souvent eux-mêmes issus.

Mais la question de Preiswerk comporte un autre aspect. Elle énonce également de manière positive la réalité d'un contexte qui est le nôtre, de manière indéfectible. N'est-ce pas ce contexte, d'ailleurs, qui nous permet de faire ici, en Suisse, en Europe plus largement, de la théologie autrement qu'en Bolivie, au Mexique ou à Buenos Aires par exemple?

Où est la différence, qui pourrait signaler la spécificité et les chances de notre situation?

Il m'apparaît clairement, d'abord, que nous ne faisons pas en Suisse ou en Europe l'expérience d'une pauvreté *massive*, dominante, omniprésente. Ce que je vois d'abord, rue de Bourg, c'est l'opulence. Opulence trompeuse, sans doute, parce que superficielle, ne me dévoilant que très peu les poches de pauvreté, les lieux d'exclusion, l'intolérance et l'inégalité, pourtant présents à portée de main[9]. Et il n'y a que peu de temps, quelques années si ce n'est quelques mois, que j'y ai *découvert* et *reconnu* des chômeurs, quelques rares chômeurs, vendant le journal des sans-emploi et des sans-abri. Tous les habitants ou les chalands de la rue de Bourg,

---

9. Pour la Suisse, on lira par exemple ici B. BAERTSCHI, F. DERMANGE et P. DOMINICÉ éd., *Comprendre et combattre l'exclusion. L'exclusion sociale face aux exigences de l'éthique*, Lausanne, Presses polytechniques et universitaires romandes, 1998.

Lausanne, Suisse, peuvent voir ce que je vois, sans même devoir se rendre dans le métro de Paris. Nous le voyons, le plupart du temps, comme une verrue sur une belle femme. Nous ne voulons pas voir la verrue. Moi-même, fils d'ouvrier, il m'a bien fallu des mois pour comprendre que ces chômeurs pouvaient être des membres de ma propre famille! Je prends conscience, en écrivant pour la première fois sur ce sujet, et sans m'être encore donné les moyens d'une mise à distance à l'aide des outils de la sociologie critique, que je conçois, réfléchis et pratique mon travail théologique, souvent engagé et risqué, sur l'arrière-fond d'un rapport au monde de type évident, pour ainsi dire antérieur à la crise. Au temps de mes études en Suisse, à la fin des années 60, puis durant la plus grande partie des années 70, la possibilité du chômage des universitaires n'était jamais envisagée, et les autres corps de métier n'étaient quasiment pas touchés par ce phénomène, dont notre pays a été longuement protégé ou dont il a su retarder la prise de conscience et l'éclosion par un ensemble de stratégies qui confinaient parfois à des stratagèmes statistiques ou sémantiques. La situation actuelle est radicalement différente. La génération de mes enfants, les 20-30 ans, n'a plus du tout accès évident et direct à l'emploi et a perdu en conséquence l'idée d'une correspondance automatique entre la formation initiale et sa traduction professionnelle. Sans doute ce phénomène n'est-il pas également répandu dans la société helvétique, touchant davantage les milieux des sciences humaines et les personnes à forte sensibilité sociale. Mais quand on constate l'incertitude croissante régnant dans le monde de la banque ou dans celui des diplômés en chimie, pour ne prendre que deux exemples frappants en Suisse, on ne saurait fermer plus longtemps les yeux sur le changement massif qui s'est produit, en 25-30 ans, dans le rapport culturel et social entre la formation et l'emploi. Or ce bouleversement affecte en profondeur le tissu relationnel et le vécu psychique des acteurs sociaux. La valorisation du monde, de l'histoire, de la nation, du politique ne s'opère plus si facilement, quand elle s'opère encore. L'estime de soi, le sens de la justice et de la solidarité, l'expérience de la reconnaissance et de la réciprocité, voilà autant de données constitutives de notre être-dans-le-monde à se trouver ainsi ébranlées, ébréchées ou même parfois réduites à néant. Ce démembrement du monde vécu (sur les plans individuel et social) est la base socioculturelle de la fin de la modernité, de l'avènement du bricolage et des recompositions postmodernes, et des menaces d'un néo-libéralisme dominant supposé remédier seul à cette crise culturelle. Comme l'écrit Gregory Baum en faisant référence au triomphe de l'économie sans sujet, «vivant sous ce dôme transcendant, industriel, informatisé, les gens découvrent que les notions rationalistes de raison, d'histoire et d'émancipation sont des illusions totales[10]». L'expérience

10. «La modernité. Perspective sociologique», *Concilium* 244, 1992, p. 15-23, 23.

subjective de ce désenchantement fait le lit, on le devine et nous aurons à y revenir (voir ici chapitre IV), des différentes postures de la déconstruction, notamment dans son questionnement critique de la raison et de l'universalité.

La rue de Bourg, ou tout autre lieu dans lequel vit ou passe le lecteur ou la lectrice de ces pages, c'est un *melting pot* beaucoup plus différencié que ce que semblait indiquer une première lecture de la question posée par Matthias Preiswerk. C'est une structuration sociale où les «conséquences de la modernité» (Anthony Giddens) apparaissent dans leur redoutable complexité: les tensions entre le particulier et l'universel prennent successivement la forme de tensions entre la ville et la campagne, le centre et la périphérie, l'économie et le social, le technique et l'intellectuel, le politique et l'artistique, etc. Plutôt que de se laisser réduire à l'image d'une société embourgeoisée ou privilégiée, la rue de Bourg est peut-être l'image extrême, mais d'autant plus révélatrice, de la société à laquelle nous avons, en priorité, à communiquer l'Évangile, comme théologiens. La rue de Bourg, n'est-ce pas avant tout l'expression de ce public cible que nous autres théologiens ou gens d'Église avons trop facilement délaissé, au profit du monde sophistiqué de l'Université et du monde parfois frileux des Églises? Faire de la théologie au quotidien, n'est-ce pas rejoindre d'abord la rue de Bourg – sans oublier Saint-Laurent[11]? N'est-ce pas rejoindre la cité, la société civile, urbanisée et cosmopolite, irréductible à nos schémas anciens? Et n'est-ce pas nous contraindre à penser les marges que sécrète le centre, en formulant les premières hypothèses d'une «théologie de la marginalisation[12]»?

Portrait du théologien en communicateur triple.

Toujours attelé à sa description du rôle social du théologien, David Tracy a proposé une théorie des publics auquel ce dernier s'adresse, de manière distinctement ciblée ou par recoupement simultané. Dans la suite de son ouvrage, Tracy complète son portrait social par un portrait proprement théologique du théologien[13]. Étant donné l'axe de notre recherche,

---

11. Rue très commerçante de Lausanne; outre de grands magasins et des banques, on y trouve aussi l'église Saint-Laurent. La place et les escaliers devant cette église sont devenus un lieu de rassemblement des toxicomanes. La paroisse réformée de Saint-Laurent a organisé en 1994 un débat public sur la question de la toxicomanie, témoignant ainsi d'un courage et d'une lucidité exemplaires.
12. Voir J. SOLS LUCIA, *Théologie de la marginalisation* (1992), Paris, Desclée De Brouwer, 1994.
13. *The Analogical Imagination,* p. 47-98. A. FORTIN-MELKEVIK, «Vérité et pluralisme chez David Tracy» et K. BLASER, *Les Théologies nord-américaines,* se sont plus particulièrement concentrés sur ce deuxième aspect.

nous nous limiterons dans les pages suivantes uniquement au premier aspect, beaucoup moins étudié et remarqué en général que le second, pour les raisons indiquées plus haut.

Selon Tracy, le théologien a affaire à trois publics: la société, l'Université *(Academy)*, l'Église. Reprenons ces trois niveaux, dans l'ordre proposé par Tracy; nous nous interrogerons ensuite sur leurs interrelations.

La société comme conditionnement et espace public.

Tracy est parfaitement conscient de l'ambivalence du terme de «société». Il l'estime néanmoins préférable à tout autre. En particulier, il le préfère au terme de culture, qu'on aurait pu attendre effectivement ici, et qui a laissé sa trace dans ce qu'il est convenu d'appeler aux États-Unis, de manière plus large qu'en Europe, les théologies «libérales» (ainsi la théologie de la culture de Paul Tillich, ou l'approche des liens entre le Christ et la culture, chez un H. Richard Niebuhr, frère de Reinhold).

Par le terme générique et englobant de société, note en effet Tracy, trois dimensions sont prises en compte: la structure techno-économique (permettant l'organisation et l'allocation des biens et des services), la structure politique (lieu de réalisation de la justice sociale et de l'utilisation du pouvoir), la dimension culturelle (l'art et la religion principalement).

En quel sens faut-il alors parler d'un portrait social du théologien? Et quels sont les effets de ce portrait social sur le caractère public du discours théologique?

Il faut bien voir que Tracy distingue deux aspects, un premier aspect, que l'on pourrait appeler proprement social (la *social location* du théologien), et un deuxième aspect, plus orienté vers la pragmatique du discours, et constitutif d'un *commitment to authentic publicness*.

L'aspect social concerne l'influence de la situation sociale sur le théologien lui-même. L'aspect plus directement pragmatique concerne l'interaction, nécessairement dialectique, entre cette situation sociale et le public choisi.

Autrement dit, comme théologien (et peu importe ici que ma fonction soit ecclésiale, universitaire ou les deux à la fois), je suis indéniablement conditionné par mon environnement social, par quoi il faut entendre aussi bien mon enracinement (mes origines sociales, mon éducation, mon *curriculum*, etc.) que le contexte dans lequel je me meus. Il s'agit là sans doute d'un conditionnement inconscient, dont je dois prendre conscience partiellement, sans jamais m'imaginer pouvoir m'en dégager complètement. Ce conditionnement détermine dans une large mesure ma perception de la réalité sociale (y compris ecclésiale) et son interprétation théologique. Jusqu'ici, la théologie (aussi bien, je pense, la théologie ecclésiastique que la théologie académique, quoique à des titres différents, comme nous le verrons plus loin) n'est guère parvenue à véritablement intégrer le fait même et les conséquences de ce conditionnement.

La situation se complique encore si nous considérons l'autre aspect, celui de la sélection du public. Tout théologien s'engage, *de facto*, à l'égard de certains publics particuliers. On le voit déjà si l'on s'en tient sur le seul plan de la rhétorique homilétique: l'auditoire potentiel ou virtuel, dont nous parle Perelman, a toutes les apparences d'un auditoire universel (qu'on pense au sermon tenu lors du service funèbre d'une personne très largement connue, ou au culte radiodiffusé ou télévisé). Mais en fait, comme le sait bien tout prédicateur, cette universalité est davantage le fait de sa propre intention subjective que d'une réalité effective. La perception même de ce qu'est un auditoire potentiel dépend largement de la *social location* du théologien.

Les remarques qui précèdent nous font mettre le doigt sur l'interaction entre l'enracinement social et la visée communicationnelle du théologien.

Deux questions se posent alors à nous, très concrètement:
– Comment surmonter l'étroitesse de notre propre enracinement social, pour parvenir à nous adresser à un public potentiellement universel[14]?
– La sélection du public est-elle liée à la fonction ou à la position institutionnelle du théologien?

C'est, au fond, la question que posait plus largement Antonio Gramsci avec sa théorie de l'intellectuel organique, distingué de l'intellectuel traditionnel[15]; nous y reviendrons lorsque nous parlerons du niveau ecclésial de l'activité théologique.

À ce stade, l'examen des relations entre la *social location* du théologien et de la théologienne et leur engagement envers un public particulier nous aura confirmé l'impossibilité de réduire la communication du théologien et de la théologienne à une rhétorique purement pragmatique. *Le public ne saurait se confondre avec l'auditoire; il représente un champ beaucoup plus large, conditionnant l'activité théologique bien plus profondément qu'on ne le soupçonne dans une théorie purement communicationnelle, encore trop marquée d'idéalisme et de naïveté idéologique*; le public n'est pas seulement le destinataire de la communication, il en est aussi, en un sens qu'il faudra préciser, un élément constitutif, pour ainsi dire antérieur (logiquement parlant) à l'acte de parole ou de communication. *L'auditoire apparaît comme une découpe partielle, forcément partiale*

---

14. Cette question engage toute une théorie de l'universalité, dans ses liens avec la contextualisation sociale et par-delà les pièges du relativisme; voir les remarques de Matthias PREISWERK au sujet de limites du modèle habermassien, *Apprendre la libération,* p. 403 ss.
15. «Gli intellectuali e l'organizzazione della cultura», *Opere,* t. III, Turin, Einaudi, 1949, p. 1-7. Voir à ce sujet J. V. FEMIA, *Gramsci's Political Thought,* Oxford, Clarendon, 1981, p. 130-133.

aussi, et donc comme un cas particulier, non universalisable, de l'espace public où s'exerce l'activité théologique[16].

La société englobe donc, selon Tracy, la dimension techno-économique, la dimension politique et la dimension culturelle (au sens où Clifford Geertz entend la culture comme un système de symboles apte à motiver des actions plausibles). Cette définition canonique, centrale dans le propos de Tracy, manifeste d'emblée le caractère *multidimensionnel* de l'espace social et de la *publicness*. D'autre part, elle témoigne d'une critique radicale de la raison instrumentale, dans la mesure où cette dernière tend à isoler, à *marginaliser* la dimension culturelle (l'art, la religion) et même la dimension politique ou économique[17], en les soumettant à la seule rationalité technicienne, par nature réductrice et totalitaire.

Le projet de Tracy comporte indéniablement un axe universaliste; la religion ne doit pas se laisser marginaliser, mais elle doit attester son universalité de manière culturellement et socialement plausible. On aura à se demander plus loin si un tel modèle ne privilégie pas à l'excès l'uniformité de la vérité, au lieu de prendre en compte (de manière finalement plus protestante, voir Troeltsch) la différenciation interne de la dimension sociale.

Le public académique.

Tracy reconnaît au public académique une valeur spécifique dans le fonctionnement social de la théologie, même s'il veut éviter de la restreindre à cette seule sphère, comme cela est souvent le cas dans les théories émanant de théologiens universitaires.

Il faut rappeler que le débat sur le caractère universitaire de la théologie n'est pas nouveau et qu'il n'est pas propre à la situation nord-américaine. En Allemagne, au début des années 70, la discussion fut particulièrement vive, comme en atteste la production théologique de l'époque, très encline à justifier scientifiquement (par le biais de la théorie de la science, *Wissenschaftstheorie*) la place de la théologie dans l'Université[18].

16. Ce paragraphe théorique suppose un choix théologique nullement innocent, et finalement très pratique: l'activité théologique, contrairement à la vision ecclésiastique dominante, ne se limite pas à la prédication, à la catéchèse ou à l'étude biblique, et elle ne saurait se cantonner dans l'espace paroissial-ecclésial. La formation, la communication médiatique, l'accompagnement en milieu hospitalier, la militance politique sont des lieux théologiques tout aussi centraux, avec leurs localisations sociales et «mondaines» spécifiques.
17. Une réflexion approfondie sur l'économie doit aussi montrer qu'il n'y a pas d'économie efficace sans la reconnaissance d'un sens de l'économie; voir surtout ici A. RICH, *Éthique économique*, Genève, Labor et Fides, 1994.
18. L'exemple le plus imposant est l'ouvrage de W. PANNENBERG, *Wissenschaftstheorie und Theologie*, Francfort, Suhrkamp, 1973, auquel D. TRACY se réfère explicitement (*Analogical Imagination*, p. 15).

Aujourd'hui, dans plusieurs pays européens, la question se pose soit sous l'angle du rapport direct à l'universalité[19], soit, de manière plus stratégique mais visant le même objectif, sous l'angle de l'articulation spécifique de la théologie et de la ou des sciences des religions[20]. Aux États-Unis, la discussion continue, dans la foulée plus ou moins explicite des propositions de Tracy[21].

En 1981, Tracy plaide vigoureusement (aux côtés de théologiens aussi divers que Nygren, Pannenberg, Metz et Ebeling) pour que la théologie se comprenne elle-même et soit reconnue comme une discipline proprement académique (16 s[22]). Il souligne les risques d'une alliance paradoxale entre les milieux séculiers, qui n'acceptent à l'Université qu'une science objective et neutre, telle la science des religions, et les milieux d'Église, qui voudraient rabattre la théologie sur l'Église en lui déniant sa vocation académique. Le problème majeur, pour Tracy, c'est que la théologie n'est pas toujours comprise et reçue comme une discipline «compacte» (Toulmin) – on pourrait dire comme une discipline spécifique et délimitée –, mais qu'elle conserve aux yeux de certains le statut d'une discipline «diffuse», au détriment de la pluralité interne des disciplines particulières qui pourtant la composent.

Un trait pragmatique typique d'une discipline universitaire est son lien aux sociétés savantes. Pour la théologie, ce lien existe, sous des formes très variées, mais il paraît difficile d'énoncer les *critères* qui permettent de juger de l'évaluation des recherches en cours (cela est certainement plus flagrant dans les disciplines à caractère systématique ou normatif). C'est pourquoi, malgré ses traditions et ses institutions de recherche, la théologie présente aujourd'hui, selon Tracy, le statut d'une discipline diffuse (19).

À la suite de Lonergan[23], Tracy suggère que chacune des disciplines internes à la théologie précise toujours plus rigoureusement les critères

---

19. Voir J.-B. METZ, «The Last Universalists» in M. VOLF éd., *The Future of Theology. Essays in Honour of Jürgen Moltmann*, Grand Rapids-Cambridge (GB), 1996, p. 47-51.
20. Voir P. GISEL, «Faculté de théologie ou de sciences religieuses», *Études théologiques et religieuses* 72, 1997, p. 281-292.
21. Voir G. D. KAUFMAN, «Critical Theology as a University Discipline», in *God-Mystery-Diversity. Christian Theology in a Pluralistic World*, Minneapolis, Fortress Press, 1996, p. 214-215; N. WOLTERSTORFF, «The Travail of Theology in the Modern Academy», in M. VOLF éd., *The Future of the Theology,*, p. 35-46. Dans une autre perspective, redevable à l'École de Yale, voir R. F. THIEMANN, *Constructing a Public Theology. The Church in a Pluralistic Culture*, Louisville, Westminster-John Knox Press, 1991, ainsi que *Religion in Public Life. A Dilemma for Democracy*, Washington, Georgetown University Press, 1996.
22. Les chiffres entre parenthèses dans le texte renvoient à *Analogical Imagination*.
23. Nous avons en son temps présenté et discuté le modèle de Lonergan, voir D. MÜLLER, «Le pari méthodologique de B. Lonergan», *Revue de théologie et de philosophie*, 1975, p. 36-44.

et les paradigmes qui président à ses démarches spécifiques, sans rien oublier de la nécessaire collaboration interdisciplinaire requise entre toutes les disciplines (19-20). L'articulation des disciplines théologiques entre elles devra donc s'effectuer sous l'égide formelle du couple *autonomie-collaboration*, dans une perspective qui, notons-le en passant, n'est pas sans rappeler le modèle proposé par Schleiermacher dans son *Bref exposé*.

Selon Tracy, la tentation courante de la théologie, comme des sciences humaines en général, est que certaines de ses tendances veuillent surmonter leur caractère diffus en s'autoproclamant comme disciplines compactes, sans se soumettre au test de la vérité (20), tentation «sectaire» ou séparatiste, en somme, éludant le défi de l'universalité.

La théologie académique n'échappera à ce risque qu'en assumant et en acceptant son caractère public: répétant une thèse qui concerne les trois publics de la théologie, Tracy indique aussi le fil rouge qui devrait permettre de rendre compte de la cohérence et de l'unité de la théologie. En fait, toute théologie *implique* un caractère public, mais toute théologie ne parvient pas à l'*expliciter*. Le travail d'explicitation constitue, pour Tracy, la clef de la prise de conscience et de l'attestation du caractère public de la théologie comme totalité cohérente.

Tracy ajoute: «L'accent académique d'une grande partie de la théologie contemporaine est une force entièrement positive aussi bien pour le théologien que pour l'Université et, à travers cette dernière, pour la société dans son ensemble *(at large)*. La théologie renforce la valeur publique de l'Université et de la société en demeurant fidèle à sa propre exigence interne de *publicness*» (21).

On le voit, la vision de Tracy n'a rien perdu de son actualité. Gordon D. Kaufman a récemment défendu une thèse similaire, en appelant de ses vœux une théologie critique qui viserait à exploiter et à expliciter publiquement, et selon des critères strictement académiques, «le potentiel critique des symboles et des modes de réflexion théologiques[24]». Plus radicalement encore, Johann-Baptist Metz a prétendu que les théologiens seraient, à l'Université, les «derniers universalistes[25]»: non seulement ils seraient les gardiens de l'unité et de l'universalité de la raison, pensées au moins comme horizon, mais, en phase avec la sensibilité postmoderne pour la différence et l'altérité, ils auraient pour mission de raviver la mémoire et le souvenir des victimes et des opprimés et de construire ainsi «l'universalisme de la responsabilité».

On différera ici de Metz, quant à sa surinterprétation (subtilement marquée par son arrière-fond catholique romain) du monopole dont disposeraient les théologiens en matière d'universalisme et de conscience de la responsabilité; mais on le suivra dans la manière positive et dyna-

---

24. *God-Mystery-Diversity*, p. 205.
25. «The Last Universalists».

mique dont, comme Tracy, il décrit les tâches et les devoirs d'une «théologie du monde» dont il s'est fait le champion. La question ne se limite donc pas à faire reconnaître la *social location* universitaire du théologien et de ses modes de pensée *normatifs*, ce qui est déjà un enjeu intense en cette période d'utilitarisme néolibéral et technocratique; elle est aussi de souligner que la dimension académique de la théologie, comprise au meilleur sens, et donc encore de manière idéale et normative, rejoint en profondeur sa dimension sociétale et sa dimension ecclésiale, tant il est vrai que cette dernière ne saurait se penser hors du monde, sans inscription socioculturelle et sans référence réflexive.

Le public ecclésial.

Pour répondre à une objection souvent adressée à Tracy[26], aucun des trois domaines n'est donc supérieur aux deux autres; l'Église, notamment, n'est pas davantage que les deux autres sphères le lieu unique de la manifestation de Dieu et de la responsabilité du théologien et de la théologienne. On pourrait dire que c'est seulement dans l'explicitation interactive du sens présent dans chacun des trois mondes que Dieu se donne à penser théologiquement.

Il est certain qu'en décrivant les trois publics, dans l'ordre nullement innocent que commandait son projet de théologie publique et plausible, Tracy entendait questionner la vision purement ecclésiocentrique de la théologie[27]. On ne saurait toutefois en conclure que Tracy méprise ou disqualifie la destination proprement ecclésiale du travail théologique.

Comment comprend-il ce troisième public (21-28)?

De manière assez révélatrice, Tracy, après avoir distingué l'approche sociologique et l'approche théologique de l'Église, va surtout insister sur la difficulté de la plupart des théologiens à saisir l'Église autrement que sur le mode théologique. C'est la sociologie qui apparaît comme la grande perdante du réductionnisme théologique en matière ecclésiologique! Certes, Tracy mentionne le lien institutionnel et magistériel de la théologie (catholique notamment), mais, de manière proprement américaine, il souligne avant tout le caractère libre de l'adhésion à l'Église et a de ce fait tendance à privilégier le rapport interprétatif et non contraignant du théologien avec l'institution ou le public Église. «Tout théologien, après tout, fonctionne comme interprète de la tradition ecclésiale» (25). Or cette

26. Voir G. BAUM, «David Tracy», p. 45.
27. William C. PLACHER l'a bien compris: sans nier l'importance de la société et de l'Université, il place néanmoins l'Église en premier et affirme de manière intentionnellement dirigée contre Tracy: «Un théologien qui n'a pas d'audience dans l'Église a en un sens échoué comme théologien», *Narratives of a Vulnerable God*, p. 161.

fonction interprétative emprunte nécessairement au monde ambiant, à la culture et à la société et c'est bien une des raisons pour lesquelles elle s'exerce de manière critique envers la tradition ecclésiale[28]. La contribution principale de Tracy réside dans son accentuation de l'interaction permanente entre les différents publics de la théologie. Mais il nous laisse sur notre faim quant à la signification interne de la communauté ecclésiale pour le labeur théologique lui-même.

Tracy a tout à fait raison d'attirer notre attention sur les médiations culturelles, sociales et «mondaines» *(weltlich)* qui tissent et configurent l'insertion ecclésiale du théologien. Il admet par ailleurs sans peine que l'image publique du théologien (dans la société en général et dans l'Université en particulier) est imprégnée et colorée par son appartenance à son «groupe de référence». Après tout, qui reprocherait à un professeur de médecine ou à un professeur des Hautes Études commerciales d'être imprégné par son milieu professionnel et le type d'*éthos* correspondant? Néanmoins, obnubilé par la plausibilité externe de la théologie, Tracy demeure trop court dans son élucidation *interne* de l'*ecclésialité du travail théologique*. L'effort réflexif et pratique de l'éthicien(ne) chrétien(ne), lui aussi, est susceptible d'une compréhension de soi qui respecte son insertion ecclésiale. Mais peut-être que la clef de notre désaccord avec Tracy se trouve dans sa conception théologique (assez implicite) de l'Église chrétienne: à trop la sociologiser, à trop la penser comme en défaut de médiations, il en a oublié, à notre sens, de la saisir *dans sa mondanité et dans son humanité même* comme *lien théologal* avec le monde et avec les réalités humaines. De notre point de vue, une conception théologique de l'institution ecclésiale ne conduit pas fatalement à sa dé-socialisation et à sa dé-réalisation. C'est un point dont nous aurons à nous souvenir lorsque nous tenterons, dans la dernière section de ce chapitre, de clarifier les relations entre éthique, théologie et sociologie. Mais encore faut-il que nous adoptions une vision critique de l'Église qui se situe dans le sillage de l'incarnation et qui accepte en conséquence de se soumettre aux critères de la Parole qui la fonde. La relation des théologiens et des théologiennes (éthiciens et éthiciennes compris) à l'Église change du tout au tout si cette dernière fait l'objet d'une appréciation réaliste, ouverte à la critique et dénuée de toute illusion[29].

---

28. Voir P.-L. DUBIED, *Le Pasteur, un interprète*, dans un sens assez convergent, même s'il touche davantage à la fonction pastorale et demeure plus réservé face au concept de tradition.
29. Il n'est pas impossible que notre critique à l'égard de Tracy résulte d'un désaccord implicite sur la nature de l'Église, que Tracy continue à penser (malgré toutes ses velléités de s'en libérer) selon un schéma catholique romain. Car la sociologisation forte que Tracy impose à l'Église a toutes les apparences d'une réaction interne.

Interrelations des publics.

La distinction entre les trois publics établie par Tracy ne doit pas être comprise comme une séparation entre trois sphères étanches. Ces publics se recoupent entre eux, aussi bien dans la réalité sociale globale que dans la pratique et la conscience de soi du théologien: «Tout théologien tente de parler à l'intérieur et à l'intention des trois publics» (51). Tracy souligne par ailleurs que le caractère public de la théologie tient justement au fait que les convictions les plus personnelles du théologien et de la théologienne, affectant ce qu'il nomme son «authenticité», n'ont de pertinence théologique que dans la mesure où elles s'étendent au champ ecclésial et sociétal, qu'elles y deviennent explicites (29).

Le modèle tracyen suppose par conséquent aussi le projet ambitieux d'une refondation cohérente et différenciée de la raison théologique, dans sa triple dimension fondamentale, systématique et pratique, correspondant aux moments respectifs de la vérité-adéquation, de la vérité-dévoilement et de la vérité-conversion[30].

Peut-on établir un lien entre cette tripartition épistémique, et la trilocation du discours théologique exposée plus haut? La vérité-adéquation, objet de la théologie fondamentale, occupe une position centrale dans le discours théologique de type académique; la vérité-dévoilement, objet de la théologie systématique, est surtout liée au discours théologique de type ecclésial; enfin, la vérité-conversion, comprise, dans la théologie pratique, sur un mode transformateur, relève du discours théologique de type social[31]: on le voit bien dans la manière dont Tracy rattache la vérité-conversion au thème de l'*authenticité* du théologien et de la théologienne, appelé(e) à «faire la théologie» de manière transformatrice et pratico-éthique.

L'intention de Tracy, rappelons-le, n'est pas de scinder ces trois dimensions, mais de les articuler en une conception englobante de la rationalité théologique toujours saisie dans sa dimension foncièrement pratique. Son projet herméneutique est sous-tendu par la volonté de surmonter le pluralisme relativiste (jusque dans la forme la plus sophistiquée qu'il a prise chez Gadamer) et de fonder un pluralisme radical (339-364). Or c'est ce pluralisme radical qui rend justement possible la reconnaissance des différents publics de la théologie et, singulièrement, le respect des exclus de la société[32].

---

30. Voir A. FORTIN-MELKEVIK, «Vérité et pluralisme chez David Tracy», p. 108 et 113 ss.
31. Voir K. BLASER, *op. cit.*, p. 119; voir déjà les questions critiques de G. KAUFMAN, «Conceptualizing Diversity Theologically», art. cit., p. 396.
32. Voir G. BAUM, «David Tracy», p. 43; voir aussi J.-B. METZ, «The Last Universalists», p. 50.

L'ECCLÉSIALITÉ COMME CONDITION NÉCESSAIRE MAIS NON SUFFISANTE

L'analyse que nous avons donnée ci-dessus des différenciations proposées par Tracy nous a donc conduit à reconnaître que le théologien et la théologienne, s'ils ne s'épuisent pas dans leur fonction d'intellectuel organique à visée ecclésiale, doivent assumer leur insertion et leur finalité ecclésiales comme une condition nécessaire, quoique non suffisante de leur vocation. Il n'en demeure pas moins que la solution de Tracy a un certain caractère superficiel, qu'il nous faut surmonter. C'est l'intention présidant aux réflexions qui suivent.

Le caractère second du discours théologique (au sens 1: comme *intellectus fidei*) et son ancrage ecclésial indirect.

Le discours théologique, sous toute ses formes, possède un caractère second, en ce sens qu'il opère toujours comme une réflexion *a posteriori* sur le mouvement originaire de la foi. Entendu comme *intellectus fidei*, il correspond à l'exigence interne d'intelligibilité propre à la foi *(fides quaerens intellectus)* et il participe, sous cet angle-là, aux fonctions diversifiées de la *communauté* croyante[33].

Cela ne veut pas dire, toutefois, que nous devions suivre David Tracy dans sa tendance à réduire la théologie systématique à un discours purement interne, destiné au public Église, lequel, en retour, n'aurait accès qu'à l'intelligence de la foi. Nous considérons pour notre part que la théologie fondamentale concerne aussi les membres de l'Église, sinon dans ses formes techniques, du moins dans ses enjeux apologétiques. Il en va de même de ce que Tracy appelle, de manière ambivalente pour nous, la théologie pratique, qui vise en fait l'ensemble des activités pratiques des chrétiens dirigées vers la société civile (la communication et l'éthique comprises). Que serait une foi uniquement soucieuse de se comprendre de l'intérieur – *intellectus fidei in et pro ecclesia* – sinon un patois de Canaan plus intelligent et plus cohérent? Dans sa réalité sociale quotidienne, la foi est exposée aux défis du monde prétendu «extérieur», par quoi il faut comprendre aussi bien le public académique (plus largement: le monde de la culture et de pensée rationnelle) que la société dans son ensemble.

---

[33]. R. F. THIEMANN insiste sur ce point, voir *Constructing a Public Theology*, p. 152.

Le discours théologique (au sens II: *ad extra*).

Le discours théologique n'est pas seulement le déploiement analytique du sens et des contenus de la foi attestée dans les textes et vécue dans les Églises et communautés chrétiennes, il est aussi un *métadiscours* sur la plausibilité et la pertinence de ce sens et de ces contenus. Il entre forcément en interaction dynamique et critique avec la donation de sens que confèrent à l'être humain et au monde les différentes représentations symboliques que sont les religions, les idéologies, les arts et la culture.

Dès lors, si la théologie entend relever les défis qui sont les siens, il faut saisir que les trois activités principales de la théologie (*intellectus fidei* systématique [incluant les données bibliques et historiques], théologie fondamentale [apologétique et herméneutique], théologie pratico-éthique) doivent être pensées dans leur unité architectonique; *leur subdivision interne, contrairement à la proposition de Tracy, ne se recoupe pas avec les différents publics de la théologie.*

C'est l'ensemble de la théologie, en ses différentes fonctions, qui se trouve confrontée, de cas en cas, avec les différents publics dont parle Tracy. Mais cela implique que toutes les fonctions de la théologie entretiennent un lien spécifique avec l'Église. Cela n'est pas lié d'abord avec l'engagement personnel du théologien ou de la théologienne, mais touche l'ecclésialité interne de leur discipline. Ainsi, même un historien des religions agnostique, appelé à enseigner dans une faculté de théologie, ne pourra pas occulter *entièrement* le lien systématique qui unit sa matière à la réalité des Églises et des communautés religieuses chrétiennes, dont l'activité entre toujours en dialogue constructif et critique avec les autres religions et avec le religieux. De même, un éthicien qui, pour des raisons *ad hoc*, ne serait pas théologien mais serait appelé à enseigner dans une faculté de théologie, ne saurait faire abstraction du fait que, parmi les possibilités morales de l'humanité, se trouvent les propositions éthiques formulées par telle ou telle Église chrétienne. Nous devons même faire un pas de plus: une éthique philosophique sérieuse, fût-elle la plus agnostique, voire athée, ne saurait faire l'impasse – au minimum – sur la *discussion* des propositions éthiques assumées et appliquées par les Églises chrétiennes. C'est dire que les propositions de l'éthique théologique, pour sophistiquées qu'elles puissent être à destination du public social, culturel et académique, ne sont *jamais déchiffrables indépendamment du rapport constitutif positif qu'elles entretiennent avec l'espace ecclésial,* compris de la manière la plus large et la plus ouverte possible.

PERSPECTIVE CRITIQUE

Nous nous sommes largement inspiré, dans l'analyse des publics de la théologie et du caractère public de cette dernière, de l'un des modèles les plus élaborés dont nous disposions à l'heure actuelle dans l'hémisphère Nord, celui de David Tracy. Ce modèle a été critiqué pour son fondationnalisme et pour son ethnocentrisme[34]. Nous ne l'avons pas considéré ici dans ses conséquences dogmatiques internes, mais nous nous en sommes plutôt servi comme d'une modélisation heuristique, susceptible de nous guider dans la compréhension du contexte de la théologie et de l'éthique théologique en particulier.

Cela étant, nous estimons que le pouvoir explicatif du modèle de Tracy ne se limite pas à la seule situation des États-Unis ou de l'Amérique du Nord au sens large[35]. Même si le débat est particulièrement vif, aux États-Unis, au sujet du caractère public de la théologie, nous avons vu que la question s'était déjà posée antérieurement en Allemagne dans les années 70 et qu'elle bat son plein en Europe actuellement.

Notre propre questionnement sera d'un autre ordre, plus proche, au départ de la problématique, des interrogations post-fondationnalistes et post-libérales, mais avec une visée finale différente[36]. L'aspect du fondationnalisme qui nous pose problème chez Tracy est sa manière de *décider d'emblée d'une corrélation évidente* entre les trois publics comme entre les trois types de discours théologiques. Sa *correlation revisited*, héritée de B. Lonergan (à qui il a consacré sa thèse de doctorat) et de P. Tillich[37], tend à unifier *a priori* les publics et les méthodes de la théologie. Or ce reste de fondationnalisme nous apparaît très paradoxalement résulter d'un parti pris postmoderne, centré, certes non sur l'éclatement ou sur la dissémination, mais pourtant sur un *soft arrangement* des possibles. Nous pensons que la relation entre des domaines différents est *plus difficile et plus tendue*, étant donné que *les sphères concernées ont tendance à rechercher davantage d'autonomie et à prendre leur indépendance*. Nous n'irons pas jusqu'à suivre le modèle sociologique de N. Luhmann, qui isole complètement les sous-systèmes culturels et qui en vient à en exclure quasiment l'éthique,

---

34. Voir la discussion et les références à ces débats chez K. BLASER, *Les Théologies nord-américaines*, p. 122-126.
35. L'étude de K. Blaser porte davantage sur les théologies des États-Unis que sur l'ensemble des théologies nord-américaines. À en juger par l'évaluation critique des thèses de Tracy par A. Fortin-Melkevik, de l'université Laval, Québec, une discussion transculturelle semble possible, qui fasse la médiation entre les modèles nord-américains et les modèles européens, en ne surinterprétant pas la portée de la différence sociologique et culturelle entre les deux.
36. Voir aussi l'étude récente de J. WENTZEL VAN HUYSSTEEN, *Essays in Postfoundationnalist Theology*, Grand Rapids-Cambridge (GB), Eerdmans, 1997.
37. K. BLASER, *Les Théologies nord-américaines*, p. 113.

ce «paradigme perdu[38]». Mais nous souhaitons rester attentif à *ce trait marquant de la modernité que constitue la pulsion d'autonomie, et à ne pas la contourner, la dissoudre ou la surmonter trop vite au nom d'un passage accompli et univoque à la postmodernité* (voir notre chapitre IV).

Qu'est-ce que cela signifie pour notre problématique personnelle d'éthicien et de théologien?

D'abord, cela implique que la différence des trois publics est de nature à légitimer un fonctionnement et un langage spécifiques et non directement transférables dans le fonctionnement et le langage des autres sphères. Ainsi, même si, dans une argumentation éthique adressée à la société, nous sommes nous-mêmes invité à exprimer la signification théologique d'une thèse éthique rationnelle (par exemple, le refus du clonage humain à cause du caractère unique de la personne humaine), nous ne considérerons pas que tous les auditeurs doivent *accepter* le fond théologique de notre légitimation rationnelle. Réciproquement, l'auditeur qui refuserait d'écouter nos arguments sous le seul prétexte de notre insertion ecclésiale comme théologien ferait preuve d'un manque flagrant d'ouverture intellectuelle et d'un aveuglement inacceptable envers sa propre insertion idéologique (politique, professionnelle, artistique, etc.).

Ensuite, nous croyons qu'il est illusoire de penser, comme Tracy semble le faire implicitement, que la tâche du théologien et de la théologienne – de l'éthicien théologien, dans notre cas – puisse être accomplie *en tout temps et/ou en même temps par une seule personne*. La différence des publics implique aussi la différence des acteurs et des spécialités, y compris au sein d'une même discipline de travail. *La condition postmoderne de la théologie signifie l'apprentissage renouvelé de la complémentarité entre spécialistes d'une même discipline; elle nous oblige à prendre conscience que nous sommes sortis du paradigme de la subjectivité solitaire et isolée pour entrer dans celui de l'intersubjectivité critique et confiante.*

THÉOLOGIE, ÉTHIQUE, SOCIOLOGIE

Comme signalé plus haut, il importe de clarifier aussi les relations entre les sciences sociales et la théologie. L'enjeu est double: il y va de la *pertinence publique de la théologie*, mais également de l'*adéquation du recours que l'éthique théologique fait aux sciences sociales.* Pour simplifier un débat déjà très complexe, nous nous limiterons, parmi les sciences sociales en cause, à la seule sociologie.

38. «*Paradigm lost*»: *über die ethische Reflexion der Moral*, Francfort, Suhrkamp, 1990.

Les relations de la sociologie et de la théologie ont fait l'objet depuis longtemps de controverses. Étant donné ses liens avec le processus de sécularisation et avec les différentes formes de critique de la religion, la sociologie (notamment dans ses versions marxiste et wébérienne) a été perçue la plupart du temps comme un danger par la théologie et par les Églises[39]. Pour faire face à ce danger, ces dernières ont été tentées par plusieurs parades: la critique théologique frontale; l'utilisation différenciée; la récupération; l'ignorance pure et simple. Le seul fait que nous acceptions de nous engager dans la thématique présuppose le refus de l'ignorance pure et simple. La critique théologique frontale nous paraît marquée au coin d'une stratégie d'immunisation, passant à côté des questions posées par la sociologie à la théologie et faisant preuve en même temps d'une confusion des niveaux; à condition cependant de ne pas demeurer frontale, elle contient un moment de vérité.

À notre avis, seule une combinaison de l'utilisation différenciée et de l'interrogation théologique critique permettra de rendre justice à l'apport de la sociologie, en respectant à la fois son irréductible autonomie méthodologique et ses propres limites. Elle sera également la seule manière de pratiquer la théologie au quotidien, c'est-à-dire sous les conditions de l'historicité, de la relativité et de la répétition, dans une sorte d'accès brisé à l'*eschaton*, rétif à toute linéarité diachronique de type substantiel et ontologique. Nous y voyons l'indice d'un changement de paradigme dans la théologie chrétienne elle-même: un autre rapport à l'absolu et à l'universel est sans doute en train de se mettre en place, qui ne soit plus un rapport univoque (Barth) ou relativiste (le libéralisme), ni simplement historico-eschatologique (Moltmann, Pannenberg), mais bien herméneutique et différentialiste: herméneutique, parce qu'attentif à la position interprétative et existentielle des sujets et à l'infini travail de déchiffrement des symboles; différentialiste (voire déconstructiviste), parce que décidé à jouer jusqu'au bout de l'irréductible positionnalité des interprètes et à ne jamais céder à la fiction d'un état global de société ou d'universalité (la société n'existe pas, n'existent que des appartenances personnelles et groupales à des sous-ensembles[40]).

La «récupération théologique de la sociologie» a pris des formes variables. La plus fréquente est sans doute l'instrumentalisation dont la sociologie est l'objet de la part des instances ecclésiastiques, essayant, au pire, de conforter des positions acquises au moyen d'enquêtes quantitatives

---

39. Voir à ce propos les remarques toujours pertinentes de P. BERGER, *La Religion dans la conscience moderne. Essai d'analyse culturelle*, Paris, Centurion, 1971, p. 272-284.
40. Raymond ARON avait souligné avec force ce dernier point, dans son appréciation critique de Durkheim notamment, voir *Étapes de la pensée sociologique*, Paris, Gallimard, 1967, p. 395: «Il n'y a pas *la* société, il n'y a pas *une* société, il y a des groupements humains.»

et, au mieux, d'adapter ou de réviser leurs stratégies ecclésiales ou missionnaires en fonction des analyses opérées par les sociologues. Mais, de toute manière, dans l'optique d'une simple récupération (rarement consciente et avouée), la démarche sociologique garderait ici un rôle strictement *auxiliaire*; les questions de fond, théoriques et symboliques notamment, étant évacuées au profit d'une subordination de l'enquête sociologique à des fins qui lui sont naturellement étrangères. Dans le champ de la théorie théologique, cette récupération de la théologie a pris des formes souvent plus subtiles, que ce soit dans le sens d'une finalisation théologique indirecte de la sociologie telle qu'on peut la détecter par exemple chez Troeltsch (nous y reviendrons plus loin en discutant l'apport de Milbank) ou dans celui d'une théologisation de la sociologie: ainsi, dans son ouvrage classique sur Calvin[41], André Biéler utilise-t-il le concept de «sociologie théologique» d'une manière étonnante. Sans doute, le fait que Biéler juxtapose les notions d'anthropologie théologique et de sociologie théologique pour rendre compte, dans un même chapitre et selon une logique théologique et éthique parfaitement légitime, de la conception que Calvin se fait de l'homme et de la société doit-il nous alerter. Nous ne sommes pas dépaysés, en théologie, par l'énoncé du concept d'anthropologie théologique – un concept qui, pourtant, entretient des relations plus difficiles que nous le pensons non seulement avec celui d'anthropologie philosophique, mais surtout avec celui d'anthropologie culturelle[42] – alors que celui de sociologie théologique nous est tout à fait inhabituel. Ne serait-ce pas l'indice que nous avons intériorisé et accepté l'autonomie de la science sociologique, née en opposition directe à la civilisation judéo-chrétienne, alors que nous continuons à penser par-devers nous que l'anthropologie est universelle et qu'elle appartient de droit au champ de légitimité de la théologie? Dans cette perspective, l'anthropologie constituerait un domaine abstrait et normatif de pertinence même vague du christianisme, tandis que la sociologie, encore plus que l'histoire, représenterait une entreprise radicale de déboulonnage ou de désarrimage du christianisme et de la religion comme entités publiques.

Dans ses réflexions sur les relations entre «perspectives sociologiques et perspectives théologiques[43]», le sociologue nord-américain Peter Berger avait postulé une séparation stricte entre les deux, la sociologie devant comprendre la religion, selon lui, exclusivement «comme une projection

---

41. *La Pensée économique et sociale de Calvin*, Genève, Georg, 1959, p. 183-305: «Esquisse d'une anthropologie et d'une sociologie théologiques», p. 233 ss. pour la sociologie théologique proprement dite.
42. Voir mes remarques méthodologiques à ce sujet dans l'introduction au numéro des *Cahiers médico-sociaux*, Genève, 1995/1, «Le corps humain entre savoirs et pratiques. Enjeux éthiques et médicaux», p. 5-11.
43. *La Religion dans la conscience moderne*. Les chiffres entre parenthèses dans le texte renvoient à cet ouvrage.

humaine, enracinée dans des infrastructures spécifiques de l'histoire humaine» (274). Certes, une telle définition étroite n'empêche nullement le sociologue de reconnaître que «si l'on admet une vue religieuse du monde, le fondement anthropologique de ces projections peut être lui-même le reflet d'une réalité qui *englobe* à la fois le monde et l'homme» (274 s.) et donc que derrière les significations positives saisies par le sociologue peut se tenir «une signification englobante» (275). Mais Berger, à la différence d'un théologien comme Gerd Theissen par exemple, ne va pas jusqu'à affirmer normativement que la religion repose comme telle sur la reconnaissance d'un sens susceptible de légitimer nos expériences existentielles de résonance. Chez Theissen, en effet, c'est une option théologique préalable, un *a priori* religieux, pourrait-on dire, qui fonde la priorité de la résonance sur la dissonance (ou expérience d'absurdité) et rend possible l'existence même d'une éthique, laquelle suppose toujours un certain pari sur le sens, une confiance fondamentale dans la signification du monde et de l'existence[44].

L'approche de Berger se veut davantage en retrait, puisqu'elle continue de ratifier le principe wébérien de l'athéisme méthodologique et surtout de privilégier l'aspect empirique de la sociologie. L'inquiétude représentée par la sociologie sera d'abord, pour le théologien, qu'elle vienne *infirmer empiriquement* ses propres affirmations (276). Cette inquiétude est d'autant plus légitime si l'on admet «que non seulement le christianisme autorise une sociologie du christianisme, mais qu'en quelque sorte il la requiert[45]». La théologie, à ce titre, ne peut se réfugier dans une quelconque indifférence envers la sociologie.

Toutefois, Berger ne se contente pas de noter les raisons internes au christianisme (telles que, par exemple, son orientation radicalement historique) susceptibles de légitimer une articulation significative de la sociologie et de la théologie. Il ajoute que la sociologie met en lumière le contexte social et donc les déterminations du théologien, ce qui constitue dès lors un réel danger pour sa conscience de soi et pour sa conscience de la vérité (278). Selon Berger, la sociologie radicalise encore «le vertige de relativité» (279) occasionné par l'histoire: comment, dans un monde de relativité socio-historique, peut-on trouver ce «"point d'Archimède" d'où il sera possible de poser des affirmations valides en matière religieuse» (278)?

La question typiquement moderne par laquelle Karl Barth avait relancé la théologie au début du siècle: «Comment peut-on être théologien?», trouve ainsi chez le sociologue Berger une reformulation typique: «Comment est-il tout simplement possible de se mettre à faire de la théo-

---

44. *Argumente für einen kritischen Glauben (oder: Was hält der Religionskritik stand?)*, Munich, Kaiser, 1978, voir en particulier p. 81 ss.
45. R. MEHL, *Traité de sociologie du protestantisme,* Neuchâtel, Delachaux et Niestlé, 1965, p. 15.

logie?» (279) – une fois que l'on a été passé au crible de la méthode sociologique. Chez Barth, la question était théologique: comment peut-on parler de Dieu alors que Dieu est indicible et inappropriable? Chez Berger, l'héritage de Feuerbach, qui avait tant marqué Barth dans son geste de retour à la théologie, est non moins perceptible (voir le langage de la projection anthropologique), mais conduit à séparer strictement la réalité empirique et la réalité religieuse. La seule stratégie de médiation est à chercher dans une vision à la fois évolutionniste et libérale[46] du christianisme, centrée notamment sur l'éthique de Jésus, en tant que phénomène de langage empiriquement accessible (283). Dans cette logique, c'est seulement *de l'intérieur* de la thèse sociologique de la religion comme projection que pourra être cherché «un indice de transcendance[47]» (283). «Une "théologie empirique" est méthodologiquement impossible, conclut Berger. Mais une théologie qui procéderait pas à pas, en corrélation avec ce que l'on peut dire empiriquement de l'homme, vaudrait bien la peine d'être sérieusement tentée» *(ibid.)*.

Le point de vue de Berger appelle donc la théologie à plus d'humilité. Mais, sans compter qu'il prive la théologie d'un certain nombre de ses apports spécifiques, est-il à la hauteur de la tradition sociologique comme telle? Je ne le pense pas. Par son constructivisme sociologique et par le réductionnisme dont procède sa théorie de la religion comme projection, Berger nous paraît en effet donner de la sociologie une vision étroite, concentrée sur les dimensions empiriques de la religion, mais surtout bien incapable de saisir la *pensée* sociologique en tant que telle. La sociologie devient un simple instrument de saisie du monde empirique, mais ne parvient pas ici *à se penser elle-même comme mouvement de pensée*. Raymond Aron, en philosophe et en sociologue, nous a aidés à saisir cette pensée sociologique; John Milbank, en théologien, va justement l'interroger à ce niveau. Paraphrasant Karl Barth, nous pourrions dire: les sociologues doivent être encore plus critiques, y compris et d'abord à l'égard de leurs propres options fondamentales ou de ce que Robert Nisbet désigne si bien comme «l'imagination sociologique[48]».

---

46. On noter ici les accointances évidentes entre le programme théologique implicite de Peter Berger et le projet théologique explicite de Gerd Theissen.
47. Sur cette notion, voir les remarques critiques de W. PANNENBERG, «Signale der Transzendenz. Religionssoziologie zwischen Atheismus und religiöser Wirklichkeit», *Evangelische Kommentare* 7, 1974, p. 151-154.
48. *La Tradition sociologique* (1966), Paris, Presses universitaires de France, 1984, p. 33-36. Font notamment partie de cette tradition, selon Nisbet, les «bases morales» et la création artistique des sociologues.

L'usage de la sociologie chez Bonhoeffer[49].

L'apport de Bonhoeffer dans sa thèse de 1927 *Sanctorum Communio (Une étude dogmatique sur la sociologie de l'Église)*[50] est très controversé. Peter Berger y a vu une forme d'«impérialisme théologique» et Joachim Matthes une attitude typiquement ecclésiastique de fermeture à la réalité séculière[51] (voir von Soosten, 36-38). Il faut bien reconnaître que les remarques éparses de Bonhoeffer relatives à Weber et à Troeltsch ne laissent guère augurer d'un dialogue fructueux avec la sociologie contemporaine. Joachim von Soosten s'est néanmoins essayé à réhabiliter l'entreprise bonoefférienne. Il reconnaît que la démarche de Bonhoeffer relève d'abord d'une perspective dogmatique et ecclésiologique, intrathéologique *(Binnenperspektive)*. Comme Bonhoeffer ne veut pas consacrer la scission entre deux Églises, l'Église crue et l'Église réelle, il comprend totalement l'Église réelle à partir de l'Église vraie. Mais, remarque von Soosten, si le niveau de la constitution théologique de l'Église est premier, il ne s'ensuit pas que le niveau de son déploiement *(Darstellung)* soit indifférent. C'est la *tension eschatologique* entre l'Église réelle et l'Église crue qui assure théologiquement la non-identité statique des deux entités et qui permet à Bonhoeffer d'éviter un simple déductionnisme ecclésiologique, l'«en bas» empirique et sociologique n'étant pas simplement la traduction immédiate et directe de l'«en haut» théologique.

Tout le problème auquel s'expose von Soosten, dans sa défense de Bonhoeffer, est de savoir comment s'articulent la perspective intra-théologique et la perspective externe, proprement sociologique. Von Soosten est conscient de la difficulté. Il note avec finesse que le cadre intra-théologique a pour but d'expliciter l'horizon à partir duquel un élargissement de l'ecclésiologie par la sociologie peut être conduit de manière légitime du point de vue théologique (241). L'ordre de la démonstration est irréversible: on ne peut aller que de la théologie à la sociologie. La sociologie ne saurait donc en aucune manière contribuer à *construire* l'objet de la théologie, ne serait-ce qu'à titre préparatoire et provisoire. Von Soosten est obligé de se demander si le modèle d'intégration, subordonnant la sociologie à la théologie, n'est pas un modèle *réductionniste* (246).

---

49. Voir J. VON SOOSTEN, *Die Sozialität der Kirche. Theologie und Theorie der Kirche in Dietrich Bonhoeffers «Sanctorum Communio»*, Munich, Kaiser, 1992 (les chiffres entre parenthèses dans le texte renvoient à cet ouvrage de D. BONHOEFFER, abrégé par ailleurs *SC*).
50. Voir la nouvelle édition critique établie par J. VON SOOSTEN, *Dietrich Bonhoeffer Werke*, t. I, Munich, Kaiser, 1986.
51. Dans son ouvrage au titre très explicite *Die Emigration der Kirche aus der Gesellschaft*, Hambourg, 1966. Pour une discussion des thèses de Matthes, voir T. RENDTORFF, *Kirche und Theologie. Die systematische Funktion des Kirchenbegriffs in der neueren Theologie*, Gütersloh, Gerd Mohn, 1966.

Certes, Bonhoeffer comprend la sociologie (en lien avec la philosophie sociale, objet des trois premiers chapitres de *SC*) comme une science systématique fondée sur la méthode phénoménologique-structurale, et non comme un dérivé des sciences historico-génétiques (248). La philosophie sociale s'interroge sur l'ancrage de la socialité dans l'esprit humain, tandis que la sociologie dégage les structures empiriques de la réalité sociale. Ces distinctions portent naturellement la marque de certains débats datés et ne peuvent plus être reprises comme telles aujourd'hui, vu l'état des discussions philosophiques et sociologiques. À cela s'ajoute que Bonhoeffer reprend sous une forme modifiée, parce qu'amputée de la dialectique de l'esprit absolu, la terminologie hégélienne de l'esprit objectif, telle qu'il a pu la lire chez Hans Freyer et Reinhold Seeberg.

Le mouvement de retour par lequel Bonhoeffer essaie d'intégrer la sociologie dans la théologie (respectivement dans l'ecclésiologie) résulte d'une réception et d'une réinterprétation critique de la distinction établie en 1886 par Ferdinand Tönnies entre communauté *(Gemeinschaft)* et société *(Gesellschaft)*. Globalement, Bonhoeffer ratifie (de manière trop peu critique, de toute évidence) non seulement la distinction elle-même, mais aussi la préférence qu'elle suppose en faveur de la communauté. En même temps, il essaie de surmonter cette distinction et cette préférence; pour ce faire, il pose théologiquement que la définition de l'Église empirique comme communauté dans l'Esprit *(Geistgemeinschaft)* et sa compréhension à la fois comme communauté dans l'amour *(Liebesgemeinschaft)* et comme association placée sous la souveraineté de Dieu *(Herrschaftsverband)* transcendent l'opposition entre communauté et société, de même que l'opposition entre sens et finalité présupposée par cette dernière (262 s.).

Malgré tous ses efforts constructifs pour rendre compte de la légitimité de l'approche bonhoefférienne, von Soosten est obligé de reconnaître que le modèle de l'intégration non seulement relègue la sociologie au rang de discipline auxiliaire de la dogmatique, mais que, plus radicalement encore, «l'étude dogmatique sur la sociologie de l'Église culmine dans la *suppression théologique de la sociologie*» (263, je souligne). Voilà qui, à n'en pas douter, confirme le jugement sévère porté par les sociologues Peter Berger et Joachim Matthes.

Von Soosten ne peut s'en tirer qu'en prenant acte de la contradiction dans la manière dont Bonhoeffer articule sociologie et théologie. Le principe de la non-identité entre l'Église empirique et la vraie Église devait permettre de légitimer la distinction pratique entre l'ecclésiologie et la sociologie de l'Église et avaliser ainsi l'autonomie (relative, mais non moins réelle) de la sociologie de l'Église. De fait, quand il passe à la mise en œuvre de la sociologie de l'Église empirique, Bonhoeffer ne s'en tient pas à sa distinction et fait de la sociologie théologique (264). Ce n'est d'ailleurs pas un hasard si on trouve à plusieurs endroits sous sa plume les expressions de «sociologie chrétienne» (*SC* 18, 200, 215) ou de «philosophie sociale et sociologie intra-chrétiennes» (*SC* 200) – une tendance que nous avons également notée pour notre part chez André Biéler et qui se retrouve dans l'ecclésiologie de Gérard Siegwalt[52].

Von Soosten parle ici de réductionnisme théologique, un réductionnisme typique de la tendance commune à Bonhoeffer et à Barth, faut-il ajouter, et qui se fera sentir de la même manière dans la construction ambivalente, mais finalement moniste du concept de réalité dans l'*Éthique* de Bonhoeffer[53].

En voulant résoudre la question posée par la sociologie à l'ecclésiologie en construisant un type d'Église emprunté à une sociologie théologique, Bonhoeffer a ainsi contrevenu à son propre principe de la différence (eschatologiquement fondée) entre l'Église empirique et la vraie Église. Reconnaître cette différence, c'est maintenir ouverte la possibilité même d'une sociologie autonome et indépendante, scientifique et critique. Or cette sociologie, dans sa forme wébérienne par exemple[54], a justement permis de rendre justice au *conflit* entre le processus communautaire de type charismatique *(charismatische Vergemeinschaftung)* et la socialisation institutionnelle orientée sur des buts *(zweckrationale Institutionnalisierung)*, conflit qui ne cesse de traverser l'Église réelle (265). Le projet global de l'ecclésiologie bonhoefférienne ainsi que sa vision sociologique se montrent ainsi non seulement comme «potentiellement totalitaire»[55], ils ne nous permettent pas non plus de saisir *le jeu complexe de la pluralité* à l'œuvre dans la réalité empirique de

---

52. *Dogmatique pour la catholicité évangélique. Système mystagogique de la foi chrétienne*, II. *La Réalisation de la foi, t. 1: L'Église chrétienne dans la société humaine*, Genève-Paris, Labor et Fides et Éd. du Cerf, 1991, p. 35 ss., 91 ss. À la différence de Bonhoeffer, Siegwalt commence par la sociologie et poursuit par l'ecclésiologie. Comme Bonhoeffer, mais plus explicitement que lui, il admet cependant que la sociologie peut être *théologique* et il la fait suivre d'une *sociologie ontologique*. Dans une perspective qui doit finalement plus à Tillich qu'à Bonhoeffer, Siegwalt coiffe pour ainsi dire la sociologie descriptive et phénoménologique d'une conception ontologique relevant des réalités ultimes ou dernières. Ce faisant, il tente d'articuler une sociologie ecclésiocentrique (p. 25) et une ecclésiologie théologique privilégiant le type Église, mais capable d'intégrer d'autres types et même d'autres religions. La corrélation ambitieuse ainsi pratiquée entre les sciences humaines, la théologie et l'ontologie a une allure harmonisante; c'est la raison pour laquelle, à notre sens, Siegwalt comprend la notion de sociologie normative (p. 35s) sous l'angle surplombant d'une «réalité dernière de la réalité sociale» et non pas, comme G. Weisser et A. Rich à sa suite, en fonction d'une analyse immanente des visées méthodiques de la sociologie elle-même.
53. Voir mes remarques à ce sujet dans *Les Lieux de l'action. Éthique et religion dans une société pluraliste*, Genève, Labor et Fides, 1992, p. 89-99, et ici, chapitre VII.
54. À son propos, voir W. SCHLUCHTER, *Religion und Lebensführung*, t. I et II, Francfort, Suhrkamp, 1988.
55. Ainsi F. W. GRAF, «Innerlichkeit und Institution. Ist eine empirische Ekklesiologie möglich?», *Pastoraltheologie* 77, 1988, p. 382-393.

l'Église, comme aussi dans la pratique concrète de la théologie et dans le déroulement effectif des débats éthiques.

La discussion de la sociologie normative de Gerhard Weisser par Arthur Rich[56].

Ce n'est sans doute pas par hasard si la question des rapports entre sociologie et théologie se retrouve à trois niveaux essentiels, mais toujours très pratiques du travail théologique: dans la reconstruction sociohistorique des textes (avec l'impact herméneutique, homilétique et ecclésiologique de cette problématique), dans les questions ecclésiologiques et dans les questions dogmatiques et éthiques (comme le montre la discussion renouvelée autour de l'œuvre de Troeltsch). Nous nous tournons maintenant vers le pôle plus particulièrement éthique, non sans avoir noté au préalable à quel point la question des rapports généraux entre sociologie et éthique reste encore opaque dans les discussions contemporaines[57].

Rich s'interroge de manière plus spécifique sur la sociologie, dans le contexte de sa reconstruction de l'éthique sociale. La question n'est plus tant ici la question très générale, et somme toute abstraite, des rapports entre théologie et sociologie, que celle du passage concret, dans la méthodologie éthique, entre la description et la prescription.

La question est classique dans la pensée sociologique. Elle a pris en particulier la forme de la distinction wébérienne entre les jugements de valeur et le rapport aux valeurs *(Wertbeziehung)*[58].

56. Voir A. RICH, *Éthique économique* (1984-1987), Genève, Labor et Fides, 1994, p. 87 ss. et 110 ss. Les chiffres entre parenthèses dans le texte renvoient à cet ouvrage.
57. Voir pourtant les travaux très éclairants de F.-A. ISAMBERT, *De la religion à l'éthique*, Paris, Éd. du Cerf, 1992, notamment la quatrième partie, ainsi que F.-A. ISAMBERT, P. LADRIÈRE et J.-P. TERRENOIRE, «Pour une sociologie de l'éthique», *Revue française de sociologie* XIX, 1978, p. 323-339. Dans le chapitre qu'il consacre à cette question dans son ouvrage *Comment faire pour bien faire? Introduction à l'éthique*, Genève, Labor et Fides, 1995, p. 87-93, É. FUCHS note à juste titre, contre Durkheim, que «la société n'est pas l'unique source de valeurs» (p. 92), mais il en reste cependant à une vision assez descriptive de la sociologie, vision qui ne tient guère compte du débat post-wébérien (notamment à la distinction entre jugement de valeur et rapport aux valeurs) et de la discussion autour de la sociologie normative.
58. Voir R. ARON, *Étapes de la pensée sociologique*, p. 506 ss., ainsi que sa thèse plus ancienne *La Philosophie critique de l'histoire* (1938), Paris, Julliard, 1987, p. 252 ss. Plus récemment, voir la présentation globale de W. SCHLUCHTER, Religion und Lebensführung, t. I, p. 165 ss. Voir également J. REX, «Value-relevance, scientics laws and ideal types: the sociological methodology of Max Weber», in P. HAMILTON éd., *Max Weber. Critical Assessments* 1/IV, Londres-New York, Routledge, 1991, p. 237-252;

Rich traite directement la question des relations entre la sociologie et l'éthique. Son détour par la notion de sociologie normative chez Gerhard Weisser a en effet pour but de montrer que «le sociologue ne peut pas négliger la question éthique» (91). Cette impossibilité n'est pas purement contingente, elle tient, systématiquement, au fait que, dans l'horizon d'expérience empirique que la sociologie prend pour objet, nous rencontrons déjà des valorisations et que ce rapport empirique aux valeurs constitue le point de départ factuel du questionnement éthique. L'articulation de la sociologie et de l'éthique sociale se fonde chez Rich sur la dialectique de la conformité au réel et de l'exigence de justice, mais on ne saurait justement cantonner la sociologie dans l'empirisme et l'éthique dans le normatif. Le moment analytique et descriptif essentiel à la méthode sociologique débouche déjà de lui-même, de manière immanente, sur un horizon axiologique, de même que, dans l'autre sens, l'éthique sociale, loin de se satisfaire d'une pure normativité universelle et désincarnée, suppose un juste rapport au réel.

En formulant ainsi la question, Rich marque on ne peut plus clairement ses réticences à l'égard de toute séparation principielle entre la question de fait et la question de droit, conduisant à un refus radical des «jugements de valeur»[59](89). Mais en concédant à Gerhard Weisser l'existence d'une sociologie normative, laquelle prend la forme, chez cet auteur, d'une sociologie pratique (111), Rich ne semble pas s'être rendu compte qu'il posait une question délicate pour la légitimation spécifique de l'éthique sociale. En quoi, en effet, l'éthique sociale se distingue-t-elle de la sociologie normative, si cette dernière, forte de ses convictions subjectives mobiles et révisables, est par ailleurs forcément plus riche et plus précise en ce qui concerne la conformité au réel? L'éthique sociale ne serait donc qu'une forme éthérée et idéaliste de la sociologie normative?

On ne comprend à mon avis le débat de Rich avec Weisser que dans le contexte de l'héritage post-wébérien. Rich ratifie fortement la thèse formelle de la sociologie normative selon laquelle ses propres exigences fondamentales et ses propres axiomes normatifs s'appuient nécessairement toujours sur une certitude subjective. Mais, ajoute-t-il, Weisser échappe au subjectivisme, et se tient dans les limites du rationalisme critique, parce que sa notion de certitude subjective demeure soumise à la falsification. Aussi le jugement de valeur n'est-il plus le jugement de valeur absolu et catégorique (au sens kantien) que craignait à juste titre Weber, mais un jugement de valeur conditionnel et relatif (hypothétique), situé dans un horizon herméneutique marqué du sceau de la finitude et ouvert à

F. H. BLUM, «Max Weber's Postulate of "Freedom" from Value Judgments», in P. HARRISON éd., *Max Weber. Critical Assessments* 2/II, Londres-New York, Routledge, 1991, p. 32-41.

59. Ou tout au moins à l'occultation de la différence entre jugements de valeur et rapport aux valeurs chez Weber – une distinction que Rich ne semble pas prendre en compte.

la contestation critique. Mais, sur l'autre bord, la sociologie compréhensive se trouve élargie en direction d'une perspective plus axiologique, susceptible de surmonter le dualisme néo-kantien et wébérien entre le fait et le droit. Du même coup, la distinction wébérienne entre le jugement de valeur et le rapport aux valeurs change de signification. Le rapport aux valeurs n'est plus simplement un élément factuel découvert par la sociologie empirique, il oblige le chercheur à se départir partiellement de sa prétendue neutralité axiologique et à entrer en débat scientifique avec les valeurs proposées. Autrement dit, la tension entre la volonté d'évaluation du chercheur et les valeurs rencontrées ne lui permet pas de se replier sur une neutralité axiologique définitive, il doit bel et bien s'interroger sur ses propres préférences axiologiques. Il doit le faire pour deux raisons: sur le plan purement méthodologique, son idéal de neutralité axiologique n'est en effet tenable (je ne dis pas atteignable) qu'à la condition de mesurer l'écart entre sa volonté d'évaluation et la valorisation analysée (on le voit bien dans les fameuses analyses wébériennes de l'éthique protestante); mais, d'autre part, c'est une illusion typiquement positiviste et scientiste de croire que la sociologie se limite à n'être qu'une science objective et descriptive, hostile et étrangère à toute démarche normative. C'est pourquoi on doit conclure que si toute la sociologie n'est pas normative, il y a dans toute sociologie un moment nécessairement et légitimement normatif.

En réponse à l'interrogation formulée plus haut, nous pouvons dire ceci: d'une part, l'éthique se distingue de la sociologie normative par une attention plus soutenue et plus systématique aux représentations et aux motivations se tenant à la base de l'action humaine; d'autre part, elle formule les normes en termes spécifiquement éthico-moraux, et non pas dans l'optique plus abstraite d'une théorie sociale des normes.

On mesure l'écart et pour tout dire le progrès entre la perspective intrathéologique de Bonhoeffer, dont nous avons relevé les impasses, et la discussion critique menée par Rich à propos du concept de sociologie normative. Il s'agit bien pour nous d'entrer en discussion avec une sociologie reconnue dans son autonomie, et, dans la mesure du possible, d'établir des passerelles conceptuelles et méthodologiques susceptibles de faciliter leur véritable articulation, articulation qui suppose une symétrie externe, même si nous admettons, de l'intérieur de chaque discipline, une certaine dissymétrie interne. Deux différences notables sont donc intervenues dans le débat: d'une part, la théologie se sent le droit de critiquer le discours idéologique de la sociologie; mais, d'autre part, ce droit est réciproque, il tient au statut spécifique de chaque discipline académique et non à la supériorité dogmatique *a priori* de la théologie. La théologie doit donc accepter de faire preuve de sa plausibilité au sein même du discours scientifique. Inversement, ce dernier, à moins de tomber dans le scientisme et dans le formalisme, se voit obligé de se confronter peu ou prou à la question philosophique et théologique de la vérité. L'articulation n'est donc pas seulement conceptuelle et méthodologique, elle passe aussi nécessairement par la confrontation systématique. Seule une sociologie consciente de ses propres dimensions normatives et acceptant d'en débattre sera à la hauteur d'un tel dialogue.

Les questions critiques de John Milbank.

Un théologien contemporain, John Milbank, a posé de telles questions. Nous aimerions examiner si ses réflexions nous offrent une piste praticable ou si elles ne demeurent pas encore trop marquées du sceau d'une supériorité dogmatique de la théologie sur la sociologie et d'une immunisation subséquente de la sociologie contre son propre développement réflexif et critique.

Dans son livre important *Theology and Social Theory (Beyond Secular Theory)*[60], Milbank a rouvert avec audace et originalité le dossier des relations entre théologie et sociologie.

À la fin de ses investigations, Milbank résume son projet théologique: il s'agit bien pour lui, en définitive, d'envisager toute théologie possible comme une «sociologie chrétienne», c'est-à-dire comme une théorie capable de rendre compte de la «pratique socio-linguistique des chrétiens» et d'en montrer la «différence», le caractère socialement «étrange» (381).

Si je comprends bien, Milbank entend manifester la spécificité chrétienne comme une spécificité narrative, passant par un discours et par une pratique de différenciation. C'est dans l'écart suscité par la différence chrétienne que s'atteste sa pertinence sociale. La sociologie chrétienne n'est donc pas une méthode théologique, mais un contenu résultant de la narration chrétienne. Elle est une *contre-sociologie,* une anti-thèse critique au grand discours de la modernité rationnelle et donc aussi à la tradition sociologique dominante. Elle prendra également la forme d'une *contre-histoire* du christianisme, contre-histoire visant à interpréter «l'origine de l'Église» *(ecclesial origination)* et à faire de son «émergence» le sens de toute histoire (381); elle se concrétisera enfin comme une *contre-éthique*, prenant à rebours le développement historique naturel de l'éthique profane, et même comme une *contre-ontologie* .

Milbank considère que sa tentative est une réponse au défi et à la tâche posés par Hegel lui-même. Il ne s'agit plus de comprendre la cité terrestre

---

60. Londres-Cambridge (Mass.), Blackwell, 1990. Les chiffres entre parenthèses dans le texte renvoient à cet ouvrage. Pour saisir la position proprement théologique de Milbank, on consultera également son recueil d'articles, *The Word Made Strange. Theology, Language, Culture*, Oxford-Cambridge (Mass.), Blackwell, 1997. Sur Milbank, voir A. SHANKS, *Civil Society, Civil Religion*, Oxford, Blackwell, 1995, p. 160 ss.

uniquement d'en haut, à partir de la cité de Dieu, mais de cerner la manifestation de «l'autre cité» *(the Other City)* dans ce monde.

Pour notre problématique, il s'agit de saisir, dans la démarche de Milbank, deux moments clefs: sa généalogie de la sociologie, d'une part, et d'autre part sa généalogie de la riposte théologique consécutive à l'émergence de la sociologie. Reprenons ces deux points.

1) Milbank distingue deux types dans la constitution du discours sociologique moderne: un premier type décrit comme allant «de Malebranche à Durkheim» (sociologie I), un second type intitulé «de Kant à Weber» (sociologie II). Mais il doit aussi tenir compte des tentatives de synthèse entre ces deux lignes, tentatives amorcées par T. Parsons et débouchant, chez P. Berger ou R. Bellah, sur une revalorisation du religieux dans sa spécificité et même sur un re-théologisation de la sociologie (107).

Le type I, correspondant dans les grandes lignes à la sociologie française, se caractérise avant tout par la mise en évidence du «fait social» perçu dans sa globalité. Il privilégie les notions de «totalité sociale» et d'«organisme social». La sociologie ainsi comprise entendait surmonter l'individualisme du discours libéral. Elle émergea clairement «dans la sphère *[ambit]* du positivisme» (51).

Il existe, parmi les historiens et les interprètes de la sociologie française, un débat serré pour comprendre la filiation entre Comte et Durkheim notamment. S'il ne fait aucun doute aux yeux de Robert Nisbet[61], par exemple, que Comte était redevable à la pensée catholique conservatrice personnifiée par Bonald et de Maistre et que Durkheim avait subi l'influence d'un tel pathos conservateur, Anthony Giddens[62] a soutenu au contraire que Durkheim n'avait repris de Comte que sa méthode sociologique, et non son idéologie.

Milbank estime, pour sa part, que la continuité est assez forte entre l'aile conservatrice et l'aile positiviste de la sociologie française. De Bonald et de Maistre sont déjà, à ses yeux, non des anti-modernes, mais des hyper- ou des postmodernes, décidés à pratiquer une sociologie scientifique, mais à condition qu'elle s'appuie sur une vision théologique préalable. La métaphysique de Malebranche se tient chez de Bonald à l'arrière-fond de l'étude scientifique du fait social et elle marque encore son empreinte chez Comte et Durkheim. Milbank va même jusqu'à affirmer, contre Giddens, que cette empreinte est plus forte chez Durkheim que chez Comte (59). «Durkheim a imbibé via Comte la métaphysique du *fait social* qui avait son origine chez de Bonald» (61). Comment concilier cet arrière-fond avec le libéralisme néo-kantien et le socialisme républicain de

---

61. *La Tradition sociologique*, voir en particulier p. 285-288.
62. «Four myths in the history of social thought», in *Studies in Social and Political Theory*, New York, Basic Books, 1977, cité par J. MILBANK, *Theology and Social Theory*, p. 71.

Durkheim, qui était tout le contraire d'un conservateur? Milbank montre comment Durkheim, en «sociologisant le transcendental», a conduit une opération intellectuelle parallèle à celle de Bonald, lorsque ce dernier sociologisa la notion de vision en Dieu chez Malebranche (62). Durkheim s'est au fond efforcé de prouver l'évidence du transcendental kantien. Renouvier et Hamelin ne pouvaient approuver cette sociologisation, contraire à la pensée de Kant. Il est clair que chez Durkheim demeure une tension entre son positivisme et son néo-kantisme. Le fait social est vu comme une projection, les symboles religieux comme des objectivations des émotions, mais, en même temps, le social occupe la place de l'idéal ou du transcendental, c'est lui qui constitue le monde humain.

Tel serait dès lors le paradoxe chez Durkheim: refusant toute théologie et toute métaphysique, il modifie de manière radicale le positivisme dans une direction formaliste: l'écart entre le fini et l'infini, consécutif à la sécularisation opérée par la sociologie, érige l'objet de l'étude sociologique en pure forme sociale, en un objet fini étudiable de manière exhaustive; mais cet idéal formel présuppose justement, en la mettant à distance, une source de catégorisation sociale et linguistique qui a toutes les apparences d'un transcendental nécessaire (voir 64).

D'une certaine manière, Durkheim formalise d'autant plus sa méthode qu'il l'appuie sur un fondement théorique de type ontologique (65). C'est la société elle-même qui constitue l'être objectif et *a priori* à partir duquel peut se développer la méthode sociologique. C'est aussi la raison pour laquelle la structure sociale n'apparaît pas à Durkheim comme antérieure à la religion. En effet, la société elle-même n'existe que par son auto-représentation symbolique, dont la religion est l'expression par excellence. L'argumentation est circulaire: la société n'existe que par la médiation de la représentation symbolique, et donc de la religion; «la religion est en réalité science et société, parce que la science et la société sont en réalité religion» (65).

Selon Milbank, Durkheim partage avec le positivisme conservateur d'inspiration catholique et la «théologie sociale» une vision purement objectiviste et naturaliste des relations entre le sacré et le social. Une analyse des différents discours tenus sur le sacrifice, ce scandale parmi les scandales pour toute pensée rationaliste[63], permet à Milbank de montrer la différence radicale entre les positions du type de Bonald ou de Durkheim d'une part, de Ballanche d'autre part. Durkheim n'a fait qu'inverser la logique théologique de Bonald, en voyant dans le sacrifice la réaffirmation constante du sacré et donc l'allégeance au social comme tel. Ballanche, au contraire, introduit la nécessité du récit pour rendre compte de la contingence des relations concrètes entre l'individuel et le social. C'est en défini-

---

63. Il n'est pas étonnant de voir Milbank faire un large usage des thèses de René Girard, dont la critique de la modernité semble assez proche de celle de notre auteur.

tive une illusion que de croire à une quelconque priorité du social sur l'individuel ou inversement. C'est seulement dans le récit de leur intrigue que se noue la vérité des faits. Le social n'est jamais *visible* comme tel, comme une totalité, il ne peut être saisi que dans l'instant de sa manifestation, donc en lien avec l'individuel et avec l'action singulière (71). La narration constitue la médiation et donc aussi la résolution de l'antinomie de l'individuel et de la totalité. Milbank en conclut, de manière brutale, qu'est ainsi légitimée l'historiographie et non pas du tout une quelconque science sociale, dont le projet apparaît bel et bien comme illusoire, du moins si on en reste au type I.

Le type II, représenté avant tout par la sociologie allemande (Weber, Simmel, Troeltsch), articule d'une manière tout à fait différente, selon Milbank, le social et le religieux. Alors que, dans le type I, on avait affaire en définitive à une *identification* des deux réalités, dans le type II, le religieux prend une dimension explicitement *supra-sociale* (76), liée au monde de la *valeur universelle et personnelle* (voir la doctrine de l'impératif catégorique et des postulats chez Kant). Le social et le transcendant étant clairement distincts, s'ouvre également la voie pour une considération séparée et autonome de la raison instrumentale et de la raison axiologique (voir la fameuse distinction wébérienne entre la *Zweck-* et la *Wertrationalität*).

À première vue, note Milbank, cette vision des choses est beaucoup plus féconde, puisqu'elle permet de raconter l'histoire économique et sociale de l'humanité comme la juxtaposition du monde du charisme et de la valeur, d'un côté, et du monde de la routine et la raison instrumentale de l'autre. En vérité, ajoute Milbank, cette séparation repose sur un fondement métaphysique inavoué et conduit aux pires illusions, nous empêchant à la fois de prendre au sérieux le contenu du monde spirituel et de nous interroger sur la légitimité (*desirability*, 76) du processus économique et social. La bipartition des deux domaines – on a presque envie de dire: des deux règnes, tant le modèle wébérien semble effectivement marqué à son insu par la modélisation (sécularisée) de la théologie luthérienne! – est un facteur d'immunisation: elle exclut *a priori* le théologique et le métaphysique (c'est bien dans la ligne du néo-kantisme) en même temps qu'elle soustrait le social à tout véritable questionnement critique et privatise la religion.

Je ne m'appesantis pas sur les analyses intéressantes que Milbank donne ici du néo-kantisme du sud de l'Allemagne, celui de Simmel, Rickert et Weber, auquel Raymond Aron avait consacré de passionnantes études. Fidèle à son hypothèse récurrente, Milbank interroge la légitimité de la «séparation *a priori*» opérée dans ce type de sociologie entre le domaine économique, social et politique et le domaine religieux (89). Non seulement ce dualisme strict réduit pour ainsi dire la diversité interne des phénomènes analysés, immunisant le religieux et épurant l'économique ou le socio-politique, mais il sert une logique métanarrative, qui consiste à élever le protestantisme libéral au rang de *telos* de l'histoire. Milbank détecte ici «une sorte de fonctionnalisme diachronique caché» (93), érigeant l'individualisme, le libéralisme et le fidéisme – en bref, l'éthicisation kantienne – en un nouvel absolu, immunisé contre tout changement. Cela explique que ce contenu idéal du christianisme soit projeté rétrospectivement dans les origines du christianisme et même dans l'Ancien Testament, chez Troeltsch comme chez Weber[64]. Ce présupposé substantiel ou métaphysique, qui détermine la position personnelle de ces auteurs, est en même temps le fondement de leur méthode et en vient à rendre cette dernière obligatoire. Le *terminus ad quem* par lequel se clôt le grand récit sociologique n'est donc pas seulement le terme diachronique de l'opération, il en constitue aussi le fondement ontologique. Nous sommes donc pris dans le cercle du contenu et de la méthode.

2) La sociologie de Weber culminait nécessairement, non moins que celle de Troeltsch, dans une sociologie de la religion, si bien que la marginalisation de la sociologie de la religion, comme discipline universitaire spécifique, apparaît plutôt comme un refoulement de la part de la tradition sociologique dominante elle-même. Talcott Parsons a certes essayé de réduire le fossé entre la sociologie I et la sociologie II. À l'aide de la théorie de l'interaction symbolique de G. H. Mead, il a proposé de voir dans le langage, comme tel, la médiation entre la démarche de Durkheim et celle de Weber, autrement dit la résolution de la contradiction entre la structure et l'action, l'universel et le particulier, l'ontologique et l'individuel.

L'antinomie est-elle vraiment résolue par la sociologie américaine (Parsons, suivi de Berger, Bellah, Luckmann et Geertz)? Milbank en doute fort. Pour lui, Parsons en est lui aussi resté au niveau de la synthèse logique, abstraite, mais il n'a pas été assez loin dans la ligne du pragmatisme de G. H. Mead, un pragmatisme qui aurait dû lui faire reconnaître la logique concrète de la narrativité, plus respectueuse de la contingence des événements singuliers et de la dynamique interactive de l'universel, et par conséquent prendre ses distances avec la vision fonctionnaliste de la religion, comprise à la fois comme charismatique et comme intégrative (108). De ce fait, le «sublime» que représente la religion fait l'objet, dans la sociologie américaine, d'un triple traitement: à côté du sublime ineffable de la religion intime et privatisée, il y a le sublime de la société (américaine) (on se souvient de la notion de «religion civile» chez Robert

---

64. J. MILBANK justifie plus en détail ce point de vue en discutant les analyses historiques de ces deux auteurs (93-98). Pour l'ensemble du dossier concernant ce thème chez Weber, voir W. SCHLUCHTER éd., *Max Webers Sicht des antiken Christentums. Interpretation und Kritik*, Francfort, Suhrkamp, 1985, en particulier les contributions de F. CRÜSEMANN, W. A. MEEKS et J. G. GAGER.

Bellah), et, au-dessus ou à côté des deux, un troisième type de sublime, le sublime du sacrifice ou des marges, le sublime auquel on ne fait recours qu'en cas d'extrême difficulté et le sublime exceptionnel des rites de passage. Dans les trois situations, il s'agit d'un sublime «policé», arraisonné, fonctionnalisé, en ce sens qu'il est marginalisé et externalisé. La religion est laissée en marge, elle n'a dans le meilleur des cas qu'une fonction «liminale», voire subliminale. «Ce qui est refusé ici, conclut Milbank, c'est l'idée que la religion puisse appartenir au niveau le plus fondamental de l'organisation symbolique de la société et au niveau le plus fondamental de ses opérations de discipline et de persuasion» (109).

On connaît le discours habituel de la sociologie de la religion face à la théologie: la première serait un métadiscours scientifique sur la religion, tandis que la théologie ne ferait qu'exposer des vues personnelles ou des visions du monde. Selon Milbank, une analyse de la sociologie américaine de la religion ne permet pas de soutenir une telle prétention (110). Il y a en effet lieu de contester la construction artificielle par laquelle la sociologie de la religion isole le fait social de la sublimité irréelle.

Milbank discute trois types d'approche de la religion: l'approche fonctionnaliste, l'approche évolutionniste et l'approche idéologique.

– L'approche fonctionnaliste tend à être réductrice. Milbank conteste systématiquement que les méthodes sociologiques appliquées à l'histoire du christianisme aient réellement apporté une interprétation nouvelle des phénomènes étudiés. Ainsi, Norman Gottwald, dans *Les Tribus de Yahvé,* a sans doute eu raison de réviser le spiritualisme de la plupart des lectures chrétiennes de l'Ancien Testament. Mais pour prétendre que l'ancien Israël n'avait pas seulement en vue la religion, mais la mise en œuvre de mécanismes de lutte contre l'inégalité économique ou la concentration du pouvoir, ce qui est certainement juste, il faut précisément disposer des distinctions modernes qu'Israël ne connaissait pas et qu'en substance il conteste (112)! L'apport de Gottwald se dit sociologique alors qu'il est simplement historique. «Des auteurs comme Peter Brown et Wayne Meeks sont éclairants, non parce qu'ils situent le christianisme dans on ne sait quelle typologie wébérienne (en fait, ils évitent admirablement de le faire) mais parce qu'ils montrent comment le christianisme a opéré au sein des structures tout à fait caractéristiques que constituaient le patronage et l'*amicitia* pour la société méditerranéenne et pour l'antiquité tardive» (116). De même, les sociologues, qu'ils soient d'obédience durkheimienne, comme Mary Douglas, ou qu'ils suivent Weber, comme Parsons et Geertz, ont tendance à interpréter le thème du sacrifice en fonction du débat moderne, post-leibnizien, sur la théodicée, sans voir qu'ils reprojettent ainsi dans le passé un schématisme anachronique et commode. Preuve en est, selon Milbank, que ni Weber, ni Berger ne tiennent compte, dans leur typologie des théodicées, de la vision proprement chrétienne, augustinienne et thomiste, du mal, attribué à une mauvaise direction de la volonté et soustrait de la sorte à toute réification (125).

– L'approche évolutionniste tend à concevoir le monde occidental moderne comme l'aboutissement de l'histoire universelle. Or la thèse typiquement post-parsonnienne de la différenciation de la religion caractéristique du monde sécularisé partage fondamentalement cette idée d'une religion s'approchant de plus en plus de la vie de tous les jours et devenant ainsi la *vraie religion*, la religion authentique à laquelle chacun aspire. Niklas Luhmann ne partage plus cet optimisme. Il pense que la vraie religion s'est elle-même différenciée et qu'au sein du sous-système qu'elle constitue, nous trouvons des modes différenciés de religion. Pour Luhmann[65], la vraie religion n'est plus cette religion personnelle ou authentique que visait le narratif protestant libéral (voir P. Berger) mais bien l'adhésion la plus orthodoxe à la simple parole de Dieu (130). En repositivant ainsi la religion, Luhmann repositive aussi la sociologie: il ne croit plus à l'idéal normatif du libéralisme néo-kantien auquel adhéraient Durkheim, Weber et Parsons. Il se contente de prendre acte de la pure contingence de la société et des sous-systèmes qui la constituent. La religion ne peut plus avoir de fonction stable, elle est reconnue dans sa propre contingence. C'est pourquoi aussi sans doute la forme la plus orthodoxe est retenue, hors de toute apologétique fonctionnaliste.

Milbank rend compte de la position de Luhmann avec une certaine sympathie, mais, à la fin, il ne peut accepter sa réduction de la religion à un sous-système particulier. Il y voit en effet une subordination évolutionniste de la religion à une téléologie positiviste, consacrant le règne du métadiscours sociologique.

– Toujours selon Milbank, l'approche idéologique culmine chez P. Berger. Privilégiant la dimension privée de la religion, ce dernier récuse la priorité de la religion instituée sur l'institution de la société. La religion n'intervient qu'*a posteriori*, pour légitimer les interactions sociales premières, mais, en voulant remonter à un «baldaquin sacré» *(sacred canopy)* prétendu originaire, elle occulte la réalité des interactions sociales et vire à l'idéologie. C'est pourquoi Berger préfère le langage de la découverte à celui de la révélation[66]. Là encore, Milbank estime que la critique sociologique de la religion trahit un certain aveuglement sur la conscience que la religion a elle-même de sa propre contingence. Renvoyant une fois de plus la balle aux sociologues, Milbank se demande si les religions concrètes n'ont pas plus de sens critique à l'égard de leur propre système

---

65. Milbank suit ici N. LUHMANN, *Funktion der Religion,* Francfort, Suhrkamp, 1982.
66. Voir *La Rumeur de Dieu. Signes actuels du surnaturel,* Paris, Centurion, 1972, p. 130 s.

de convictions que les scientifiques, souvent murés dans leurs certitudes théoriques.

Confrontation avec le point de vue de Habermas.

Habermas est-il un sociologue? La question est souvent posée par les sociologues. Habermas est-il un philosophe? Des philosophes en doutent. Ce qui est sûr, en tout cas, c'est qu'il occupe, dans la discussion éthique internationale, une place centrale. La question du rapport entre sociologie et philosophie y joue un rôle décisif; quant à la discussion avec les théologiens, elle est en plein essor[67].

Il est difficile de ne pas voir un lien entre ces deux types de dialogue. D'une certaine manière, l'interface de la sociologie et de la philosophie dans l'œuvre de Habermas représente la tentative de surmonter le fossé entre le positivisme de la sociologie et l'abstraction de la philosophie. Le dialogue entre Habermas et les théologiens, simultanément, ne se limite pas à un dialogue philosophico-théologique à l'ancienne; il est complètement imbriqué dans l'interface sociologie-philosophie. La sociologie de la religion sert ici d'embrayeur décisif. Sans doute la nature des solutions envisagées par Habermas est-elle à même de dépasser le niveau polémique auquel Milbank en est resté.

Dans son évaluation du rôle de la religion et de la théologie, Habermas a infléchi son point de vue. Dans la *Théorie de l'agir communicationnel* (1981), comme dans son œuvre antérieure pour l'essentiel, le modèle évolutionniste et fonctionnaliste[68] demeurait dominant, la religion cédant progressivement la place à l'éthique de la discussion. Dans certaines prises de position plus récentes de Habermas, la religion subsiste historiquement et sociologiquement à côté des autres formes de rationalité, mais la possibilité d'une contribution théorique de sa part demeure problématique voire précaire. La théologie peut reprendre certaines questions de la sociologie et de l'éthique, mais elle ne saurait en aucune manière faire partie de la théorie. Encore moins pourrait-elle servir de métathéorie. C'est en quelque sorte l'éthique de la discussion, sous sa formalisation la plus englobante, qui se substitue à la tâche ancienne de la théologie.

---

67. Voir E. ARENS éd., *Habermas und die Theologie*, Düsseldorf, Patmos, 1989 (traduction partielle: *Habermas et la théologie*, Paris, Éd. du Cerf 1993); P. BÜHLER, «Habermas et l'éthique théologique», *Revue de théologie et de philosophie* 123, 1991, p. 179-193; A. BONDOLFI et W. LESCH éd., *Theologische Ethik im Diskurs*, Tübingen-Bâle, Franke, 1995.
68. Plusieurs théologiens ont dénoncé la vision fonctionnaliste de la religion chez le Habermas de la *Théorie de l'agir communicationnel* (notamment H. Peukert et D. Tracy).

Habermas le reconnaît lui-même: la philosophie, comme responsable de l'unité des différents types de rationalité, a «perdu tout contact avec le non-quotidien». Dès lors, les «contenus sémantiques» véhiculés par le langage religieux gardent une certaine force d'expression qui se dérobe aux possibilités propres de la philosophie. L'exigence théorique d'une «traduction» en langage argumentatif de cette sémantique expressive reste l'une des préoccupations de Habermas, mais il reconnaît que, pour l'instant tout au moins, la pensée postmétaphysique n'est pas à même de remplacer ou d'évincer la religion[69]. «La force rhétorique du discours religieux conserve elle aussi son droit aussi longtemps que nous n'aurons pas trouvé de langage plus convaincant pour exprimer les expériences et les innovations qu'il renferme»[70].

On sent derrière l'approche habermassienne la prégnance du modèle hégélien de la traduction rationnelle de la représentation religieuse *(Vorstellung)* en concept *(Begriff)*. L'évolutionnisme historique est pour ainsi dire transmué en téléologie rationaliste. *La possibilité de penser le discours religieux dans sa spécificité comme une modalité fondamentale et donc permanente de l'interaction communicationnelle n'est pas vraiment reconnue. On se tient en dessous du niveau pragmatique atteint par la sociologie de la religion, mais aussi en dessous du niveau théorique atteint par la philosophie de la religion et par l'herméneutique contemporaine.* À ce stade, il faut reconnaître que les critiques de Milbank ne sont nullement désamorcées. La position de Habermas peut-elle cependant progresser sur ce point?

Dans sa «Digression» présentée à la faculté de théologie de Chicago en 1988 («Transcendance de l'intérieur, transcendance de l'ici-bas[71]»), Habermas était plus clair. D'abord, il rendait compte de la dissolution de l'idéal hégélien du savoir absolu, idéal qui déterminait le projet de traduction de la représentation en concept rationnel. Déjà le vieux Hegel avait reconnu que la raison philosophique n'avait qu'un pouvoir partiel de réconciliation. Le destin des différents hégélianismes allait accélérer le processus de manière irréversible. Non seulement l'athéisme méthodologique devenait irréfutable, de plus il rendait caduque toute forme d'athéisme dogmatique, ce que les jeunes hégéliens n'avaient pas su voir.

Retraçant les aléas de la théologie contemporaine, Habermas ne soulignait pas seulement les avantages que représente à ses yeux l'option d'une théologie critique engagée et postmétaphysique, capable de travailler de manière corrélative, à la fois rationnelle et universaliste. Il admettait que l'athéisme méthodologique immanent à la méthode philosophique (im-

---

69. *La Pensée postmétaphysique. Essais philosophiques* (1988), Paris, Armand Colin, 1993, p. 60-61.
70. *Ibid.*, p. 34.
71. *Textes et contextes. Essais de reconnaissance théorique* (1991), Paris, Éd. du Cerf, 1994, p. 85-110. Les chiffres entre parenthèses dans le texte renvoient à cet ouvrage.

porté en fait de la discussion wébérienne sur la sociologie compréhensive comme science axiologiquement neutre) était enfin en mesure d'«établir une relation aux *contenus* des expériences religieuses» (93, je souligne). Habermas distinguait ici rigoureusement le niveau de l'expérience et celui du discours. La philosophie n'a que faire des expériences religieuses qui, comme telles, relèvent d'une tradition religieuse particulière couplée à l'événement de la révélation. La philosophie n'entre en dialogue normatif avec la théologie que lorsqu'elle «identifie» ces expériences par une «description [...] qui appartient à l'universel d'un discours de fondation» (93).

Habermas répétait ainsi sa thèse antérieure sur le caractère provisoirement irremplaçable de la force d'expression de la religion. Revenant sur certaines de ses propositions précédentes, reconnues par lui-même trop dogmatiques, il se contente maintenant d'admettre que «la question doit rester ouverte» (97), aussi bien du point de vue sociologique que du point de vue théologique! En effet, la sociologie doit éviter toute interprétation linéaire – c'en est donc fait du modèle évolutionniste!? – et la philosophie ne peut pas se fermer aux intuitions s'exprimant dans le discours religieux. «Le processus d'appropriation critique de contenus essentiels de la tradition religieuse est encore en cours, son résultat est difficile à prévoir» (98).

La manière dont Habermas a admis les limites de son propre discours force l'admiration. Elle reste cependant à nos yeux porteuse d'un projet philosophique typiquement «moderniste» (au sens d'*aufklärerisch*): les contenus de la religion peuvent et doivent en principe faire l'objet d'une appréciation critique les rattachant en fin de compte à l'univers discursif-argumentatif d'une fondation rationnelle et universelle. Notre questionnement est double: Habermas n'en reste-t-il pas à une conception trop étroite de la raison? Et n'a-t-il pas subrepticement érigé cette dernière en substitut ultime de la religion[72]?

Le débat théologique sur la religion issu de la controverse Luhmann-Habermas.

Héritière critique de celle de Talcott Parsons, la théorie sociologique de Luhmann voit la société comme un ensemble de sous-systèmes visant

---

72. Voir par exemple la manière abrupte dont Ernst TUGENDHAT soupçonne, derrière la raison hypostasiée *(fettgedruckt)* de Habermas et derrière sa tentative de déduire le point de vue moral des structures transcendentales du langage, un héritage religieux de Kant: «*Ich glaube, dass in der kantischen Ethik diese Orientierung an der Vernunft als Ersatz der Theologie fungiert. Die Vernunft tritt sozusagen an die Stelle Gottes*», «Ernst Tugendhat im Gespräch mit Astrid Deuber-Mankowsky und Brigitte Weisshaupt», *Information Philosophie*, 1995/3, p. 16-21, 20.

chacun pour soi à la réduction de la complexité et rendant ainsi possible une conduite de la vie. La religion constitue, comme chez Parsons, un sous-système particulier, en tant que résultat de la différenciation sociale, mais en même temps, à la différence de Parsons, Luhmann tente de situer la fonction de la religion dans l'optique de la société dans son ensemble. En effet, la religion entretient un rapport dialectique avec le principe de la réduction sélective de la complexité ou des possibilités infinies. Son objectif est de fournir une réduction *ultime* de la complexité. Elle représente donc une intensification *(Steigerung)* de la réduction de la complexité.

La controverse entre Habermas et Luhmann[73] a porté sur le point sociologique plus général de savoir lequel des deux a la vision la plus large et la plus juste de l'évolution et du changement social. Habermas soupçonne en effet Luhmann, avec son point de vue systémique, de perdre de vue le sujet humain et sa capacité pratique à orienter le changement. Luhmann voit dans l'environnement *(Umwelt)* une réalité qui dépasse tout système, tandis que Habermas défend la société *(Gesellschaft)* comme une réalité morale résultant en effet de l'interaction intersubjective des individus.

Les conséquences pratiques de cette controverse théorique sont-elles sensibles quand on considère la fonction de la religion? Luhmann réduit la religion à sa fonction organisationnelle: comme le note Rendtorff, cette ecclésialisation de la religion et de la théologie ne correspond ni à leur autocompréhension subjective, ni à leur finalité plus large. Habermas, lui, constate avec beaucoup plus de netteté le déclin de la conscience religieuse. «La pensée postmétaphysique, écrivait-il déjà en 1971, ne conteste aucune affirmation théologique particulière, elle en affirme bien plutôt le non-sens[74]».

Nous avons vu précédemment quels sont les problèmes spécifiques à la théorie habermassienne de la religion et quel est selon nous le prix à payer pour l'articulation de l'éthique et des motivations et représentations religieuses. Chez Luhmann, la religion est valorisée exclusivement du côté de la pratique, elle perd toute portée pour la théorie. De plus, la religion n'a de valeur que dans la mesure où le sujet transcende son individualité, selon la logique de la théorie des systèmes. L'idée même de Dieu est comprise comme réduction de la subjectivité, comme désindividualisation et donc potentiellement comme désengagement: Habermas a bien compris ce point, qui est vital pour la théologie si elle entend rendre compte du rapport entre théologie et éthique.

---

73. Je m'inspire ici de l'exposé et de la discussion critique menée par T. RENDTORFF, *Gesellschaft ohne Religion? Theologische Aspekte einer sozialtheoretischen Kontroverse (Luhmann/Habermas)*, Munich, Piper, 1975.
74. *Politisch-philosophische Profile*, p. 27 s., cité par RENDTORFF, *ibid.*, p. 63.

Trutz Rendtorff a contesté la parallélisation de l'analyse historique avec le point de vue systématique, telle qu'elle ressort en particulier de l'approche de Luhmann. Pour Rendtorff, le fait que la théorie est enracinée dans une genèse individuelle trouve sa correspondance dans la structure de la conscience religieuse (81), et en particulier dans la manière dont la foi chrétienne comprend l'individu sous l'angle spécifique de la différence entre christologie et *théo*-logie. Autrement dit, la conscience religieuse de la liberté représente une théorie radicale de la réalité et de notre expérience de dépendance face au monde. Elle concrétise la réalisation de l'universel dans le particulier. Mais la conscience religieuse prend ainsi le contrepoint de l'évolution historique de la religion telle que la comprend la sociologie (83). *En valorisant la réflexivité propre de la religion, la théologie marque les limites de la sociologie, car la religion ne peut jamais s'intégrer de manière exhaustive dans les données factuelles de la société* (85). Mais en même temps, ajoute Rendtorff, la religion oblige la théorie sociale à une vision plus englobante, qui tienne compte de la manière dont l'être humain s'exprime lui-même *(Selbstthematisierung)*.

Dans la comparaison assez technique qu'il a menée entre Habermas et Luhmann, Rendtorff en est arrivé à la conclusion surprenante selon laquelle «la désindividualisation de la société (œuvre de la théorie des systèmes) et le caractère inconditionnel des individualités empiriques dans leur productivité propre (exigence de la théorie orientée sur la pratique) se rejoignent dans l'idée de Dieu» (87). La théologie serait-elle la méta-théorie des sciences sociales (88)? Oui, dans la mesure où les sciences sociales abordent la question de la totalité. De leur côté, elles peuvent parfaitement soumettre la théologie des interrogations sectorielles et l'obliger à se modifier. La dialectique ainsi définie entre sociologie et théologie relaie au fond la dialectique traditionnelle de la philosophie et de la théologie (89).

Il ressort des analyses de Rendtorff que ce dialogue entre la théologie et la sociologie devrait se focaliser essentiellement sur les catégories de religion, d'individu et de liberté. On doit se demander si une telle interprétation, par la confirmation implicite qu'elle apporte à la double thèse wébérienne de la subjectivation et de la dépolitisation de la religion, ne déserte pas trop rapidement la *complexité* des champs constitutifs du social. Plutôt que de limiter la religion à une interprétation du sujet à partir de la conscience qu'il a de Dieu (thèse dont on aura reconnu l'origine schleiermachérienne), comme le propose Rendtorff, ne faut-il pas penser le lien systématique entre la religion, le sujet, le *monde* et l'*action*, au sens large que lui donnait la sociologie de Talcott Parsons? Dès lors, le débat doit aussi porter sur la sociologie normative, et donc sur l'évaluation des actions, au lieu de se limiter à la seule sociologie holistique, facilement spéculative. Autrement dit, le Tout n'est pas accessible sans le Juste, *la théologie ne peut croiser le fer avec la sociologie sans l'affronter sur le sol spécifique de l'éthique*.

Sociologie wébérienne et théologie:
le point de vue de Wolfgang Schluchter[75].

Dans une perspective privilégiant consciemment la perspective wébérienne, Wolfgang Schluchter a tenté de mettre de l'ordre dans les relations entre sociologie et théologie. Ses conclusions sont diamétralement opposées à celles de Milbank.

D'abord, Schluchter ratifie le concept «neutralisé» de sécularisation mis en avant par Weber et Troeltsch: il s'agit d'une notion «compacte» (II, 513) désignant un processus historiographique et sociologique dialectique, «ni undimensionnel ni univoque» (II, 513 s.). La mise hors pouvoir *(Entmachung)* de la religion est non seulement le résultat d'un processus externe, mais également, pour une part importante, un effet voulu par la religion elle-même, et avant tout par le christianisme. Il s'ensuit une double conséquence: la subjectivation et la dépolitisation de la religion[76].

Touchant ces deux points, si l'on suit Weber – et Schluchter est prêt à le suivre assez loin sur ce point –, l'analyse de la culture moderne conduit à reconnaître une *tension irréductible* entre la vision séculière ou humaniste du monde et la vision religieuse du monde (II, 517-519). Le projet moderne de conduire sa vie selon la raison entre en choc frontal avec toute conduite de vie *(Lebensführung)* religieuse. La conduite de vie séculière part de l'homme, la conduite de vie religieuse part de Dieu. *Tertium non datur.* La situation s'est inversée: subjectivation et politisation sont *découplées*, la religion a perdu son rôle de légitimation dominante du mode de vie politique et civique. La sélectivité, la particularisation et la spécialisation existaient déjà dans le cosmos médiéval, mais la modernité les accentue énormément *(enorm gesteigert,* II, 525). De la hiérarchie nous sommes passés à la libre concurrence.

Selon Schluchter, ce double procès de subjectivation et de dépolitisation de la religion, même s'il a été partiellement encouragé par la religion elle-même, s'inscrit en faux contre «la structure et l'attitude traditionnelles de la religion» (II, 529). Il ne pouvait donc que susciter des réactions, institutionnelles et sacramentelles de la part du catholicisme, théologiques et intellectuelles de la part du protestantisme.

Comment, dans ces conditions, sortir des impasses indiquées? Comment résister à la sécularisation, sans refuser la modernité? Et comment résister à la dépolitisation de la religion, sans succomber à la

---

75. *Religion und Lebensführung,* t. II. Les chiffres entre parenthèses dans le texte renvoient à cet ouvrage.
76. Sur ce deuxième point, Schluchter reprend l'argumentation de la théorie systémique de la différenciation sociale de Luhmann. Globalement, cette théorie paraît en effet plus adéquate pour rendre compte des conflits déjà soulignés par Weber, conflits que la théorie plus consensuelle de Habermas tend à réduire à l'excès.

défense des privilèges et à la recherche du pouvoir? Ces deux questions, selon Schluchter, ne peuvent être résolues, de manière pragmatique, qu'en déployant une conception du christianisme et de l'Église qui interroge intelligemment la modernité[77]. La religion ne détient pas de savoir rationnel sur les choses, mais elle demeure attentive en permanence à la contingence du monde (H. Lübbe), elle pose la question du sens (II, 531). Même celui qui n'a pas l'oreille musicale pour la religion peut devenir un allié ou un ami de la religion, si du moins il en saisit cette fonction critique. L'Église et le christianisme ont à accepter qu'ils ne peuvent et ne doivent plus être politiquement dominants, mais cela ne veut pas dire qu'ils n'aient pas, au moins sur le mode négatif, une pertinence politique, en «signalant la transcendance» (expression qui rappelle P. Berger) d'un monde irrémédiablement contingent.

En conclusion, la perspective de Schluchter est beaucoup plus différenciée et nuancée que celle de Milbank. Il nous semble qu'elle rend compte avec plus de réalisme des *chances possibles* du christianisme et de la théologie dans les conditions métamodernes de la sécularisation.

Ouvertures.

1) La confrontation féconde de la théologie et de la sociologie nous conduit tout d'abord à devoir surmonter l'opposition du relativisme et de l'absolutisme, un problème qu'à sa manière Ernst Troeltsch avait fortement ressenti et analysé au début du siècle[78]. Or à cet égard, la sociologie a elle-même accompli un progrès considérable, en reconnaissant par ses propres moyens, selon une méthode d'immanence, les limites du relativisme[79].

77. Selon P. Berger, trois stratégies théologiques demeurent possibles en effet: la stratégie moderniste-réductionniste, la stratégie orthodoxe-déductive et enfin la stratégie libérale-inductive; comme P. Berger, W. Schluchter opte pour la troisième (I, 361 s.). C'est en effet la seule stratégie possible, ce qui ne veut encore pas dire quel type de théologie est légitime ici. P. Berger a en effet un peu trop vite identifié la *méthode* inductive avec des *contenus* empruntés aux théologies «libérales» (terme qui signifie avant tout, dans le contexte nord-américain, critiques et non pas néo-orthodoxes). Le choix de la méthode inductive-critique ne devrait pas préjuger de la manière dont la théologie, attelée à sa tâche interne, rend compte des contenus, du sens et des implications de la foi.
78. Voir son écrit *Die Absolutheit des Christentums und die Religionsgeschichte* (1902), dans *Histoire des religions et destin de la théologie*, Œuvres, t. III, Paris, Éd. du Cerf, 1996, p. 63-177. Voir notamment à ce sujet J. WAARDENBURG, «L'histoire des religions et le caractère absolu du christianisme. La théorie troeltschienne est-elle pertinente?», in P. GISEL éd., *Histoire et théologie chez Ernst Troeltsch*, Genève, Labor et Fides, 1992, p. 213-241.
79. Voir ici P. BERGER, *La Rumeur de Dieu*, p. 51 ss.: «La perspective sociologique: où les relativismes se trouvent relativisés à leur tour».

Le critère de relativité formalisé par Arthur Rich au niveau éthique correspond bien à cette distinction capitale visant à éviter le Charybde de l'absolutisme dogmatique et le Scylla du relativisme sceptique.

2) Le corollaire positif de la distinction précédente touche la figure même de l'absolu ou de l'universel[80]. La sociologie oblige la théologie à sortir d'une conception purement métaphysique-individuelle de la religion: l'articulation de la religion et de l'éthique, ou, mieux encore, la prise en compte de la dimension éthique de la religion est la condition *sine qua non* d'une approche dynamique de l'universalité, toujours confrontée à la médiation de l'individu agissant et des institutions.

3) Comme nous l'avons vu dans l'analyse critique du modèle bonhoefférien d'intégration intra-théologique, une certaine conception de la théologie obture le rapport à la pluralité. Une telle construction théologique résulte d'un réflexe de peur qui ne tient pas tellement à l'objectivité des menaces pesant sur l'existence croyante qu'à un manque de confiance en soi du croyant et du théologien.

4) Joachim Matthes a fortement reproché à la théologie chrétienne d'encourager les Églises dans leurs velléités d'émigration hors de la société. Le modèle d'intégration ne pouvait que représenter à cet égard, au mieux, une réponse réactive, et, au pire, une confortation de cette attitude de fuite et de démission. Il n'y a pas à choisir entre l'émigration et l'intégration, il faut sortir de ce cadre stérilisant et opter délibérément pour une attitude de différenciation critique, ou, si l'on préfère, d'affirmation de soi et de son identité spécifique dans une optique d'ouverture et de contestation critique. Cela aura notamment pour effet de relever le défi proprement éthique du langage religieux (en évitant de fixer ce dernier dans des théologoumènes stéréotypés, comme c'est le cas dans le traitement statique de la prédestination ou de la théodicée dans la tradition wébérienne[81]).

5) Le passage à une attitude de différenciation critique, synonyme d'acceptation du pluralisme de la société moderne, ne doit signifier en rien la ratification du retour identitaire aux subjectivités isolées et aux traditions closes. Il n'est pas non plus interprété de manière satisfaisante, à mon sens, si l'on se contente de jouer des notions comme celles

---

80. Voir mon article «Universalisme et relativisme en théologie chrétienne: les acquis de la critique historique et le ambiguïtés de la postmodernité», in G. BERTHOUD, P. CENTLIVRES, Chr. GIORDANO et M. KILANI éd., *Universalisme et relativisme. Contributions à un débat d'actualité*, Fribourg, Éditions universitaires, 1993, p. 151-164.
81. Voir les bonnes remarques critiques de A. DISSELKAMP, *L'Éthique protestante de Max Weber*, Paris, Presses Universitaires de France, 1994, p. 89 ss.

d'authenticité[82] ou de communauté contre l'idéal normatif d'une vérité universelle. L'apport des théories particularistes, communautaristes notamment, ne peut aboutir qu'à la condition de l'inclure dans une structure théorique plus large et plus riche et donc de prendre ses distances face aux tendances nostalgiques du communautarisme.

À cet égard, la théorie de la pluralité des publics que nous avons reprise de D. Tracy représente une concrétisation fort utile.

6) L'examen de la position habermassienne révèle les limites d'un discours philosophique de la modernité entravé par une vision trop unilatéralement évolutionniste et fonctionnaliste de la religion. Le langage religieux systématisé par la théologie doit être resitué dans le cadre d'une herméneutique de l'expressivité métaphorique (Ricœur[83]). Dès lors, l'éthique théologique suppose une herméneutique des textes bibliques et des symboles religieux et non seulement une théorie de l'universalité cognitive. Cela implique également une approche différenciée des rapports entre l'expérience humaine, l'expérience religieuse et les différents langages capables d'en rendre compte. Bref: c'est la théorie de l'agir communicationnel elle-même qui doit être repensée et élargie. Obligée d'entendre l'interpellation religieuse de l'éthique (en particulier dans la question du mal), et de l'entendre comme une prétention à la vérité et comme un contenu, la théorie de l'agir communicationnel ne peut plus ratifier de manière non critique le grand récit d'une modernité aveugle sur ses propres limites éthiques et sur son rapport à la pluralité des conceptions religieuses et philosophiques en jeu.

---

82. Je pense ici à la manière trop courte dont Charles TAYLOR croit pouvoir résoudre les problèmes de la discussion éthique contemporaine en s'appuyant presque uniquement sur l'éthique de l'authenticité, voir *Grandeur et misère de la modernité*, Montréal, Bellarmin, 1992 (*Le Malaise de la modernité*, Paris, Éd. du Cerf, 1994), chap. III.

83. Nous discuterons le modèle de Ricœur au chapitre IX.

CHAPITRE III

CENTRALITÉ ET DÉBORDEMENT DE L'AUTONOMIE: LA THÉOLOGIE DANS LA CRISE DE LA MODERNITÉ

Nous avons réfléchi jusqu'ici sur le déplacement de la théologie dans l'espace public et sur les incidences d'un tel changement dans le domaine plus spécifique de l'éthique théologique et de la théologie morale. Dans les deux chapitres suivants, nous allons nous concentrer plus particulièrement sur les transformations internes de cette éthique théologique, confrontée aux défis de la modernité et au surgissement de la postmodernité. La problématique de l'autonomie nous servira de fil rouge; l'autonomie synthétise en effet à la fois le mouvement même des Lumières, avec son «discours de la modernité», et la tendance de l'éthique à s'affranchir elle-même de toute forme de tutelle (voir la notion d'éthique autonome); en même temps, *la crise de la modernité s'accompagne d'une critique de l'autonomie*, et ce n'est donc pas l'effet du hasard si l'actuel «discours de la postmodernité» remet en question avec vigueur les fondements rationnels de l'éthique et l'idée même de fondation. Comment l'éthique théologique, habituée depuis si longtemps à partager et à discuter le destin de l'éthique philosophique, sera-t-elle en mesure de se tracer un nouveau sillage dans les méandres d'un monde, d'une société et d'une culture en pleine transformation? Telle est l'interrogation centrale que nous entendons poursuivre. Quelques rappels élémentaires s'imposent au préalable.

LES ORIGINES PHILOSOPHIQUES DE L'ÉTHIQUE ET LA TÂCHE DE LA THÉOLOGIE

L'éthique est d'abord une discipline philosophique, comme l'atteste sa double naissance au cœur de la pensée de Platon et d'Aristote. C'est avec Aristote, on le sait, qu'elle accède au rang de philosophie pratique, l'*éthikè theôria* dédoublant l'*éthos*, la critique de l'*éthos* supposant, chez Platon, la critique du *mythos*[1]. Cette précédence historique de fait correspond, dans une vision classique des choses, à une priorité de droit. Mais nous aurons à nous demander si l'éclosion contemporaine récente de l'éthique (notamment sous sa forme bioéthique, voir chapitre premier) ne remet pas en cause cet ancrage premier de l'éthique dans la philosophie, au point de faire apparaître l'éthique au pire comme une discipline «diffuse» et au mieux comme une nouvelle discipline en voie d'identification et d'élaboration, une *would-be discipline* au sens de Stephen Toulmin[2].

Notre intérêt à ce stade est cependant d'un autre ordre. Comme théologien, actif dans le domaine de l'éthique théologique, nous tenons d'abord à reconnaître le «droit d'aînesse» de l'éthique philosophique ou de la philosophie morale, nullement pour nous défausser de notre responsabilité et de notre spécificité de théologien adonné à l'éthique, mais précisément pour faire *émerger le problème central* de l'articulation des deux disciplines en cause, articulation épistémologique et théorique, certes, mais aussi «union personnelle» délicate, nous affectant dans l'existence quotidienne et dans l'engagement professionnel. *Le sens théorique et les implications pratiques de l'éthique théologique seront d'autant plus clairs qu'aura été balisé leur rapport à l'éthique philosophique.*

Dans sa récente *Histoire de l'éthique*, Jan Rohls prétend même faire remonter l'éthique aux origines de l'humanité (Mésopotamie, Égypte, etc.)[3]. Quoi de plus profondément ancré dans notre expérience, en effet, dès la préhistoire, que cette nécessité et cette capacité de faire retour sur le comportement humain et d'exercer ainsi le métier d'éthicien comme Monsieur Jourdain, bien plus tard, écrira en prose sans le savoir? On doit pourtant se demander si trop d'histoire ne trahit pas un besoin de justification protologique, peu compatible avec la découverte de l'éthique comme réflexion critique et sans cesse surprenante.

Plus significatif nous paraît en effet, dans la genèse et le geste réflexif de toute éthique, le moment par lequel le savoir éthique se découvre et s'assume distinct de l'*éthos* dont il va élaborer le sens anthropologique et la portée normative. L'éthique est ici *originairement* réflexive et critique.

En même temps, la «science» de l'éthique n'apparaît jamais abstraction faite de son contexte culturel global et de l'architectonique des savoirs correspondant à la différenciation interne de ce contexte. On se souviendra que, chez Aristote, l'éthique entretient une relation spécifique à la métaphysique et à la politique, avec lesquelles, précisément, elle ne se confond pas, puisqu'elle requiert et développe elle-même des méthodes, un

---

1. J. Rohls, *Geschichte der Ethik*, Tübingen, Mohr-Siebeck, 1991, p. 2.
2. *Human Understanding* t. I, *The Collective Use and Evolution of Concepts*, Princeton, Princeton University Press, 1972, cité par D. Tracy, *The Analogical Imagination*, New York, Crossroad, 1981, p. 17 s.
3. *Geschichte der Ethik*, p. 10 ss.

regard et des pratiques qui lui appartiennent en propre. Et on ne perdra pas de vue que le stoïcisme construit la triade physique-métaphysique-morale, qui détermine la place de l'éthique, tout en lui reconnaissant son objet et son champ spécifiques. Cicéron synthétise et vulgarise pour ainsi dire cet héritage et cet enseignement à destination du public romain, en déployant le champ éthique des devoirs *(officia)* tant publics que personnels, et surtout en distinguant le *commune officium*, simplement conforme à la raison *(medium)*, de l'*officium perfectum*, parfaitement conforme à la nature[4].

Dans les cas de figure évoqués, mais plus largement dans l'ensemble de la culture antique, l'éthique n'a donc d'«autonomie» que relative, structurée, articulée, en fonction d'une architecture d'ensemble et d'un projet global. C'est d'ailleurs ce qui autorisera Rohls, en son projet hégélien d'histoire spéculative de l'éthique, à renouer en fin de parcours avec l'insertion *métaphysique* de l'éthique, au détriment, de notre point de vue, des *tensions inhérentes* non seulement à l'histoire, mais aussi à la problématique éthique comme telle.

Le christianisme, dès sa naissance, reprend des éléments de l'*éthos* ambiant et, de manière plus ou moins explicite et développée, des théories éthiques de l'Antiquité gréco-romaine. Les emprunts pauliniens au stoïcisme, par exemple, gardent un caractère allusif et indirect; ils nous apparaissent surtout mis au service d'une argumentation théologique à visée kérygmatique et pastorale, plutôt que destinés à former les pierres d'un système éthico-théologique complet.

Le «Traité des devoirs» *(De officiis)* de saint Ambroise représente la première grande tentative d'investissement théologique explicite, à la fois systématique et pratique, du discours moral de l'Antiquité classique. Rohls y voit une spiritualisation indue de la vertu, ramenée au plan de la foi et de l'Église, en rupture avec la synthèse romaine de la religion et de la politique comme avec l'ouverture cosmopolitique de la *Stoa*. L'*autonomie de l'Église* conditionne ici l'individualisation de l'éthique chrétienne[5].

Notons que Troeltsch ne mentionne Ambroise qu'au passage, dans une note sur la double morale *(doppelte Moral)*[6]: la distinction stoïcienne entre le devoir moyen et le devoir parfait fut en effet reprise par Clément d'Alexandrie et par Ambroise, sans qu'ils en discutent la légitimité; Nietzsche lui-même, pour Troeltsch, est tombé dans le même travers avec ses affirmations massives sur le christianisme comme morale des esclaves.

---

4. *Ibid.*, p. 80 et 114. Rohls interprète trop vite cette distinction dans les termes kantiens du *pflichtgemäss* (conformément au devoir) et du *aus Pflicht* (par devoir) (p. 80).
5. *Ibid.*, p. 112.
6. *Die Sozialllehren der christlichen Kirchen und Gruppen* (1911, 1922), Aalen, Scientia Verlag, 1977, p. 105 s., n. 53.

Saint Augustin prolonge, renouvelle et radicalise cet investissement, par le biais d'une relecture critique de la tradition morale des philosophes (de Platon avant tout) à la lumière d'une interprétation résolument théologique du Bien *(Bonum)*. Pour tenter de surmonter le dualisme manichéen qui marqua sa jeunesse, il développe un monisme néo-platonicien propre, selon lui, à rendre compte du mal comme privation du Bien et partant comme non-être incapable de faire ombrage au Dieu créateur. «À l'éthique du Bien suprême, il confère une vitalité nouvelle et une portée universelle», affirme l'historien Eric Osborn[7], en se référant explicitement à Troeltsch.

La supériorité de la morale chrétienne passe par la compréhension supralapsaire de la liberté humaine comme liberté pour le bien: l'humanité pécheresse n'y accède que par la grâce de Dieu, seule capable de produire la *volonté bonne* de l'homme et de transmuer les vertus morales en vertus théologales, sous la conduite prioritaire de l'amour. Le célèbre adage augustinien du *«Dilige et fac quod vis»* («Aime et fais ce que tu veux») trouve ici tout son sens[8].

La doctrine des deux cités résulte d'une profonde méditation théologique sur l'histoire et sur la société. Comme le rappelle Rohls, la *civitas terrena* et la *civitas Dei* ne sont pas d'abord des grandeurs sociologiques ou des institutions (l'État, l'Église), mais deux «classes éthiques[9]» entretenant de subtiles relations critiques avec l'Église comme avec l'État. La cité de Dieu, contrairement au *corpus mixtum* qu'est l'Église, ne comprend que des élus; quant à l'État, il ne fait pas nombre avec la *civitas diaboli*. Dans les deux cas, la relation n'est ni de simple identité, ni de pure différence, mais de recoupement critique.

Saint Augustin introduit ainsi, à deux niveaux, la *dimension critique* dans l'éthique: comme éthique chrétienne, elle effectue la critique de l'*éthos* naturel et rationnel; comme éthique historique, elle instruit la critique des institutions, celle de l'État d'abord, toujours passible de diviniser la créature et de se transformer ainsi lui-même en puissance satanique, mais celle de l'Église aussi, implicitement en tout cas.

Toutefois, la critique de l'État se radicalise sous l'effet de la doctrine du péché originel. La fonction positive de l'État, comparée à ce qu'elle était dans la Cité grecque, se réduit à peu de choses: l'État n'est plus le grand éducateur moral, ni même, comme encore chez Eusèbe, la réalisation des promesses eschatologiques; il n'est plus que l'État profane destiné à limiter les conflits par la contrainte. Contrairement à la visée cosmopolitique généreuse du droit naturel stoïcien ou de l'éthique néo-testamentaire elle-même, l'éthique augustinienne, de critique qu'elle était au premier abord,

---

7. *La Morale dans la pensée chrétienne primitive*, Paris, Beauchesne, 1984, p. 201.
8. *Ibid.*, p. 251 ss.
9. *Geschichte der Ethik*, p. 119.

se révèle légitimation conservatrice du service militaire, de l'esclavage ou de la propriété privée[10]. L'intériorisation inaugurée par saint Ambroise trouve son prolongement dans une éthique de la *fruitio*, tout entière orientée vers la cité céleste, mais ne produisant pas de retour critique véritable sur les réalités terrestres: dans l'héritage protestant, le problème augustinien – ou compris comme tel[11] – se retrouvera chez Luther et jusque chez Schleiermacher, avec des effets structurels assez identiques (avec surtout un conservatisme social et politique), mais sera profondément modifié par Zwingli et par Calvin. L'éthique protestante moderne, sous le choc de la redécouverte de l'eschatologie et de l'apocalyptique, en viendra à penser la dialectique critique de l'absolu et du relatif (Troeltsch), du dernier et de l'avant-dernier (Bonhoeffer), de l'histoire et du Royaume (Moltmann et aussi Pannenberg, ce dernier de manière plus conservatrice dans ses effets, malgré un point de départ eschatologique très critique).

Fusion savante et vaste de l'aristotélisme, de l'augustinisme, du stoïcisme et de la veine évangélique en plein essor, la synthèse thomasienne, au XIIIe siècle, a représenté le modèle le plus harmonieux d'une articulation systématique entre la raison et la foi, la philosophie et la théologie, l'éthique et la théologie morale. Pour Troeltsch[12], l'éthique thomiste, comme légitimation et construction de la culture ecclésiastique unificatrice du social, était la traduction systématique de l'universalité de l'Église (252 ss.). Enracinée dans la métaphysique et ancrée dans une conception synthétique de la loi divine, de la loi naturelle et de la raison, elle réalisait la médiation entre des éléments contradictoires dont le stoïcisme n'était pas parvenu à surmonter la dualité (255).

On trouve chez Troeltsch une conscience particulièrement vive du paradoxe de cette éthique thomiste, qui effectue la synthèse de la nature et de la surnature, en s'appuyant sur des motifs aristotéliciens et stoïciens, mais sans rien perdre cependant de la veine néo-platonicienne et augustinienne de la vision béatifique du divin et d'une conception mystique et sacramentelle de la grâce (265 ss.). Rationalisme et irrationalisme demeurent en tension, médiés par une architectonique graduelle (279). Le nominalisme exercera un premier travail de sape contre cette synthèse en

10. *Ibid.*, p. 122.
11. TROELTSCH considérait, au contraire de Rohls, que le thème était moins souligné chez Augustin que chez les autres Pères et que le patriarcalisme n'était pas son invention, *Die Soziallehren*, p. 164. Pourtant, reconnaît Troeltsch, la doctrine augustinienne est passée à la postérité – au Moyen Âge, d'abord, *via* le *compendium* d'Isidore et la version de Grégoire le Grand; et elle s'est fondue avec celle du droit naturel, malgré les tensions existant entre les deux conceptions. On le voit, le point de vue de Troeltsch est plus généalogique qu'historique: il s'intéresse aux effets produits par la doctrine. Nous nous autorisons de son attitude pour reconstruire à gros traits un enchaînement structural de problématiques – toutes proportions gardées, et non sans crainte et tremblement eu égard à la vérité historique.
12. Nous suivons les *Soziallehren*; les chiffres entre parenthèses dans le texte renvoient à cet ouvrage.

apparence parfaite, préparant ainsi la voie à la Réforme et à sa critique radicale des médiations harmonisatrices. Comme l'a montré récemment Alasdair MacIntyre, le dialogue entre la tradition aristotélicienne et la tradition augustinienne au sein même de la synthèse thomasienne est loin d'être simple. L'hypothèse d'une tradition augustino-thomiste, défendue par MacIntyre (voir ici chapitre V), a le mérite de mettre en avant la tension qui demeure chez saint Thomas (et qui ne sera pas complètement apaisée dans la scolastique thomiste et néo-thomiste) entre le théologique et le philosophique.

En renouant avec la veine augustinienne, Luther prendra du même coup congé d'Aristote - sinon avec la figure de pensée auquel il correspond véritablement, du moins avec l'espèce de fixation dans laquelle s'était enfermée selon Luther la scolastique médiévale. Melanchthon, du côté luthérien, et Lambert Daneau, du côté réformé, devront affronter le problème de l'articulation entre une théologie de la grâce et une éthique de la praxis, au risque de concilier l'inconciliable, Aristote et saint Paul.

Schleiermacher reprendra la question à nouveaux frais, prolongeant les logiques propres de l'éthique philosophique et de la *christliche Sitte*, les écartelant au maximum pour mieux les articuler, tandis que Barth, pensant défaire cet héritage, renversera totalement la vapeur en faveur d'une autonomie radicale de Dieu et d'une autonomie relative de l'éthique chrétienne (relative, parce que sa consistance théologique est médiée par la vérité dogmatique). Nous reviendrons sur ce point délicat au chapitre VII.

Sur cet arrière-fond brièvement esquissé, l'éthique protestante nourrit un lien particulier avec la question de l'autonomie. L'autonomie de l'éthique théologique face à l'éthique philosophique serait-elle la riposte à l'autonomie philosophique de l'éthique? Et le traitement théologico-politique des deux cités ou des deux règnes serait-il la stratégie capable de légitimer l'articulation de deux incompossibles?

AUTONOMIE ET THÉONOMIE

Observons pour commencer que face à la question de l'autonomie, l'éthique protestante dans la tradition de laquelle nous nous situons est saisie d'un double étonnement: comment expliquer que cette problématique[13] se soit profilée ces vingt dernières années avant tout du côté

---

13. Voir le numéro consacré par la revue *Concilium*, en 1984, à cette question, notamment le bilan dressé par A. BONDOLFI, «"Autonomie" et "morale autonome". Recherches en cours sur un mot clef», *Concilium* 192, 1984, p. 155-164, ainsi que la synthèse de A. HOLDEREGGER, dans l'article «Autonomie» du *Neues Lexikon der christlichen Moral* , H. ROTTER et G. VIRT, éd., Innsbruck-Vienne, Tyrolia, 1990, p. 59-66, et dans son ouvrage

catholique romain (sous l'impulsion principale de Alfons Auer, de Josef Fuchs et de Franz Böckle), et comment rendre compte du fait que l'éthique protestante elle-même soit dans l'ensemble restée réservée à l'égard des catégories par ailleurs distinctes d'autonomie et de morale autonome[14]?

Afin de clarifier les enjeux en présence, il est sans doute utile, à titre liminaire, puis de manière plus systématique, d'esquisser la différence structurelle entre l'approche catholique et l'approche protestante. Levons toutefois un redoutable malentendu: il s'agit ici d'une mise en perspective idéale-typique, ne préjugeant en rien des concrétisations beaucoup plus différenciées se présentant en pratique.

Je ne veux pas refaire ici l'examen du débat interne au catholicisme, sur lequel il existe une documentation considérable. Je me contente de formuler l'hypothèse heuristique suivante: l'acuité et la singularité du débat dans la théologie morale catholique contemporaine sont dues à trois facteurs dominants: 1) l'Église catholique nous paraît souffrir, plus que toute autre Église chrétienne, d'un déficit particulièrement grave dans la prise au sérieux du thème de la liberté et de l'autonomie[15]; 2) le concile Vatican II n'a pas porté les fruits qu'on était en droit d'espérer; les tergiversations de Paul VI et la reprise en main de Jean-Paul II ont obscurci le déploiement de l'autonomie et en ont exacerbé la nécessité, aussi bien sur le plan théorique et théologique que sur le plan pratique et ecclésial (voir nos remarques sur *Veritatis splendor*, chapitre premier); 3) Plus profondément, le catholicisme n'en a pas fini de régler ses comptes avec le processus de la modernité; or ce dernier peut être

---

Grundlagen der Moral und der Anspruch des Lebens. Themen der Lebensethik, Fribourg, Universitätsverlag-Herder, 1995, p. 55-69 («Selbstbestimmung und Handeln aus dem Glauben»); dans l'espace francophone, voir l'ouvrage collectif *Loi et autonomie dans la Bible et la tradition chrétienne*, O. MAINVILLE, J. DUHAIME et P. LÉTOURNEAU dir., Montréal, Fides, 1994. Du côté protestant, voir la synthèse de M. HONECKER, *Einführung in die Theologische Ethik. Grundlagen und Grundbegriffe*, Berlin-New York, de Gruyter, 1990, p. 179-183 (Bibliographie p. 391-392), ainsi que l'article de J.-M. THÉVOZ, «L'autonomie, positivité et limites: point de vue d'un théologien», *Le Supplément* 192, 1995, p. 29-46.
14. Voir H. KRESS, «Autonomie in der Ethik. Zur Problematik und zum Gehalt eines ethischen Leitbegriffs», *Theologische Literatur Zeitung* 111, 1993, p. 475-486.
15. Voir la manière symptomatique dont l'encyclique *Veritatis splendor* subordonne unilatéralement la liberté à la vérité, avec des conséquences redoutables pour la liberté de recherche des théologiens moralistes de sa propre Église.
Certes, on pourra toujours souligner que, dans cette articulation de la vérité et de la liberté, il y va d'une certaine interprétation de la liberté, et non de sa dénégation; de même, il faut reconnaître qu'aucune interprétation théologique de la liberté ne peut faire l'impasse de la vérité évangélique. En fait, notre critique – consciemment protestante – porte sur la mainmise indue du Magistère sur la définition de la vérité; c'est de cette mainmise institutionnelle que découle l'atteinte à la liberté chrétienne, non de l'affirmation d'un rapport constitutif de la liberté et de la vérité.

compris, dans une large mesure, comme le processus même de l'autonomie[16].

Il serait trompeur et illusoire de penser que la théologie et l'éthique protestantes n'ont pas de problèmes avec la thématique de l'autonomie[17]. Ce serait non seulement une réduction totalement simplificatrice de la diversité interne du protestantisme, mais également le résultat d'une confusion inacceptable entre les différents niveaux de la problématique de l'autonomie, comme nous le verrons plus loin. Rien ne nous permet en effet, soulignons-le d'emblée, de présupposer que l'autonomie dont il est question pour l'instant soit purement et simplement identique à la liberté chrétienne.

À bien des égards, on peut considérer que l'inspiration dominante de l'éthique protestante, entre 1920 et 1960, est venue de la théologie dialectique et elle a culminé, plus encore que dans l'apport éthique de Barth, dans l'*Éthique* de Bonhoeffer[18]. Or il est notoire que ce courant s'est montré fondamentalement hostile, selon des figures argumentatives et théologiques variables, aussi bien à l'idée d'une autonomie ou d'une liberté de l'homme moderne qu'à celle, plus pointue et plus limitée, d'une éthique autonome. Cela ne l'a nullement empêché de construire une théorie théologique de la liberté *chrétienne*, foncièrement inspirée des Réformateurs, et entretenant un rapport ambigu ou incertain avec le mouvement même de la modernité.

Sans doute cette manière de présenter la situation est-elle très réductrice et unilatérale. Déjà au moment de la première théologie dialectique, surtout dans les années 30, sont apparues des divergences extrêmement fortes entre des positions éthiques comme celles de Barth, de Bonhoeffer et de Tillich[19]; par ailleurs, comme le manifeste le retour de Troeltsch dans le débat théologique et éthique actuel, le dialogue raté entre la théologie dialectique et Troeltsch a été lourd de conséquences négatives; enfin, l'évolution de l'éthique protestante à partir des années 50 a vu apparaître de nouvelles différenciations: qu'il suffise de nommer l'œuvre considérable de Thielicke, le refus du moralisme chez des théologiens d'inspiration luthérienne comme Bultmann, Ebeling, Jüngel ou Ansaldi, le retour de l'éthique politique sous l'égide des théologies de l'histoire, la

---

16. L'expression est de M. WELKER, *Der Vorgang Autonomie. Philosophische Beiträge zur Einsicht in theologischer Rezeption und Kritik*, Neukirchen-Vluyn, Neukirchener Verlag, 1975.
17. Il ne saurait donc y avoir aucune propre justice protestante en la matière; les critiques à l'égard du catholicisme ne constituent en rien une légitimation des positions protestantes. Il nous appartient à chacun de nous laisser interpeller par le déploiement de la liberté chrétienne au sein même du processus de l'autonomie.
18. Pour la question du statut de l'éthique chez ces deux auteurs, voir ici, chapitre VII.
19. H. KRESS, in «Autonomie in der Ethik», n'accorde pas à Tillich l'importance qu'il mérite dans cette problématique.

reconstruction critique de l'éthique protestante dans ses liens avec la modernité (voir notamment les travaux de Trutz Rendtorff[20] et de Dietz Lange[21]).

Nous pouvons reprendre ici les distinctions utilement proposées par Honecker[22].

1) L'autonomie signifie d'abord, dans le sens classiquement kantien, autodétermination *(Selbstbestimmung)* ou liberté de la raison *(vernünftige Freiheit)*. Ajoutons qu'elle n'est pas seulement ni même d'abord expression de la raison pure théorique, mais bien, dans la perspective plus profonde de Kant, expression de la volonté humaine elle-même entendue comme volonté de la raison *(vernünftiger Wille)* [23].

2) L'autonomie signifie ensuite la tendance de l'éthique elle-même à se constituer de manière indépendante et à devenir ainsi science autonome *(selbständige Wissenschaft)*. Ce développement correspond à la logique même de l'autonomie de la raison pratique et de son destin moderne. Elle n'est pas sans poser cependant, de notre point de vue, des questions fondamentales, puisqu'elle présuppose la capacité de la rationalité éthique de s'élever au-dessus des conditions de sa généalogie, généalogie constituée par la référence de la rationalité et du *moral point of view* lui-même à ses origines et à ses ancrages historiques, culturels et traditionnels.

3) L'autonomie, dans un sens plus large, peut signifier enfin la sécularité ou la *Mündigkeit,* au sens positif où le dernier Bonhoeffer a interprété le processus même de la sécularisation et de la modernité.

Le protestantisme a certainement pour tâche de mettre en valeur l'articulation à la fois positive et critique de la modernité et de l'autonomie[24]. Mais cette tâche n'a pas seulement pour but d'opérer l'*Aufklärung* interne du protestantisme, c'est-à-dire de tirer les conséquences théologiques ultimes du processus de l'autonomie; elle doit aussi répondre au défi proprement œcuménique de la plausibilité culturelle, sociale et politique du christianisme dans son ensemble. C'est pourquoi le débat sur l'autonomie transcende aussi bien la propre justice confessionnelle que l'esprit de polémique. Chaque tradition chrétienne a le devoir d'apporter sa propre contribution, en évitant de succomber à une

---

20. «Radikale Autonomie Gottes», in *Theorie des Christentums*, Gütersloh, Gütersloher Verlagshaus Gerd Mohn, 1972, p. 161-181; en français: «L'autonomie absolue de Dieu», in P. GISEL éd., *Karl Barth. Genèse et réception de sa théologie*, Genève, Labor et Fides, 1987, p. 221-245.
21. *Ethik in evangelischer Perspektive. Grundfragen christlicher Lebenspraxis*, Göttingen, Vandenhoeck & Ruprecht, 1992.
22. *Einführung in die Theologische Ethik*, p. 179.
23. Comme le rappelle E. TUGENDHAT, *Vorlesungen über Ethik*, Francfort, Suhrkamp, 1993, p. 147; voir aussi O. HÖFFE, «Ethik des kategorischen Imperativs», in A. PIEPER éd., *Geschichte der neueren Ethik*, t. I, Tübingen-Bâle, Franke, 1992, p. 124-150, 142 ss.
24. C'est à quoi s'est employé M. WELKER, *Der Vorgang Autonomie.*

quelconque hagiographie interne. *Malgré* sa précarité institutionnelle, ou peut-être justement *à cause* de cette précarité même[25], le protestantisme a vocation d'appeler le catholicisme d'après Vatican II à mener vraiment jusqu'à son terme son *aggiornamento*, afin d'en finir avec le ressentiment antimoderne et d'entrer positivement dans le XXIe siècle. Mais cette vocation représente un défi tout aussi considérable pour la famille protestante, souvent très divisée et notamment bien écartelée dans sa perception de la liberté[26].

Le protestantisme ne pourra parvenir à une authentique élucidation de son rapport critique avec la modernité, et donc aussi à une gestion théologique convaincante du thème hautement controversé de la postmodernité, qu'à la condition de procéder avec patience et rigueur à la reconstruction de sa propre généalogie (voir nos remarques méthodologiques dans l'Introduction).

Le projet d'une telle généalogie est vaste; on en trouve les linéaments dans plusieurs tentatives récentes de rendre compte de l'histoire de l'éthique protestante[27]. Le présent ouvrage se veut une contribution à la reconstruction véritablement généalogique de l'éthique protestante, c'est-à-dire à une reconstruction qui devra se montrer capable de surmonter les réflexes hagiographiques et les courts-circuits idéologiques et donc aussi d'entrouvrir de nouvelles possibilités œcuméniques. Nous n'aborderons d'une telle généalogie que certains aspects historiques et thématiques, en nous limitant la plupart du temps à l'époque moderne et contemporaine. Mais la tâche de reconstruction, nous le savons, est beaucoup plus large et difficile: elle supposerait de reprendre à nouveaux frais l'imposant bilan de l'éthique chrétienne (et non seulement protestante) que nous a légué Ernst

---

25. Ce thème a été développé par J.-P. WILLAIME dans son ouvrage *La Précarité protestante*, Genève, Labor et Fides, 1992.
26. *Grosso modo*, on ne peut que juger incompatibles l'approche fondamentaliste et l'approche libérale. Même si nous ne nous situons pas nous-même dans la tendance libérale de la théologie protestante, nous devons bien reconnaître que la réinterprétation théologique critique de l'autonomie que nous appelons de nos vœux (à la suite de Paul Tillich) consonne en pratique avec une position de type libéral, comprise dans un sens très ouvert. Cela apparaît clairement dans les positions que nous sommes appelé à prendre dans les questions éthiques concrètes. Un tel positionnement ne préjuge cependant en rien de notre attitude envers les formes les plus extrêmes de libéralisme, voire de néo-libéralisme que nous pouvons déplorer dans le domaine social et politique.
27. Voir par exemple l'ouvrage de Chr. FREY, *Die Ethik des Protestantismus von der Reformation bis zur Gegenwart*, Gütersloh, Gerd Mohn, 1989, qui n'atteint pas le niveau épistémologique et matériel des *Soziallehren* de Troeltsch, dont les chapitres touchant le protestantisme demeurent inégalés; pour le XXe siècle, la reconstruction la plus achevée est celle de D. LANGE, *Ethik in evangelischer Perpektive*. Pour la ligne de recherche défendue ici, le lecteur pourra se reporter à mon article «Morale», in *Encyclopédie du protestantisme*, Paris-Genève, Éd. du Cerf-Labor et Fides, 1995, p. 1018-1043, ainsi qu'à mon essai «Après la mode de l'éthique, quel avenir pour l'éthique théologique?», *Foi et Vie* 93, 1994/3, p. 37-58.

Troeltsch dans ses *Soziallehren*, d'en discuter les options méthodologiques et théologiques, puis surtout de parvenir à une *synthèse originale, adaptée aux défis et aux besoins de la culture actuelle*. L'état actuel de l'éthique théologique et de la théologie morale nous laisse penser que nous sommes encore assez loin d'entrevoir semblable renouveau théorique. Il est d'autant plus impératif pour nous de poursuivre nos recherches et nos réflexions, si partielles et imparfaites soient-elles.

POUR UNE INTERPRÉTATION THÉOLOGIQUE ET THÉONOME DE L'AUTONOMIE[28]

Paul Tillich nous paraît offrir un modèle particulièrement intéressant d'une interprétation théologique de l'autonomie au service d'une éthique de la liberté[29]. Nous allons par conséquent le suivre ici, non sans infléchir volontairement son apport dans le sens de notre problématique personnelle et du contexte historique et culturel qui est le nôtre.

L'ambiguïté de l'autonomie et le sens de la théonomie.

Dès ses premiers travaux, Tillich a souligné les ambivalences de l'autonomie. On peut le vérifier dans le fameux article «Theonomie» de 1931[30].

28. L'approche par la catégorie de théonomie ne se trouve pas seulement du côté protestant; en particulier Franz Böckle a développé, du côté catholique, une dialectique de l'autonomie et de la théonomie, voir à son sujet H. HALTER, «Franz Böckle: Theonome Autonomie», in *Gegen die Gottesvergessenheit. Schweizer Theologen im 19. und 20. Jahrhundert*, S. LEIMGRUBER et M. SCHOCH éd., Bâle-Fribourg-Vienne, Herder, 1990, p. 449-468. Halter note cependant que l'idée d'autonomie théonome remonte à Tillich (voir p. 456). Sur le plan proprement philosophique, voir les réflexions récentes de P. RICŒUR, «Théonomie et/ou autonomie», *Archivio di Filosofia* 62, 1994, p. 19-36 (en anglais in M. VOLF éd., *The Future of Theology: Essays in Honor of Jürgen Moltmann*, Grand Rapids-Cambridge (UK), Eerdmans, 1996, p. 284-298; en allemand in L. KRIEG et al., *Die Theologie auf dem Weg in das dritte Jahrtausend, Festschrift für Jürgen Moltmann*, Kaiser, Gütersloh, 1996, p. 324-345).
29. J'en ai proposé une première analyse dans un essai sur l'éthique de Tillich, voir «Morale, culture et religion dans la dynamique de l'Esprit», dans *Les Lieux de l'action. Éthique et religion dans une société pluraliste*, Genève, Labor et Fides, 1992, p. 79-89. Voir déjà G. VERGAUWEN, «Autonomie et théonomie chez Paul Tillich», in C. J. PINTO DE OLIVEIRA et al., *Autonomie. Dimensions éthiques de la liberté*, Fribourg-Paris, Éditions universitaires-Éd. du Cerf, 1978, p. 200-212, ainsi que les remarques de J.-C. PETIT, *La Philosophie de la religion de Paul Tillich*, Montréal, Fides, 1974, p. 57 ss.
30. *Die Religion in Geschichte und Gegenwart* (RGG), t. V, Tübingen,

Tillich distingue fortement le sens nouveau qu'il accorde à la théonomie: elle ne résulte pas pour lui d'une légalité divine opposée à l'autonomie humaine («*Gottesgesetzlichkeit im Gegensatz zu Selbstgesetzlichkeit oder Autonomie*», col. 1128), ce qui reviendrait à la comprendre comme une forme de l'hétéronomie. D'où la définition concise et programmatique que nous propose alors Tillich: «La théonomie, au contraire de l'hétéronomie, remplit les formes autonomes de contenu transcendant» («*Theonomie ist im Gegensatz zu Heteronomie Erfüllung der selbstgesetzlichen Formen mit transzendentem Gehalt*», *ibid.*). On le voit: pour Tillich, la théonomie est aussi éloignée d'une légalisation subtile que d'un refus de l'autonomie. Elle est, bien plutôt, réinterprétation critique et dynamique de l'autonomie, dans le cadre d'une lecture théologique des mouvements contradictoires de la modernité.

Cette dialectique de la théonomie et de l'autonomie est constante chez Tillich; elle dépasse à mon avis les distinctions pourtant non négligeables entre les différentes périodes de l'évolution théologique, politique et culturelle de Tillich.

En 1922, dans un article très pointu intitulé «Die Überwindung des Religionsbegriffs in der Religionsphilosophie[31]», Tillich insiste déjà sur la dialectique de l'autonomie, dans la perspective d'un diagnostic critique de la situation spirituelle de l'époque. «J'aimerais appeler théonome, écrit-il, une situation spirituelle dans laquelle toutes les formes de la vie spirituelle sont l'expression du réel et de l'inconditionné émergeant en elles[32]». L'hétéronomie naît pour lui de la scission de la forme et du contenu (un thème récurrent chez Tillich), et cela est particulièrement vrai dans le cas de la religion autoritaire (Tillich pense ici avant tout au catholicisme médiéval): «L'autonomie est toujours réaction contre l'autonomie de la religion à l'état pur, religion qui veut soumettre toute culture à son hétéronomie. L'autonomie de la religion contre Dieu crée l'autonomie de la culture contre la religion[33].»

Avec cette formule brillante, Tillich indique à quel point le processus autonome de la modernité et de la sécularisation lui paraît positif et fondamentalement légitime. Mais il ne fait preuve pour autant d'aucune réception non critique de ce processus. La victoire des sciences exactes et

---

Mohr, 1931², col. 1128-1129; cet article est repris dans les *Main Works/Hauptwerke* 4/4, Berlin-New York, De Gruyter-Evangelisches Verlagswerk, 1987, p. 251.

31. *Kant Studien* 27, voir *Gesammelte Werke*, t. I: *Frühe Hauptwerke*, Stuttgart, Evangelisches Verlagswerk, 1959², p. 365-388.

32. «*Theonom möchte ich eine Geisteslage nennen, in welcher alle Formen des geistigen Lebens Ausdruck des in ihnen durchbrechenden Unbedingt-Wirklichen sind*» (386).

33. «*Autonomie ist immer der Rückschlag gegen die Autonomie der blossen Religion, die alle Kultur unter ihrer Heteronomie bringen will. Autonomie der Religion gegen Gott schafft Autonomie der Kultur gegen die Religion*» (386 s.).

de la domination technique et rationnelle sur le monde (ce que Max Weber nomme la rationalité orientée sur les buts et ce que l'école de Francfort désignera comme la rationalité instrumentale) est acquise à prix fort: «La légitimité de l'autonomie face à l'hétéronomie devient injuste envers la théonomie, car la forme autonome est Loi. Avec la Loi on peut techniciser et rationaliser, mais on ne peut pas vivre sous la Loi[34]», écrit Tillich d'une manière typiquement luthérienne. Coupée de la théonomie (de l'Évangile, en termes plus théologiques), l'autonomie vire en tragédie. La conséquence en est la scission de la forme et du contenu, de la fonction et du sens, de la matière et de l'esprit. «La lutte entre l'autonomie et la théonomie est la thématique de l'histoire de l'Esprit[35]»; mais ne nous y trompons pas: Tillich n'a pas en vue une théonomie opposée à l'autonomie, réactive et réactionnaire, marquée par le ressentiment, nostalgique et revancharde; la théonomie a toujours chez lui le sens et le rôle d'une théonomie surmontant l'hétéronomie et approfondissant l'autonomie, une théonomie qui en conséquence critique et accomplit à la fois le processus de l'autonomie, élevée à son niveau de vérité, au sens d'une dialectique brisée et non de la relève hégélienne: «La théonomie l'emporte tant qu'elle est traversée vivante, tant que le paradoxe est vécu comme paradoxe[36].»

Tillich a repris cette dialectique de l'autonomie et de la théonomie dans sa synthèse de 1923 (dédiée à la mémoire de Ernst Troeltsch) intitulée *Das System der Wissenschaften nach Gegenständen und Methoden*. Dans ce projet de jeunesse impressionnant, l'ensemble de la science de l'esprit (au singulier!) est subsumé sous la catégorie de la théonomie (271 ss.), mais d'une théonomie qui entretient une relation dialectique et asymétrique avec l'autonomie[37]. La tension entre théonomie et autonomie ne se limite pas à la différence entre la forme et le contenu, elle reflète surtout la relation asymétrique entre le conditionné et l'inconditionné.

Tillich applique le concept de théonomie à toutes les disciplines de l'esprit, à la philosophie, à la métaphysique, à l'art et à la théologie elle-

---

34. «*Das Recht der Autonomie gegenüber der Heteronomie wird zum Unrecht gegenüber der Theonomie, denn die autonome Form ist Gesetz. Mit dem Gesetz kann man technisieren und rationalisieren, aber unter dem Gesetz kann man nicht leben*» (387).
35. «*Das Thema der Geistesgeschichte ist der Kampf von Theonomie und Autonomie*» (388).
36. «*Die Theonomie ist sieghaft, solange sie lebendiger Durchbruch ist, solange die Paradoxie als Paradoxie erlebt wird*» (388).
37. «*Theonomie ist Wendung zum Unbedingten um des Unbedingten willen. Während die autonome Geisteshaltung sich auf das Bedingte richtet und auf das Unbedingte nur, um das Bedingte zu fundieren, gebraucht die Theonomie die bedingten Formen, um in ihnen das Unbedingte zu erfassen. Theonomie und Autonomie sind also nicht verschiedene Sinnfunktionen, sondern verschiedene Richtungen der gleichen Funktion, und sie stehen nicht in einem einfachen, sondern in einem dialektischen Gegensatz [...] Theonomie ist Richtung auf das Sein als reinen Gehalt, als Abgrund jeder Denkform. Autonomie ist Richtung auf das Denken als Träger der Formen und ihrer Gültigkeit*» (271 s.).

même, comprise comme systématique théonome (274). Le concept de l'éthique théonome a une fonction spécifique à l'intérieur de la théologie systématique. Tillich entend renouveler et élargir la portée de l'éthique théologique. En effet, le projet d'une éthique théonome a pour but de surmonter la scission entre l'éthique philosophique et l'éthique théologique, sans rien perdre pour autant du caractère et de la dimension proprement théologiques de cette dernière. Soucieux de ne pas abandonner les deux types d'éthique à une simple juxtaposition, Tillich élabore une médiation, un passage conduisant de l'intention théonome à la forme autonome de réalisation (282) et inversement, autrement dit, contrairement au projet dogmatisant de Barth à la même époque, il veille à préserver une ouverture au cœur de l'autonomie (c'est bien là le sens et la fonction de l'intention théonome) plutôt que de réduire l'autonomie à une *autonomia incurvata in se*.

Dans la *Théologie systématique*, publiée après la Deuxième Guerre mondiale aux États-Unis en version originale américaine, Tillich reprend la dialectique de la théonomie et de l'autonomie, comme l'a très bien montré en particulier Guido Vergauwen. Non seulement le thème parcourt la première partie de l'ouvrage[38], mais il trouve une place fondamentale et son plein épanouissement dans la quatrième partie (qui constitue la première moitié du troisième volume), où se rejoignent le projet d'une théologie de la présence spirituelle et celui de la refondation théologique d'une moralité théonome *(theonome Moralität)*. C'est ce dernier point qui m'intéresse avant tout et que j'aimerais développer ici[39].

La réflexion de Tillich suit un mouvement systématique conduisant du concept supérieur de la vie et de la considération de ses ambiguïtés (A) à l'aspect des manifestations thénonomiques dans la culture (B), avant de montrer la présence de l'Esprit-Saint dans les ambiguïtés de la morale (C). C'est dans ce cadre que se situe le projet d'une moralité théonome, en continuité profonde avec la théorie développée dans la période allemande.

Conformément à la distinction fondamentale entre l'être et l'existence qui traverse l'ensemble de la *Théologie systématique*, Tillich considère que l'unité idéale entre la moralité, la culture et la religion n'est pas réalisée sous les conditions de l'existence réelle; au contraire, cette unité normative apparaît dans les faits comme brisée (*zerbrochen*, p. 305). Néanmoins, il soutient, d'un point de vue spécifiquement théologique cette fois, que la réunification des éléments éclatés est partiellement

---

38. Voir en particulier la manière dont P. TILLICH expose le conflit immanent à la raison humaine confrontée à la révélation, *Systematic Theology*, t. I, Chicago, 1951, cité selon l'édition du *Combined Volume*, Londres, James Nisbet & Co, 1968, p. 92-96.
39. Je suis dès maintenant la traduction allemande, voir *Systematische Theologie*, t. III: *Der göttliche Geist und die Zweideutigkeiten des Lebens*, Stuttgart, Evangelisches Verlagswerk, 1966, p. 191 ss., en particulier p. 282 ss. et 305 ss.

(fragmentarisch) possible grâce à la présence de l'Esprit-Saint *(Gegenwart des göttlichen Geistes).*

Dans l'original américain, Tillich passe sans cesse du concept de *divine Spirit* à celui de *Spiritual Presence,* deux notions qui ne sont pas strictement équivalentes, du point de vue sémantique, à la notion dogmatique du Saint-Esprit telle qu'on la trouve exprimée dans le discours théologique classique. La traduction allemande reprend comme telle la notion de *divine Spirit (göttlicher Geist).* En revanche, elle substitue le terme de *Gegenwart des göttlichen Geistes* à l'expression de *Spiritual Presence* figurant dans l'original américain. Même s'il ne doit pas être surinterprété, ce léger glissement me paraît symptomatique. Je suis d'avis que l'expression américaine est plus fidèle à la pensée profonde de Tillich, pour qui le chiffre de la présence spirituelle est plus large, en tout cas sur le plan épistémologique, que celui d'une présence de l'Esprit divin, et qu'il suppose, en plus, la possibilité de rattacher le thème théologique du Saint-Esprit à une ontologie de la présence spirituelle.

Cette remarque sémantique n'est pas sans importance dès lors qu'il s'agit de comprendre le projet tillichien d'une fondation renouvelée de l'éthique théologique *via* la catégorie de moralité théonome.

L'enjeu théologique de Tillich est en effet ici de dépasser la scission absolue entre l'éthique théologique et l'éthique philosophique, si fréquente dans l'enseignement traditionnel de l'éthique protestante notamment. Tillich récuse radicalement l'idée d'une éthique théologique autonome. Pour lui, une telle éthique reviendrait non seulement à succomber à la «schizophrénie de la double vérité» (306), elle consacrerait en fait la victoire subtile de l'hétéronomie, puisque la démarche éthique elle-même, foncièrement philosophique, serait subordonnée à une extériorité théologale radicale et immédiate. Dans un tel modèle dualiste, nous serions condamnés à mener en parallèle deux voies hétérogènes et incompatibles, la voie de l'éthique autonome à la suite de Hume et de Kant, et la voie de l'éthique hétéronome, fondée sur une révélation complètement séparée de la raison et sur des commandements révélés sans rapport à une quelconque obligation morale.

Dans le langage familier aux Anglo-Saxons, Tillich refuse ici une éthique théologique néo-orthodoxe (équivalant *grosso modo* aux positions de Barth et de Bonhoeffer) privilégiant la *divine command theory.* Par rapport au contexte de la tradition théologique européenne et continentale, dont il provient, Tillich conteste aussi bien le modèle supranaturaliste qu'un positivisme théologique qui reviendrait à objectiver le fait chrétien dans une positionnalité soustraite à toute médiation rationnelle. Pour Tillich, l'éthicien théologique (le théologien moraliste, selon le langage en usage du côté catholique romain) est un philosophe, non un théologien. Il n'y a en effet qu'une seule éthique scientifique. «Celui qui enseigne l'éthique est un philosophe, que son éthique soit ou non théonome[40].»

Cette affirmation centrale est choquante, tout autant, d'ailleurs, pour le philosophe que pour le théologien. Elle surprend le théologien, qui voudrait sans cesse ramener l'éthique théologique dans le giron de la théologie, et qui ne parvient pas à rendre compte du fait que l'éthique est une discipline généalogiquement et constitutivement philosophique, n'appartenant pas, comme telle, à l'*organon* classique de la théologie, mais lui ayant été rattaché de manière nouvelle lors de la crise de l'*Aufklärung*[41]. Mais elle a également de quoi faire réagir le philosophe, du moins le philosophe enfermé dans la tour d'ivoire d'une laïcité absolue. Le postulat de base de Tillich dépend naturellement de sa philosophie de la religion, laquelle s'inscrit sur l'arrière-fond de sa théorie générale des sciences de 1923. Pas plus qu'il n'accepte l'idée d'une théologie déconnectée du mouvement de la pensée humaine, Tillich n'est prêt à admettre l'existence même d'une pensée humaine définitivement autonome. Pour lui, une prétention absolue à l'autonomie se révèle profondément hétéronome. Elle supposerait en effet l'absolutisation de la tradition de l'autonomie. Seule une reconnaissance de la finitude et de la traditionalité de l'éthique philosophique nous permet de comprendre à la fois le mouvement propre de la réflexion humaine et son rattachement à des traditions particulières. Non seulement les éthiques théonomes, mais les éthiques autonomes elles-mêmes dépendent de traditions concrètes.

40. *Théologie systématique*, t. IV, p. 289.
41. À cet égard, l'œuvre de Schleiermacher occupe une place charnière dans la généalogie de l'éthique protestante. Dans la *Kurze Darstellung des theologischen Studiums,* l'éthique a un sens très large, permettant d'englober l'ensemble des sciences humaines; dans *Der christliche Glaube,* l'agir moral est relativisé par rapport à la religion; il demeure ainsi un fossé énigmatique et intrigant entre l'éthique philosophique développée par Schleiermacher (notamment dans ses cours de 1805-1806 et 1812) et sa conception intra-théologique de la *christliche Sitte*. Le destin de l'éthique protestante s'en est trouvé profondément affecté. On peut considérer, de manière générale, que le dialogue manqué entre Barth et Troeltsch ou Tillich, dès les années 20, s'enracine pour une large part dans le déficit de la discussion critique et de la réception différenciée du parcours inauguré par Schleiermacher. Cette hypothèse de travail ne signifie pas, à mon avis, qu'on doive en revenir à une ligne de pensée conduisant sans discontinuité apparente de Schleiermacher à Troeltsch et à Tillich. Mais elle implique au minimum la nécessité de reconstruire de manière critique la généalogie de l'éthique protestante, en resituant la théologie dialectique elle-même, Barth et Bonhoeffer compris, dans la perspective d'une évaluation théologique différenciée du processus de l'autonomie et de la modernité. Il en résultera de toute évidence une lecture plus dynamique (dans la direction ouverte par Trutz Rendtorff) du geste théologique d'un Karl Barth (pas aussi antimoderne qu'il ne le prétend lui-même), mais également un refus d'avaliser l'autonomie typiquement moderne de l'éthique théologique telle qu'elle se présente dans les modèles éthiques de provenance barthienne ou bonhefférienne. D'autre part, comme j'essaie de le montrer dans la suite de ce chapitre, il convient également d'interroger critiquement les implications théologiques d'un projet comme celui de Tillich.

C'est pourquoi il importe de surmonter l'idée finalement assez superficielle selon laquelle les éthiques théonomes entreraient fatalement en conflit avec l'autonomie de la recherche éthique. Le propos central de Tillich est justement de maintenir la légitimité de cette autonomie de la recherche éthique, mais à condition de la comprendre comme une autonomie ouverte, capable d'autocritique et d'autodépassement. Une telle perspective présuppose une thèse qui ne peut manquer de susciter une discussion féconde entre philosophes et théologiens: que signifie le lien systématique entre l'autocritique et l'autonomie? La capacité de l'autocritique, spécifique de la rationalité finie, implique-t-elle un passage à la limite, une ouverture transcendentale sur ce qui est à même de fonder ou tout au moins d'éclairer la signification ultime de l'autonomie? Une perspective théonome peut-elle être envisagée de l'intérieur même du processus et du mouvement de l'autonomie, sans basculer nécessairement dans une rethéologisation de la raison et de l'éthique?

On le voit: le modèle éthique proposé par Tillich est riche d'impulsions et de provocations à penser. Mais on ne saurait le lire de manière unilatérale, sous le seul coup d'œil du théologien souhaitant problématiser la prétention philosophique à l'autonomie radicale. Le plaidoyer de Tillich pour une moralité théonome signifie aussi, sur l'autre versant de son argumentation, que l'éthique théonome elle-même doit optimiser le processus de l'autonomie et féconder le mouvement de la liberté: la théonomie effective est une éthique autonome sous (la conduite de) la Présence spirituelle[42].

Questions critiques.

La lecture de cette impressionnante reconstruction de la *Moralität* n'est pas sans soulever des interrogations.

1) Fidèle à la fois à son enracinement critique dans la théologie dialectique[43] et à sa célèbre méthode de corrélation[44], Tillich articule et

---

42. *Théologie systématique*, t. IV, p. 289: «*Actual theonomy is autonomous ethics under the Spiritual Presence*» (*Combined Volume*, vol. III, 285).
43. Voir en particulier «Kritisches und positives Paradox» (1923), repris in J. MOLTMANN, *Anfänge der dialektischen Theologie,* t. I, Kaiser, München, 1962³, p. 165-174 (ainsi que l'échange qui s'en est suivi) pour comprendre le point de rupture entre Tillich et Barth.
44. Elle a fait l'objet d'une présentation d'ensemble par J. P. CLAYTON, *The Concept of Correlation: Paul Tillich and the Possibility of a Mediating Theology*, Berlin-New York, 1980; pour la discussion francophone, voir les évaluations théologiques assez divergentes de P. BÜHLER, «Entre indifférence et fanatisme: la situation religieuse actuelle remet-elle en question la méthode

distingue l'élément unificateur de l'Esprit (appelé aussi présence spirituelle) et l'élément éclaté de l'ambiguïté, tel qu'il se manifeste dans la réalité anthropologique, historique et culturelle de la vie. La dialectique asymétrique de l'Esprit et de la vie est donc centrale pour Tillich. Sa mise en œuvre est cependant problématique. En effet, le chiffre théologique de la présence spirituelle fait au moins implicitement référence à une notion de la théologie positive, le Saint-Esprit. On ne peut pas s'empêcher de penser que Tillich propose ici, d'un point de vue de théologie systématique, une fondation pneumatologique de l'éthique. Mais les liens entre le concept de théonomie et celui de présence spirituelle ne sont qu'à peine effleurés. Sans doute faudrait-il remonter à l'ensemble de la théologie de Tillich, et en particulier à son interprétation très personnelle de la théologie trinitaire, pour répondre de manière satisfaisante à cette vaste question. Faute de pouvoir le faire ici, je me contente de signaler une certaine ambivalence. Ce sentiment augmente encore quand on considère la plausibilité culturelle et rationnelle d'un recours à la théonomie placé sous le signe de la présence spirituelle. Une analyse immanente de l'autonomie peut conduire la pensée rationnelle à la mise en évidence d'une forme de théonomie ou, si l'on préfère, de transcendance (au sens le plus large du terme); mais s'ensuit-il que cette pensée rationnelle puisse établir un lien entre cette ouverture sur une transcendance et la désignation matérielle de cette transcendance formelle sur une présence spirituelle? À moins de supposer la possibilité et la nécessité d'une philosophie spiritualiste, que penser d'un tel passage à la limite? Ne faut-il pas, de plus, interroger le rapport même établi par Tillich entre la notion de présence et celle d'Esprit? Parler de présence spirituelle me paraît privilégier une conception épiphanique de la manifestation du divin, au détriment de ses composantes eschatologiques et prophétiques; outre qu'une telle vision est théologiquement problématique, ne court-circuite-t-elle pas l'articulation du théonomique et du philosophique, en présupposant la possibilité d'un accès philosophique direct et immédiat à une forme de présence?

de corrélation?» in *Exposés présentés lors du 9e congrès de l'Association Paul Tillich d'expression française*, Faculté de théologie, Lausanne, 1991, p. 33-41, et P. GISEL, «Un demi-siècle après la méthode de corrélation: quelle méthode pour la théologie?, in XIIe colloque international Tillich, *La Méthode de Paul Tillich*, Luxembourg, 30 mai-1er juin 1997, p. 195-209. P. BÜHLER déplore une dialectique «idéaliste» dans le passage, chez Tillich, entre l'existentiel et l'ontologique, alors qu'il s'agirait, en un sens plus kierkegaardien, de tenir tête aux contradictions de l'existence et de privilégier la confrontation (p. 38). P. GISEL évalue, lui, les limites de la corrélation tillichienne à partir de l'approche troeltschienne. Je rejoins à ma manière les deux auteurs pour noter un déficit dans la compréhension de la *crise* ou du *séisme* qu'engendre, au sein de la corrélation théologique tillichienne, la présence du mal, avec sa mise en intrigue dans le récit biblique. Mais ce n'est pas à dire que toute corrélation soit fatalement porteuse d'un tel travers.

2) Le modèle tillichien a l'avantage, comme nous avons essayé de le montrer, de proposer une réception théologique *critique et constructive* de la problématique moderne de l'autonomie[45]. Le recours à la catégorie de la théonomie permet non seulement de manifester que la critique théologique de l'autonomie absolue ou de son envers, à savoir l'hétéronomie, présuppose une continuité positive avec le processus de l'autonomie; en approfondissant la compréhension interne de l'autonomie, il nous oblige encore à affronter la question du démonique, autrement dit le défi du tragique, du mal et du péché.

Néanmoins, nous avons relevé le risque, chez Tillich, d'une surinterprétation verticale de l'éthique (l'autonomie étant sans cesse ramenée à ses éléments constitutifs), au détriment de ce que nous pourrions appeler sa dimension horizontale, proprement langagière et intersubjective[46]. Le sens de l'autonomie ne s'épuise pas dans ses déterminations théologales ou dans ses délimitations objectives (par rapport au démonique, au politique, à l'institutionnel, etc.). Pour éviter l'absolutisation de l'autonomie ou sa mise sous tutelle par les mécanismes de l'hétéronomie, il ne suffit pas de s'élever au niveau transcendental de la théonomie; il ne suffit pas non plus de recourir à un concept fort d'ontologie, comme c'est le cas chez Tillich[47]; il faut approfondir d'autre part la condition du sujet autonome dans sa relation à d'autres sujets; il faut penser la constitution intersubjective de l'autonomie, fondement anthropologique du concept de pluralité, ainsi que sa capacité sociale et politique à affronter les polarités du monde, capacité qui ne peut être légitimée qu'à partir d'une théorie du contrat ou du pacte (nous avons affaire ici à la base éthique et politique du pluralisme). Faute d'une solide théorie de l'intersubjectivité et du contrat, l'éthique de Paul Tillich en reste, pour l'essentiel, à une *fondation théologique abstraite* de l'autonomie humaine. L'autonomie demeure un concept étrangement vide, fondé sur une conscience de soi sans contenu et sans vis-à-vis[48].

45. On comprend que les tenants d'une éthique théologique conservatrice, d'orientation supranaturaliste et littéraliste à la fois, se soient opposés à Tillich, soit pour refuser sa dialectique de la théonomie et de l'autonomie, accusée de faire le jeu de l'autonomie et de la modernité, soit pour lui substituer une conception antimoderne de la théonomie, voir à ce sujet l'ouvrage symptomatique de G. L. BAHNSEN, *Theonomy in Christian Ethics*, éd. augmentée, Philippsburg (NJ), Presbyterian and Reformed Publishing Company, 1984²; Bahnsen oppose explicitement à la théonomie inauthentique de Tillich, qui revendiquerait en fait à une pure autonomie *(self-law)*, la *genuine theonomy*, fondée sur la loi littérale de Dieu imposée de l'extérieur de l'homme et révélée avec autorité dans l'Écriture (p. 33).
46. Si je vois bien, ma critique rejoint ici celle de P. GISEL, «Un demi-siècle...».
47. Un auteur comme D. LANGE entend utiliser le concept de théonomie, mais sans les «prémisses ontologiques»(«*ohne Übernahme der ontologischen Prämissen*») de Tillich, *Ethik in evangelischer Perspektive*, p. 256.
48. Ceci a été notamment souligné par M WELKER, *Der Vorgang Autonomie*, p. 205 ss.

Le déficit touchant à la théorie de l'intersubjectivité a aussi des conséquences directement théologiques: la modélisation théologique par le biais d'une dialectique purement conceptuelle appuyée sur des présupposés ontologiques a tendance à appauvrir le mouvement narratif et historique de la pensée théologique et à en occulter les potentialités conflictuelles. On a donc affaire à une reconstruction théologique monologique, rendant difficile la prise en compte du conflit des interprétations et de la pluralité concrète des situations.

LA REPRISE THÉOLOGIQUE CONTEMPORAINE
DE LA QUESTION ÉTHIQUE DE L'AUTONOMIE

Certains auteurs ont essayé de résoudre les problèmes posés par la sécularisation croissante de l'éthique. Ils ont proposé notamment de renouveler l'éthique de la foi *(Glaubensethik)* par le biais d'un recours à des modèles narratifs, prioritairement christologiques, ou bien de surmonter l'opposition entre autonomie et hétéronomie à l'aide de la pneumatologie et de l'ecclésiologie.

Dans le premier cas de figure, les modèles varient beaucoup, selon qu'on adopte la perspective de Stanley Hauerwas[49], de Dietrich Ritschl[50] ou encore de Hans Ruh et Stefan Streiff[51].

Le recours à la catégorie d'identité narrative, forgée par Paul Ricœur et élargie par Jean-Marc Ferry[52], me paraît plus prometteur, parce que, dans cette optique, la narrativité n'est qu'un moment dans la construction de la réflexion et ne s'oppose pas de manière stérile à l'argumentation ou à la reconstruction.

Johannes Fischer a proposé de son côté de parler de *Koinonomie*; selon lui, cette catégorie serait à même de fonder une éthique de la

---

49. *The Peacable Kingdom. A Primer in Christian Ethics*, Notre Dame, Notre Dame University Press, 1983, p. 17 ss. Voir notre discussion de la pensée de Hauerwas, chapitre premier).
50. Voir *Zur Logik der Theologie*, Munich, Kaiser, 1984. Ritschl prend soin de distinguer son concept de *story* d'une théorie de la narrativité, mais j'avoue ne pas bien comprendre la pointe de son argumentation.
51. *Zum Interesse theologischer Ethik an der Rationalität*, Zurich, Theologischer Verlag, «Theologische Studien» 141, 1994, p. 48-51: les auteurs développent la dimension de la *vernehmende Vernunft* en recourant à la médiation transcendentale-réflexive de la narration, on peut se demander toutefois s'ils ne privilégient pas par trop la dimension narrative de la foi et donc aussi une *Glaubensethik*, au détriment d'une problématique plus radicale prenant vraiment au sérieux le défi de l'autonomie et de la modernité pour l'éthique des chrétiens.
52. Voir la synthèse originale de J.-M. FERRY, *Les Puissances de l'expérience*, t. II, Paris, Éd. du Cerf, 1991.

responsabilité véritablement théologique. On s'orienterait ainsi vers une *Grundlegung* à la fois pneumatologique et ecclésiologique de l'éthique chrétienne[53].

La proposition de Fischer se situe avant tout sur un plan intradoctrinal, et, de ce point de vue, l'idée de la fondation pneumatologique et ecclésiologique de l'éthique chrétienne mérite considération; elle suppose notamment une meilleure prise en compte de la dimension trinitaire de cette éthique. Cependant, l'introduction de la catégorie de koinonomie est trompeuse, si elle entend résoudre comme telle le problème spécifique posé par la dialectique de l'autonomie et de la théonomie; ce problème, nous l'avons dit, est lié au défi que pose la modernité au travail théologique et à la constitution d'une éthique religieuse. La koinonomie pourrait signifier un repli regrettable sur la communauté chrétienne, comme si cette dernière était à l'abri des secousses des temps modernes et de la sécularisation. En revanche, l'apport de la koinonomie pourrait être, en un sens dérivé et second, de contribuer à la critique des conceptions individualistes de l'autonomie. Elle nous rend également attentifs à la dimension pneumatologique de l'éthique chrétienne (nous reviendrons sur ce point aux chapitres V et X).

Il me paraît clair que les essais contemporains les plus récents pour redonner à l'éthique théologique à la fois une spécificité chrétienne et une plausibilité culturelle plus grande demeurent pour l'essentiel en deçà du niveau épistémologique représenté par la dialectique tillichienne de l'autonomie et de la théonomie. Comment sortir de l'impasse, sans recréer des fronts polémiques inutiles et stériles?

J'émets la proposition suivante: le modèle philosophique le mieux à même de conjoindre le souci théologique d'une critique différenciée de la modernité défendu par Tillich et la mise en valeur de la dimension traditionnelle et narrative de la foi chrétienne est sans doute celui de Paul Ricœur (voir ici chapitre IX). Comme nous l'avons vu, l'articulation de la théonomie et de l'autonomie présuppose, chez Tillich, à la fois la découverte de la dimension tragique du processus de l'autonomie et la reconnaissance de son insertion dans des mécanismes traditionnels, faisant appel à la capacité humaine de mémoire et de récit[54]. Simplement, la mise en œuvre de cette logique narrative demeure sous-estimée et sous-développée chez le systématicien Tillich; l'approche herméneutique de Ricœur est donc requise, si l'on entend donner de la chair et du contenu au mouvement dialectique de l'autonomie et de la théonomie; c'est seulement à l'examen des configurations narratives de l'identité morale que se manifestera, de la manière la plus tangible et la mieux à même de réveiller

---

53. *Leben aus dem Geist. Zur Grundlegung christlicher Ethik*, Zurich, Theologischer Verlag, 1994, notamment p. 110 ss.
54. La manière dont procède P. RICŒUR dans «Théonomie et/ou autonomie» va justement dans ce sens.

nos affects et notre pathos, la dialectique brisée d'une autonomie en quête de transcendance et d'une théonomie en butte aux retombées dans l'hétéronomie. Ainsi se matérialisera la jonction de l'épopée tragique et de l'advenir de la liberté humaine au cœur du mystère de l'histoire. Ainsi s'annoncera également, de manière plus charnelle que chez Tillich, la *configuration proprement christologique et théologique* d'une théonomie placée sous le signe de l'Esprit. Car le concept de la théonomie comme celui de l'autonomie nécessite la traduction et la reconfiguration narratives en une histoire évangélique de passion et de vie[55]. C'est pourquoi, en éthique appliquée, nous ne saurions nous contenter de cadrer le vécu dans un réseau conceptuel, si satisfaisant soit-il: nous devons toujours tenir compte également de la résonance expérientielle de la transcendance faisant brèche dans l'existence singulière des personnes[56].

Plus loin, dans cet ouvrage, nous aurons l'occasion d'insister sur des notions comme le signalement de la transcendance ou l'instabilité normative, qui nous paraissent théologiquement requises pour rendre justice à l'expérience éthique en son entier (voir en particulier le chapitre de conclusion).

INCIDENCES DANS LE DOMAINE DE L'ÉTHIQUE APPLIQUÉE

Comme nous l'avons vu plus haut, la problématique de l'autonomie ne touche pas seulement les questions du lien entre liberté et théonomie et du statut de l'éthique autonome ou de l'éthique théologique, elle vise aussi à délimiter la place et le rôle d'un sujet humain lui-même confronté aux événements du monde et aux défis de la technique.

De fait, la question de l'autonomie est devenue centrale dans la discussion éthique et dans la pratique bioéthique internationale contemporaine. On en a l'expression dominante dans le modèle des *Principles of*

---

55. William C. PLACHER a insisté avec bonheur sur ce point, voir *Narratives of a Vulnerable God. Christ, Theology and Scripture*. Notre différend avec Placher est méthodologique et psycho-culturel (nous pensons qu'il ressent une crainte excessive devant les médiations et les corrélations culturelles, qu'il identifie un peu vite à une forme de révisionnisme théologique), mais nous rejoignons son intention de fond quand il souligne dans son œuvre la nécessité d'articuler la spécificité de l'Évangile et sa contextualité publique et culturelle.
56. Stanley Hauerwas a accentué fortement ce point dans ses ouvrages sur la souffrance, la guérison et la médecine; nous regrettons cependant qu'il n'ait que mépris et ironie cinglante envers les *autres tâches* de l'éthique théologique. De ce point de vue, au sein de l'école de Yale (post-libérale), les analyses de Placher nous paraissent bien plus équilibrées et mieux argumentées; elles témoignent d'une ouverture protestante (Placher est presbytérien) dans la discussion constructive avec le catholique Tracy.

Biomedical Ethics de Tom L. Beauchamp et James F. Childress, parus en 1977, et dont la quatrième édition fortement remaniée a été publiée en 1994[57]. Beauchamp et Childress ont l'incontestable mérite, par rapport à d'autre auteurs américains, de ne pas en rester aux seuls principes de l'autonomie et de la bienfaisance, mais d'y joindre le principe de justice. Ainsi, le modèle bioéthique fondamental proposé rend-il possible une mise en perspective relevant spécifiquement de l'éthique sociale.

Cependant, la question du statut de l'autonomie demeure également posée à propos d'un modèle comme celui de Beauchamp et Childress. L'autonomie demeure en effet première dans l'ordre des principes, les autres principes (bienfaisance, non-malfaisance et justice) étant développés à sa suite. Sans doute Beauchamp et Childress ne défendent-ils pas la priorité proprement lexicale et normative du principe d'autonomie; on peut même considérer que la mise en perspective des quatre principes plaide en faveur d'une conception foncièrement relationnelle des principes eux-mêmes. De ce fait, l'autonomie apparaît comme un principe généalogiquement premier, mais normativement relatif et relationnel, et donc nécessairement ouvert sur des instances qui le dépassent et le structurent.

On a souligné récemment que ces principes cardinaux de la bioéthique nord-américaine (devenus en outre une sorte de référence obligée pour la formation en bioéthique dans le monde entier) gardaient un caractère formel et pragmatique, rendant difficile le passage à des contenus et à des valeurs à caractère normatif[58]. On ne saurait bien sûr tirer de cette observation la conclusion que la théorie proposée n'a pas d'intérêt. Beauchamp et Childress admettent parfaitement le caractère procédural de leur théorie et les limites qui y ont attachées.

Or c'est précisément cette prétention d'en rester à la seule dimension procédurale de l'éthique qui doit être interrogée. Lorsqu'on se trouve confronté à des questions éthiques concrètes, les contenus et les valeurs finissent toujours par entrer en jeu. Il peut être utile de les mettre provisoirement entre parenthèses, afin de dépassionner les débats et d'encourager une réflexion rationnelle. Mais on ne se débarrasse pas si facilement de la charge traditionnelle, «idéologique» (au sens le plus ouvert et le plus neutre) et même religieuse dont des questions comme l'avortement, l'euthanasie ou les transplantations sont habitées.

---

57. New York-Oxford, Oxford University Press.
58. Voir S. HOLM, «Not just autonomy – the principles of American biomedical ethics», *Journal of Medical Ethics,* décembre 1995, 21/6, p. 332-338, dont les attaques contre le modèle de Beauchamp et Childress sont incisives et pointues; pour une défense du modèle attaqué, voir notamment R. GILLON, «Defending "the four principles" approach to biomedical ethics», *ibid.,* p. 323-324, ainsi que T. L. BEAUCHAMP lui-même, «Principlism and its alleged competitors», *Kennedy Institute of Ethics Journal,* 1995/5, p. 181-198.

Une clarification des présupposés doctrinaux du concept d'autonomie nous paraît donc indispensable[59]. Tout le monde n'entend pas la même chose avec des notions comme sujet, personne ou identité morale. L'être humain n'est pas un simple support formel affecté par des questions techniques, il est bien plutôt un sujet historique, rattaché à des traditions, à des rites et à des textes fondateurs et confronté à un monde ambivalent. Il n'est donc pas possible de réduire la catégorie d'autonomie à une pure forme discursive, argumentative ou même rationnelle. C'est l'autonomie de l'homme réel, à la fois fini, incarné et ouvert, qu'il s'agit de penser.

Dans ce contexte, la théologie ne peut plus, comme dans un passé encore récent, prétendre à occuper le terrain éthique de manière totalisante et potentiellement totalitaire. Elle doit reprendre à nouveaux frais la question de la contribution *(Beitrag)* de la foi chrétienne au débat éthique, dans ses dimensions rationnelles, publiques et politiques.

La problématisation théologique de l'autonomie, assortie des correctifs critiques indiqués ci-dessus, peut représenter un apport substantiel et éclairant à la discussion théorique sur les fondements de la bioéthique; par ailleurs, elle est riche d'enseignements chaque fois qu'il s'agit d'affronter un cas concret, selon la méthode des *case studies*. Car le recours à l'autonomie du patient ou du sujet n'est jamais isolable du recours au contexte de signification culturelle et sociale dans lequel le patient se trouve inséré et doit réagir. Cela signifie aussi que les références explicites ou implicites à toute forme de transcendance émises par les différents protagonistes des situations éthiques ne sauraient être mises hors jeu. C'est en effet seulement au prix d'une approche intégrative des questions éthiques que pourra se vérifier la double thèse avancée par Paul Tillich: toute *véritable* autonomie implique une ouverture théonomique; et, à l'inverse, toute *authentique* référence à une théonomie signifie une optimisation et un approfondissement de la liberté du sujet[60].

Comme indiqué dans ce chapitre, le *critère d'authenticité* de cette transcendance est à situer dans *l'affrontement réel du mal* (nous reviendrons sur ce thème aux chapitres IX et X), si bien que toute corrélation de type idéaliste doit faire l'objet d'une critique beaucoup plus radicale que ce n'est le cas chez Tillich[61].

---

59. Voir H. DOUCET, *Au pays de la bioéthique. L'éthique biomédicale aux États-Unis*, Genève, Labor et Fides, 1996, p. 64-75.
60. Voir dans le même sens P. RICŒUR, «Théonomie et/ou autonomie». Sur la problématique plus large de la liberté, voir D. MÜLLER (avec la collaboration de J.-F. HABERMACHER et J.-M. TÉTAZ), «Liberté», in *Encyclopédie du protestantisme*, p. 870-897.
61. Je rejoins ici P. BÜHLER dans sa critique de la corrélation tillichienne, «Entre indifférence et fanatisme», p. 38 s.

CHAPITRE IV

LA PRÉSENTE CONDITION POSTMODERNE DE L'ÉTHIQUE THÉOLOGIQUE

MODERNITÉ ET POSTMODERNITÉ EN THÉOLOGIE: DÉPLACEMENT DES FRONTIÈRES TRADITIONNELLES[1]

Le discours sur la postmodernité est devenu emphatique et plutôt nébuleux[2]. C'est pourquoi nous préférons pour notre part envisager ici une exigence de métamodernité. Elle rejoint ce qui a déjà été montré par le sociologue britannique A. Giddens quand il réinterprète la postmodernité comme la mise en œuvre des «conséquences de la modernité[3]», à condition, toutefois, de bien saisir ces conséquences comme des effets d'une conception critique de la modernité, assumant aussi bien la modernité comme crise[4] que la crise même de la modernité.

C'est Jean-François Lyotard qui a donné la définition devenue canonique de la postmodernité comprise comme scepticisme total envers les grands récits (aussi bien le grand narratif des Lumières que celui de l'évo-

---

1. Sur le sujet en général, voir P. GISEL et P. EVRARD éd., *La Théologie en postmodernité*, Genève, Labor et Fides, 1996. Sur les incidences en éthique, voir A. FRANCO et al., *Prospettive Etiche nella Postmodernita*, Cinisello Balsama (Milan), San Paolo, 1994.
2. Ce point est relevé par Ph. GOODCHILD, «Christian Ethics in the Postmodern Condition», *Studies in Christian Ethics* 8/1, 1995, p. 20-32, 20 s. Pour une interrogation critique sur la postmodernité et une intéressante différenciation entre la version française et la version nord-américaine du postmodernisme, voir G. BAUM, *Essays in Critical Theology*, Kansas City, Shee & Ward, 1994, p. 77-95. À noter que Jacques Derrida lui-même, principal représentant philosophique de la déconstruction, est très réticent envers les constructions en néo- et en post-, qui ne renvoient selon lui qu'à de «petits séismes» érigés à tort en théories, voir son texte *Einige Statements und Binsenwahrheiten über Neologismen, New-ismen, Post-Ismen, Parasitismen und andere kleine Seismen* (1986), trad. all., Berlin, Merve Verlag, 1997.
3. *Les Conséquences de la modernité*, Paris, L'Harmattan, 1994.
4. On lira l'analyse de D. KORSCH, «La modernité comme crise», in P. GISEL et P. EVRARD éd., p. 33-63.

lutionnisme)[5]. Cette fin des grands récits signifie non seulement la critique radicale de l'histoire, mais aussi la mise en cause de la raison universelle. La condition postmoderne culmine dans le pluralisme culturel, un pluralisme irréductible, qui fait penser au polythéisme des valeurs mis en lumière antérieurement par Max Weber[6]. P.-J. Labarrière a pu écrire dans la foulée: «La "postmodernité" se caractérise par la généralisation des évidences suivantes: disparition du sujet, crise de la raison pratique et éthique, recul des utopies, fragmentation des cosmologies, le tout conjugué avec une exacerbation des tensions géopolitiques liées aux problèmes concernant le développement et, sur un plan religieux, au désaveu des institutions et à l'explosion concomitante de recherches d'ordre "spirituel"[7]».

J. Habermas s'est attaché à défendre le «discours philosophique de la modernité[8]», en analysant en profondeur la généalogie post-hégélienne et post-nietzschéenne des penseurs postmodernes (de Heidegger à Derrida en passant par Foucault). Il a ainsi élaboré le «contenu normatif de la modernité» découlant de la «raison communicationnelle», deux concepts offrant selon lui une autre voie pour sortir de la philosophie du sujet que la solution radicale et négative proposée par la généalogie et la déconstruction sous leurs différentes formes.

Contrairement à la tradition des Lumières, synthétisée magistralement par Kant, et en désaccord sur ce point avec K.-O. Apel, Habermas ne croit plus possible de partir d'un fondement transcendental *a priori* de l'éthique. Le contenu normatif de la modernité ne fait plus nombre avec sa fondation évidente. Seule une pragmatique communicationnelle permet d'entrevoir l'horizon d'une fondation quasi transcendantale de l'éthique, comprise comme une éthique langagière de la discussion. Les éléments éthiques contenus dans l'échange communicationnel anticipent de manière contrefactuelle l'accord à venir entre les participants de la discussion.

La déconstruction opérée par J. Derrida ne pourra elle-même échapper complètement à la question de la fondation, débouchant sur le concept limite d'un fondement non fondé, ce que Habermas ne manquera pas de lui reprocher[9].

Nous voici donc mis en demeure de méditer le *déplacement de la question des fondements en éthique*.

---

5. *La Condition postmoderne*, Paris, Éd. de Minuit, 1979. Voir à son sujet J. ROGOZINSKI, «Cet innommable dans le secret des noms», in P. GISEL et P. EVRARD éd., p. 155-169, ainsi que l'article classique de R. RORTY, «Habermas, Lyotard et la postmodernité», *Critique* 442, 1984, p. 181-197.
  6. Voir G. BAUM, *Essays in Critical Theology*, p. 85.
  7. «Postmodernité et déclin des absolus», in P. GISEL et P. EVRARD éd., p. 141-153, 142.
  8. Tel est le titre de l'un de ses ouvrages (1985), traduit en français en 1988 (Paris, Gallimard).
  9. *Ibid.,* p. 211.

LA REMISE EN CAUSE DES FONDEMENTS

Dans son geste le plus traditionnel et le plus «classique», la réflexion éthique moderne n'a cessé d'être à la recherche d'un fondement. Elle est, de part en part, «fondationnelle». On retrouve une ligne de continuité constante entre l'éthique philosophique de frappe kantienne et postkantienne (les débats entre Apel et Habermas ne sont à cet égard que des variations d'une même problématique, le fondement s'étant formalisé chez Apel et pragmatisé chez Habermas), les éthiques ontologiques ou naturalistes (l'exemple contemporain majeur étant ici celui de Hans Jonas) et une éthique théologique traditionnellement soucieuse d'honorer l'exigence fondationnelle par une réponse spécifique inspirée de l'enseignement biblique et chrétien.

Faut-il parler ici d'un simple «déplacement» de la question des fondements ou de son dépassement, voire de sa négation?

L'idée de déplacement reste attachée au présupposé de base d'une possible fondation. À l'opposé, la perspective déconstructionniste récuse le projet fondationnel en lui-même. Une comparaison attentive et différenciée des modélisations en cause devrait nous permettre de mieux saisir les fronts en présence, les choix possibles et leurs incidences théologiques.

Le déplacement des fondements.

Jean Greisch avait souligné il y a vingt ans déjà, dans son ouvrage classique *Herméneutique et grammatologie*, l'«obsession de la philosophie fondamentale» liée au geste de la déconstruction. Il citait Jacques Bouveresse qui, plus radicalement encore, avait suspecté le discours philosophique de rester prisonnier de «deux mythes solidaires et symétriques, celui de la fondation et celui de la destruction», relevant tous les deux de l'obsession de «l'explication radicale»[10].

Or, une autre interprétation de la déconstruction opérée en permanence par Derrida dans ses écrits permet de saisir sa véritable visée, qui est, non de substituer symétriquement un fondement à un autre fondement, mais de dégager *l'ouverture constitutive de l'écriture et de son éthique implicite* sur une *pratique de résistance*, nullement obsédée par une explication dernière. Cela ne veut pas dire, comme nous le verrons, que Derrida privilégie les

---

10. *Herméneutique et grammatologie*, Paris, Éd. du Centre National de la Recherche Scientifique, 1977, p. 12. Voir les développements proposés sur ce thème par R. STEINMETZ, *Les Styles de Derrida*, Bruxelles, De Boeck Université, 1994, p. 39 s.

formes les plus extrêmes de la subversion[11] ni qu'il entende se débarrasser des traces de religion à l'œuvre dans la déconstruction[12]. La renonciation à un fondement de type onto-théologique ou métaphysique ne supprime pas la dynamique d'une quête de type fondationnel, mais en modifie plutôt radicalement le sens. C'est cette hypothèse, très controversée, qu'il s'agira de vérifier plus loin et de traduire sur le plan théologique.

De ce point de vue, on ne saurait sous-estimer la similarité paradoxale qui demeure entre l'herméneutique et la déconstruction, touchant la double question de l'entreprise fondationnelle et du rapport entre religion et éthique.

1) L'herméneutique et la déconstruction ne suppriment pas la question du fondement, mais la déplacent radicalement. Chez Ricœur, par exemple, le fondement n'occupe qu'une position téléologique, à titre d'horizon et de tâche; il est dépossédé de sa fonction constitutive ou originaire. Chez Derrida, la répétition, comme procès transgressif de la philosophie, n'est pas rupture, mais reprise, différance[13].

2) L'herméneutique conduit à une éthique surmontant l'opposition de l'argumentation et de la narration, mais échappant en droit au piège de la fondation originaire: on le voit bien dans le projet ricœurien, mais également dans sa reprise critique chez Jean-Marc Ferry. La déconstruction derridienne se veut éthique de part en part, et dès le départ: «Il y a du devoir dans la déconstruction[14].» «La déconstruction, depuis ses débuts et dans son intention foncière, est une éthique[15]» (Steinmetz): non seulement une éthique de l'écriture et de la lecture[16], mais davantage encore une *éthique d'indécision, de résistance et de responsabilité* (tout à la fois!) émanant du geste même de toute déconstruction.

Incidences sur la modélisation théologique et éthique.

Aux États-Unis, un débat oppose, en théologie, les partisans d'une théologie fondationnelle classique et ceux d'une théologie non fondationnelle et même, plus strictement, d'une «fondation non fondationnelle»

---

11. R. STEINMETZ, p. 37.
12. Comme le montre de manière éloquente sa contribution «Foi et savoir» à l'ouvrage édité en commun avec G. VATTIMO, *La Religion,* Paris, Éd. du Seuil, 1996, p. 9-86.
13. Voir G. BENNINGTON, *Jacques Derrida,* Paris, Éd. du Seuil, 1991, p. 16; STEINMETZ, *Les Styles de Derrida,* p. 41-42.
14. DERRIDA, *Points de suspension,* Paris, Galilée, 1992, p. 287, reprenant un propos de Jean-Luc Nancy.
15. *Les Styles de Derrida,* p. 19.
16. Voir J. HILLIS MILLER, *The Ethics of Reading,* New York, Columbia University Press, 1987.

(sic) de la théologie[17]. Les références culturelles de ces derniers sont en partie identiques (Derrida, notamment), en partie différentes (Rorty). Mais pour l'essentiel, la discussion participe de la même dynamique et présente donc un certain nombre d'analogies frappantes.

Nous nous intéresserons en particulier ici à deux points: que signifie exactement l'idée d'une fondation non fondationnelle? Et quelles sont ses incidences sur l'éthique théologique en tant que telle?

L'idée d'une fondation non fondationnelle (l'interprétation culturelle-linguistique).

George A. Lindbeck, chef de file du courant de la théologie dite post-libérale, a proposé de remplacer le modèle cognitiviste (on pourrait dire: *l'épistémè* classique jusqu'à et y compris les théologies post-kantiennes et Barth) et le modèle expérimental-expressif (ou libéral) de la théologie par le modèle qu'il appelle culturel-linguistique[18]. Sous l'influence prépondérante du dernier Wittgenstein, il en est ainsi venu à penser la quête du fondement à partir des jeux de langage et des contextes culturels et traditionnels qui lui servent de support.

On n'en est pas conduit, si l'on suit Lindbeck, à récuser toute idée de fondement, mais, *déplaçant* la question des fondements, on la *localise* désormais *à l'intérieur* des traditions religieuses ou philosophiques particulières et non plus *en amont* de ces traditions. Le fondement perd de la sorte sa dimension principiellement *rationnelle* et *universelle*, la rationalité particulière de son déploiement demeurant liée à la logique respective des traditions envisagées.

Vers une fondation non fondationnelle de l'éthique théologique?

Le modèle de l'interprétation culturelle-linguistique, même s'il n'a rien en soi d'exclusivement théologique, n'a pas été pensé par hasard par un théologien. *La théologie se trouve en effet aujourd'hui dans une situation particulièrement difficile, étant passée en quelques décennies à peine d'une position de (supposé) monopole fondationnel à une position de (menaçante) exclusion de la discussion fondationnelle en éthique.*

---

17. Voir K. BLASER, *Les Théologies nord-américaines*, Genève, Labor et Fides, 1995, p. 97-103 et *passim,* ainsi que sa contribution «Variété des théologies postmodernes et crise des "fondationnalismes"», in P. GISEL et P. EVRARD éd., p. 191-211.
18. Voir K. BLASER, *Les théologies nord-américaines*, p. 126-139, ainsi que Sh. GREEVE DAVANEY et D. BROWN, «Postliberalism», in A. E. MCGRATH éd., *The Blackwell Encyclopaedia of Modern Christian Thought*, Oxford-Cambridge (Mass.), Blackwell, 1993, p. 453-456.

Faut-il alors comprendre la posture post-libérale comme une stratégie de repli ou comme une stratégie de reconquête ?

Notre réponse est la suivante: tout dépend de l'attitude à la fois culturelle, ecclésiale et personnelle de ceux qui adoptent une telle posture intellectuelle (nous avons personnellement cessé depuis longtemps de croire que la posture intellectuelle *suffisait* à rendre compte de l'attitude réelle d'un intellectuel!). Chez un auteur comme Hauerwas, la posture post-libérale se donne à la fois comme une stratégie *frileuse* de repli et comme une stratégie *agressive* de reconquête. L'addition de ces deux stratégies laisse entrevoir une absence probable d'efficacité politique et un déficit de plausibilité culturelle et sociale. En revanche, chez un William C. Placher, nous avons plutôt affaire à une stratégie *dynamique* de *réaffirmation positive de soi* dans un *contexte culturel en transformation*. À n'en pas douter, par-delà les questions critiques que nous pouvons adresser à Placher, c'est vers cette deuxième attitude que nous devons tendre[19].

À l'opposé des positions postmodernes et post-libérales, un certain nombre d'auteurs continuent de militer en faveur d'une *fondation théologique* de l'éthique[20]. Prenons par exemple ici l'approche récente de W. Pannenberg[21].

Pannenberg compare trois modèles de fondation de l'éthique: le modèle kantien; le modèle du droit naturel et de l'éthique du commandement; le modèle de l'éthique du Bien. Il les présente dans un enchevêtrement subtil, qui laisse finalement apparaître la pointe de son propre argument. Ainsi, le formalisme de l'éthique kantienne est inséparable de son rigorisme: au

---

19. Pour approfondir ce débat, voir A. THOMASSET, *Paul Ricœur, une poétique de la morale*, Louvain, University Press, 1996, p. 290-308; cet auteur montre avec finesse les liens et les écarts entre l'école de Yale et la pensée de Ricœur (il renvoie notamment à W. C. PLACHER, «Paul Ricœur and Postliberal Theology: A Conflict of Interpretations?», *Modern Theology* 4, 1987, p. 35-52.
20. C'est la position défendue, en Italie, par le cardinal Martini; voir l'intéressante mise au point de A.-M. ROVIELLO, «Fonder l'éthique. À propos d'un débat italien sur le rôle de la religion», *Esprit*, juin 1997, p. 179-197. Sur le fond, je ne puis que donner *théologiquement* raison à la philosophe de l'Université libre de Bruxelles: l'éthique, en dernière instance, n'a *pas besoin* d'être fondée pour être vraie, et en même temps toute éthique, même athée, *suppose une croyance* susceptible de la rendre inconditionnelle. C'est pourquoi la «croyance en la transcendance divine peut sans doute habiter "l'expérience éthique" et lui donner sa tonalité singulière» (p. 187), mais elle ne peut lui tenir lieu d'argument définitif la garantissant contre le risque inhérent à la condition même de l'éthique. Cette déconstruction, sur laquelle nous allons revenir dans les pages suivantes, ne représente donc pas la fin de la rationalité, mais la reconnaissance rationnelle des limites de l'argument comme garantie. Anne-Marie Roviello ne succombe pas au mythe de la transparence de l'argument, et c'est tant mieux.
21. *Grundlagen der Ethik. Philosophisch-theologische Perspektiven*, Göttingen, Vandenhoeck & Ruprecht, 1996, p. 52-72. Les chiffres entre parenthèses dans le texte renvoient à cet ouvrage.

pathos de la liberté de la raison, signature de la modernité, se joint celui, plus classique, du devoir (56). On ne saisit dès lors l'emprise et les ambiguïtés de l'éthique kantienne qu'en se reportant à la tradition du droit naturel et du commandement de Dieu. Or, comme l'a montré Troeltsch, le droit naturel christianisé, devenu le «dogme culturel du christianisme», supposait la critique théologique du stoïcisme à partir du thème du péché originel; ce n'était donc qu'un droit naturel relatif, très différent du droit naturel absolu que défendra le libéralisme politique moderne, d'Althusius à Locke (57). Troeltsch avait identifié la tension entre ces deux conceptions antinomiques du droit naturel; Barth en tirera les conséquences, dénonçant la naturalisation indue du commandement biblique dans le droit naturel absolu. Pannenberg voit pour sa part la vérité relative du droit naturel dans l'idée sous-jacente de réciprocité ou de mutualité. Elle seule est à même de fonder le droit naturel; ni l'idée de liberté, ni celle d'égalité, ni celle de justice (comme le pense Rawls) ne sont capables comme telles de le faire (59), à moins de comprendre la justice, à la suite de la Bible, comme la conservation de la communauté et de la communion (61).

L'idée même de réciprocité peut demeurer une référence totalement extérieure à l'individu. Pour pouvoir justifier et fonder la réciprocité, il importe de montrer au service de quel Bien elle se situe. C'est pourquoi la grande tradition chrétienne – de saint Augustin à saint Thomas – a eu raison d'affirmer que l'éthique chrétienne ne peut penser son fondement qu'en s'appuyant sur la *question* platonicienne du Bien (62). Or ni Kant, ni Schleiermacher (malgré les efforts de ce dernier pour surmonter Kant) ne sont parvenus en dernière instance à distinguer ce qui se tient en amont de l'éthique (le Bien transcendant) et le processus même de l'agir humain (67). Le Bien demeure chez Kant et Schleiermacher une fonction de l'agir humain, au détriment de la différence transcendantale (chez Platon) ou eschatologique (dans la Bible) entre l'agir de Dieu et l'agir de l'homme. Comme l'ont bien noté Ernst Troeltsch et Trutz Rendtorff, l'éthique théologique doit maintenir la *différence eschatologique* entre le Bien et l'éthique, entre Dieu et l'homme agissant (voir 68 ss.), différence qui correspond à la thèse platonicienne de la précédence du Bien sur l'agir.

Schleiermacher n'en a pas moins eu raison de souligner que le Bien dont traite l'éthique est un bien social, et pas seulement un bien individuel. En fondant l'éthique sur le Royaume de Dieu, la théologie renouera avec le thème de la réciprocité tel que le connaissait la tradition du droit naturel. Mais elle le fera en gardant intact le sens de la différence eschatologique au fondement même de l'éthique.

En reformulant en un langage eschatologique la thèse barthienne de la différence entre l'agir de Dieu et l'agir de l'homme, Pannenberg donne droit, dans sa réflexion sur le fondement de l'éthique, au thème postmoderne de la *différance*, comprise sur le mode eschatologico-historique. *Mais il n'en vient jamais à se demander si la différence eschatologique ne différera pas aussi la question même du fondement*. C'est précisément cette question que se pose et nous pose la déconstruction derridienne.

L'ÉTHIQUE DÉCONSTRUCTIVE CHEZ JACQUES DERRIDA: RELIGION, JUSTICE ET RÉSISTANCE

L'entreprise de la déconstruction se voit souvent soupçonnée de rendre impossible toute perspective éthique. Il s'agit là d'un redoutable malentendu, clairement dénoué par Simon Critchley, Geoffrey Bennington et Rudy Steinmetz. Nous allons le montrer à la lecture de quelques textes de Derrida; non pas que nous voulions nous situer scolairement dans la mouvance de cet auteur, mais parce que nous sommes persuadé que *la mise à l'épreuve de l'éthique par la déconstruction ne peut être que bénéfique à la clarification de ses propres objectifs*[22].

La déconstruction, chez Derrida, est liée à une éthique de la justice. C'est la conclusion en apparence paradoxale à laquelle il parvient dans *Force de loi*. Mais c'est une donnée récurrente à travers l'ensemble du parcours derridien, comme l'attestent en particulier les travaux de Bennington, Critchley et Steinmetz. Pouvons-nous retracer le chemin qui conduit Derrida à cette affirmation?

La dette critique envers Lévinas[23].

Le point de départ de toute compréhension du rapport de la déconstruction à l'éthique chez Derrida est sans doute à chercher dans son célèbre

---

22. Je suis redevable ici de précieuses suggestions de mon assistant Andreas PETER, voir son mémoire de spécialisation en éthique, , Université de Lausanne, 1998; le fait que nous divergeons parfois quant à l'influence de Derrida sur l'éthique en général et sur l'éthique théologique en particulier ne cesse de nous stimuler.
23. Voir pour une première approche S. PETROSINO, *Jacques Derrida et la loi du possible*, Paris, Éd. du Cerf, 1994, p. 63-77; plus approfondi et détaillé: S. CRITCHLEY, *The Ethics of Deconstruction. Derrida and Lévinas*, Oxford-Cambridge (Mass.), Blackwell, 1992. Cet auteur propose une intéressante reconstruction lévinassienne de Derrida, avec, à sa pointe, une interrogation critique sur le statut du politique chez Derrida. Les textes de référence sont ici, pour Derrida, (1964), in *L'Écriture et la Différence*, Paris, Éd. du Seuil, 1967, p. 117-228; , in F. LARUELLE éd., *Textes pour Emmanuel Lévinas*, Paris, J.-M. Place, 1980, p. 21-60; *Psyché: inventions de l'autre*, Paris, Galilée, 1987, p. 159-202; *Altérités*, Paris, Osiris, 1986, p. 70-75; et l'hommage posthume *Adieu à Emmanuel Lévinas*, Paris, Galilée, 1997; pour Lévinas, *Du Dieu qui vient à l'idée*, Paris, Vrin, 1986², p. 173-188.

essai de 1964 sur Lévinas, ainsi que dans le texte de 1980 «Dans ce moment même en ce livre me voici». Derrida partage et partagera toujours la critique lévinassienne de l'Être parménidien. Mais son objection naît de son refus, en tuant le père grec, de tuer du même coup la rationalité occidentale, le *logos*. Lévinas lui-même, dans *Totalité et infini*, n'a-t-il pas dû «s'installer dans la conceptualité traditionnelle pour la détruire[24]»? Comme le note Petrosino, désireux de «compromettre» les disciples de Derrida à l'aune de son propre texte, nous avons affaire ici à un des plus vigoureux plaidoyers pour le *logos* de la philosophie contemporaine, contre la critique radicale de la rationalité occidentale[25].

Le cœur de l'objection derridienne, on le sait, réside dans sa lecture du «caractère irréductiblement médiat de l'intentionnalité visant l'autre comme autre[26]» chez Husserl. Plus simplement exprimé, nous ne rencontrons jamais l'autre de manière immédiate et originaire, comme personne à l'état pur, mais toujours au travers d'une représentation analogique, indirecte et médiate. C'est dire que, pour Derrida, le langage – le dit, reformulera Lévinas en 1974 – brise et médiatise à la fois le lien du sujet et de l'autre. *La loi du langage structure la loi de l'Autre, par-delà toute illusion transcendantale d'immédiateté éthique.*

On comprend dès lors ce qui sépare Derrida de Lévinas: non seulement le langage est le tiers obligé et structuré de la relation éthique du je et du tu (thème que reprendra Ricœur dans «Avant la loi morale, l'éthique»), mais l'éthique elle-même s'en trouve affectée et investie d'un sens autre, neuf et plus radical. Elle ne sera pas immédiatement éthique de la responsabilité, comme injonction de l'autre, car cette revendication absolue garde pour Derrida quelque chose d'une violence métaphysique, mais, distinctement et conjointement, éthique de l'indécision, de la résistance et de la responsabilité: une éthique de la responsabilité, autrement dit, doit traverser l'épreuve aporétique de l'éthique négative de l'indécision et de la résistance, épreuve expérimentée et mise à jour dans le langage entre les humains (Schleiermacher, on s'en souvient, mettait le malentendu au départ de l'effort herméneutique de comprendre).

L'émergence d'une éthique autre chez Derrida présenterait dans cette hypothèse une analogie puissante avec la déconstruction elle-même, comme relecture non métaphysique de la théologie négative.

L'éthique de la déconstruction est en effet une éthique aporétique, refusant la tentation symétrique du monopole (le fondement ou l'autorité) et de la dispersion (l'irrationalité comme interprétation fallacieuse de la

---

24. *L'Écriture et la Différence*, p. 165. Il y a d'ailleurs des raisons de penser que Lévinas, dans *Autrement qu'être ou Au-delà de l'essence* (1974) répond en partie à cette objection de Derrida.
25. *Jacques Derrida et la loi du possible*, p. 67.
26. *L'Écriture et la Différence*, p. 182.

dissémination): «La morale, la politique, la responsabilité, *s'il y en a*, n'auront jamais commencé qu'avec l'expérience de l'aporie [...]. La condition de possibilité de cette chose, la responsabilité, c'est une certaine *expérience de la possibilité de l'impossible*: *l'épreuve de l'aporie* à partir de laquelle inventer la seule *invention possible, l'invention impossible*[27].»

Religion et messianisme, ou l'ouverture structurelle à l'autre.

L'expérience aporétique de l'invention impossible décrit le cœur de la déconstruction. De cette «possibilité impossible de l'impossible[28]», faisant pour les théologiens mémoire de l'impossible possibilité de la première théologie dialectique[29], découle une fondamentale ouverture, qui la rend analogue au *don*, au *oui*, au *viens*, à la *décision*, au *témoignage*, au *secret* et peut-être même à la *mort*. Derrida découvre dans sa déconstruction d'Angelus Silesius le dialectique du devenir-rien ou du devenir-Dieu et de l'engendrement de l'autre.

Dans sa structure, la déconstruction appelle la promesse[30], l'advenir même de l'impossible. Certes, précise Derrida, «cette singulière promesse ne livre ni ne délivre ici aucun *contenu* messianique ou eschatologique[31]». Mais elle ressemble, analogiquement, au salut adressé à l'autre, à «l'autre reconnu comme autre tout autre» *(ibid.).* La parole est irrécusablement ouverte à quelque chose d'autre qui *ressemble* au messianisme, à la sotériologie ou à l'eschatologie.

Le messianisme (ou la religion) dont parle Derrida, notamment dans ses écrits les plus récents, n'est donc pas qualifié par son contenu, mais par sa structure formelle ou, mieux encore, par sa dynamique. Derrida nomme

---

27. *L'Autre Cap*, Paris, Éd. de Minuit, 1991, p. 43; cette logique de l'impossible est développée dans *Psyché: inventions de l'autre, passim*. Sur la responsabilité, voir aussi *Points de suspension*, p. 287 ss.
28. *Sauf le nom*, Paris, Galilée, 1993, p. 32.
29. Le premier Barth désignait ainsi à la fois Dieu lui-même et la tâche impossible mais nécessaire de la prédication chrétienne; sa théologie de la crise, dirigée contre la totalisation bourgeoise et contre le totalitarisme militaire, empruntait bien de ses catégories à l'idée qu'il se faisait de Platon, voir J.-L. LEUBA, «Platonisme et barthisme», *Études barthiennes*, Genève, Labor et Fides, 1986, p. 71-95.
30. Sur l'articulation de la promesse, de l'éthique et de la blessure, voir «Passages–du traumatisme à la promesse», in *Points de suspension*, p. 385-409. Rarement Derrida nous paraît s'être rapproché autant de Lévinas que dans ce beau texte, y compris par la poétique religieuse qui en traduit l'argument.
31. *Le Monolinguisme de l'autre*, Paris, Galilée, 1996, p. 128. Les indications entre parenthèses dans le texte renvoient au même ouvrage. Sur le même thème, voir aussi *Force de loi*, Paris, Galilée, 1994, p. 56.

cette ouverture structurelle la *messianicité (ibid.)*, sans laquelle le messianisme historique ne serait pas possible. Derrida apporte pourtant ici une précision révélatrice, qui trahit sans doute sa pensée la plus ultime: «À moins que peut-être, ajoute-t-il, cela ne soit justement le messianisme, cette promesse originaire et sans contenu propre. Et à moins que tout messianisme ne revendique pour lui-même cette rigoureuse et désertique sévérité, cette messianicité dépouillée de tout. Ne l'excluons jamais» *(ibid.)*.

Le dire du langage, en son événement imprévisible et en son lieu désertique, est toujours plus que la plénitude du dit. L'éthique, à cet endroit, se retire sur un silence, pour donner la parole à l'autre.

Justice et résistance.

Chez Derrida, l'éthique se dit d'abord en creux, sur le bord affûté et fragile du langage de l'autre. L'éthique de la déconstruction pointe vers la justice, dans la mesure – dans la mesure seulement – où s'annonce une nécessaire *résistance* à l'emprise de contenus magistraux et de forces topiques.

Dans *Force de loi*[32], Derrida a explicité avec une clarté inégalée le lien systématique de la déconstruction et de la justice. Contre ceux qui ne voient dans la déconstruction qu'une prise de distance d'avec l'éthique et le thème de la justice, Derrida y montre le travail de questionnement sur l'éthique et la justice qui préside au geste permanent de la déconstruction: geste de questionnement sur les fondements du droit, de la morale et de la politique, mais geste «ni fondationnaliste ni anti-fondationnaliste» (22) – une précision capitale. Le but de Derrida n'est pas de détruire, mais de déconstruire, autrement dit de *renouer dynamiquement avec la question du fondement*, compris comme *différance*, comme rupture instauratrice de sens, comme événement transformateur. Il ira même jusqu'à parler d'une autorité ou d'une force légitime animant le questionnement, et à lui assigner, selon un mot de Montaigne, un «fondement mystique» (tout le contraire, donc, d'un fondement métaphysique ou onto-théologique).

Le traitement de cette question n'a pu se faire que de manière *oblique* (26). La déconstruction «adresse» la justice sur le mode indirect, persuadée qu'elle est, en effet, de l'impossibilité d'enfermer la justice dans une définition première. Le juste et l'injuste ne sont pas traitables *a priori*, mais doivent se laisser entrevoir au fil de leur déconstruction.

Ces formulations, toutefois, demeurent trompeuses. Car Derrida ne nous amène qu'en fin au cœur de son hypothèse: *le droit se construit,*

---

32. P. 13-63. Les chiffres entre parenthèses dans le texte renvoient à cet ouvrage.

et parce qu'il est constructible, il est aussi déconstructible. La déconstruction est rendue possible par cette déconstructibilité même du droit. La justice, elle, ne se construit ni ne se déconstruit (mais seulement les concepts du juste et de l'injustice). La justice (en son sens éthique ultime) est non déconstructible, parce qu'elle est elle-même la déconstruction (voir 34-35).

Le titre de l'exposé de Derrida, devant ses hôtes américains, était «La déconstruction et la possibilité de la justice». *Voilà que la justice devient, à l'inverse et comme par surprise, la possibilité même de la déconstruction* (36). Or, cette justice se tient à la limite de l'expérience, elle est une expérience impossible, aporétique. Il n'y a pas de justice, soutient Derrida, sans l'expérience de l'impossible. Le droit dans son déroulement et dans ses procédures quotidiennes est application de règles, mais tout soudain, il faut faire appel à la justice, parvenir au seuil «mystique» de l'autorité, là où la justice excède et «fonde» le droit, là où s'atteste l'excès non déconstructible des constructions du droit. La justice est donc la ligne de fuite, non le fondement du droit. Elle n'est saisissable qu'au terme toujours imprévu de la déconstruction. Elle est sans cesse à nouveau à instaurer, à dé-celer. Non comme horizon toujours différé, mais comme exigence qui n'attend pas (57), comme messianicité dans l'instant, folie déchirant le temps (58) et appelant la refondation dynamique du droit et de la politique (61).

«La justice, comme expérience de l'altérité absolue, est imprésentable, mais c'est la chance de l'événement et la condition de l'histoire» (61).

Reconnaissons-le: par ces propos, Derrida n'a pas fait que confirmer ses affirmations antérieures. Il a pris à revers et à contre-pied ses détracteurs comme ses disciples les plus entiers, ceux qui voyaient dans la déconstruction un absolu et dans la justice éthique et politique un simple objet de la déconstruction. Il y a de l'indéconstructible. La justice, seule (comme Dieu? comme l'autre?), est non déconstructible[33]. *La déconstruction est la justice (Dieu comme béance? l'autre reconnu à sa vraie place).* Du côté des «disciples», John Caputo est un des seuls, semble-t-il, à avoir pris la mesure de cette révolution copernicienne ou, pour le moins, de ce décèlement inattendu. On y reviendra.

L'éthique de la déconstruction, pointant vers l'aporie de la justice sans cesse réitérée, sera aussi une éthique de l'indécision, non pas de l'ab-

---

33. Dans sa critique de Derrida, J. HABERMAS avait noté le (dé)placement du fondamental dans la «dépendance du fondement encore plus profond [...] d'une puissance d'origine rendue fluide par sa temporalisation» (*Le Discours philosophique de la modernité*, p. 211). Pour Habermas, le différend en œuvre dans l'écriture demeure pensé, chez Derrida, hors de tout contexte pragmatique de communication et de toute intersubjectivité (p. 210). Le non-déconstructible échappe à la discussion. On peut penser ainsi que, pour Habermas, l'aveu derridien de la justice comme non déconstructible reste en continuité avec le discours de la différance et de l'archi-écriture.

sence ou de l'incapacité de la décision, mais de la conscience aiguë de la décision comme coupure au cœur de l'indécision constitutive de notre finitude. Toute l'éthique s'épuise-t-elle dans ce creux et ce renversement atopique, ou devient-il possible qu'elle s'inscrive à même l'institution? Il est encore besoin d'approfondir ici le lien de l'éthique à la Loi.

Loi et institution.

Un des plus beaux textes politiques de Derrida s'appelle *Admiration de Nelson Mandela ou les Lois de la réflexion*[34]; écrit en 1986, soit bien avant la libération de Mandela et la fin de l'*apartheid*, il atteste l'importance centrale du respect de la Loi dans l'économie éthique du Politique selon Derrida. On y voit comment Mandela, «homme de loi», se présente devant la loi, mais d'une loi qu'il récuse au nom d'une loi supérieure et devant laquelle se déroule le *mouvement même de la justice* (464). Le mépris de la loi n'est pas sans affaire, car les lois de l'*apartheid* sont hors la loi: pour laisser apparaître l'au-delà de la loi, la loi morale de la justice, il importe de faire appel à la loi, à l'esprit de la loi contre la lettre des lois. C'est le mépris des Blancs pour leur propre loi qui révèle la nécessité supérieure du respect de la loi, condition du respect de soi. Telle est la déconstruction: elle se conduit *dans le code contre le code* (469) et donne ainsi à voir ce que le code lui-même rend *illisible*. «Cette production de lumière est la justice – morale ou politique» (*ibid.*). *Production de lumière, visibilité, monstration: telle est, en son fond éthique, la déconstruction, incarnée ici par Mandela de sa prison.*

La déconstruction peut donc être comprise comme le dévoilement progressif, par le jeu de l'écriture et de l'imagination, d'une éthique de résistance, récusant l'illusion symétrique du Fondement absolu et de la Décision transparente. Il n'est d'éthique que dans la transgression, et qui dit transgression énonce la «force de la Loi» sans laquelle le sujet ne serait pas.

Derrida, penseur du lien paradoxal entre l'éthique et la Loi, est aussi le penseur du lien à l'Institution – toute forme d'institution, y compris, dans son domaine, l'institution de la philosophie.

Dans son ouvrage sur l'éthique de la déconstruction, Simon Critchley reproche à Derrida et à deux de ses commentateurs, Philippe Lacoue-Labarthe et Jean-Luc Nancy, de manquer le passage combien délicat de

---

34. Reproduit dans *Psyché*, p. 453-475. Les chiffres entre parenthèses dans le texte renvoient à cet ouvrage.

l'éthique au politique[35]. Leur point faible – un reste, en fait, de l'influence heideggerienne – serait de ne pas voir la différence nette entre le totalitarisme et la démocratie libérale moderne. Mais l'objection que leur adressait ainsi Claude Lefort au colloque de Cérisy de 1982, pour justifiée qu'elle fût, oubliait, selon Critchley, que pour Derrida en tout cas, la démocratie n'existe jamais comme telle; elle n'est jamais qu'à venir, en vertu de sa *structure différentielle*. Le futur de la déconstruction est justement de faire émerger la démocratie et l'éthique qui l'accompagne.

Comment Critchley peut-il dès lors maintenir envers Derrida le reproche d'avoir manqué le passage de l'éthique au politique? Ne doit-on pas au contraire soutenir que la position de Derrida rend justice au tiers du langage et de la Loi et que c'est par cette médiation que s'explique, chez lui, le passage de l'éthique au politique?

En fait, Critchley a pris pour cible, non Derrida lui-même, mais ses commentateurs Lacoue-Labarthe et Nancy et leur arrière-fond heideggerien. Il reconnaît au passage que l'impasse politique chez Derrida a été «continuée et approfondie, d'une manière complexe[36]» par Lacoue-Labarthe et Nancy. Il dénonce, tout à fait légitimement me semble-t-il, l'illusion de ces deux auteurs quand ils prétendent réduire la politique au politique, comme si une telle réduction était possible jusqu'au bout et comme s'il ne fallait pas apprendre à vivre l'interaction permanente du politique et de la politique[37]. En affirmant, contre Heidegger, que Auschwitz était la manifestation de l'essence de l'Occident et la mort même de Dieu, ils radicalisent en fait la thèse même de Heidegger voyant dans l'histoire de son temps l'expression d'un destin nécessaire[38].

La solution proposée par Critchley est tirée de sa lecture du chapitre V de *Autrement qu'être ou Au-delà de l'essence*[39] de Lévinas. Lévinas y défend la thèse selon laquelle le passage de l'éthique au politique (et à la politique) est rendu possible par la relation des sujets au *tiers*, c'est-à-dire à la communauté de tous les autres. Critchley voit la visée de Lévinas comme une «politique de la médiation éthique»: le politique et la politique, pour être légitimés, doivent faire l'objet d'une médiation éthique.

Je ne partage pas la vision de Critchley. Lévinas voit dans cette éthique, supposée faire médiation, la détotalisation critique du totalitarisme politique. Il pose l'éthique, au départ, comme la critique du politique et de la politique[40]. Ce n'est pas ainsi qu'on rendra compte

---
35. *The Ethics of Deconstruction,* p. 188 ss., voir notamment p. 207-212. Pour la discussion avec Lefort, voir Ph. LACOUE-LABARTHE et J.-L. NANCY éd., *Le Retrait du politique*, Paris, Galilée, 1983.
36. *The Ethics of Deconstruction*, p. 220.
37. *Ibid.*, p. 212 ss.
38. Voir dans le même sens la critique de D. JANICAUD, *L'Ombre de cette pensée*, Grenoble, Jérôme Millon, 1990.
39. La Haye, Martinus Nijhoff, 1974.
40. Sur ce thème et dans le même sens, voir l'étude récente de P. HAYAT, *Emmanuel Lévinas, éthique et société*, Paris, Kimé, 1995; cet auteur montre

de l'essence du politique, de sa structuration interne prémorale du je, du tu et du il. Je tendrais plutôt à voir dans l'introduction du tiers chez Lévinas un effort inabouti pour rejoindre la pensée d'un tiers *spécifiquement* politique. Or Derrida me paraît avoir ouvert une piste plus féconde avec son analyse de la Loi, comme tiers essentiel à la relation entre le sujet et l'autre. Il nous oblige en tout cas, et ce n'est pas son moindre mérite, à penser la médiation *indirecte* de l'éthique et du politique, *car si le politique ne doit pas réduire l'éthique entièrement à lui-même, le politique ne se laisse jamais réduire non plus entièrement à l'éthique* [41].

John Caputo, un derridien hardi.

À la suite de Derrida, Caputo entend révoquer une éthique de type métaphysique[42], mais c'est pour mieux faire apparaître le rapport entre déconstruction, religion et justice[43]. Il est donc, lui aussi, en quête d'une éthique autre. Son principal adversaire est ce qu'il appelle l'éthique originaire, *originary ethics* (2). La déconstruction débouche, chez lui, sur l'obligation (en résonance au fameux «Il y a du devoir dans la déconstruction» de Derrida), puis sur la justice.

Caputo est un kierkegaardien radical, nieztschéen et athée, qui trouve Abraham trop héroïque, Lévinas et Kierkegaard trop pieux. Il ne croit plus en aucun *primum*, il a perdu le sens de l'Ultime. Il voit la condition postmoderne de Lyotard comme un *désastre*, c'est-à-dire la prise de congé d'avec tous les astres, à commencer par le «ciel étoilé au-dessus de moi» de Kant. L'obligation n'est pas pour lui un concept parmi d'autres au sein du discours éthique, mais le scandale qui fait tomber l'éthique (5), au double sens où je viens de l'écrire: un scandale pour l'éthique, mais aussi la chance de l'éthique, ce qui la fait rebondir et, somme toute, exister au cœur du désastre.

---

bien comment «l'individualisme éthique» prôné par Lévinas entretient un rapport de *subversion* envers l'ordre social (entraînant *résistance*) et conduit à une approche *décalée* du lien social, de la morale et de la politique. Hayat nous invite à prendre en compte le rôle central de l'asymétrie chez Lévinas, mieux sans doute que ne le fait l'analyse de Critchley que nous discutons ici.
    41. Sur la vision de la politique chez Derrida, voir plus récemment R. BEARDSWORTH, *Derrida and The Political*, Londres-New York, Routldege, 1996.
    42. Voir son ouvrage *Against Ethics. Contributions to a Poetics of Obligation with Constant Reference to Deconstruction*, Bloomington-Indianapolis, Indiana University Press, 1993. Les chiffres entre parenthèses dans le texte renvoient à cet ouvrage.
    43. Voir aussi, plus récemment, *The Prayers and Tears of Jacques Derrida. Religion without Religion*, Bloomington-Indianapolis, Indiana University Press, 1997.

L'obligation n'est pas le fondement de l'éthique, mais la multiplicité factuelle de notre expérience, la réalité de ce qui arrive. Elle est événement irrécusable. *Obligations constantly happen* (7). Il y a de l'obligation, exactement comme y a de la religion, du lien. Tel est le point de départ, le sentiment premier.

La justice et les noms propres – la femme, l'homme et l'enfant – prophétisme et messianisme.

Le propos de Derrida sur la justice non déconstructible a particulièrement frappé Caputo (86): il nous offre une saisissante litanie des récriminations réelles ou potentielles de ses partisans contre ce retour du Fondement, de l'Être, de la Présence. «Derrida a-t-il vu un rabbin en douce et nous l'a-t-il caché?» *(ibid.)*, interroge-t-il, plus goguenard que désespéré, je pense.

Caputo comprend en effet l'affirmation derridienne «la déconstruction est la justice» non comme la copule ontologique du retour à l'être identique à soi-même, non comme l'assertion de la force transcendentale de la justice (seule la loi est force et doit être *inforced*, appliquée en force), mais comme l'expression de la faiblesse de la justice, faiblesse qui la rend solidaire des victimes et des petits dont elle assume la garde et libère la place, la parole. *La déconstruction est la mémoire des faibles au nom et aux noms de la justice* (88). On comprend qu'il se trouve, en Amérique du Nord notamment, des lectures libérationnistes de la déconstruction, celle de Cornel West avant tout.

Car la justice non déconstructible, cette justice en elle-même – «si quelque chose de tel existe» –, n'est pas une idée transcendentale de la Justice, mais la *dissémination de la justice en la personne des plus faibles*. *La justice donne nom à des noms propres, aux plusieurs noms de victimes en personne, singulières et irréductibles* (voir 89).

Avec délicatesse et humour, Caputo amène pour ainsi dire Derrida dans la proximité du prophétisme hébreu, non qu'il prenne vraiment Derrida pour un prophète, mais parce qu'il y a de la déconstruction dans le prophétisme (91). *La justice éthique ici dé-celée est justice singulière pour les noms propres, non Justice générale ramenant à la loi du droit seulement*. Elle est justice pour l'enfant, comme déjà l'avait intuitionné Camus dans *Les Justes* précisément. C'est pourquoi aussi la loi est faite par l'homme, la justice par la femme (92), sans que nous ayons à vivre de l'un contre l'autre ou sans l'autre. Chez Derrida lui-même, l'infinie non-déconstructibilité de la justice – la forme messianique de la promesse en la femme – n'est-elle pas quelque chose comme le soulèvement nécessaire de la Force de la Loi, par laquelle nous advenons ensemble, femmes, hommes, enfants, à notre messianicité?

Il y a chez Caputo un dose incroyable d'humour qui le sauve du sérieux absolu de sa suivance nietzschéenne et derridienne. C'est un Kierkegaard qui a plus d'humour que Kierkegaard lui-même, sans doute aussi parce qu'il n'essaie pas de racheter à tout prix son humour par une reprise théologique. Je ne lui trouve toutefois pas la gravité de son maître Derrida. Il semble jouer sans cesse avec la déconstruction, comme avec un idée que maître Jacques lui a mise dans la tête (9) et presque comme avec un jouet disponible. Chez Derrida – mais c'est sans doute le propre du «maître» par rapport au «disciple»! – la déconstruction est un ouvrage sans cesse remis sur le métier, une visée, une différance en marche. Chez Caputo, l'ouvrage est achevé, constitué, monnayable en quelque sorte, mais en un sens noble et sincère. Cette disponibilité insuffisamment inquiète de la déconstruction me paraît cause d'un trop grand sérieux et fait apparaître l'humour comme un dérivé de la déconstruction. Il faudrait déconstruire la déconstruction par un humour jouissif et festif.

Avec et autrement.

Oser penser avec Derrida, contre Derrida, par-delà Derrida. Autrement que Derrida, ou au-delà de la déconstruction. Autrement que Barth, Bonhoeffer, Lévinas, Habermas, Ricœur, Troeltsch, ou par-devant soi-même, avec et pour les autres. Ici s'annonce la parole du théologien en son je et dans son espace communautaire et public, comme débouché de la déconstruction et comme défi de toute généalogie. Ainsi se devine la décantation, prélude à la liberté et à la simplicité. Résonne la promesse du bonheur, non l'illusoire maîtrise du chaos et de la douleur, seulement la reconnaissance et la grâce malgré et dans le malheur.

Notre méditation même rapide de quelques thèses centrales de Derrida et de Caputo nous conduit à souligner leur apport *correctif* (au sens où, selon David Tracy, certaines doctrines doivent être prises dans leur vérité critique et dans leur originalité, malgré ou peut-être même à cause de leurs excès[44]). Si on n'adopte pas de manière inconditionnelle et mimétique l'ensemble de leur vision des choses et le langage qui l'exprime, on peut néanmoins en apprendre un nouveau regard et une nouvelle dynamique.

Qu'avons-nous donc découvert à la lecture de Derrida et de Caputo ?

Nous avons surtout pris conscience, avec une radicalité inouïe et inhabituelle, que *la possibilité même de l'éthique excède la plénitude*

---

44. Je dois cette remarque à Gregory Baum, professeur à l'université McGill de Montréal. Dans notre discussion (octobre 1997), il était question de l'apport de Drewermann, qui venait de donner sa première conférence publique au Québec.

fondationnelle dont nous croyons si souvent devoir disposer avant toute pratique éthique. Ce n'est pas tellement que nous devions tirer un trait définitif sur toute quête de fondement, de justification ou de clarification des motifs portant notre éthique. Une telle conclusion garderait un caractère dogmatique et autoritaire, symétrique aux modèles dénoncés. C'est justement ce dogmatisme inversé que nous retrouverons chez un Mark C. Taylor et partiellement déjà aussi chez Caputo. Derrida, lui, a clairement indiqué dans son œuvre la nécessité de *surmonter la violence symétrique du fondationnalisme et de l'anti-fondationnalisme*, coupant court ainsi en droit (dans les faits, Derrida est toujours un peu trop gentil...) aux velléités de certains de ses commentateurs enthousiastes de récuser le *questionnement* même du fondement.

Nous avons appris, ensuite, que le travail du concept n'a pas sa fin en soi, mais opère la découverte de la chose, l'événement de la différance au cœur du sujet et du monde.

Cette différance n'est pas propriété onto-théologique d'un être absent ou résultante d'une construction théorique, mais redéploiement des potentialités du soi et des énergies de liberté, de justice, de solidarité qui en forcent l'évaluation et l'expression.

Comme nous le verrons plus loin, la riposte théologique la plus féconde à la déconstruction n'est pas nécessairement sa *rethéologisation* (à la manière de Mark C. Taylor), mais *la mise à l'épreuve de sa radicalité même*.

Cette mise à l'épreuve ne devrait pas non plus interdire le chemin d'une reconstruction, qui ne soit pas la récupération dialectique (à la Hegel) de la déconstruction, mais l'élucidation de sa propre promesse, en tant que ressource morale et politique du non-déconstructible, de la justice; sinon, la déconstruction resterait incohérente et inopérante, incapable de soutenir les combats pour la justice[45].

UNE ÉTHIQUE POSTMODERNE ?
LA SOLUTION DIFFÉRENTE DE ZYGMUNT BAUMAN

Avec l'approche de Zygmunt Bauman, nous entrons dans une perspective très différente[46]. Notons d'abord que Bauman (polonais d'origine et

---

45. Voir la formulation de cette objection à la déconstruction derridienne chez M. VOLF, *Exclusion and Embrace. A Theological Exploration of Identity, Otherness, and Reconciliation*, Nashville, Abingdon Press, 1996, p. 202-205. Je suis cependant moins convaincu par le recours que fait Volf (p. 205 ss.) au concept de tradition de A. MacIntyre pour surmonter les incohérences de la déconstruction.
46. Je commente et discute ici son ouvrage *Postmodern ethics*, Oxford-

professeur retraité de l'université de Leeds), se définit lui-même comme un «sociologue critique» (3), non d'abord comme un philosophe. Ce point nous paraît important. Peu d'études sur la déconstruction, et quasiment aucune en philosophie, ne se posent la question du *processus social* qui a conduit à l'idée de la déconstruction et de la postmodernité. Bauman va nous aider à sortir d'une sorte de monologisme de la philosophie et de la théologie déconstructives, trop souvent appliquées à dresser la généalogie purement interne de leur propre émergence. Comme Habermas, mais d'une manière singulière et originale, Bauman nous offre quelques outils pour comprendre les dimensions sociales de la postmodernité et pour baliser l'avenir possible d'un renouvellement de l'éthique au sein même de la postmodernité. Il nous avertit aussi de ne pas procéder à une généalogie idéaliste de notre propre éthique, déconnectée de ses conditions de production et d'émergence.

Pour Bauman, il s'agit d'éviter l'erreur de Lipovetsky, faisant du thème de son étude (la perspective postmoderne) la solution des problèmes posés et le principe explicatif de ce qui est à expliquer (3). Il comprend cette perspective postmoderne comme la critique des illusions, mettant un terme aux fausses prétentions à l'objectivité et laissant entrevoir un possible renouvellement de notre rapport à la morale. Bien qu'il suive davantage Lévinas, Bauman ne nous paraît pas très éloigné des objectifs de la déconstruction derridienne. Mais le langage, les outils d'analyse et les conclusions en diffèrent fortement.

Les deux principaux axes mis en cause par la perspective postmoderne sont les principes modernes de l'universalité et de la fondation (8). Il en découle sept caractéristiques de la condition postmoderne de l'éthique (voir 12-15):

1) l'homme est un être moralement *ambivalent;*
2) les phénomènes moraux sont *non rationnels,* au sens de non analysables en termes de calcul rationnel (Bauman prend ses distances par rapport au modèle utilitariste);
3) la moralité elle-même est irréversiblement *aporétique*;
4) la moralité n'est *pas universalisable*;
5) par rapport à l'ordre social, la moralité demeure même *irrationnelle* – un point qui spécifie et dépasse ce qui était dit plus haut sous 2;
6) la *responsabilité* est la première réalité du soi, antérieure à sa production sociale;
7) contrairement à l'idée reçue, la perspective postmoderne ne consacre pas le triomphe du relativisme moral, mais donne à penser l'unité morale de l'humanité comme *l'horizon utopique de la déconstruction des prétentions nationalistes, traditionalistes et tribales, en faveur de la responsabilité incontournable du soi sous les conditions de l'ambivalence* (voir 15).

Cambridge (Mass.), Blackwell, 1993. Les chiffres entre parenthèses dans le texte renvoient à ce livre.

À la suite de Lévinas, Bauman défend la responsabilité de l'homme solitaire, livré aux tempêtes de l'indécision et de l'ambivalence, et qu'aucune communauté aux frontières sociologiquement insaisissables ne saurait mettre à l'abri de l'exigence éthique dans ce qu'elle a toujours d'absolu. Le sujet moral *(the moral self)* doit assumer la condition instable d'un sujet rétif à l'aplanissement *(Gleichschaltung,* 54) et laissé sans fondements (62).

Toujours dans la filiation consciente de Lévinas, Bauman soutient la priorité de l'éthique sur l'ontologie (75) et, se rapprochant alors de Derrida, comprend cette relation comme l'expression d'une fondation infondée *(unfounded foundation,* 74), d'une aporie, donc, celle-là même qui a conduit Derrida, comme on l'a vu plus haut, à concéder le paradoxe de la justice non déconstructible, et que Bauman voit en lien avec l'ambivalence même de la moralité en perspective postmoderne. N'est-ce pas cette ambivalence, en fin de compte, qui tient lieu (mais utopiquement) de seul fondement à la moralité (78)?

Ces quelques éléments retenus chez Bauman confirment le sentiment d'équivocité attaché à la notion même de postmodernité. Bauman replonge l'éthique dans l'ambivalence de la postmodernité comme phénomène social, là où Derrida, de manière à la fois plus radicale et plus subjective, déconstruit l'illusion de l'univocité fondationnelle. La perspective des deux auteurs ne se situe pas sur le même plan. Dans toute tentative de généalogie, de critique et de reconstruction de l'éthique, il faut faire la part du contexte sociologique et celle des choix intellectuels. Comme théologiens, nous voilà avertis: il serait naïf de penser que nos constructions surgissent d'un nulle part social et culturel; mais cet ancrage et ce contexte ne sauraient nous dispenser d'une pensée libre, inventive et responsable. De ce point de vue, ainsi que n'a cessé de le souligner Jean Greisch, la déconstruction, comme geste de la pensée, ne se confond pas avec la postmodernité; elle en représente plutôt une interprétation singulière.

L'ÉTHIQUE THÉOLOGIQUE FACE AU DÉFI DE LA POSTMODERNITÉ

Afin de clarifier notre propre compréhension du rapport entre la théologie et la postmodernité, nous comparerons d'abord deux réceptions diamétralement opposées de la problématique: l'a-théologie postmoderne de Mark C. Taylor et la théologie reconstructive issue de la théologie du *Process*. Sur cette base, nous tirerons un certain nombre de conséquences plus personnelles relativement à la condition postmoderne de l'éthique théologique.

La reprise théologique de la déconstruction derridienne: Mark C. Taylor[47].

Dans son ouvrage programmatique *Errance*[48], Mark C. Taylor applique la méthode déconstructive derridienne à la théologie elle-même. Il procède selon une quadruple thématique: la mort de Dieu, la disparition du soi, la fin de l'histoire et la clôture du livre. Puis il propose une «reformulation déconstructive» (30), en somme une «reconstruction» — le mot est de nous — de l'a-théologie déconstructive en traitant successivement de Dieu comme écriture, du soi comme trace, de l'histoire comme errance et du livre comme texte.

Taylor a voulu relever le défi émanant d'un propos célèbre de Derrida selon lequel la déconstruction «barre tout rapport au théologique[49]». On peut considérer que l'évolution plus récente de Derrida le forcerait à nuancer le propos; la discussion, on le sait, continue sur ce point. Le fait est que Taylor énonce le projet d'une a-théologie déconstructive «absolument transgressive» (21), liminale, marginale et nomade, visant à la «déconstruction de la déconstruction» (26) par la prise en compte radicale de la croix.

Nous aimerions nous interroger uniquement ici sur les implications éthiques de la perspective radicale de Taylor.

Au cœur de sa «reformulation déconstructive» de la théologie se trouve la critique du soi comme domination. L'idéologie de la domination et finalement de la clôture de soi est rompue par le chemin de croix qui ouvre le vivant à son autre (88). La disparition du soi est la disparition du soi comme mêmeté identique, close, et la naissance à la trace. Il faut en effet en finir avec la «logique répressive de l'identité» (202) érigeant la frontière entre soi et l'autre comme inviolable et amenant le soi à se protéger sans cesse frileusement de l'autre. Cette «dépossession» (214) du sujet, foncièrement kénotique, puisque liée à la mort de Dieu et à la christologie radicale, fait du soi un nomade et un errant, en une aventure sans fin et un exil sans retour. La fin de l'histoire envisagée par Taylor est une *déseschatologisation* absolue de l'histoire, non la jouissance d'une présence sans temps, mais l'impossible clôture de l'événement, une dépense et un jeu infinis. L'égarement gratuit du soi hors de toute fermeture signifie en même temps l'égarement de la grâce.

Taylor voit en Hegel le penseur décisif qui a pensé la clôture du livre et la réouverture infinie de l'errance et de l'écriture découlant de

---

47. Voir pour une rapide introduction K. BLASER, *Les Théologies nord-américaines*, p. 105-108.
48 *Lecture de Jacques Derrida, Un essai d'a-théologie postmoderne* (1984), Paris, Éd. du Cerf, 1985. Les chiffres entre parenthèses renvoient à cet ouvrage.
49. *Positions*, Paris, Éd. de Minuit, 1979, p. 103.

cette clôture. Il reproche pourtant à ceux qui suivent Hegel, comme Thomas Altizer par exemple, de rester encore trop modernes, à l'instar d'ailleurs de la néo-orthodoxie barthienne. L'a-théologie postmoderne et déconstructive «est conduite au-delà de la limite de la théologie proprement dite vers le domaine de la littérature et de la critique littéraire[50]».

Il paie ce dépassement de la théologie par le retour de présupposés théologiques insurmontés. Comme Hegel, il ne paraît pas être parvenu à reconnaître la différence proprement théologale qui demeure entre Dieu et le sujet, la grâce et la gratuité, la révélation et l'événement historique. Il nous aide à penser la relationnalité des sujets, jamais isolés sur eux-mêmes, mais peine à élucider la différence de Dieu dans sa relation avec les hommes. Il en découle une éthique purement récessive et réactive, projetant l'errance humaine au cœur même de Dieu. Il nous paraîtrait plus judicieux de penser la responsabilité et le risque humains hors de toute surdétermination ontologique par la kénose. L'a-théologie déconstructive, sous ses apparences nomades et transgressives, n'ose pas aller jusqu'au bout de la solitude de l'homme dans la décision éthique. Elle instrumentalise Dieu, le Christ, l'Écriture, pour appuyer de leur grâce égarante l'égarement de l'humain. Je voudrais une errance plus humaine, une éthique moins surdéterminée, une indécidabilité plus exposée.

À la différence de Derrida, dont la réserve respectueuse envers la théologie contribue à protéger de tentations immodestes, et même de Caputo, *trop impie pour être absolu*, Mark C. Taylor tend à *identifier* sans réserve(s) la déconstruction et la théologie chrétienne (ou ce qu'il en reste au bout de la déconstruction de la déconstruction). Cette opération dogmatique porte à nos yeux atteinte aussi bien à l'*ouverture infinie* de la déconstruction qu'à la *pratique différenciée* de la théologie elle-même. Elle surdétermine théologiquement l'éthique, sous couvert de la libérer.

La théologie postmoderne constructive.

Une autre riposte théologique à la déconstruction est la théologie postmoderne constructive[51]. Elle représente une attitude complètement irréductible à la précédente. Elle nous intéresse davantage, en fin de

---

50. «La dénégation de Dieu», in P. GISEL et P. EVRARD éd, p. 331-352, 343.
51. Voir pour plus de détails D. MÜLLER, «La théologie postmoderne constructive et la situation actuelle de l'éthique théologique», in P. GISEL et P. EVRARD éd., p. 213-228, ainsi que K. BLASER, *Les Théologies nord-américaines*, p. 108-112.

compte, pour sa contribution à la théorie de la reconstruction et notamment au projet d'une éthique reconstructive que pour ses affirmations théologiques et métaphysiques, très discutables en soi, mais aussi très éloignées des présupposés critiques et du niveau philosophique de la déconstruction de type derridien.

Un des principaux tenants ce cette tendance, David Ray Griffin, a dressé un tableau des quatre types de théologie postmoderne actuellement présents dans le débat nord-américain[52]: le type constructif, le type déconstructif ou déconstructionniste, le type libérationniste et le type conservateur ou restaurateur. Nous nous limiterons ici à une brève confrontation des deux premiers types.

Par rapport au type déconstructionniste, le type constructif adopte un point de vue qu'on pourrait appeler intégrateur ou dialectique. Il considère en effet la théologie déconstructive, inspirée de Lyotard et surtout de Derrida, comme une théologie éliminative, au sens où Richard Rorty parle de matérialisme éliminatif[53].

À la différence de M. C. Taylor, tel que du moins il le comprend, Griffin entend réviser la modernité, plutôt que l'éliminer. L'opposition entre construction et déconstruction recoupe entièrement celle entre révision et élimination. Malgré le fort contraste ainsi posé, Griffin ne pense pas que les deux positions soient totalement incompatibles. Elles partagent en effet un certain nombre de présupposés au sujet de la modernité. Le caractère discutable de la déconstruction taylorienne tient à son manque de cohérence plutôt qu'à son point de départ. Griffin s'associe en effet pleinement à la critique de la modernité quand Taylor voit dans la mort de Dieu, comprise comme mort du Dieu surnaturel, un parricide synonyme, pour l'homme, de suicide. Mais la perte du soi, ou du sujet, ainsi provoquée, n'est nullement une catastrophe; elle est au contraire un gain, puisque c'est le sujet lui-même qui est cause des malheurs de la modernité. Dans la même logique, la sécularisation moderne du narratif chrétien, dans sa structure historique et eschatologique à la fois, a conduit à un historicisme du progrès linéaire, source de destruction communautaire et écologique. Bref, la mort du sujet moderne, parallèle à la mort de Dieu, donne accès à une nouvelle et meilleure compréhension de la réalité et de l'être humain dans sa plénitude.

Si Griffin peut rallier le point de départ postmoderne de M. C. Taylor, il récuse entièrement, cependant, les conséquences négatives qu'il en tire, à savoir: l'élimination de l'idée même de Dieu, l'élimination de la notion de

---

52. In D. RAY GRIFFIN et al., *Varieties of Postmodern Theology*, New York, State University of New York Press, 1989 «SUNY Series in Constructive Postmodern Thought», p. 1-7 pour l'Introduction, et *passim*.
53. Il s'agit bien du regard porté par l'école constructive sur la déconstruction. Une lecture plus fine de Derrida conduit à des conclusions fort différentes, voir nos développements précédents.

vérité, l'élimination de l'histoire comme processus direct, la disparition pure et simple du soi, la négation de tout référent translinguistique et une vision étriquée de l'expérience humaine. C'est tout le projet d'une a-théologie postmoderne se comprenant comme «herméneutique de la mort de Dieu» (Taylor) qui se trouve ainsi mis en cause.

On est bien obligé d'admettre, à la seule lecture de ce catalogue de problèmes non résolus et d'inconsistances dans la pensée de Taylor (nous l'avons nous-même critiquée précédemment), que la prétendue continuité entre ces deux types de théologies postmodernes est plus apparente que réelle. À dire vrai, nous avons affaire ici à deux visions tellement antagonistes de la postmodernité que l'on peut difficilement les considérer comme compatibles. Leur proximité, purement formelle, tient à leur point de départ dans un diagnostic culturel superficiellement identique. Pourtant, leur manière respective de rendre compte des limites de la modernité conduit à une approche substantiellement antagoniste de la relation même entre modernité et postmodernité.

On peut synthétiser la dialectique de la théologie constructive par les trois thèses suivantes:

1) La théologie constructive partage avec les autres types de théologie postmoderne le refus de la modernité comprise comme subjectivation du monde et de Dieu.

2) La théologie constructive partage avec le type libérationniste le souci d'une éthique sociale publique et critique; elle prend aussi bien ses distances avec le conservatisme politique du type restaurateur qu'avec l'affect purement négatif (ou jugé tel) de la déconstruction.

3) La théologie constructive se veut dialectique, tant par sa méthode que dans ses contenus; elle diffère du type déconstructionniste, foncièrement éliminatif, comme du type conservateur, forcément réactif, ainsi que du type libérationniste, trop lié à un modèle progressiste de type linéaire. De ce fait, la théologie constructive pense être la seule à proposer une articulation différenciée de la modernité et de la postmodernité, articulation distincte aussi bien d'un modèle de continuité (comme le type libérationniste) que d'une pure discontinuité (comme les types déconstructionniste et conservateur).

Selon Griffin, il n'est pas question de retourner en deçà de la modernité, de renoncer au passage à travers la modernité, reconnu comme «irréversible». La théologie postmoderne constructive s'appelle ainsi précisément pour cette double raison: elle entend mener une critique postmoderne de la modernité, mais une critique qui renoue de manière constructive avec le thème des «visions du monde», thème que la postmodernité déconstructive (ou hypermoderne) voudrait déconstruire radicalement.

Pour une relecture métamoderne des tâches de l'éthique théologique.

Comme indiqué plus haut et à plusieurs endroits dans ce livre, je m'inscris dans l'optique d'une métacritique de la modernité, au sens où la comprend par exemple Alain Touraine[54]. C'est à partir d'un tel point de vue que j'entends m'interroger sur la double signification et la tension de la déconstruction et de la théologie reconstructive et sur leur possible contribution au renouvellement de l'éthique théologique.

Chez Touraine, le retour critique à la modernité suppose le refus de limiter l'analyse de la modernité au seul processus de rationalisation. La thèse du désenchantement du monde garde sa validité dès lors qu'il s'agit de refuser l'antinomie insupportable de l'hypermodernisme et de l'antimodernisme. La postmodernité devient alors, en son sens principal, un post-historicisme; mais, dans cette situation culturelle nouvelle, l'enjeu n'est plus la dissolution radicale de la modernité ou du social, car une telle rupture consacrerait le règne du cynisme et de la résignation esthétisante. Au contraire, il y va, en régime pleinement accepté de pluralisme des croyances et des valeurs, de la naissance véritable du sujet, et d'un sujet, précise Touraine pour sa part, qui ne soit pas «présence en nous de l'universel», mais «appel à la transformation du Soi en acteur».

Touraine prend ses distances aussi bien par rapport à une vision métaphysique, foncièrement unitaire, de l'histoire humaine que par rapport à une simple reconstruction communautariste de la généalogie du sujet, qui se limiterait à chercher les «sources du Soi» pour comprendre la fabrique de l'identité moderne (voir Charles Taylor[55]).

L'espace est ainsi restitué pour un sujet agissant au cœur des médiations sociales, et donc pour une éthique sociale opérationnelle, dégagée des illusions d'une totalité historique ou d'un ancrage métaphysique.

La question demeure néanmoins pour nous (que ce soit chez Touraine ou chez Habermas) de la signification de l'histoire et de l'eschatologie dans la constitution du sujet et de l'éthique. Cette question nous intéresse au premier chef comme théologiens, et en particulier comme éthiciens chrétiens en quête d'une nouvelle intelligence de l'articulation entre éthique, religion et (post)modernité. Peut-on délimiter, comme dit Charles

---

54. *Critique de la modernité*, Paris, Fayard, 1992. Voir les prolongations apportées ici à la perspective de Touraine par André GORZ, *Misères du présent, richesse du possible*, Paris, Galilée, 1997, p. 199-226. Gorz note la différence forte entre Touraine (chez qui le sujet est central) et Habermas (qui en reste au seul monde vécu). Selon lui, Axel Honneth a tenté de surmonter les limites de son maître Habermas et se rapproche de la vision de Touraine.
55. *Sources of the Self. The Making of the Modern Identity*, Cambridge (Mass.), Harvard University Press, 1989.

Larmore, un «au-delà de la religion et des Lumières[56]», un au-delà qui ne soit pas un en-deçà (autrement dit, un retour antimoderne à la tradition), mais ne fasse pas non plus l'impasse sur la «relève» de la religion et de la modernité en jeu dans un tel dépassement[57]?

«Nous respectons Dieu comme Dieu, quand nous apprenons à apprécier la vie morale pour elle-même, sans appel aux fins de Dieu (quoique nous puissions toujours croire que Dieu est tel qu'il aime le bien et le juste)[58]» (71). Cette affirmation provocante de Larmore dit bien la gratuité d'une éthique humaine libérée de l'utilitarisme le plus subtil qui soit, l'utilitarisme théocentrique, qui voudrait suspendre toujours à nouveau la vie morale du sujet à une fin béatifique ou à la gloire d'un Dieu écrasant. Pour Larmore, cette libération de l'éthique autonome est une conséquence du monothéisme judéo-chrétien. Il y a ici convergence profonde du monothéisme et de la modernité (73). Une telle perspective est aux antipodes de celle proposée par la théologie postmoderne constructive et déjà par Whitehead lui-même. La redynamisation du sujet et de son rapport créatif au monde suppose bien une ouverture sur une forme de transcendance, mais la compréhension même de cette transcendance ne fait pas appel à un théisme onto-métaphysique supposé hostile à toute modernité.

Larmore a très bien vu aussi que cette nouvelle donne de la vie morale remet en question l'idéal fondationnel (qu'on pourrait dire fondamentaliste en ce sens restreint) d'une justification ultime et absolue de l'éthique. La question n'est plus, en effet, de remonter au fondement premier de l'éthique[59], mais de s'interroger, plus pragmatiquement[60], sur les changements de croyance dont s'accompagnent la crise et la transformation modernes de l'éthique. C'est pourquoi Larmore estime possible de se satisfaire de l'idée contextualiste de justification (90): quand nous agissons comme sujets éthiques, nous n'avons pas besoin, à tout moment, de vouloir faire retour sur la justification première de notre agir moral; nous pouvons et nous devons nous contenter de justifier le type de transforma-

---

56. Voir *Modernité et morale*, Paris, Presses universitaires de France, 1993, p. 71-92. Les chiffres entre parenthèses dans le texte renvoient à cet ouvrage.
57. La question fait l'objet d'une reprise renouvelée et différenciée chez J. HABERMAS: «Digression: transcendance de l'intérieur, transcendance de l'ici-bas», in *Textes et contextes* (1991), Paris, Éd. du Cerf, 1994, p. 85-110.
58. La perspective est nettement moins ouverte chez D. PARFIT, *Reasons and Persons*, Oxford, Oxford University Press, 1984, p. 454: *«Belief in God, or in many gods, prevented the free development of moral reasoning».*
59. Malgré tout ce qui les sépare, Larmore est, sur ce point précis, en accord avec J. STOUT, *Ethics After Babel. The Languages of Morals and Their Discontents*, Cambridge, James Clarke & Co, 1988. Stout est certes plus proche de MacIntyre que de Habermas, mais il n'est pas insensible au thème d'une justification contextualisée.
60. Mais sans succomber au pragmatisme de type relativiste et ironique, tel qu'on le trouve chez R. RORTY, *Contingence, ironie et solidarité*, Paris, Armand Colin, 1993.

tion éthique qui nous permet de faire face aux défis nouveaux de notre situation présente.

On peut estimer que cette vision contextualiste de la justification de l'agir moral fait trop crédit à l'idéal d'une fondation faible et que toute réflexion éthique normative se doit de poursuivre avec plus de rigueur le chemin qui mène à une fondation forte. Sans parler des apories qui demeurent ici (je pense notamment au débat entre Apel et Habermas), je voudrais cependant dire pourquoi j'estime que la solution entrouverte par Larmore (et implicitement par Touraine) est riche de possibilités également pour l'éthique théologique.

1) Tous les ponts ne sont pas coupés entre la question de la tradition (ou des sources de l'agir moral) et celle de la justification. Le recours à l'idée contextualiste de justification donne droit à la généalogie du sujet, sans pour autant ratifier les modèles néo-aristotéliciens (MacIntyre notamment, voir notre discussion critique au chapitre V, «Tradition»).

Il ne paraît guère judicieux, en effet, de séparer totalement la vie éthique du sujet de la question morale des normes et de leur justification, comme semble l'imposer une certaine orthodoxie habermassienne. Traduit dans la perspective de nos intérêts plus directement théologiques, cela signifie que la réflexion sur les transformations des conditions de l'éthique contemporaine ne saurait faire abstraction de la mémoire historique et de la genèse traditionnelle qui portent notre agir. La foi, comme référence centrale de l'éthique théologique, n'intervient pas de manière immédiate et fulgurante, hors de son enchevêtrement dans une histoire constitutive de notre auto-compréhension et de notre agir.

2) En même temps, la passion pour la justification des normes morales est remise à sa juste place; elle est proprement relativisée, ce qui ne signifie nullement la chute dans un relativisme paresseux ou désabusé. L'écart entre le thème théologique de la justification par la foi et le thème philosophique de la justification des normes n'est pas que de langage et de visée; il signale aussi, au cœur de l'entreprise humaine de fondation, le rappel des menaces et des illusions qui ne cessent de peser sur un sujet désireux de se refermer pleinement sur lui-même, obturant tout accès aux traditions qui le portent et à la transcendance qui le décentre. Ne pas disposer d'une justification ultime de notre agir peut sembler un affaiblissement de l'éthique, alors que, justement, pareille béance pourrait bien être la condition de possibilité de l'authenticité morale devant Dieu. C'est du moins ce que nous donne à penser théologiquement une critique immanente des limites de l'éthique fondationnelle, et c'est sans doute à cette bifurcation essentielle que l'éthique théologique sera en mesure de redécouvrir une spécificité non totalitaire.

La réconciliation de la théologie et de l'éthique et la critique des sciences sociales.

Je crois donc indiqué de poursuivre un exigeant dialogue avec les tenants d'une critique de la modernité comprise comme un retour à une conception non instrumentale de la modernité. Une telle différenciation au sein même des pulsions antagonistes du processus moderne constitue le point crucial d'une critique de la théologie postmoderne constructive, étant donné que cette dernière ne paraît pas capable de distinguer les différentes facettes de la modernité, à la différence de la déconstruction derridienne bien comprise.

Une nouvelle «dialectique de la raison» est de toute évidence en débat dans l'ensemble du problème qui nous occupe, sans pour autant céder à une lecture anti-fondationnaliste chère aux tenants dogmatiques de la déconstruction (nous avons vu que Derrida se tient quant à lui par-delà l'antinomie du fondationnalisme et de l'anti-fondationnalisme). Cette dialectique de la raison touche en particulier au statut de la religion dans une éthique métamoderne[61]. Mais elle atteint aussi de manière frontale la manière dont nous nous représentons, pour la reconstruire, la généalogie des pratiques théologiques et éthiques modernes et contemporaines.

En réinterprétant la généalogie propre de la théologie et de l'éthique protestantes, en revenant sur des moments clefs ou sur des carrefours décisifs, souvent occultés, du discours et de la pratique des théologiens du XXe siècle, le présent ouvrage tente de relever un tel défi. Le regain d'intérêt pour Troeltsch, mais aussi pour Tillich, en particulier pour le Tillich de la période allemande, nous a permis, non d'effectuer un retour anachronique à une forme même épurée de théologie libérale, mais de redéfinir les enjeux d'une théologie et d'une éthique véritablement méta-libérales et métamodernes. La théologie postmoderne constructive s'inscrit bel et bien dans cette mouvance, avec les positions particulières et les nuances que nous avons tenté de montrer plus haut. Un auteur comme John Cobb Jr. est assez symptomatique de la synthèse opérée entre le courant libéral et le courant postmoderne aux États-Unis.

Il est toutefois évident que semblable reconstruction généalogique de la théologie protestante pose de nombreuses questions. Cela est particulièrement sensible dans l'évolution récente de l'éthique protestante, aussi bien en Europe qu'aux États-Unis. En Europe, on peut observer une tension croissante entre les sociétés savantes s'occupant d'éthique. Alors

---

61. Sur cette notion de métamodernité, voir le chapitre IV de mon ouvrage *Les Lieux de l'action*, Genève, Labor et Fides, 1992, p. 69-78 («Éthique et religion: une dialectique métamoderne»). Pour une remise en question approfondie de la notion même de postmodernité, on consultera dans le même sens A. GIDDENS, *Les Conséquences de la modernité*.

qu'une association majoritairement catholique[62] comme l'ATEM (Association de théologiens pour l'étude de la morale) tend, en contexte francophone, à maintenir ouverte l'articulation de l'éthique théologique, du questionnement philosophique et du recours aux sciences humaines, la *Societas Ethica*, fondée par des éthiciens protestants et catholiques (Arthur Rich, Heinz-Dietrich Wendland, Franz Böckle notamment) dans les années 60, passe par une crise profonde, due à l'incompréhension grandissante entre les adeptes d'une méta-éthique analytique et des théologiens souvent incapables de sortir des impasses d'une théologisation immédiate de l'éthique. Aux États-Unis, la ligne post-libérale (selon l'expression de George Lindbeck[63]), suivie et radicalisée en particulier par Stanley Hauerwas, en appelle au contraire à un retour explicite à une éthique théologique, écrite et pensée dans et pour l'Église, et prenant le contre-pied de l'éthique sociale nord-américaine[64], considérée comme une glose non critique de l'œuvre de Troeltsch. Hauerwas s'appuie ici notamment sur l'important ouvrage du théologien anglais John Milbank *Theology and Social Theory*[65], dont le sous-titre, *Beyond Secular Reason*, signale et balise la volonté explicite de sortir du cadre d'une raison autonome.

Le paradoxe de la position commune à Hauerwas et à Milbank est frappant. Ayant désigné le nihilisme moderne comme l'adversaire principal de la théologie, ces auteurs en appellent à un retour immédiat et massif au discours théologique. Or, ce faisant, ils réinstituent à leur insu le discours théologique comme un discours magistral, ou comme une pratique de maîtrise, alors même qu'ils prétendent le saisir comme un dis-

---

62. Mais présidée pour la première fois, en 1994-1995, par un théologien protestant, Jean-François Collange (université de Strasbourg).
63. *The Nature of Doctrine. Religion and Theology in a Postliberal Age*, Londres, SPCK, 1984; «The Church' Mission to a Postmodern Culture», in F. B. BURNHAM éd., *Postmodern Theology: Christian Faith in a Pluralist World*, San Francisco-New York, Harper & Row, 1989, p. 37-55. Sur Lindbeck, voir K. BLASER, *Les Théologies nord-américaines*, p. 126 ss. ainsi que dans P. GISEL et P. EVRARD éd., p. 203 ss.
64. D'où notamment un antagonisme très fort entre Hauerwas et Cobb. Voir J. COBB Jr., «The Christian Reason for Being Progressive», et S. HAUERWAS, «Knowing How To Go When You Do Not Know Where You Are: A Response to John Cobb», deux contributions de 1993 que j'ai pu consulter sous forme manuscrite grâce à l'amabilité de S. Hauerwas. Le texte de Hauerwas est paru depuis dans son ouvrage *Wilderness Wandering Probing Twentieth Century Theology and Philosophy*, Boulton (Co.)-Oxford, Westminster Press, 1997, p. 25-31.
65. Oxford-Cambridge (Mass.), Blackwell, 1990. Voir la recension de R. HÜTTER (un disciple allemand de Hauerwas), «The Church's Peace Beyond the "Secular": A Postmodern Augustinian's Deconstruction of Secular Modernity and Postmodernity», *Pro Ecclesia* II/1, 1994, p. 106-116. Voir aussi J. MILBANK «La fin des Lumières. Postmoderne ou postséculier?», *Concilium* 244, 1992, p. 57-68. Pour une approche plus critique, voir par exemple G. BAUM, *Essays in Critical Theology*, p. 52-76; «La modernité. Perspective sociologique», *Concilium* 244, 1992, p. 15-23. Je discute aussi la position de Milbank ici au chapitre II.

cours et comme une pratique de la non-maîtrise. La rivalité mimétique, à la fois intellectuelle et institutionnelle, entre la théologie et la théorie sociale, recoupant la rivalité entre les Églises et la société américaines, conduit à une réaffirmation autoritaire de l'éthique théologique, comme l'atteste d'ailleurs la référence croissante à John Howard Yoder et à Karl Barth, mais aussi le rapprochement évident, sur des points sensibles, avec la morale catholique officielle. La réaction ainsi perceptible s'explique sans doute par les excès de la dérive «moderniste» et «libérale» de la théologie protestante aux États-Unis. Mais, comme toute réaction, cette position fait régresser le débat éthique en deçà du niveau des questions que nous pose le défi proprement métamoderne des théologies et des cultures dites postmodernes.

L'apport et les limites de la déconstruction.

1) Nous croyons nécessaire d'œuvrer à l'émergence d'une «seconde naïveté» (Ricœur), susceptible d'intégrer les exigences critiques de la modernité tout en créant davantage d'espace pour une herméneutique de la symbolique humaine fondamentale. Seule une approche dialectique nous paraît en effet de taille à articuler l'éthique et les représentations culturelles qui la traversent, mais à condition qu'une telle approche respecte la finitude incessante du sujet se déconstruisant et se reconstruisant.

2) Avec Jacques Derrida, nous avons appris que le geste de la déconstruction libère aussi bien les énergies éthiques de la justice que la passion pour une religion excédant l'alternative ruineuse du fondationnalisme et de l'anti-fondationnalisme. Nous nous sommes ainsi laissé mettre en marche vers une conception moins possessive et plus ouverte du labeur théologique et éthique.

3) L'approche de Zygmunt Bauman nous a notamment permis de réconcilier la dimension critique de la postmodernité (faisant apparaître la modernité comme en incessant débat avec elle-même et donc comme porteuse d'une faille interne et d'une limite indépassable) et la tâche d'une éthique positive. La «crise de la modernité» analysée par la sociologie offre une occasion de reconstruction métamoderne, surmontant les illusions d'un fondationnalisme arrogant et riche en *possibles* éthiques non relativistes.

4) L'éthique religieuse elle-même est désormais à envisager dans sa *pertinence publique*[66] : telle est l'un des effets marquants de la postmodernité pour ce qui concerne l'éthique théologique. La boucle est ainsi bouclée, au moins provisoirement, avec les premiers chapitres de cet

---

66. Voir P. GISEL, «Résonances et mise en perspective. La théologie en condition postmoderne», in P. GISEL et P. EVRARD éd, p. 405-427, 426 s.

ouvrage, attestant de la corrélation dynamique entre la *publicité*, la *pluralité* et la *non-clôture* de l'éthique théologique.

5) Une perspective postmoderne requiert pourtant aussi, à notre avis, un traitement théologique plus substantiel, plus *thick* (épais) que *thin* (mince)[67]. Comme l'ont concédé Caputo[68] et redéployé Volf[69], la justice ne demande pas seulement de *maximiser la différence*, elle exige aussi de *diminuer la souffrance*. Elle est confrontée à la souffrance des innocents et exposée à la «nécessité imprévisible» du pardon. La réconciliation, base ultime de la reconstruction sociale, suppose que les ennemis acceptent de s'embrasser, d'ouvrir leurs bras, leur cœur, leur intelligence. *La critique postmoderne de la raison instrumentale et calculatrice ne doit donc pas se confondre avec le refus de la raison réconciliatrice*, qui n'a rien à voir avec une banalisation dialectique du mal ou une fuite un avant dans l'espérance bien-pensante, mais implique et appelle une dynamique de changement et de reconnaissance mutuelle. Derrida nous invite à aller plus loin: *la différence déconstruit l'indifférence, elle s'ouvre sur la reconnaissance des personnes, qui transcende le simple geste pourtant décisif de la différance*. Au bout du compte, la justice, tournant éthique de la déconstruction, pointe, au-delà de l'événement, vers *l'avènement des personnes comme sujets de l'agir et du souffrir*. Il y a donc non seulement du non déconstructible, ni même simplement des noms au pluriel, mais aussi du sujet irréductible au processus déconstructif et toujours singulier, apte à porter la responsabilité de ses actes[70].

L'individu ne se réduit pas à une «configuration complexe d'événements» ou à une «perspective»[71], *le nom que Dieu lui donne lui assigne un lieu, une figure, un destin, une vocation, toutes choses également non déconstructibles. C'est dire aussi que le sujet transcende le concept décanté d'une justice sans visages et sans corps et nous projette vers une anthropologie théologique positive.*

---

67. Pour reprendre en un contexte différent la distinction de M. WALZER, *Thick and Thin. Moral Argument at Home and Abroad*, Notre Dame-Londres, University of Notre Dame Press, 1994.
68. *Against Ethic*s, p. 92: «*After and apart from the minimization of suffering, justice is a question of the maximisation of difference*».
69. *Exclusion and Embrace*, p. 204. Volf inverse l'ordre des priorités par rapport à Caputo: la reconnaissance de la souffrance des innocents (Volf est croate et réfléchit en théologien au drame vécu par les peuples et les habitants de l'ex-Yougoslavie) est irréductible à une simple accentuation de la différence; elle donne à penser la singularité des victimes.
70. *Ibid*. Ce sera aussi l'approche de Touraine sur le plan politique et philosophique.
71. Ainsi J. CAPUTO, *Against Ethics*, p. 95, voir la critique que lui adresse M. VOLF, *Exclusion and Embrace*, p. 205.

CHAPITRE V

TRADITION, HERMÉNEUTIQUE ET USAGE DE L'ÉCRITURE

Dans ce chapitre, nous allons traiter de trois problèmes distincts et corrélatifs, dont l'approche conditionne à notre avis la compréhension des instances de légitimation et de motivation des différents systèmes éthiques dont les éthiques théologiques font aussi partie. La problématique de la tradition est traitée en premier, parce qu'elle s'impose à quiconque entend prendre au sérieux le défi de la postmodernité, mais aussi parce que, trop longtemps, elle a été négligée par la théologie protestante, avec des effets désastreux pour son élaboration d'une éthique en lien avec l'histoire et la culture. Ce sera le versant de la *mémoire* critique constitutive des identités morales.

La problématique plus large de l'herméneutique est ensuite abordée, dans la mesure où nos considérations précédentes sur la déconstruction et la postmodernité (voir chapitre IV) ne nous ont pas conduit à une opposition stérile avec l'herméneutique. Dans cette deuxième section, nous aurons à montrer en particulier comment l'herméneutique transcende la seule interprétation des textes bibliques et sa reprise homilétique et pourquoi son horizon est beaucoup plus vaste que ne le donnent à penser les théories herméneutiques dominantes en théologie protestante. Ce sera le versant de l'*interprétation* critique constitutive des identités morales. Nous en viendrons enfin au problème spécifique de l'usage de la Bible en éthique théologique, problème qui ne peut à notre avis être abordé qu'après clarification des thématiques de la tradition et de l'herméneutique, si l'on veut éviter les courts-circuits fréquents de l'éthique protestante en la matière. Nous parlerons ici du versant *légitimateur-motivationnel* constitutif de l'abord théologique de l'éthique.

TRADITION

Le renouvellement considérable de la réflexion éthique contemporaine, aussi bien dans le domaine philosophique que dans celui de la théologie, s'accompagne d'une multiplication de théories contradictoires, allant parfois jusqu'à l'incompatibilité, ce qui n'est pas sans effet, on s'en doute, sur le traitement concret des questions éthiques particulières. Je me propose d'abord de discuter certaines des thèses centrales d'Alasdair MacIntyre[1], afin d'éclairer deux problèmes centraux auxquels, à mon avis, toute théorie éthique finit par être confrontée.

Le premier de ces problèmes concerne le rapport systématique, à la fois formel et matériel, de la *tradition* et de la *raison*. On aura ici à envisager notamment le déséquilibre croissant qui s'est instauré, dans la pensée moderne, entre une conception formelle de la rationalité, saisie d'abord comme démarche ou comme procédure, et une conception matérielle des traditions concrètes, rendant difficile toute réflexion fondamentale sur le phénomène propre de la traditionalité[2]. À cet égard, la position de MacIntyre nous apparaîtra comme symptomatique d'une réaction traditionaliste se situant en deçà d'une approche vraiment ouverte de la traditionalité.

Le deuxième problème peut sembler beaucoup plus étroit et limité que le précédent, sans compter qu'il n'a pas fait l'objet, de la part de MacIntyre, d'une réflexion aussi poussée; pourtant, il surgit nécessairement dans la foulée d'une réflexion sur le rapport tradition-raison et, de plus, il se tient au cœur des tensions repérables dans le champ éthique actuel; je veux parler du cas particulier des *traditions religieuses* ou des croyances. De fait, comme nous aurons l'occasion de le préciser, ces traditions-là interfèrent dans la reconstruction du raisonnement pratique et des théories de la justice inhérents aux traditions analysées par MacIntyre.

---

1. Voir pour la discussion des thèses de MacIntyre notamment S. E. FOWL, «Could Horace Talk with the Hebrews? Translatibility and Moral Disagreement in MacIntyre and Stout», *Journal of Religious Ethics* 19/1, 1991, p. 1-20; P. J. MEHL, «In the Twilight of Modernity : MacIntyre and Mitchell on Moral Traditions and Their Assessment», *ibid.*, p. 21-54; J. STOUT, «Virtue Among Ruins», *Neue Zeitschrift für Systematische Theologie und Religionsphilosophie* 26/1984, p. 271 ss.; *Ethics after Babel*, Boston, Beacon Press, 1988. Pour A. MACINTYRE, je me référerai essentiellement à *Quelle justice? Quelle rationalité?* (1988), trad. M. Vignaux d'Hollande, Paris, Presses universitaires de France, «Léviathan», 1993, (cité *QJQR*), ainsi qu'à *After Virtue*, Notre Dame, University of Notre Dame Press, 1984², (cité *AV*).
2. Pour une analyse éclairante de cette problématique, voir avant tout P. RICŒUR, *Temps et récit*, t. III. *Le Temps raconté*, Paris, Éd. du Seuil, 1985, p. 318 ss. Ce n'est pas un hasard si Ricœur prend ici ses distances (autrement que Habermas) avec une «apologie de la tradition» (322) telle qu'on la trouve chez Gadamer, autre représentant, à côté de MacIntyre, du néo-aristotélisme contemporain.

Toute la question est de savoir si ce deuxième niveau de traditionalité relève de la même logique que le premier, autrement dit si la religion est réductible à la rationalité à l'œuvre dans chaque tradition, ou s'il ne doit pas plutôt faire l'objet d'un traitement distinct, propre à rendre compte de sa fonction systématique spécifique. Avec l'examen de ces deux questions, nous passerons d'une critique immanente des thèses de MacIntyre à leur mise en perspective externe, sans que ce décrochage corresponde uniquement et entièrement à la différence d'approche de la philosophie et de la théologie. Même si j'interroge ici MacIntyre à partir de mes intérêts de théologien et d'éthicien chrétien, je tiens à souligner, au moins à titre d'hypothèse, que le deuxième problème comporte sa logique philosophique irréductible.

L'intention philosophique de MacIntyre dans «Quelle justice? Quelle rationalité?» (problème 1).

Précisant et approfondissant la visée systématique de *After Virtue*, MacIntyre s'efforce, dans *Quelle justice?*, de penser les implications de sa théorie critique de la modernité en ce qui concerne le rapport de la tradition et de la raison. Qu'il le fasse en suivant le double fil rouge du *raisonnement pratique* et de l'*idée de justice* ne doit rien au hasard, dans la mesure où, mettant les cartes sur la table, notre auteur reconstruit les traditions étudiées en fonction de sa propre vision philosophique. Mais il faut bien voir que, malgré l'importance cardinale attribuée à cette double thématique, le principal problème de *Quelle justice?* réside davantage dans l'énoncé des rapports formels entre tradition et raison que dans les contenus particuliers qui se nouent au sein de chaque tradition. Il y a là sans doute un certain paradoxe du point de vue même de MacIntyre: la théorie du rapport formel tradition-raison dépend d'une vision matérielle de la vérité rationnelle propre à une tradition privilégiée, mais, en même temps, il est nécessaire de s'élever au niveau «méta-traditionnel» (terme que MacIntyre se garde bien d'employer!) du point de vue de l'universalité, afin d'arbitrer le «match des traditions». Dans l'optique matérielle, MacIntyre récuse un passage à l'universel de ce type-là, car il reviendrait à nier la théorie de la tradition mise en œuvre dans *After Virtue* et dans *Quelle justice?*[3]. Mais MacIntyre ne peut pas faire l'impasse, du point de vue formel, sur cette question de l'universalité. Dès l'instant où il la traite

---

3. Voir par exemple la réponse de MacIntyre à l'accusation de relativisme que lui adresse Robert Wachbroit : impossible, pour MacIntyre, d'arbitrer les traditions rivales à partir d'un point de vue extérieur; le seul recours possible serait celui d'une tradition qui, de fait, se montrerait supérieure dans le débat. MacIntyre croit fermement et ne cache pas que la tradition aristotélicienne est la mieux équipée pour l'emporter (voir «Postscript to the Second Edition», *AV* 276 s.).

comme une conséquence de sa théorie de la tradition, c'est cette théorie elle-même qu'il faut donc interroger en priorité. (D'autres théories, notons-le en passant, sont exposées à la difficulté inverse: partir d'une définition purement formelle, procédurale par exemple, de l'universalité, c'est courir le risque de sous-estimer la signification singulière de la traditionalité. En d'autres termes, approche communautariste et approche procédurale souffrent d'un défaut inverse, mais symétrique; seule une approche «plus riche», prenant en compte la dynamique de la tradition et de l'universalité, est en mesure d'échapper à de tels réductionnismes.)

Une autre critique de la modernité.

MacIntyre avait opposé de manière frontale, dans *After Virtue*, la tradition, figurée par Aristote, et la modernité, représentée par Nietzsche (*«the ultimate antagonist of the Aristotelian tradition»*, AV 259). Le privilège accordé au modèle aristotélicien était ainsi caractéristique du néo-aristotélisme de MacIntyre, dans la mesure où ce «retour à Aristote» advenait (de manière typiquement moderne!) sur le front polémique d'une critique de la modernité et de ses deux maladies congénitales, le relativisme et le perspectivisme, dont Nietzsche personnifiait la menace (le kantisme et l'utilitarisme – pourtant fortement combattus par Nietzsche! – n'en étant que des expressions dérivées). Dans *Quelle justice?*, MacIntyre se voit contraint de reprendre le débat, mais cela le conduit (nécessairement et même légitimement, de notre point de vue) à une appréciation plus nuancée des problèmes liés au surgissement du relativisme et du perspectivisme.

Que disait en effet MacIntyre dans *After Virtue*? La vague de fond philosophique exprimée par l'antagonisme Aristote-Nietzsche lui permettait de mettre en relief un autre antagonisme, culturel et pratique celui-là, que MacIntyre avait choisi (en 1981-1984) de placer sous le signe de Trotski et de saint Benoît. Le message était assez clair: le plus raffiné des marxismes était conduit à rompre avec l'optimisme intrinsèque du marxisme et donc avec le marxisme lui-même; le seul remède offert à la montée de l'individualisme se révélait divisé de l'intérieur. En en appelant à la vision bénédictine des communautés locales, MacIntyre en disait à la fois beaucoup et trop peu: il annonçait ainsi la visée communautariste de son projet politique et culturel, tout en entrouvrant la porte sur la dimension religieuse et même explicitement catholique d'un tel projet: l'évocation de saint Benoît signalait, sans le poser vraiment et donc sans pouvoir le résoudre, le passage de ce que nous avons appelé ici le problème 1 au problème 2 (voir la trop brève conclusion de la Postface à la seconde édition, AV 278: «The Relationship of Moral Philosophy to Theology»).

La raison d'être du relativisme moderne tient, selon MacIntyre, dans son incapacité à accepter un ensemble commun de valeurs ou, en termes plus aristotéliciens, de biens (*AV* 258) ou de principes universels (voir *QJQR, passim*). Or MacIntyre n'entend pas du tout surmonter le relativisme par un universalisme de type discursif, comme s'il existait une rationalité neutre (*QJQR* 394). Sur le plan politique, ce que dit MacIntyre dans sa théorie de la rationalité des traditions (*QJQR* chap. XVIII) doit être rattaché à ce qu'il a dit précédemment de la tradition aristotélicienne, où la diversité des biens n'apparaît que dans le contexte d'une cité particulière, de la *Polis* antique ou de communautés (voir par exemple *QJQR* 387s.) (sans qu'on apprenne grand-chose sur la structure concrète de ces communautés modernes: s'agit-il d'un État, d'une ethnie, d'une communauté d'intérêts?). On comprend dès lors la préférence marquée de MacIntyre, en vue de résoudre la crise épistémologique, pour l'émotivisme plutôt que pour le cognitivisme, et, en vue de surmonter plus spécifiquement le relativisme, pour la quête des biens[4] plutôt que pour l'infusion du Bien (Platon) ou de la Grâce (Augustin, saint Thomas).

L'approche de MacIntyre est donc résolument inductive et pragmatique. La solution préconisée au relativisme implique que soit également surmonté le perspectivisme, mais seulement dans la mesure où le perspectivisme serait érigé en dogme (moderne) d'une vérité inaccessible et où, par conséquent, l'éventualité de la victoire d'une tradition sur les autres serait exclue *a priori* (voir *QJQR* 394). MacIntyre n'a pas de certitudes à offrir, mais il fait confiance en la tradition qu'il s'est choisie. Son *pathos* pour la vérification a quelque chose de religieux et de missionnaire, mais d'une religion et d'une conscience missionnaire fortement sécularisées.

La notion de vérité.

Pour élucider sa vision communautariste des rapports entre tradition et raison, MacIntyre est amené à préciser sa conception de la vérité[5]. Il récuse en effet, successivement, différents modèles classiques. La vérité n'est pas de simple correspondance, que ce soit à l'esprit ou au monde, au sujet ou à l'objet; elle n'est pas non plus de simple consensus. Son critère décisif, pour MacIntyre, est celui de la cohérence interne à chaque tradition considérée. Soumettre les traditions au «test cartésien», ce serait disposer de vérités évidentes et inattaquables; MacIntyre s'inscrit en faux contre toute forme de transcendantalisme ou même de quasi-transcendantalisme cognitif. Mais soumettre ces mêmes traditions au «test hégélien», ce

---

4. Voir *AV* 275 (en réponse à R. Wachbroit).
5. P. RICŒUR déjà avait relevé la relation entre la problématique de la tradition et celle de la vérité (*Le Temps raconté*, p. 320).

serait vouloir les ramener à une convergence ultime, de type téléologique (*QJQR* 387). Pour MacIntyre, le conflit des traditions rivales ne se résout ni transcendantalement, ni téléologiquement; il ne peut l'être qu'empiriquement et historiquement, dans une sorte de recours «judiciaire». La vérité ultime des traditions, avec leurs ressources rationnelles propres, est «en procès», même si ce procès a lieu avec une forte présomption d'avantage pour la tradition aristotélicienne.

Ce que MacIntyre ne dit pas, ou pas assez, et dont on a de la peine à savoir s'il le *pense* vraiment, c'est que cet avantage d'une tradition particulière lui apparaît ainsi en fonction de la place qu'il lui assigne ou qu'il lui reconnaît, mais que, si l'on se tient dans une autre tradition, c'est sa propre prétention à la vérité qui semble la plus plausible. Dès lors, la compétition des traditions rivales peut bien apparaître, à maint critique de MacIntyre, comme une version subtile du relativisme et du perspectivisme. MacIntyre ne nous fournit aucun critère universel, commun à toutes les traditions, pour décider de la vérité des assertions avancées de part et d'autre. Il se contente d'appeler chaque tradition à parier sur sa plus grande plausibilité.

Ce qui paraît nouveau, dans l'approche de *Quelle justice?*, c'est que le diagnostic de relativisme et de perspectivisme posé, dans *After Virtue*, sur l'état dramatique de la morale (*AV* 256; «*in a state of grave disorder*») exige une solution plus radicale. Dans *After Virtue*, on pouvait avoir l'impression que le remède au relativisme et au perspectivisme découlait directement du privilège accordé à Aristote. Dans *Quelle justice?*, il devient beaucoup plus évident (et cela est dû, notamment, à l'attention extrême portée à la tradition écossaise et à ses liens avec la modernité) que pour répondre au double défi posé, il faut s'immerger dans les questions mêmes dont il témoigne. Aucune tradition ne saurait échapper au risque de crise épistémologique (*QJQR* 388 ss.). Malgré son insistance sur la consistance et la continuité des traditions particulières, MacIntyre n'a cessé de reconnaître en elles (et pas seulement dans le libéralisme) l'émergence d'apories rationnelles, d'impasses et de crises. Faut-il en conclure, se demande-t-il alors, à la vérité d'un relativisme modéré (*QJQR* 393)? MacIntyre déplace la question. Ou bien la crise surgit de l'intérieur d'une tradition: mais alors, il n'y aucune raison de désespérer des ressources de cette tradition, ressources inventives et créatives (MacIntyre se démarque du traditionalisme; la traditionalité, pour parler comme Ricœur, n'est pas le rabâchage stérile de la tradition). Ou bien, le défi relativiste émane d'un point extérieur à *toute* tradition (*QJQR* 394). Pour MacIntyre, c'est là l'impossible possibilité par excellence. Même le tenant du libéralisme le plus anti-traditionnel pense dans le cadre d'une tradition certes nouvelle, mais néanmoins constituée (voir *QJQR* 35 ss.: le libéralisme métamorphosé en tradition). Le relativisme absolu, c'est-à-dire délié de tout lien à une tradition, est donc impensable. Il semble bien que la seule

forme acceptable de relativisme, celle d'un relativisme modéré, s'exprime dans la thèse perspectiviste. Or le perspectivisme commet l'erreur de dissocier la tradition et la conception de la vérité, comme si on pouvait changer de conception de la vérité – ou de tradition – comme de chemise. Le perspectivisme n'est possible que pour une personne désengagée, sortie de tout contexte communautaire (*QJQR* 395) et réduite à l'aphorisme (Nietzsche!).
Nous revoilà donc au terme de la boucle paradoxale mentionnée précédemment. MacIntyre a tenté d'approfondir les raisons de la crise épistémologique constituée par le relativisme et par le perspectivisme, mais il finit par constater l'échec de l'un et de l'autre. En même temps, sa propre théorie de la vérité suppose une tension permanente d'indécision. La vérité n'est jamais indécidable, en principe, dans le cadre d'une tradition donnée. Mais elle demeure indécidée. Peut-on aller plus loin[6]?

La compréhension (tradition et traduction).

MacIntyre est en effet bien conscient de ne pouvoir éluder la question herméneutique soulevée par sa conception de la tradition: comment des traditions rivales, vouées chacune pour soi au principe de cohérence interne, peuvent-elles se comprendre? Le phénomène de transformation dynamique auquel toute tradition est confrontée ne conduit pas à la constitution d'un espace commun de compréhension, comme le voudrait la perspective hégélienne. L'innovation se heurte à des limites inéluctables, et le cas du ralliement aux arguments de la tradition rivale demeure exceptionnel (*QJQR* 397). MacIntyre en arrive dès lors à discuter le problème de la traduction; il le fait en récusant une conception instrumentale de la langue; la langue en usage, selon lui, demeure liée à un système de croyances particulier, et il n'est pas question de traduire cette langue, en sa totalité, dans «l'une des langues internationalisées de la modernité» (*QJQR* 407).
Pourtant, MacIntyre ne s'en prend pas qu'à la modernité, et à sa conception de la tradition et de la rationalité. Les postmodernes partagent, selon lui, la même illusion que les modernes, puisqu'ils supposent, eux aussi, la transparence principielle de la tradition étrangère, ou, en d'autres termes, la possibilité universelle de la traduction. Les modernes croient à l'adéquation du texte et de la traduction, les postmodernes à l'infinité des interprétations; mais il ne vient à l'esprit ni des uns ni des autres qu'un

---

6. On comprendra que la question se pose, dès l'instant où MacIntyre recourt à une conception objective de la vérité; chez Derrida, l'indécidabilité aura un statut positif, pour des raisons n'ayant rien à voir avec une théorie objective du vrai.

mode traditionnel de vie sociale ou intellectuelle puisse demeurer *inaccessible* à celui qui essaie de le comprendre (*QJQR* 415).

Pour MacIntyre, il faut donc tenir ensemble ces deux affirmations: d'une part, chaque tradition tient pour vrai ce qui lui apparaît comme tel dans le cadre de ses présupposés internes, mais, d'autre part, elle admet que, dans toute tradition rivale ou étrangère, demeure une zone d'inaccessibilité la rendant potentiellement supérieure (*QJQR* 416).

Nous avons donc affaire à ce que je pourrais appeler un double effet de surplomb ou de transcendance: alors même qu'à un premier niveau, langage et rationalité sont référés au cadre plus large de la tradition, la tradition elle-même est mise à l'épreuve de l'inaccessibilité.

Le mérite de MacIntyre doit être ici reconnu et mesuré: son refus d'avaliser la logique des Lumières, si contestable puisse-t-il être à l'aune du «discours philosophique de la modernité[7]», témoigne d'un légitime souci d'opérer une critique de la rationalité occidentale moderne dans sa prétention totalisante. Le fait que la tradition donne elle-même prise à un redéploiement de la rationalité à nouveaux frais et sur un niveau supérieur atteste à l'évidence, de mon point de vue, que la critique macintyrienne n'est pas purement réactive ou conservatrice. Elle répond en effet à la nécessité, reconnue par (presque) tous, de surmonter les apories d'une rationalité occidentale fonctionnant en vase clos. La reconstruction des traditions proposée par *Quelle justice?* contribue indéniablement à révéler le pouvoir de subversion et de dépassement en œuvre dans l'histoire de cette rationalité.

Traditions et croyances religieuses: redoublement ou tension? (problème 2).

Dans l'économie de la pensée macintyrienne, la tradition a pour fonction de surmonter et d'assumer les apories de la raison, et elle ne peut le faire, nous venons de le voir, qu'au prix d'une butée sur la limite de l'inaccessibilité. Nous touchons ici du doigt le deuxième problème évoqué au début de cette réflexion. La question peut se formuler ainsi: dans quelle mesure le privilège accordé à la traditionalité ne revient-il pas à une sacralisation indue d'une tradition particulière, en l'occurrence, pour MacIntyre, la tradition aristotélicienne? J'emploie à dessein le terme fort chargé de «sacralisation», pour mieux exprimer mon intention. En effet, je ne suis pas loin de penser que, chez MacIntyre, la traditionalité, comme procès formel subordonné à la finalité objective de la tradition aristotélicienne, tend à revêtir un rôle quasi absolu ou quasi religieux. Le pas, dans ce cas, ne serait pas loin qui conduit

---

7. Titre d'un ouvrage de J. Habermas, Paris, Gallimard, 1985.

au traditionalisme, malgré les précautions explicites de MacIntyre pour échapper à cette dérive.

Afin d'étayer mon hypothèse, il serait sans doute nécessaire de passer en revue, de manière exhaustive, toutes les traditions reconstruites par MacIntyre dans *Quelle justice?*, en se demandant à propos de chacune comment s'y joue le rapport de la tradition et de la croyance. Je me contenterai ici d'une réflexion générale, suivie d'une vérification concrète, limitée à l'une seule des traditions en cause.

À bien des égards, la lecture de MacIntyre éveille un soupçon: n'aurions-nous pas affaire ici à une identification progressive de la tradition et de la croyance religieuse, ou, dit plus largement et en des termes moins macintyriens, de la rationalité s'exprimant dans les processus traditionnels et de la dimension religieuse de la pensée, dimension irréductible, selon nous, à toute forme de rationalité, fût-ce celle, purement formelle ou phénoménologique, de la traditionalité?[8]

Nous avons un premier indice en ce sens dans la Postface de la deuxième édition de *After Virtue*, quand MacIntyre s'interroge, de façon plutôt succincte, sur l'articulation de la philosophie morale (sa discipline à lui) et de la théologie (*AV* 278). MacIntyre se contente ici de concéder à Jeffrey Stout que la reconstruction proposée dans *After Virtue* est incomplète et qu'elle devrait notamment s'intéresser davantage aux interactions historiques effectives de l'éthique et de la théologie. Non seulement, comme il le reconnaît, il eût fallu prendre en compte les réactions protestantes et jansénistes à Aristote, puis celle, bien différente, de Kant; mais on pourrait s'attendre à ce que MacIntyre prêtât davantage attention à la manière dont un F. D. Schleiermacher, dans ses différentes contributions à l'éthique philosophique et théologique, a renouvelé la problématique de la vertu en lien avec celle des biens et du devoir[9].

De manière plus fondamentale, on peut cependant noter un glissement progressif par lequel, chez MacIntyre, les croyances *(beliefs)* surgissant au sein des traditions particulières finissent par constituer la substance même de la traditionalité (voir *QJQR* 411), ce qui semble tout à fait cohérent eu égard à la théorie de l'inaccessibilité.

Sur cette tension entre la raison et la croyance, voire la religion, MacIntyre n'est guère explicite, et c'est sans doute aussi pourquoi ses discussions de Kant demeurent rudimentaires. MacIntyre entend ainsi résoudre un problème central de la modernité (notre problème 2) en

---

8. Voir ici les excellentes analyses de D. HERVIEU-LÉGER, *La religion pour mémoire*, Paris, Éd. du Cerf, 1993, p. 121-146. J'en cite notamment la thèse suivante, qui va tout à fait dans le sens qui me préoccupe ici : «*Tout ce qui, dans la modernité, a encore, ou de nouveau, trait à la tradition, n'a pas nécessairement partie liée avec le croire*, et ne relève donc pas nécessairement de la religion» (p. 142, le souligné est de l'auteur).
9. Voir mon article «Éthique des valeurs et éthique théologique», *Revue d'Histoire et de Philosophie Religieuse* 73, Strasbourg, 1993, p. 409-427.

dévaluant ou en occultant le caractère spécifiquement moderne de sa généalogie. Ce n'est pas pour rien que sa polémique se concentre contre les modernes et les postmodernes et qu'elle prend tout à coup un tour anti- ou même prémoderne: on ne saurait en effet relever une question inhérente à la pensée moderne en faisant l'impasse sur ses conditions généalogiques. En d'autres termes, seule une démarche métamoderne[10] peut subvertir la modernité en tant qu'espace indéniable de notre propre questionnement. MacIntyre n'échappe pas davantage à ce destin, puisque aussi bien sa mise en cause radicale de la modernité reste suspendue à une généalogie typiquement moderne.

La tradition augustinienne-thomiste comme test.

Parmi les trois principales traditions reconstruites (Aristote, la tradition augustinienne-thomiste, la philosophie écossaise; le libéralisme se métamorphosant après coup et presque à son propre insu en quatrième tradition), il est clair que c'est la deuxième qui est le plus porteuse de la tension entre les éléments laïques et les éléments religieux (voir *QJQR* 419).

Quelle justice? met en évidence, plutôt que la ligne traditionnelle de la synthèse aristotélo-thomiste, la continuité souterraine et essentielle entre l'héritage augustinien et la somme thomiste (voir les chapitres IX-XI). Dans un premier temps, MacIntyre souligne la différence entre Augustin et Aristote: la vision aristotélicienne de la justice s'inscrit dans le contexte de la cité antique, tandis que celle d'Augustin vise l'humanité entière; en outre, la cité n'est plus d'abord seulement celle des hommes, elle devient *civitas Dei* (*QJQR* 177). Ce renversement théologique est lié à une inversion anthropologique, puisque la psychologie de la raison fait place à une thérapie de la volonté mauvaise. L'écart est donc ici profond et même irréductible. La synthèse thomiste a bien pour but de réunir ces deux traditions rivales, mais, de fait, malgré son recours constant à Aristote, la *Somme théologique*, dans sa structure, est paulinienne et augustinienne: au traité de la loi divine, tant naturelle que révélée, succède le traité de la grâce (*QJQR* 197). On peut donc parler ici d'une «intégration d'éléments aristotéliciens dans un cadre paulinien et augustinien» (*QJQR* 198). C'est bien le seul cas, ou du moins le cas le plus frappant, où, contrairement à la théorie explicite de MacIntyre, deux traditions rivales et irréductibles entre elles se trouvent fusionnées. La démarche revient ici à une absorption, non à une juxtaposition de prétentions indécidables à la vérité.

---

10. Voir mes remarques: «Éthique et religion : une dialectique métamoderne», in *Les Lieux de l'action*, Genève, Labor et Fides, 1992, p. 69-78.

On le voit très clairement à la manière dont, selon MacIntyre, la conception augustinienne de la volonté est introduite dans le système aristotélicien (*QJQR* 206). Bref, chez saint Thomas, c'est «la conception augustinienne de la doctrine chrétienne de la nature humaine» (*QJQR* 209) qui a le dessus. Cela le conduit notamment à montrer «l'imperfection radicale de la conception aristotélicienne de la téléologie de la vie humaine» (*QJQR* 223). Selon MacIntyre, les héritiers de saint Thomas, n'ayant pas compris ce point, crurent bon d'en revenir scolastiquement à Aristote, au moment même où la crédibilité scientifique d'Aristote n'était plus de mise. Le jugement paraît s'imposer. Mais comment se fait-il, alors, que MacIntyre, en philosophe, veuille réintroduire Aristote comme tradition privilégiée? Cela ne serait-il pas dû à une difficulté, chez MacIntyre lui-même, à penser *pour aujourd'hui* l'articulation des éléments laïques et des éléments religieux?

Bilan.

1) MacIntyre ne s'est pas contenté de postuler un reste d'inaccessibilité au sein des traditions rivales, comme condition de possibilité d'un début d'intercompréhension; il y a ajouté la nécessité d'un recours positif à «l'imagination conceptuelle emphatique» (*QJQR* 425). La clôture de la tradition n'est donc jamais absolue, ni quant aux prétentions à la vérité, ni quant à la situation du sujet et à son contexte communicationnel. Certes, la théorie de MacIntyre met en œuvre une dialectique de l'identité et de l'altérité qui n'est pas aussi fermée que cela à l'intervention créatrice et surprenante de l'altérité; mais le communautarisme qui lui sert de cadre «politique» (au sens aristotélicien) implique qu'il est très difficile de passer du langage des traditions au langage méta-traditionnel de la rationalité commune et de l'universalité. Le sol traditionnel de chaque sujet semble pour ainsi dire soustrait à toute intégration rationnelle et argumentative (voir *QJQR* 424), comme si le fait de reconnaître mes allégeances à telle tradition particulière me fermait *ipso facto* toute possibilité d'en rendre compte publiquement et rationnellement. Le retour quelque peu massif à la tradition chez MacIntyre s'est opéré au prix d'un divorce abstrait de la tradition et de la raison, ce qui a pour effet, me semble-t-il, d'affaiblir la rationalité de la tradition, mais aussi d'appauvrir les ressources et les assises traditionnelles de la rationalité. Or seule une dialectique beaucoup plus ouverte de la tradition et de la raison est en mesure, à notre sens, de faire place à une théorie spécifique des traditions et des croyances religieuses, de sorte qu'elles ne soient pas un simple appendice ou un redoublement sacralisant de la traditionalité générale préconisée. Ainsi, l'approche du problème 1 conditionne celle du problème 2, et, réciproquement, la prise en compte du problème 2, comme

un problème distinct du problème 1, contraint à remettre en cause la rigidité dogmatique de la solution macintyrienne au problème 1. Si l'on accepte de réviser et d'élargir le cadre proposé par MacIntyre, il devient nécessaire de penser autrement les rapports entre l'éthique philosophique et l'éthique religieuse. Plutôt que de les poser en traditions rivales, on pourrait les reconnaître dans leur spécificité, l'une portant sur les motivations rationnelles et pragmatiques de l'agir et de l'existence des humains, l'autre s'efforçant de comprendre cet agir et cette existence dans la perspective d'un Dieu subvertissant l'histoire.

2) L'échec de MacIntyre à rendre compte de la rationalité des traditions incombe à son refus principiel de penser les conditions spécifiquement modernes d'un dépassement éventuel de la modernité. En fait, la vision des traditions rivales élaborées par MacIntyre suppose et atteste la légitimité d'une forme de pluralisme. Plutôt que de vouloir assumer les chances et les risques d'un tel pluralisme, ce qui implique à mon sens une définition ouverte et non dogmatique de la pluralité des opinions et du conflit des interprétations, MacIntyre recourt à un concept dogmatique de tradition qui représente un recul volontaire en deçà des conditions mêmes de la pensée moderne. MacIntyre a certes le droit de récuser cette pensée moderne, telle que du moins il croit devoir la reconstruire, mais il ne se rend pas compte, ce faisant, qu'il prétend résoudre un problème typiquement moderne par la négation de ses conditions minimales d'émergence. C'est une erreur rédhibitoire, surtout de la part de quelqu'un qui plaide (à juste titre) pour la prise en compte de l'inscription généalogique des traditions.

3) Il découle des considérations précédentes qu'à ces objections externes exprimées à l'encontre du projet macintyrien, il est possible d'ajouter des objections internes, touchant à sa manière d'énumérer et de classifier les traditions:

– Que devient, dans l'opération reconstructive macintyrienne, une tradition spécifique comme la tradition protestante? Peut-elle vraiment être ramenée, comme semble le penser MacIntyre, à une simple prolongation théologique de la tradition augustinienne? La préoccupation organisationnelle et institutionnelle d'un Jean Calvin n'est-elle vraiment que l'héritage du pape Grégoire VII (*QJQR* 173)? Certes, MacIntyre fait aussi droit à l'influence protestante dans sa reconstruction de la tradition écossaise. Mais ne faudrait-il pas penser, de manière plus élaborée, ce qui, dans la tradition protestante comme telle, se distingue à la fois de l'augustinisme et de l'humanisme de la Renaissance, et ce qui, au cours de son développement spécifiquement moderne, l'a conduite à accepter les conditions de la modernité tout en en discutant les préjugés? On verrait peut-être alors qu'une telle tradition, dans l'importance qu'elle donne à la théologie, à la spiritualité et à l'éthique, ne se confond ni avec la tradition écossaise, ni avec le libéralisme métamorphosé en tradition.

– On peut se demander, en outre, pourquoi MacIntyre, parmi les figures de la modernité, sélectionne le libéralisme, entendu de manière assez caricaturale. Les Lumières, comme réflexion critique de la modernité, ne pourraient-elles pas faire l'objet d'une reconstruction spécifique, ainsi que l'a tenté, notamment, J. Habermas dans son *Discours philosophique de la modernité*? Comment expliquer le silence de MacIntyre à ce sujet, sinon par une identification abusive et inexacte entre modernité et libéralisme?

– Je n'ai donné ici qu'un exemple, tiré de mon expérience et de ma réflexion de théologien protestant, et un autre, faisant appel à une distinction entre libéralisme et modernité. Il est envisageable, sans doute, d'ajouter d'autres données, susceptibles d'enrichir et de modifier la taxinomie macintyrienne des traditions. Mais la question n'est pas que descriptive; elle rebondit sur le plan des principes. Il se pourrait, en effet, que cette classification – fortement orientée – soit la seule possible dans le cadre des prémisses doctrinales de MacIntyre.

Approfondir et élargir la conception des traditions et de la raison, faire droit aux exigences propres du religieux, en particulier en sa forme judéo-chrétienne, telles semblent être les conditions d'une meilleure compréhension des liens et de la différence entre l'universalité de l'éthique et la singularité de sa configuration chrétienne, sans succomber aux charmes désuets et ambigus du traditionalisme, mais sans non plus emboucher les trompettes d'un modernisme arrogant et stérile.

HERMÉNEUTIQUE

La mode actuelle de différents formalismes ainsi que l'inclination à une certaine approche de déconstruction[11] risqueraient de nous faire oublier que, dans la règle, le travail d'élaboration théologique présuppose la priorité fondamentale d'un *contenu articulé et repérable*, qu'on l'appelle «foi chrétienne», «Évangile», «révélation», «christianisme», «fait

---

11. Soucieux de conserver notre liberté face aux différents paradigmes retenus dans cet ouvrage, nous n'avons guère de difficulté à insérer à ce stade la catégorie d'herméneutique, qui fait pourtant l'objet de critiques récurrentes, notamment de la part des tenants de la déconstruction, Derrida en tête. Les pages qui suivent pourraient être comprises d'une certaine manière comme la déconstruction de l'herméneutique *gadamérienne*. Mais elles entendent signifier aussi qu'il n'existe pas de monopole quant à la compréhension de l'herméneutique; ici, nous interrogeons le modèle gadamérien; à un autre moment, nous reprenons le concept ricœurien d'herméneutique, qui nous paraît plus large et plus général. Ce qui ne nous empêchera pas de discuter en finale certains présupposés de Ricœur.

chrétien», etc. Pour reprendre les termes de l'herméneutique gadamérienne, la «vérité» précède la «méthode», ou, si l'on part de l'intérêt pour la méthode elle-même, la méthode est formée et informée par la vérité. Il ne saurait être question de réduire ou de dissoudre la vérité à l'aune purement formelle d'une méthodologie valable pour elle-même ou dotée d'une universalité abstraite. En d'autres termes encore, on ne saurait, en théologie chrétienne tout particulièrement, subordonner la vérité ultime de la doctrine aux modalités formelles du discours herméneutique.

Même si l'approche des rapports entre Bible et éthique que nous développerons plus loin restera à bien des égards encore toute *formelle*, et fortement conditionnée par une perception implicite des enjeux herméneutiques, nous n'en acceptons pas moins que notre vision de l'éthique s'appuie *matériellement* sur un certain *a priori*, puisqu'elle se reconnaît, de fait et de droit, comme une éthique *théologique*. L'espace de signification délimité par les connexions entre Bible et éthique constitue de ce point de vue une *formulation provisoire*, prédoctrinale ou prédogmatique si l'on veut, de la *chose* elle-même (la célèbre *Sache*, selon le pathos théologique et philosophique cher aux Allemands) dont il est question, en profondeur, dans une éthique théologique digne de ce nom.

À cette structuration doctrinale de l'herméneutique correspond, sur le plan éthique, la précédence constitutive du contenu sur la forme et sur la procédure. L'éthique procédurale n'est jamais, autrement dit, qu'une méthodologie au service de la discussion sur les contenus, les représentations et les symboles qui nourrissent le champ éthique dans sa pluralité et dans sa conflictualité constitutives.

Gadamer a puissamment exprimé le tournant ontologique de l'herméneutique à l'aide de la catégorie du jeu, compris, non comme jeu de langage au sens de Wittgenstein, mais comme advenir du sens prenant pour ainsi dire possession de l'être humain dans l'acte de la compréhension[12]. On devra parler dans le même sens d'un advenir de l'éthique dans la réflexion du sujet, et donc d'une précédence de la vérité éthique sur la procédure de son appropriation herméneutique.

Ni monument ni utopie :
nécessité de l'interrogation critique.

Cependant, la nécessaire affirmation de la priorité systématique de la vérité sur la méthode comporte un risque auquel ni Gadamer, ni les tenants d'une herméneutique du même type ne semblent pouvoir échapper. Je veux parler de leur interprétation sous-jacente de la priorité de la vérité en

---

12. *Vérité et méthode* (1960, 1972³), éd. intégrale, Paris, Éd. du Seuil, 1996, p. 515-516.

termes de fondement (*Grund*) et de monument, interprétation qui présuppose à son tour une conception chronologique de l'idée même de priorité.

On le voit bien à la lecture de certains écrits du philosophe italien Gianni Vattimo. Par crainte de céder à l'attrait typiquement moderne pour le progrès et l'utopie, le philosophe italien concède trop vite à Gadamer le caractère foncièrement monumental de la vérité et donne du même coup du crédit au thème de la continuité en herméneutique[13]. Dès lors, l'acte de l'interprétation apparaît tiré quasi uniquement du côté de la repristination du passé. La dimension proprement exposée, risquée et créatrice de l'interprétation critique, comprise comme une intervention actuelle, à même le présent, en est ainsi occultée. S'il est vrai, comme le dit Ricœur à l'aide de concepts forgés par Reinhard Koselleck, que l'interprétation se situe toujours à la croisée d'un «horizon d'expérience» et d'un «horizon d'attente», alors c'est de l'expérience comme telle qu'il faut partir, expérience éminemment présente, toute traversée qu'elle soit des stases du passé interprété et de l'avenir imaginé.

Je vois pour ma part une complicité de fait entre le «paradigme monumentaliste» gadamérien et ce que j'appelle critiquement le «paradigme homilétique» de l'herméneutique théologique. Tous les deux privilégient à l'excès, en effet, l'application et l'appropriation immédiates et directes du passé et des messages qui s'y condensent, au détriment de l'implication historique totale du sujet interprétant. C'est pourquoi d'ailleurs nous parlerons d'un *usage* de l'Écriture en éthique, et non pas d'un rôle qu'elle viendrait y jouer de manière objectivante et extrinsèque.

Que faut-il entendre par cette notion énigmatique d'implication historique totale du sujet interprétant?

1) Le sujet est constitutivement lié à une expérience historique, dont il prend conscience au fil de ses réflexions et de ses pratiques. Je ne pense pas seulement ici, d'une manière trop étroitement académique, à l'historien, à l'exégète ou à l'herméneute professionnels. J'ai en vue, plus largement, la situation existentielle de l'être humain en tant que tel, la structure fondamentale de son expérience du monde et de la vie.

2) Le sujet ne se penche pas sur le passé, le sien ou celui de ses proches (de sa tribu, de son groupe, de sa tradition), par simple curiosité anecdotique ou même historique (au sens étroit du terme), mais toujours, en définitive, pour se comprendre lui-même en tant que sujet et acteur de sa propre histoire et en tant que pièce significative (si petite et insignifiante soit-elle par ailleurs) du grand puzzle ou du jeu que constitue «le monde»[14].

13. *Éthique de l'interprétation* (1989), Paris, La Découverte, 1991, p. 133-148: «De l'être comme futur à la vérité comme monument».
14. Je tiens beaucoup à ces précisions, qui signalent les limites d'une conception par trop romantique et individualiste, dans la formulation

3) L'acte de l'interprétation n'est donc pas étroitement tourné vers le passé, mais il *interroge* toujours le passé et le présent dans le but d'entrouvrir un avenir.

Les exemples permettant de vérifier cette théorie ne sont guère difficiles à trouver.

Ainsi, quand le généalogue Michel Foucault, l'historien Peter Brown, le sociologue Edmund Leites, les théologiens Éric Fuchs ou Eugen Drewermann rouvrent le livre si complexe de l'histoire de la sexualité humaine et de ses rapports contrastés avec les religions, chacun à sa manière est à la recherche d'une éthique de la sexualité adaptée à notre temps. Aucun n'est mû par un intérêt purement et étroitement «historique» ou «scientifique». Tous inscrivent leur recherche de sens dans un projet d'expérience (cela est particulièrement sensible chez Foucault, Fuchs et Drewermann, mais on aurait tort de croire que les autres auteurs soient totalement désintéressés).

Autre exemple: quand l'historien de la Révolution française François Furet, au terme de sa carrière, compose son magistral ouvrage *Le Passé d'une illusion*[15] consacré à la compréhension du communisme soviétique et international, comment ne pas voir qu'il utilise sa compétence acquise sur le champ de la Révolution française non seulement pour mettre en évidence les différences majeures de la «révolution» soviétique, mais avant tout pour comprendre comment il a pu *lui-même* être durant plusieurs années de sa jeunesse un militant communiste parfaitement sincère. Son livre n'en acquiert que davantage de pertinence interprétative et de force politique, au sens le plus large de cette dernière expression.

Le sens commun, reproduit trop naïvement par les paradigmes monumentaux et homilétiques, laisse croire que ce serait l'événement-texte d'Octobre 1917 qui serait porteur du message initial et qu'il s'agirait ensuite d'en dégager le sens. *Or l'herméneutique, dans mon hypothèse critique, procède selon l'ordre inverse: elle essaie de remonter de l'événement-texte (Staline, Front populaire, Esprit du capitalisme) à la matrice supposée lui donner ou lui enlever sens.*

L'éthique sociale et la méthode herméneutique rétrojective et projective.

Il découle de ce qui précède que la détermination substantielle et doctrinale de la vérité éthique particulière (comprise comme *corpus*

---

bultmannienne traditionnelle, de l'autocompréhension. La compréhension de soi a des implications sociales, éthiques et politiques inéluctables, immanentes à son geste même.
15. Paris, Robert Laffont, 1995.

contingent et jamais comme entité métaphysique à la Hegel) est cependant inséparable de son déploiement historique. Ce point demande explicitation, sous l'angle philosophique, mais aussi dans ses incidences théologiques.

Nous sommes en effet habitués à penser la vérité comme un commencement ou un début, au sens diachronique et événementiel de ces termes. Or l'appréhension de la vérité n'est jamais que l'acte réfléchi du sujet, *hic et nunc*. Il faut soutenir que si, dans l'ordre de la réalité, le *logos* des choses précède les choses, dans l'ordre de la connaissance, la saisie du sens constitue la seule voie d'accès au *logos* des choses.

Cet axiome philosophique, inspiré de la phénoménologie, ne signifie nullement la dissolution de la vérité dans la méthode, il indique seulement, mais de manière décisive, le *mode d'accès humain* au vrai, au beau, au bon et au juste. Or une telle perspective suppose l'historicité de l'homme interprète et de l'homme agissant.

Notre volonté de tracer les voies d'une cohérence minimale entre le point de vue philosophique et le point de vue théologique nous conduit à prolonger les réflexions qui précèdent en les appliquant directement à l'herméneutique théologique et à ses implications pour l'éthique théologique.

Jusqu'ici, l'herméneutique théologique chrétienne a vécu de l'illusion protologique, autrement dit de l'illusion de pouvoir procéder à partir de l'origine.

Cette illusion protologique ne sera pas résolue simplement par un déplacement de l'origine. Car l'illusion protologique ne tient pas seulement à une difficulté interne du christianisme avec son origine[16], elle marque toute pensée qui croit pouvoir partir d'un commencement extérieur au lieu même de son élaboration.

Cette dernière affirmation demande à son tour clarification, étant donné le malentendu qui menace de la miner de l'intérieur. En termes traditionnels, le *hic et nunc* de l'expérience chrétienne fait référence à un *illic et tunc*, à la fois historique et théologal, irréductiblement extérieur à l'intériorité et à la synchronie de l'expérience actuelle. En dénonçant le mythe d'une pensée qui poserait l'origine comme pure extériorité, ne mettons-nous pas en péril le fait chrétien lui-même, en tant qu'il se fonde sur un *extra nos* incommensurable au *pro nobis* et à l'*in nobis* de l'expérience subséquente que nous pouvons en faire ? Dans la formulation classique qu'a donnée Karl Barth à cette problématique, ne serions-nous pas en train de dissoudre l'objectivité de la vérité chrétienne dans la subjectivité de l'expérience herméneutique[17] ?

16. Voir les questions posées par D. SIBONY au christianisme, *Les Trois Monothéismes*, Paris, Éd. du Seuil, 1992.
17. C'était le *ductus* de l'interrogation critique de la théologie schleiermachérienne par K. BARTH dans son cours de 1923-1924, voir *Die Theologie*

C'est justement à cette objection qu'il faut parer. On ne pourra y parvenir, à mon sens, qu'en dénonçant et en surmontant le colossal malentendu que l'objection annonce dans la manière même dont elle est formulée[18].

Notre propos n'est pas de réduire l'objectif au subjectif, l'absolu au relatif, le passé au présent, la doctrine à la vie, la vérité à la réalité, la dogmatique et l'éthique à l'herméneutique, mais de *réfléchir critiquement et lucidement sur les conditions de possibilité à partir desquels la vérité advient dans l'expérience.*

Le modèle de l'herméneutique gadamérienne, auquel nous nous sommes brièvement référé plus haut, balisait déjà à sa manière le dépassement que nous avons en vue, en accentuant le tournant ontologique de l'herméneutique. Dans l'expérience qu'est le langage et dans les méthodes de l'herméneutique, il y va de l'advenir de la vérité dans l'être.

Cela dit, on ne saurait passer sous silence les trois principales faiblesses du modèle gadamérien[19]. D'abord, l'être dont parle Gadamer demeure une catégorie de l'existence, et ne s'étend pas à l'horizon de la société. Le tournant ontologique n'est qu'un tournant existential, peu capable de penser la dimension sociale, politique et cosmique de l'être humain. Seule une théorie herméneutique incluant le moment social, politique et «mondain» *(weltlich)* de la tradition sera à la hauteur des exigences et des espérances d'une éthique sociale intégrale.

Schleiermachers, in *Barth Gesamtausgabe,* t. II, Zurich, Theologischer Verlag, 1978 (où la présentation de l'herméneutique est soudain interrompue, comme si les questions critiques rendaient Barth muet d'indignation, voir p. 327). Le même thème est repris aujourd'hui à nouveaux frais par l'école de Yale, voir en particulier W. C. PLACHER, *Unapologetic Theology. A Christian Voice in a Pluralistic Conversation,* Louisville, Westminster-John Knox, 1989, p. 160 (en dialogue critique avec David Tracy). Hans Frei a questionné quant à lui le traitement séparé de l'herméneutique chez Schleiermacher et avait jugé plus fécond la théorie hégélienne de l'interprétation comme science du savoir manifeste, voir *The Eclipse of Biblical Narrative,* New Haven-Londres, Yale University Press, 1974, p. 288.

18. C'est le mérite de William C. Placher d'apporter ici un point de vue plus nuancé que d'autre tenants de l'école de Yale, Stanley Hauerwas notamment.

19. Elles ont été fortement indiquées par J. Habermas et J.-M. Ferry. P. Ricœur, lui, reste plus attaché au modèle gadamérien, non sans souligner la dimension critique du «style de traditionalité» envers la «Tradition». Dans une note fort significative, P. RICŒUR conteste la surévaluation, chez Habermas, de la «coupure de la modernité» et sa tendance à entériner la sécularisation comme une valeur, au point d'exclure de la discussion ceux qui ne partagent pas l'*a priori* nietzschéen de la mort de Dieu (*Soi-même comme un autre,* Paris, Seuil, 1990, p. 333 n. 2). Dans la même ligne, William C. PLACHER unit Habermas et Rawls dans leur incapacité à faire place à ceux qui se réfèrent à une tradition autre que le libéralisme (entendu en un sens large), *op. cit.,* p. 85 s. Si je suis d'accord avec Ricœur quant à la nécessité d'une théorie positive de la tradition et d'un élargissement de la modernité, comprise elle-même comme une tradition parmi d'autres mais décrivant mieux notre condition culturelle, je ne pense pas que Gadamer soit ici suffisamment critique. D'où mes remarques.

Ensuite, la théorie gadamérienne de la fusion des horizons privilégie, dans la réalisation de l'acte de comprendre, la logique linéaire et anhistorique de l'application *(Anwendung)*, au lieu de mener dans toutes ses conséquences la thèse de l'historicité du langage et du comprendre. La compréhension – mieux encore: l'interprétation – suppose la reconstruction *critique*, passée au feu de l'expérience *généalogique*.

Enfin, Gadamer ne nous donne pas les moyens véritables de penser la *pluralité du sens* qui se tient à l'horizon de l'effort de comprendre, il évacue de fait le caractère constitutivement conflictuel de l'interprétation[20]. Cette troisième remarque suppose que la reconstruction critique, comme d'ailleurs la généalogie critique, ne se réduisent pas, comme chez Michel Foucault ou les tenants de la déconstruction, à une opération individuelle et monologique: elles doivent se révéler communautairement et publiquement discutables selon une logique critique et communicationnelle.

Nous pouvons ramasser cette triple objection dans une remarque plus synthétique: le modèle gadamérien demeure implicitement soumis au présupposé *protologique* d'une précédence ontologique de la vérité. Or nous prétendons qu'il faut au contraire partir du présent pour saisir ce qui se passe dans l'usage du passé et dans la référence aux traditions qui nous portent.

En des termes qui nous rapprochent davantage de la théologie, cela revient à dire que nous devons nous interroger sur le travail qui est à l'œuvre dans l'*usage* des textes bibliques et que c'est à partir de cette sollicitation actualisante et reconstructive de l'Écriture que nous serons en mesure de faire apparaître le champ complexe des intérêts et des conflits en jeu dans notre labeur herméneutique.

Nous venons d'exprimer, sous une forme nouvelle et plus explicite, le présupposé fondamental qui nous pousse à substituer au modèle homilétique traditionnel de la théologie et de l'éthique protestantes le modèle généalogique, critique et reconstructif, seul à même de rendre compte, selon nous, de la réalité de nos conflits théologiques et de la pertinence du théologique dans la réalité de nos conflits.

Le présupposé homilétique, dévoilé comme traditionnel, consiste en effet à tabler sur l'*application*[21] directe et immédiate du sens du texte biblique pour nous. Le présupposé généalogique, critique et reconstructif postule à l'inverse que c'est nous (communautés, individus, prédicateurs, journalistes, etc.) qui choisissons les textes susceptibles d'orienter nos décisions et notre vie, et que c'est à l'intérieur de ce choix, guidé par nos intérêts plus ou moins légitimes et par nos intuitions plus

---

20. *Cum grano salis*, cette dernière critique pourrait s'adresser aussi à David Tracy.
21. Un thème que l'herméneutique issue de Schleiermacher et de Gadamer n'a pas réussi à surmonter critiquement.

ou moins bien fondées, que peut apparaître l'extériorité du kérygme, l'*extra nos* susceptible de relancer le mouvement intérieur de notre responsabilité.

Il serait erroné de penser, d'autre part, que la critique de l'illusion protologique et de ses effets homilétiques doive nous jeter dans les bras d'une perspective eschatologique ou téléologique. Nous n'opposons pas le passé et le futur, mais nous nous interrogeons sur leur place, leur sens et leur fonction transformatrice au sein du présent. En termes théologiques classiques, nous dirons donc que la légitimation de la préférence pour le présent comme point de départ du geste généalogique, critique et reconstructif (et donc de la déconstruction bien comprise) est à chercher dans une conception dynamique et historique du Saint-Esprit. *La pneumatologie réinterprétée est le pendant théologique de la déconstruction*[22].

Comment cette affirmation éclaire la pratique effective de l'éthique théologique et comment elle évite les pièges de l'illuminisme et de l'immédiateté charismatique, nous aurons à le montrer dans la compréhension même de l'Esprit comme puissance à l'œuvre dans l'histoire et aux prises avec les médiations.

L'USAGE DE L'ÉCRITURE EN ÉTHIQUE THÉOLOGIQUE

La discussion internationale sur ce point est intense. Aux États-Unis, la contribution de James M. Gustafson[23] et les ouvrages de Bruce C. Birch et Larry L. Rasmussen[24] et de Allen Verhey[25] ont considérablement contribué à renouveler le sujet.

---

22. Pour les base d'une pneumatologie critique, voir M. WELKER, *Geist*, Neukirchen, 1994; P. GISEL, *La Subversion de l'esprit*, Genève, Labor et Fides, 1993, demeure encore assez traditionnel, en privilégiant à l'excès la catégorie de l'accomplissement, qui me paraît sournoisement protologique.
23. «The Changing Use of the Bible in Christian Ethics», in Ch. E. CURRAN et R. A. MCCORMICK, *Readings in Moral Theology*, t. IV : *The Use of Scripture in Moral Theology*, New York, Paulist Press, 1984, p. 133-150. L'original du texte de J. GUSTAFSON remonte à 1965 déjà: «The Place of Scripture in Christian Ethics», in *Theology and Christian Ethics*, Philadelphie, Pilgrim Press, 1974, p. 121-145.
24. *Bible and Ethics in the Christian Life*, éd. révisée, Minneapolis, Augsburg, 1989.
25. *The Great Reversal: Ethics and the New Testament*, Grand Rapids, Eerdmans, 1984. Voir sa mise au point récente: «Scripture and Ethics: Practices, Performances and Prescriptions», in L. S. CAHILL et J. F. CHILDRESS éd., *Christian Ethics. Problems and Prospects*, Cleveland, The Pilgrim Press, 1996, p. 18-37 (Verhey se réfère à J. M. Gustafson, à qui l'ouvrage est dédié, et fournit de nombreuses indications bibliographiques sur l'état de la discussion nord-américaine). Les chiffres entre parenthèses dans le texte renvoient à cet article récent de Verhey.

Gustafson avait distingué en 1974 quatre modèles du recours à l'Écriture en éthique chrétienne: 1) l'Écriture est utilisée comme loi révélée; 2) l'Écriture est utilisée comme la révélation d'un ensemble de valeurs; 3) l'Écriture est utilisée comme un ensemble de «jugements» moraux effectués dans des circonstances historiques analogues à nos circonstances contemporaines; 4) l'Écriture est utilisée comme le témoignage rendu à «une grande variété de valeurs, de normes et de principes moraux» *via* la différenciation interne de la littérature biblique (canonique et extracanonique)[26].

Le caractère simplificateur des deux premiers modèles les rendant intenables, et le troisième modèle butant sur la difficulté des critères de l'analogie, Gustafson privilégia clairement le dernier modèle, le *great variety model*, plus conforme aux réalités historiques et littéraires du christianisme primitif. Une des conséquences majeures, pour Gustafson, était que l'Écriture représentait une condition nécessaire, mais non suffisante de l'élaboration théologique de jugements éthiques contemporains. Thèse qu'il s'agit de comprendre comme un plaidoyer raisonnable pour une articulation de la tradition, de l'herméneutique et de l'Écriture, chacune dans son rôle spécifique, et non comme une dévalorisation du principe réformé de la *sola scriptura*, qui doit être réinterprété comme balisant l'horizon ultime de la *légitimation* et de la *motivation* de l'éthique théologique et, sur le terrain, de l'éthique des chrétiens.

Selon Verhey, les principales thèses de Gustafson ont donné lieu à un large accord aux États-Unis (21), si on met à part certaines critiques radicales de Michael Cartwright dénonçant l'échec du libéralisme théologique à rendre compte des «valeurs éternelles» présentes dans l'Écriture[27].

Verhey estime plus constructives et plus sérieuses, parmi les contributions venues ébrécher cet accord, l'accentuation sur le lecteur et la critique de la différence entre le sens d'alors et le sens d'aujourd'hui *(meaning then – meaning now)*, d'une part, l'insistance sur la communauté ecclésiale et son enracinement social comme lecteurs de l'Écriture, d'autre part (22 ss.).

Ces tendances nouvelles de l'exégèse, également très présentes en Europe[28] et indissociables de l'émergence de la postmodernité[29], éprouvent parfois une certaine difficulté méthodologique et herméneutique à rendre

---

26. «The Place of Scripture in Christian Ethics», p. 134.
27. «The Uses of Scripture in Christian Ethics – After Bakhtin», *The Annual of the Society of Christian Ethics*, 1992, p. 263-276, cité par A. VERHEY, «Scripture and Ethics», p. 21.
28. Voir U. LUZ éd, *La Bible, une pomme de discorde?*, Genève, Labor et Fides, 1992.
29. Voir THE BIBLE AND CULTURE COLLECTIVE, *The Postmodern Bible,* New Haven-Londres, Yale University Press, 1995, notamment le chapitre I, p. 20-69 pour la discussion de la critique axée sur le schème lecteur-réponse *(Reader-Response Criticism)*.

compte de la *distance historique* entre le passé et le présent[30]. Dans notre propre projet généalogique et reconstructif, la rétroaction du lecteur actuel sur le texte et ses lecteurs d'alors ne supprime pas cette distance, mais la radicalise et l'affine.

Revenons-en à la discussion du *great variety model*, modèle qui tentait de concilier la distance historique et la diversité synchronique. Tandis que Michael Cartwright soulignait l'importance des «chaînes de signification» bibliques dont disposent les communautés ecclésiales, Stephen E. Fowles et L. Gregory Jones ont critiqué le consensus autour des thèses de Gustafson. Ils ont contesté la notion même d'usage de l'Écriture, qui trahirait selon eux une subordination utilitariste de l'Écriture aux préoccupations modernes de l'éthique[31]. Ils considèrent l'Écriture comme «un étranger au milieu de nous» *(outsider in our midst)* et ainsi comme un *analogon* des *outsiders* auxquels la communauté chrétienne est confrontée (homosexuels, juifs, pauvres, etc.). La Bible n'est donc pas là pour créer un accord, mais pour rappeler l'Église à son essentiel *décentrement*, avec les conséquences éthiques que cela comporte: la conception éthique «mondaine» des membres de l'Église n'est jamais automatiquement identique au message biblique en la matière. Un écart demeure, source de vitalité et d'ouverture, potentiel de rencontre avec les hommes et les femmes se réclamant d'autres croyances ou d'autres valeurs.

On le voit, le modèle de Fowles et Jones comporte des éléments importants et précieux. Verhey s'efforce de l'intégrer, non comme une critique radicale du modèle de Gustafson, mais comme une reconstruction critique positive. Pour lui, le point essentiel soulevé par Gustafson demeure valable: en se référant à l'autorité des textes scripturaires pour légitimer et motiver son comportement éthique, la communauté ecclésiale se rend compte qu'elle ne peut pas répéter toutes les prescriptions bibliques. Ainsi, il serait absurde de mettre en scène *(perform)* Matthieu 19, 1-9 en ne permettant le divorce qu'aux *hommes* dont la femme aura commis l'adultère (37). L'Écriture inspire la réflexion éthique, mais ne suffit pas, par ses seules prescriptions, à élaborer une position éthique. La fidélité à l'Écriture implique une *créativité responsable* du lecteur et en particulier de la communauté ecclésiale.

Verhey a contribué à lever quelques-uns des malentendus liés au consensus autour des thèses initiales de Gustafson, tout en donnant droit aux propositions constructives de Cartwright, Fowles et Jones.

Nous retenons les points suivants de ce débat nord-américain, tout en en explicitant certains aspects selon notre perspective personnelle:

---

30. La manière dont Stanley Fish refuse la différence entre *meaning then* et *meaning now* est discutée dans l'ouvrage *The Postmodern Bible*, p. 57 ss.
31. *Reading in Communion: Scripture and Ethics in the Christian Life*, Grand Rapids, Eerdmans, 1991, p. 4-10.

1) La notion d'*usage de l'Écriture* ne doit pas être comprise comme une *maltraitance utilitariste* et une *sollicitation égoïste* de l'Écriture (selon la critique excessive de Fowles et Jones), mais comme la *reconnaissance du fait même de la lecture.*

2) Le fait de la lecture et de son inscription prioritairement ecclésiale ne doit conduire à occulter: ni la *distance historique* entre les textes bibliques et notre situation (distance historique qui métaphorise en même temps l'*irréductible étrangeté de l'Écriture* et l'*irréductible actualité de notre situation* et interdit le recours à la simple analogie); ni la *diversité éthique interne* des textes bibliques; ni le *débat interne créatif et responsable* entre les membres de la communauté ecclésiale au sujet de la pertinence des modèles bibliques; ni la *prise en compte des questionnements éthiques externes émanant de la société civile* (exigence conjointe de *publicité [publicness]* et de *plausibilité*, voir ici, chapitre II).

Comment résonne ce qui précède dans notre contexte culturel particulier? Pour affiner notre point de vue, nous nous proposons d'évaluer une discussion récente et d'en tirer quelques enseignements critiques et prospectifs.

Dans l'espace théologique protestant francophone, deux modèles éthiques se sont récemment affrontés, celui de Jean Ansaldi et celui d'Éric Fuchs. Nous aimerions tenter de surmonter l'impasse à laquelle nous paraît avoir mené une telle confrontation, tout en rendant justice aux intérêts en jeu dans l'une et l'autre position.

Notons d'emblée, par rapport à la discussion nord-américaine[32], que nos deux auteurs engagent le débat directement sur le plan textuel et théologique, sans considérations préalables de méthode ou d'herméneutique. Cet avantage matériel n'est pas sans désavantages formels, comme nous allons essayer de le montrer.

Jean Ansaldi oppose sans ménagement l'éthique de la justification par la foi, dont il tire et repère les axes principaux dans la théologie paulinienne, et l'éthique de la justification par les œuvres, dont il voit l'expression par excellence dans la version matthéenne du Sermon sur la montagne (SM)[33]. «Le SM pose un salut par l'éthique qui prend à contre-pied le paulinisme fondamental de la Réforme[34]» (68). Il le fait en posant

---

32. Dont on regrette pourtant qu'ils ne tiennent aucun compte explicite, comme si la théologie francophone fonctionnait en vase clos, enfermée dans le microcosme quasi provincial du protestantisme francophone. Cela ne les empêche pas, heureusement, de toucher du doigt certains des problèmes traités aux États-Unis.
33. «Les tribulations d'un théologien protestant aux prises avec le Sermon sur la montagne», *Lumière et vie* 183, 1987, p. 67-84. Les chiffres entre parenthèses dans le texte renvoient à cet article.
34. J. ANSALDI avait exposé l'ensemble de sa position dans son ouvrage *Éthique et sanctification*, Genève, Labor et Fides, 1983 – livre stimulant, à la fois essentiel et rigide.

une *justice possible* dépassant celle des scribes et des pharisiens et en affirmant que *l'Évangile n'est autre que la loi* (68 s.). Certes, il ne faut pas *durcir Matthieu* (69, *sic*): la christologie recadre le sens de la loi. Cependant, l'identité chrétienne se constitue autour de la loi; la justice se situe au terme de l'obéissance à la loi *(ibid.)*.

À ces considérations théologiques, Ansaldi ajoute des remarques *psycho-anthropologiques* (70 ss.), qui vont étayer et même sans doute légitimer sa position: le SM souffre d'une «anthropologie résolument optimiste» (70); il nous propose une éthique qui contient «une charge lourdement pathogène» (71). Il est tout à fait évident que, pour Jean Ansaldi, le type de perversion à l'œuvre dans l'éthique du SM se situe dans une analogie systématique profonde avec l'éthique calvinienne et calviniste. Ansaldi situe en effet la théologie calvinienne de la Loi et de la sanctification «dans le champ de la perversion[35]» *(sic)*.

Ansaldi se livre ensuite à des considérations sociologiques qui nous paraissent nettement moins élaborées et qui ont pour seul but de conforter son point de vue antérieur[36].

Dans la deuxième partie de son article, Ansaldi renverse la vapeur, d'une part en développant son adhésion au modèle paulinien et luthérien de la justification par la foi seule, d'autre part en montrant les retombées de ce modèle sur un juste rapport à la Loi, tel qu'exprimé dans la théorie luthérienne du deuxième usage de la Loi.

Il s'agit bien d'une adhésion, d'un choix libre et partial de l'interprète, dans le sillage de Luther, privilégiant en conséquence le principe matériel *(sola fide, sola gratia, solus Christus)* sur le principe formel *(sola scriptura)* de l'herméneutique réformatrice, et jouant consciemment la théologie de la croix contre la théologie de la gloire.

Dans le renvoi frustrant et radical qu'il fait à la vérité du paulinisme, le SM matthéen ne peut dès lors relever que du deuxième usage de la Loi, faisant fonctionner la Loi comme miroir de ma situation pécheresse (78). Étape négative, présente chez Paul (Romains 3, 19-20; 7, 7), mais qui disparaît dans l'illusion matthéenne – répétée par le catholicisme en sa version thomiste – de *trouver la justice par l'agir*. Ansaldi est conscient que ce recadrage (luthérien) du SM matthéen est *contraire* à l'intention de l'évangéliste et que, de plus, il interdit tout accueil du SM comme *loi normative* au sens du troisième usage de la Loi (81 ss.). Nous voici donc convoqués à une *redistribution* de l'Écriture, propre, selon Ansaldi, à toute théologie et non seulement à la sienne.

---

35. *L'Articulation de la foi, de la théologie et des Écritures*, Paris, Éd. du Cerf, 1991, p. 107-120.
36. Nous avons débattu naguère avec Ansaldi au sujet des relations entre théologie et sciences humaines, voir notre chapitre «La résistance du réel: un bon test pour une éthique incarnée», in *Les lieux de l'action*, p. 133-142; l'ensemble du débat se trouve dans *Études théologiques et religieuses* 65/3, 1990. Pour une vision plus élaborée de ce problème, voir ici, chapitre II.

Dans cette redistribution, dont il faut à mon sens reconnaître la tonalité postmoderne, Ansaldi n'en évacue pas pour autant toute éthique des normes (différente d'une éthique de la Loi) ni toute reconnaissance de l'interpellation éthique émanant du SM. Le SM nous offre bien «une ambiance éthique» et une «direction de recherche» qui lui confère le rôle d'une «interpellation rigoureuse» (83).

Le propos d'Ansaldi oscille cependant entre cette reconnaissance positive du SM et sa désignation comme «impossible et inhumaine exigence» (84). La division elle-même du christianisme apparaît finalement comme une percée au service de la justification et comme le fruit d'un travail de l'Esprit: Ansaldi nous livre cette thèse, dans sa conclusion, sans sembler s'apercevoir de la double lecture dont elle est passible: confidence subjective personnelle, ou réquisition autoritaire de l'Esprit?

Que penser de la position ansaldienne dans son ensemble?

Le premier mérite d'Ansaldi est de *refuser tout concordisme*; il reconnaît ainsi la fondamentale *variété* des éthiques bibliques, ainsi que le propose aussi le *variety model* américain. Il en résulte une *clarification incisive des choix théologiques et éthiques* que la lecture du Nouveau Testament nous *oblige* à faire. «L'Écriture contient des "Évangiles" irréconciliables» (75), affirme-t-il nettement, en référence à la distinction réformatrice entre le principe formel *(sola scriptura)* et le principe matériel *(sola gratia)*.

En second lieu, Ansaldi se retrouve dans l'aveu émis par Luther de la «partialité de son centre interprétatif» *(ibid.)*. Plutôt que de se cacher derrière la fausse objectivité de l'exégèse historico-critique ou de nos connaissances historiques, Ansaldi pense plus courageux et plus honnête de marcher à découvert. Nous partageons cette vue (voir nos remarques sur la déconstruction, chapitre IV), même si nous pensons qu'elle demande des clarifications si elle veut éviter les pièges symétriques de l'hérésie et de l'autoritarisme.

Je vois un troisième avantage dans la position ansaldienne: elle avalise le fait que l'élaboration d'une éthique théologique ne se réduit jamais à une simple application du message biblique (quel qu'il soit), mais qu'*elle se construit et s'énonce au moyen d'argumentations et de ressources proprement systématiques et scientifiques*. Ansaldi rejoint ici la dimension de *créativité responsable* soulignée par Verhey dans le contexte nord-américain.

Cependant, Ansaldi s'est exposé à trois difficultés majeures, récurrentes dans le reste de son œuvre, auxquelles il ne me paraît ni désireux ni en mesure de répondre:

1) Il plaque de manière *immédiate* ses considérations psycho-anthropologiques (dérivées de la pensée lacanienne) sur ses thèses théologiques, sans pouvoir *justifier* des choix qui président aux *analogies* présupposées entre son discours théologique et son discours anthropologique. La

circularité de la théologie (une théologie positionnelle particulière) et des sciences humaines (une version limitée de la psycho-anthropologie) est totale et échappe à toute autocritique.

2) Il ne nous permet nullement de comprendre *selon quels critères il y aurait lieu de privilégier le modèle paulinien et luthérien de la justification par la foi seule*, sinon par un recours conventionnel non discuté à une certaine compréhension de la tradition théologique protestante (certes centrale et estimable) ou par un choix purement subjectif de sa part.

3) Il *identifie* le mouvement de sa pensée et le travail de l'Esprit à l'œuvre dans les divisions du christianisme primitif. On peut presque parler d'un *positionnalisme charismatique*!

Ces trois questions entendent relever le *caractère monologique et arbitraire* de la démarche ansaldienne, avec ce qu'elle implique potentiellement d'*autoritarisme ecclésiastique et pastoral*.

Éric Fuchs a répondu de manière approfondie à Ansaldi[37], en se concentrant davantage sur le sens du texte matthéen et sur sa portée éthique immédiate que sur des considérations méthodologiques ou théologiques.

La question centrale, selon Fuchs, est de savoir si la visée de la construction matthéenne du SM est kérygmatique ou éthique, quelle place y occupe la Loi et quelle peut être sa validité face à la thèse paulinienne (317 s.).

Fuchs considère que le SM reproduit au niveau de la nouvelle alliance la structure du Décalogue, avec les pôles que sont la promesse et l'exigence d'une part, la relation à Dieu et la relation aux autres d'autre part. Loin de proposer une Loi nouvelle (comme le catholicisme thomiste), le SM nous invite à distinguer deux plans, le code social et l'exigence éthique, ou, si l'on préfère, la loi relative et la Loi comme absolu éthique, contenue dans les antithèses («Mais moi, je vous dis...») (321). L'enjeu n'est donc pas de quitter le code ou les normes sociales du Décalogue, mais d'en saisir la *visée*, ce qui leur tient lieu de *source* et de *limite critique*. Contrairement au soupçon émis par Ansaldi, la Loi comme exigence de perfection ne demande pas d'accomplir un idéal impossible, mais de prendre conscience (de démystifier, comme dit Ansaldi) à quel point le code peut nous enliser dans le légalisme, désigné à plusieurs reprises par Fuchs comme utilitarisme social ou vulgaire (324).

Là où Ansaldi voyait la radicalisation matthéenne de la Loi nous pousser au désespoir, Fuchs est d'avis qu'elle nous dévoile, par déplacement métaphorique et non par durcissement, «la dimension d'espérance qui s'exprime dans l'exigence éthique» (325).

---

37. «L'éthique du Sermon sur la Montagne», in R. BÉLANGER et S. PLOURDE éd., *Actualiser la morale. Mélanges offerts à René Simon*, Paris, Éd. du Cerf, 1992, p. 317-332. Les chiffres entre parenthèses dans le texte renvoient à cet article.

Reprenant ses questions initiales, Fuchs estime d'abord que l'opposition entre visée kérygmatique ou visée éthique est trop abrupte. Le SM propose certes une éthique, mais une éthique fondée sur la reconnaissance de la Loi comme forme de l'Évangile[38] (328). L'écart avec Paul est patent: le diagnostic de Fuchs ne diffère en rien de celui d'Ansaldi. Son choix théologique est en revanche aux antipodes de celui de son collègue de Montpellier. En interprétant Romains 10, 4 (le Christ, *télos* de la Loi) uniquement dans le sens de la continuité (le Christ accomplit la Loi), Fuchs en vient même à replier Paul sur une lecture de type matthéen. Il ne peut sortir de l'impasse qu'en distinguant deux plans: Paul dénonce le risque de *kaukhèma* (vantardise, orgueil) lié à l'instauration fallacieuse de la Loi en chemin du salut; Matthieu énonce les conditions de la justice pratique des chrétiens. La justice matthéenne ne se confond pas avec la justification paulinienne, mais Ansaldi les amalgame[39] (329).

La distinction entre le code et l'exigence éthique a pour effet, selon Fuchs, d'opérer un double déplacement, de la Loi comme du sujet éthique: ce dernier se trouve appelé à la fois à avouer sa *pauvreté* et à reconnaître son *incomplétude*, signe du désir d'autrui qui nous habite (331). Ce double déplacement n'a rien d'un enfermement dans le moralisme ou d'une fuite dans le relativisme: il permet une fondamentale ouverture à l'Autre (Dieu, le prochain). Au fond, à en croire Fuchs, la visée du SM n'est autre que celle de Paul, mais elle emprunte d'autres chemins. Chez Ansaldi, le désaccord entre Paul et Matthieu est total sur le plan matériel. Chez Fuchs, il n'est que relatif, et sur le plan formel seulement. En dernière instance, le propos de Fuchs est porté à l'harmonisation[40].

Éric Fuchs avait déjà développé sa propre conception des relations entre l'éthique protestante et l'Écriture dans son ouvrage de vulgarisation consacré à l'éthique protestante[41]. Son point de vue y tient dans les thèses suivantes:
1) «La Bible ne présente pas un enseignement éthique cohérent et encore moins exhaustif[42]»: le refus du fondamentalisme découle de la reconnaissance de la particularité historique des textes. Quoique pour des raisons différentes, Fuchs est en cela d'accord avec la proposition de Bultmann: il n'y a pas d'éthique chrétienne, en ce sens qu'*on ne trouve*

---

38. Fuchs reprend la formule barthienne, comme il le fait aussi dans son interprétation de la morale selon Calvin, sans prendre en compte les difficultés de ce modèle barthien; voir ici, chapitre VII.
39. *Cum grano salis*, je note le même type d'amalgame chez le théologien luthérien E. Jüngel, voir ma critique dans «Éthique des valeurs et éthique théologique».
40. On trouve une tendance similaire parmi les exégètes, voir par exemple D. MARGUERAT, «L'avenir de la loi: Matthieu à l'épreuve de Paul», *Études théologiques et religieuses* 57, 1982, p. 361-373.
41. *L'Éthique protestante. Histoire et enjeux*, Paris-Genève, Les Bergers et les Mages-Labor et Fides, 1990, p. 102-112.
42. *Ibid.*, p. 102.

pas dans l'Écriture une doctrine éthique matérielle et englobante, constituée d'une série fixe de commandements moraux.

2) Pour bien saisir l'apport de l'Écriture à l'éthique, il faut renverser la problématique naturelle qui part de la question «Que dois-je faire pour bien faire?[43]» et reconnaître la *priorité de la promesse évangélique sur l'exigence éthique*. Fuchs retrouve cette même structure dans les principaux textes bibliques nourrissant la tradition éthique judéo-chrétienne (Genèse 2, le Décalogue, l'annonce du Royaume par Jésus, le lien entre justification et sanctification chez Paul).

3) L'articulation du message évangélique et de l'exigence éthique passe par une *anthropologie décentrée*, entérinant la précédence d'une Parole, l'interdépendance symbolisée par la différence des sexes et la responsabilité du sujet envers son Autre.

4) Si la Bible ne nous fournit pas de *corpus* moral sur plan matériel, ce n'est pas à dire que l'exigence éthique soit dénuée de contenu. Afin d'opérer ce passage, le plus délicat bien évidemment, Fuchs dégage par voie systématique et herméneutique deux modèles formels qui balisent le contenu, ou plus exactement la visée éthique de l'Écriture.

Un premier modèle énonce l'exigence éthique sur le mode négatif, en assignant à l'être humain des limites constitutives lui permettant de vivre (c'est le modèle du Décalogue). Les limites ainsi posées forment le cadre rendant possible l'exercice de la liberté. Cette éthique ne prescrit rien, sinon la nécessité de faire mémoire de ce que nous avons reçu. Les limites sont ainsi le rappel permanent et constitutif de la fondamentale précédence qui se tient à l'origine de l'humain.

Le second modèle, proposé par l'enseignement de Jésus de Nazareth, énonce la même exigence éthique sur le mode positif, en liant la proximité de Dieu et la revendication de l'autre, comme on le voit dans la parabole du Bon Samaritain.

Le contenu de l'exigence éthique se ramène ainsi, dans la reconstruction fuchsienne, à *l'ellipse à double foyer de la limite et de l'altérité*.

La solution proposée possède une grande force. Elle ne va pas sans poser cependant plusieurs questions:

1) Le contenu de l'exigence éthique se ramène en fait à une *formalisation* extrême, qui oriente l'idée même de contenu vers une visée plutôt que vers une matière. Or cette formalisation est tellement générale qu'elle laisse la porte largement ouverte à des choix éthiques contradictoires.

Un exemple nous suffira ici. Dans la difficile problématique de l'homosexualité, on pourra très bien parvenir, sur la base de la même

---

43. C'est ainsi qu'il faut comprendre le titre volontairement ambigu du manuel publié par le même auteur, *Comment faire pour bien faire* (Genève, Labor et Fides, 1996), mais bien des lecteurs risquent fort de le prendre au pied de la lettre et se voir ainsi confortés dans une approche instrumentale de l'éthique.

formalisation, à des conclusions diamétralement opposées à celles défendues par ailleurs par Fuchs[44]. Une éthique homosexuelle peut en effet tout aussi bien s'inscrire dans la logique formelle des limites et de l'altérité[45].

On ne s'explique les raisons véritables de la divergence que si l'on introduit, dans les termes de la formalisation, des présupposés *matérials*, de type anthropologique ou ontologique par exemple. Autrement dit, la formalisation aboutissant aux catégories de limite et d'altérité est surdéterminée par un choix théologique préalable (il en va de même chez Ansaldi, mais alors que ce dernier avoue sa partialité subjective, Fuchs s'estime en concordance objective avec la foi chrétienne comme telle!).

2) Fuchs est bien conscient de cette difficulté, puisqu'il introduit dans son argumentation, comme nous l'avons vu, des données matériales au sein de l'anthropologie médiatisant le passage de la Bible à l'éthique (Ansaldi procède formellement de même). Ainsi, pour en rester à notre exemple de l'homosexualité, la compréhension des limites est structurellement liée à la différence des sexes. Le modèle formel contient déjà en fait la réponse au problème de départ. Nous sommes en conséquence enfermés dans un cercle vicieux. Ceux qui partagent la formalisation proposée par Fuchs doivent également en accepter les implications matérielles.

Notons que la difficulté mentionnée est classique depuis Kant: comment parvenir à constituer une éthique formelle universaliste sans recourir aux présupposés d'une anthropologie? Kant, on s'en souvient, écarte sur le plan théorique toute médiation anthropologique de l'éthique, mais il doit bien présupposer, en amont de sa fondation, la réalité humaine dans toutes ses dimensions, et donc aussi l'épaisseur de la *Sittlichkeit* (ce sera l'objection de Hegel). Fuchs a pleinement raison de maintenir que l'éthique théologique, dans sa spécificité, ne saurait faire l'impasse sur une telle médiation anthropologique. Notre embarras est ailleurs.

3) La modélisation opérée par Fuchs cadre d'une certaine manière avec le *corpus* de textes présélectionnés par ses soins et desquels il a d'autre part extrait ses formalisations, mais elle ne s'applique pas à d'autres textes du canon. Il n'est pas évident qu'il puisse, par exemple, rendre compte de l'éthique sapientiale, de celle de l'Ecclésiaste ou des épîtres pastorales à l'aide de son modèle.

4) Le risque est grand que, malgré son attachement explicite à l'insertion historique des textes, Fuchs n'en vienne à les soumettre à un cadre structural intemporel et en affadir ainsi la portée concrète.

5) Enfin, le modèle présuppose en fait, contre sa reconnaissance de la pluralité des textes bibliques, l'idée d'une visée éthique commune à

---

44. *Le Désir et la Tendresse*, Genève, Labor et Fides, 1979, p. 211-214; «Une approche théologique», *Lumière et vie* 147, 1980, p. 67-82.
45. Voir mes remarques méthodologiques récentes, «L'éthique homosexuelle: un défi à l'éthique chrétienne traditionnelle», in G. LAPOINTE et R. BISAILLON éd., *Nouveau regard sur l'homosexualité. Questions d'éthique*, Montréal, Fides, 1997, p. 13-39.

l'ensemble de l'Écriture, occultant ainsi le conflit des interprétations à l'œuvre aussi bien entre les textes que dans chacun des textes de l'Écriture.

Dans la discussion internationale (nord-américaine notamment), d'autres modèles sont apparus, qui nous semblent susceptibles de débloquer les impasses où nous risquerions d'aboutir si nous nous contentions des alternatives par trop rigidement *dogmatiques* proposées par Ansaldi comme par Fuchs.

À ce stade, nous pouvons dégager les principes méthodologiques suivants:

A) Distinction de la foi et de l'éthique.

À aucun moment (sauf, peut-être, dans la tradition sapientiale), nous n'avons affaire, dans la Bible, à des projets éthiques, au sens moderne de cette expression.

Comme lecteurs modernes, nous reconnaissons sans peine la présence de tels projets dans certains écrits de Platon, dans les trois éthiques d'Aristote, dans le *corpus* stoïcien ou épicurien, et dans certains traités classiques de la théologie patristique (le *Traité des Devoirs* de saint Ambroise) ou médiévale (saint Thomas d'Aquin). Nous parvenons même, au prix toutefois d'un effort de lecture plus complexe, à dégager une éthique dans les écrits théologiques de Luther et de Calvin. Le texte de l'Écriture, dans son immense diversité littéraire et théologique, se donne à nous, pour l'essentiel, comme un document de foi, écrit dans la foi et pour susciter la foi. Les éléments d'éthique qui surgissent en lui sont compris comme des conséquences ou des implications de la foi, mais pour ainsi dire jamais comme des considérations éthiques portant leur sens en elles-mêmes.

Ce n'est pas à dire que nous n'assistions pas, dans la texture des écrits bibliques, à la constitution d'une éthique et à l'orientation de l'*éthos*. Notre thèse se limite à constater et à soutenir que cette constitution et cette orientation ne donnent pour l'essentiel pas lieu à un *discours éthique autonome* (d'une certaine manière, le débat entre Ansaldi et Fuchs le confirme).

Les élaborations éthiques de l'époque patristique peuvent être considérées à bien des égards comme l'expression de la nécessité systématique et culturelle de tirer au clair les liens entre l'émergence des communautés chrétiennes (avec leurs doctrines et leurs éthiques) et les *corpus* doctrinaux et les pratiques éthiques de la société ambiante[46].

---

46. Voir l'étude de facture assez classique de E. OSBORN, *La Morale dans la pensée chrétienne primitive*, Paris, Beauchesne, 1984.

Il ne devrait pas nous échapper non plus que nous avons opéré jusqu'ici (de même que les auteurs évoqués) en présupposant de manière implicite et trop peu critique l'existence d'une différence radicale entre l'Écriture sainte, dans sa structure canonique reçue, et les autres textes culturels faisant état de préoccupations éthiques. Les études sociohistoriques récentes permettent justement de remettre en perspective la genèse complexe non seulement des doctrines théologiques, mais également des doctrines et des pratiques éthiques des premiers chrétiens[47].

Wayne Meeks souligne ainsi le processus dialectique par lequel la construction de la communauté, dans les deux premiers siècles du christianisme, s'accompagne d'une «fabrique de la morale» (*making morals*, 5 et 213). Dans son ouvrage sur les origines de la morale chrétienne, ce chercheur, connu pour son approche socio-historique, reconstruit ce qu'il nomme une «ethnographie de la morale» en comprenant l'*éthos* des premiers chrétiens comme découlant de la conversion et de ses incidences pratiques (12, 81 ss.). Son investigation descriptive met dès lors en évidence les traits fondamentaux suivants de cet *éthos* en construction: la compréhension de soi comme *ethnos* (comme peuple de Dieu, en langage plus théologique), la relation ambivalente avec le monde, la relecture chrétienne de l'obligation et de catégories morales ambiantes comme l'honneur, la grammaire des pratiques chrétiennes (exprimée en termes de rites ou d'avertissement parénétique), la connaissance du mal, le statut ambigu du corps, l'influence de la foi sur le comportement, le lien entre éthique et eschatologie, la dimension narrative de l'éthique (comprise comme intrigue, *plot*). À défaut de disposer d'un traité éthique spécifique et cohérent, on peut observer *la genèse d'un cadre herméneutique permettant de saisir les incidences morales de la foi*. Or cette genèse fait sens dans le contexte culturel même où s'inscrit la rupture dialectique de la foi naissante face au monde ambiant. Il s'agit donc de comprendre l'*éthos* en voie de constitution comme la réinterprétation dialectique (toujours d'abord critique, mais ne s'épuisant pas dans le seul geste de la rupture) des formes et des contenus moraux présents dans la culture. *«The moral language of the first Christians was evidently a mixture of many accents and many traditions»* (90). Pourtant, la spécificité chrétienne ne trouva pas à s'exprimer uniquement dans ce processus herméneutique de réinterprétation, qui pouvait rester et peut nous apparaître rétrospectivement comme trop lié au seul intellect: Meeks souligne que la relecture chrétienne de l'obligation et des devoirs s'inscrit d'emblée *dans des pratiques sociales concrètes*, se traduisant, sur le plan ecclésial, par le rite du baptême et de l'eucharistie ainsi que par les expériences de type charismatique (dont Paul a discuté les excès et Jacques relevé la pertinence dans le domaine

---

47. Voir en particulier W. MEEKS, *The Origins of Christian Morality. The First Two Centuries*, Londres-New Haven, Yale University Press, 1993. Les chiffres entre parenthèses dans le texte renvoient à cet ouvrage.

thérapeutique, voir Jacques 5, 13-15). De même, les avertissements moraux, formulés dans la parénèse, dépassaient le simple enseignement individualisé des écoles philosophiques: comme les esséniens, les premiers chrétiens avaient une conception communautaire de la parénèse et des sanctions éventuelles qui en découlaient (110 ss.). C'est l'ensemble de la «grammaire des pratiques chrétiennes» – Meeks traite aussi de l'hospitalité, du don, etc. – qui permet de comprendre la réalisation concrète de l'*éthos* des croyants en formation, aussi bien dans sa configuration spécifique destinée à exprimer l'autocompréhension chrétienne de soi que dans sa différenciation par rapport à l'environnement socio-culturel et philosophique.

B) Mise en valeur généalogique de nos intérêts éthiques dans l'usage de l'Écriture.

Par les considérations qui précèdent, nous espérons être parvenu à faire mieux ressortir l'importance des intérêts qui sont en jeu dans nos élaborations respectives des éthiques bibliques. Comme l'avait déjà souligné avec bonheur François Bovon[48], dans une ligne correspondant en fait au modèle de la grande variété de Gustafson, *la diversité des éthiques bibliques, loin de dissoudre les prétentions normatives des discours en cause, nous permet au contraire de demeurer attentifs à l'interaction profonde du texte et du contexte*. Le statut canonique des textes scripturaires, objet de la reconnaissance ecclésiale et théologique *a posteriori*, ne s'en trouve nullement nié ou dévalué; il apparaît bien plutôt comme la résultante d'un geste spécifique d'élaboration et d'accord, geste réalisé au terme d'une démarche complexe, mêlée de conflits, de jeux de pouvoirs et d'intérêts existentiels.

Il en découle selon nous quatre points décisifs:
1) La constitution du canon biblique n'est jamais acquise une fois pour toutes, mais demande, génération après génération, une nouvelle «quittance», autrement dit la ratification réfléchie et médiatisée (culturellement, socialement, ecclésialement, théologiquement) de la signification pour aujourd'hui de la validité et de la pertinence des choix canoniques anciens[49].
2) Le recours éthique à l'Écriture sainte ne se réduit jamais à un usage directement normatif des propositions (implicitement ou explicitement)

---

48. «Variété et autorité des premières éthiques chrétiennes», *Bulletin du Centre protestant d'études*, Genève, 40/5-6, 1988, p. 6-20; voir également son étude «L'éthique des premiers chrétiens», in D. MARGUERAT et J. ZUMSTEIN éd., *La Mémoire et le Temps. Mélanges pour Pierre Bonnard*, Genève, Labor et Fides, 1991, p. 17-30.
49. Voir sur ce point O. ABEL, «De nouveaux caps», *Esprit*, juin 1997, p. 306-320, 317 ss. («Le conflit canonique»).

éthiques contenues dans les textes du canon biblique, mais requiert une modélisation plus différenciée des usages de l'Écriture en éthique.

3) Le passage des usages éthiques de l'Écriture biblique (canonique) aux discours et aux pratiques éthiques de l'Église post-canonique n'est pas seulement à comprendre en termes purement dogmatiques de différenciation canonique – post-canonique, il doit faire également l'objet d'une articulation génétique et généalogique, permettant de saisir en chaque élaboration éthique ultérieure la gestion même d'un rapport original et créatif au canonique, ouvrant aussi sur un espace possible de cohabitation, où le conflit des interprétations ne rende pas impossible la quête d'une cohérence, comme résultante d'une «*invention à plusieurs*[50]» (selon la belle expression d'Olivier Abel).

4) L'usage de l'Écriture en éthique est inséparable de l'exercice du pouvoir intellectuel et/ou ecclésiastique et de sa déconstruction. Elizabeth A. Castelli, combinant une lecture foucaldienne et une critique féministe[51], a bien montré à quel point la répétition mimétique du discours de Jésus ou de Paul pourrait bien n'être, en sous-main, qu'une prise de pouvoir subtil du théologien ou de l'éthicien – jouant Paul contre Jésus, ou Jésus contre Paul, ou l'harmonie supérieure entre les deux. À cet égard, la controverse entre Fuchs et Ansaldi et notre propre évaluation pourraient n'être encore que l'expression du pouvoir mâle dominant actuellement l'éthique francophone. En nous laissant entraîner dans le sillage d'un Esprit libérateur, source de déprise et d'écoute, nous annonçons l'impératif besoin où nous sommes d'un décentrement nous plaçant en communion égalitaire – sœurs et frères – en face d'une parole dont nous ne disposons plus, le deuil demeurant à faire de nos «conceptions privilégiées et protégées du texte, du sens, de la vérité, du lecteur[52]». L'éthique théologique dans la culture postmoderne commencerait à neuf, au moins en notre expérience, par la subversion des canons herméneutiques intangibles et par la renonciation aux fantasmes du pouvoir d'interprétation.

C) Triple fonction du recours à l'Écriture (identité, norme, pratique).

1) Construction de l'identité chrétienne
En une assertion célèbre au sujet de laquelle on n'a pas fini de se méprendre, Rudolf Bultmann affirma qu'il n'y a pas d'éthique chrétienne, par quoi il voulait dire qu'on ne saurait découvrir, exposer ou reconstruire

---

50. *Ibid.*, p. 319.
51 *Imitating Paul: A Discourse of Power*, Louisville, Westminster-John Knox, 1991.
52. *The Postmodern Bible*, p. 145.

à partir du message biblique un *corpus* normatif couvrant l'ensemble de nos questions éthiques[53]. Le *great variety model* de Gustafson exprima la vérité méthodologique de cette thèse, mais sans se rallier à la *réduction existentiale-existentielle* par laquelle Bultmann et Ansaldi à sa suite ont cru pouvoir proposer leur vision théologique de l'éthique comme plus centrale que d'autres.

Avec plus de nuances et de sensibilité pour la situation communicationnelle des Églises et de leurs membres, Birch et Rasmussen[54] ont interprété le rôle de la Bible en éthique comme une contribution à la *construction de l'identité* des chrétiens et des communautés ecclésiales.

Cette thèse, à laquelle nous nous rallions, ne doit pas être comprise comme une réquisition *identitaire* de l'Écriture, désormais mesurée aux seuls critères de ses contextes historiques et de ses fonctions pratiques. Nous n'aurions en effet affaire avec semblable contextualisme qu'à une sollicitation idéologique et unidimensionnelle des textes bibliques et de la Parole qu'ils s'efforcent de transmettre à leurs destinataires. *La Bible n'est pas fonction, mais source de la construction de l'identité chrétienne.* La version publique du contextualisme, du côté du lecteur et non plus du destinataire cette fois, serait ce que Peter L. Gomes a nommé le *culturalisme*[55], avec son emphase unilatérale sur la culture de l'interprète (pour Gomes, la bibliolâtrie et le littéralisme d'un côté, le culturalisme de

---

53. «Le commandement chrétien de l'amour du prochain» (1930), in *Foi et compréhension*, t. I, Paris. Éd. du Seuil, 1970, p. 258-275, voir p. 268: «Il n'existe donc pas d'éthique chrétienne, si l'on entend par là une théorie universelle sur ce que le chrétien doit faire ou ne pas faire.» Le propos, d'abord exégétique et herméneutique, se révèle beaucoup plus modeste et modéré que les intentions qu'on lui a souvent prêtées; il se distingue radicalement de l'affirmation doctrinale catégorique de D. BONHOEFFER, dans les premières lignes de l'*Éthique*, appelant l'éthique chrétienne à abolir la connaissance du Bien et du Mal et à se démarquer ainsi de toute éthique philosophique rationnelle: alors que Bultmann cherche une autre compréhension de l'apport spécifique de la foi à l'éthique, Bonhoeffer présuppose une éthique chrétienne diamétralement contraire aux autres éthiques. Un auteur contemporain comme John MILBANK, proche de l'école de Yale et de Stanley Hauerwas, est à cet égard beaucoup plus dans le sillage de Bonhoeffer que dans celui de Bultmann, ainsi que sa réponse négative et tranchée à la question «Can Morality Be Christian?», dans son ouvrage *The Word Made Strange. Theology, Language, Culture*, Oxford-Cambridge (Mass.), Blackwell, 1997, p. 219-232.
54. *Bible and Ethics in the Christian Life*.
55. *The Good Book. Reading the Bible with Mind and Heart*, New York, William Morrow & Co, 1996, p. 46 ss. Gomes est le prédicateur noir très connu de la Memorial Church de l'université de Harvard. Son livre destiné à un vaste public est un excellent exemple d'une vulgarisation de haut vol. Cet auteur nous paraît toutefois se méprendre quand il voit en Luther le principal responsable du littéralisme protestant. Cela revient en effet à sous-estimer la différence entre principe matériel *(sola fide, sola gratia)* et principe formel *(sola scriptura)* chez Luther et dans la tradition qui se réclame de lui. C'est le calvinisme qui inaugure un type de rapport à l'Écriture tendant à donner la priorité au principe formel de la *sola scriptura*, avec les dérives ultérieures dans les milieux évangéliques nés surtout sur sol réformé.

l'autre sont les deux dangers, inverses et symétriques, du rapport protestant à l'Écriture[56]).

2) Ressources normatives critiques
À l'intérieur du mouvement d'identification, mais sans jamais se fondre en lui ou se confondre avec lui, la Bible peut être ressaisie comme un trésor varié et souple de ressources éthiques normatives, permettant au sujet et à la communauté de s'expliquer sur la signification ultime de leur mission et de leur destin. On dira, d'un point de vue herméneutique général, tenant compte de la pluralité des publics et des lecteurs, qu'il ne s'agit toujours ici, certes, que de ressources normatives émettant des «prétentions à la vérité» (J. Habermas) et devant en conséquence être soumises à la libre discussion des partenaires en jeu dans l'acte interprétatif[57].

Pourtant, ces ressources normatives, à même de dessiner les lignes d'une attitude éthique, ne reviennent pas à des normes objectives, dont on pourrait disposer une fois pour toutes et qui courraient alors le risque de se rendre indépendantes de leur contexte de production. En tant que ressources normatives, elles demeurent liées à la construction dynamique et critique de l'identité chrétienne.

3) Pratique
Nous parlerons ici, avec Dietrich Ritschl, d'une «éthique des chrétiens[58]», toujours contextualisée et orientée vers des fins pratiques. Une telle formulation s'éloigne de l'idéal trompeur d'une éthique chrétienne ou d'une éthique biblique, supposées exister et se tenir à notre disposition sur un mode univoque et totalisant. Mais elle veut aussi indiquer que la *pratique religieuse* (liturgique, culturelle, sacramentelle, communautaire, diaconale, etc.) des chrétiens et des Églises ne se présente jamais au monde hors de certaines *implications éthiques*, toujours à nouveau à *réinventer* et à *imaginer*. Cela vaut naturellement de manière spécifique pour toutes les questions nouvelles et inédites (telles que par exemple la bioéthique ou l'éthique des médias) qui ne se posaient pas au temps des écrits bibliques ou de toute phase historique antérieure à la nôtre. Mais il est à noter que cela est également valable lorsque la question éthique a radicalement changé de contexte social et culturel (voir par exemple la question de l'homosexualité, qui ne saurait être réglée par un simple recours littéraliste aux textes bibliques en faisant directement état).

56. Pour une approche assez semblable, voir le beau texte de B. RORDORF, «La Bible: une lecture à inventer», *Bulletin du Centre protestant d'études*, Genève, 49/6, 1997.
57. Voir à ce sujet la réflexion critique sur l'usage des maximes bibliques en éthique sociale chez A. RICH, *Éthique économique*, Genève, Labor et Fides, 1994, p. 241-250.
58. *Logik des Glaubens*, Munich, Kaiser, 1981, p. 276.

Parler de l'éthique des chrétiens en termes de pratique, c'est signaler à la fois l'*exigence de construction imaginative* (au sens d'un Gordon Kaufman) qui est celle des chrétiens et des chrétiennes aujourd'hui en matière éthique (comme c'est aussi le cas bien sûr en matière doctrinale et herméneutique) et la *nécessaire traduction pratique* de l'éthique en des *actions solidaires et responsables*, émergeant d'une *prise de risque inventive*, sur le plan tant herméneutique que pratique. C'est dire, aussi, que la visée théorique de l'éthique théologique, telle que surtout énoncée dans cet ouvrage, est inséparable de sa visée pratique, constamment en jeu et à l'épreuve dans la vie de l'Église au milieu du monde. Nous indiquons ainsi au lecteur et à la lectrice à quel point nous pensons devoir rester *conscient,* comme éthicien chrétien, de la *limite constitutive* de notre perspective théorique, eu égard aux défis sociaux et culturels que nous ne cessons de devoir affronter en pratique et qu'aucune théorie ne peut enserrer dans ses filets explicatifs et légitimateurs.

L'Écriture sainte, de ce point de vue, *échappe à la maîtrise supposée de l'herméneutique et de l'éthique.* Elle ne se laisse pas capter par les usages que nous voudrions en faire, pour nous assurer de la puissance. Elle demeure porteuse d'une Parole autre, non disponible, que nous sommes invités à écouter dans la force et dans la clarté de l'Esprit.

D) Les trois moments de l'herméneutique et le rôle de l'Esprit.

Rappelons la tripartition de l'herméneutique nouvelle que nous appelons de nos vœux: moment généalogique, moment critique et moment reconstructif.

Le moment généalogique, d'inspiration nietzschéenne, entend *remonter* du présent au passé[59], dans l'espoir d'ouvrir un avenir non entaché d'illusion.

Le moment critique, d'inspiration kantienne, a pour fonction de repenser l'éthique dans le cadre nouveau dégagé par la généalogie. Sa différence centrale par rapport au kantisme classique tient dans la reconnaissance du caractère second de l'éthique, tant d'un point de vue généalogique, en amont, que d'un point de vue dogmatique, en aval. Il suppose une herméneutique post-hégélienne des traditions attenantes aux différentes

---

59. W. STEGMAIER, *Nietzsches «Genealogie der Moral»,* Darmstadt, Wissenschaftliche Buchgesellschaft, 1994, p. 63 s., a souligné le caractère rétroactif, hypothétique et perspectiviste de la généalogie nietzschéenne de la morale, par opposition à l'idée d'une histoire naturelle de la morale encore défendue dans *Par-delà bien et mal.*

formes de l'*éthos (Sittlichkeit)* et rendant compte du conflit des interprétations. Le moment reconstructif, repris de Jean-Marc Ferry, entend surmonter l'opposition trompeuse de l'argumentation rationnelle (Habermas) et de l'interprétation (Ricœur), en donnant au sujet individuel ou social les moyens d'élaborer sous sa propre responsabilité le discours légitimateur et régulateur de ses actions et de ses institutions.

Comme nous l'avons vu, ce sont les *traditions*, dans leur contingence historique et plurielle, qui tiennent lieu d'*embrayeur herméneutique* entre le présent, le passé et le futur. C'est pourquoi aussi, d'ailleurs, nous devons penser l'*axe de la traditionalité* et l'*axe de l'Esprit* dans leur relation dynamique, sans céder à la conception étroitement charismatique, immédiate et intemporelle, d'un Esprit sans histoire(s).

Un Esprit qui a des histoires – médiation et espérance, contre une éthique de l'immédiateté charismatique.

1) L'Esprit n'apparaît jamais dans l'Écriture hors de médiations figuratives et historiques. Ce n'est pas un Esprit purement spirituel, détaché des intrigues humaines, mais un souffle à l'œuvre dans et pour l'histoire.

Dans l'Ancien Testament, l'intervention de l'Esprit est constamment distinguée de sa manipulation charismatique et politique, comme le montre en particulier le récit de Juges 7,1 ss. La dialectique incessante entre la valorisation de la royauté et sa critique prophétique trouve aussi à s'exprimer ici: oint par l'Esprit, Saül fait-il partie des prophètes (voir 1 Samuel 10, 12; 19, 24)? En tout cas, le don de l'Esprit ne garantit jamais le caractère automatique de la vocation. L'Esprit, souligne Michael Welker, intronise et dépossède les humains[60], il nécessite toujours, par conséquent, un *discernement critique*, le partage entre ce qui contribue à la louange de Dieu et ce qui sert les intérêts et l'autoglorification des hommes. Mais c'est dire, en creux, que si l'Esprit est à la source théologale de la véridicité et de l'authentification ultime des actes humains, il prend toujours le risque de la confiscation à des fins étrangères, par une sorte de retournement idolâtrique au service des causes et des batailles humaines.

Cette dimension critique de l'intervention de l'Esprit sera reprise et reconfigurée dans le Nouveau Testament, à la lumière de l'événement Jésus. Le récit de Luc 4, 16 ss., relisant Esaïe 61, atteste le lien profond entre Jésus et l'Esprit. Les récits du baptême de Jésus souligne la continuité de ce dernier avec le Baptiste, mais annoncent, en même temps,

---

60. *Gottes Geist. Theologie des Heiligen Geistes*, Neukirchen-Vluyn, Neukirchener, 1993², p. 86.

la nouveauté en train de s'opérer. Dans son combat avec les charismatiques de Corinthe, Paul n'aura cesse de rendre compte du rapport inaliénable entre le Christ et l'Esprit, rapport menacé par la poussée autonome d'un Esprit retourné en autoglorification humaine.

2) L'Esprit a partie liée avec l'eschatologie et est promoteur d'espérance. Il ouvre à même l'épaisseur des médiations et des institutions la *différance active* de «l'espérance en action» (Jürgen Moltmann). Décentrant radicalement l'homme de lui-même, il lui ouvre la possibilité de saisir la force transformante du Royaume de Dieu, comme source de son développement personnel et de son action.

L'Esprit n'est pas à la source d'une éthique de l'immédiateté, corollaire d'un discutable «Dieu immédiat[61]», et prétexte à toutes les désertions prophétiques plus ou moins autoproclamées hors de la dure réalité des médiations et des pouvoirs, mais *subversion* (P. Gisel) dans le versant naturel de l'humain et *différance* dans l'*analogon* du corps et de l'incorporation.

3) L'Esprit pousse non seulement à la réalisation spirituelle-critique de soi, au devenir personnel et à l'émergence créative du sujet[62], il contribue à la construction incessante et mystérieuse de la communauté des saints[63]. Il nous rend plus disponibles aux solidarités souterraines dont notre existence est tissée; il est facteur de nouvelles solidarités, de générosité désintéressée, d'humilité et de créativité, deux termes que nous avons trop tendance à opposer, alors qu'ils se conditionnent mutuellement dans la mouvance d'un Esprit transformateur. Il peut devenir le porche d'une éthique réconciliée avec la dimension mystique de l'existence aussi bien qu'avec l'exigence inconditionnelle de l'agir responsable – un agir sans illusions, mais sans concessions non plus, un Esprit d'insurrection. Comme le dit Maurice Bellet, «il est vrai que ce n'est jamais fini, jamais gagné [...]. Il va falloir encore se battre[64]». L'Esprit d'insurrection, renvoyant à la résurrection du crucifié, n'est pas source de moralisme prométhéen, mais de responsabilité accueillante et confiante. Il signale l'ouverture infinie de soi à l'Autre, mobile de toute éthique de la non-possession et de la non-réaction.

---

61. Le livre d'entretiens d'Eugen DREWERMANN avec Gwendoline JARCZYK ne s'intitule pas pour rien *Dieu immédiat* (Paris, Desclée de Brouwer, 1995), car le projet drewermannien a du mal avec l'idée même de médiation et avec son pendant théologico-éthique, la Loi, deux structures pourtant essentielles à toute théologie de la liberté et de la résistance. Voir mon essai «Une éthique de l'immédiateté», in *Clefs pour Drewermann, L'Actualité religieuse dans le monde*, hors-série 1, Paris, 1993, p. 46-49.
62. Comme y insiste G. D. KAUFMAN, *In Face of Mystery. A Constructive Theology*, Cambridge (Mass.)-Oxford, 1993, p. 257-260.
63. M. WELKER, *Gottes Geist*, p. 287.
64. *L'Insurrection*, Paris, Desclée De Brouwer, 1997, p. 246-247. Je remercie Yolande Boinnard de m'avoir fait connaître cet ouvrage.

Déprise et écoute

La logique de la généalogie, de la critique et de la reconstruction nous a montré, tout au long de cette recherche, à quel point nous devions accepter d'être personnellement renvoyé à une nudité essentielle, à la pauvreté s'immisçant dans le trop-plein de paroles pour initier une écoute[65]. La déprise de soi, thématisée par Lévinas et Derrida, est la condition de la reprise de soi, appelée par Ricœur, mais il s'agira désormais, pour qui du moins ne l'aurait pas compris encore, d'*une reprise non possessive, non dominatrice, parce que ayant surmonté le désir de maîtrise et de puissance.*

Il n'y a rien de hasardeux à ce rapprochement pourtant inattendu et non planifié de l'Esprit, de la déprise et de l'écoute au gré d'une réflexion critique sur l'usage présent de l'Écriture en éthique. L'usage n'est pas, disions-nous, convocation forcée de l'Écriture à parler ou éthicisation indue et réductrice, mais expérience médiatisée (dans les temps de la vie, du corps, des fonctions) d'une résonance contrefactuelle[66] de la puissance créatrice et réconciliatrice d'un Dieu vulnérable et solidaire, adonné à l'excès du don, car, comme le dit admirablement Paul Beauchamp: «Nous sommes dans le leurre si nous confondons la *loi* qui nous ménage avec la *justice* dont seul l'excès peut guérir le mal radical[67]».

---

65. Ce n'est pas un hasard si la dernière page de l'ouvrage de Jacques DERRIDA intitulé *Points de suspension* se termine par ce dialogue: «La musique, s'il y en a, ou si elle arrive dans le texte, le mien ou d'autres, s'il y en a, la musique, d'abord je l'écoute. C'est l'exemple même de l'appropriation impossible. La plus joyeuse ou la plus tragique. – Écoutons, donc. – Écoutons», p. 409. Allusion, aussi, au *Shema Israel*.
66. Le thème de la résonance a été exploité par G. THEISSEN, *Argumente für eine kritische Theologie*, Munich, Kaiser, 1978.
67. «Un éclairage biblique sur l'éthique», *Études*, octobre 1997, p. 359-369, 369. Un philosophe ouvertement athée, étonnant lecteur de saint Paul, n'est pas si éloigné de la même intuition lorsqu'il affirme: «Il est donc établi qu'aucune morale, si on entend par "morale" l'obéissance pratique à une loi, ne peut *justifier* l'existence d'un sujet» (A. BADIOU, *Saint Paul. La fondation de l'universalisme*, Paris, Presses universitaires de France, 1997, p. 91, c'est moi qui souligne); tant il est vrai qu'*aucun* usage théologique sensé de l'Écriture ne peut conduire *subrepticement* à une *justification par l'éthique* qui prendrait le contre-pied de la justification par la grâce au moyen de la foi.

CHAPITRE VI

ESSAI DE RECONSTRUCTION DE L'ÉTHIQUE PROTESTANTE

Nous avons exposé dans notre introduction les tenants et aboutissants de notre projet de reconstruction généalogique et critique de l'éthique protestante. Le présent chapitre et le suivant nous amènent *in medias res*. Le lecteur et la lectrice ne doivent pas perdre de vue que ce projet vise plus largement à éclairer le statut de l'éthique théologique dans le contexte profondément transformé de la culture postmoderne dont il est présentement question à titre heuristique et sensible dans l'expérience sociale des individus, des groupes et des Églises.

Le fait que nous revenions en arrière, d'un point de vue historique, remontant de la présente situation postmoderne non seulement à la théologie dialectique et à Troeltsch, mais aussi aux bases plus anciennes de l'éthique protestante (à Schleiermacher et aux Réformateurs avant tout), s'explique dès lors assez bien: *il y a en effet quelque chose de typiquement postmoderne dans le projet généalogique de revisiter nos sources traditionnelles, pour en réévaluer l'apport et en redéployer plus librement les effets*. Même si nous n'acceptons pas tous les présupposés philosophiques liés à l'idée de postmodernité, nous prenons acte de la nécessité de repenser notre théologie dans cette culture postmoderne, à nouveaux frais et avec des risques certains.

Dans le sillage ouvert par Jean-Marc Ferry vers une éthique reconstructive donnant à penser les conditions d'une identité reconstructive aux antipodes d'un repli sur soi identitaire et apologétique, il deviendra également possible et nécessaire d'envisager une éthique de la reconnaissance mutuelle entre les confessions et les appartenances chrétiennes, éthique surmontant les apories respectives de l'hagiographie protestante, de l'autoritarisme romain et de l'isolationnisme orthodoxe grec ou russe (voir chapitre VIII). Nous pourrons aussi reprendre et déployer quelques éléments issus du modèle de la conversation et du dialogue de David Tracy, appelant au caractère public et plausible du travail théologique[1], et de la théologie constructive de Gordon D. Kaufman[2], sans jeter par-dessus bord les sages mises en garde du théologien presbytérien William C. Placher nous invitant à demeurer fidèles à la spécificité et à la force des «narratifs bibliques[3]».

Nous n'écrivons pas ici un manuel, ni même une histoire de l'éthique protestante au sens traditionnel du terme. Il n'est donc pas question pour nous de refaire ou même de tenter d'imiter ce qui existe déjà, de Troeltsch et Weber (pour citer les classiques) à Jan Rohls (pour prendre la synthèse la plus totale mais parfois aussi la plus superficielle), à Éric Fuchs ou à Christofer Frey. Aussi les éléments que nous allons traiter ci-dessous ont-ils pour but, à la fois modeste et ambitieux, de baliser les noeuds de problématique qui vont nous accompagner dans notre essai de reconstruction.

L'ÉTHIQUE DES RÉFORMATEURS: GÉNÉALOGIE ET REPRISE

Nous baliserons ici trois problèmes classiques dans la discussion de l'éthique des Réformateurs et de leur héritage[4]: la question de la Loi, le rapport à la philosophie, la subordination ou l'émancipation vis-à-vis de la dogmatique.

1. Voir *Plurality and Ambiguity. Hermeneutics, Religion, Hope*, Chicago, The University of Chicago Press, 1987, p. 37: Tracy y évoque les nombreux chrétiens œcuméniques de l'Irlande moderne «qui ont non seulement appris à se souvenir mais aussi à pardonner».
2. *In Face of Mystery: A Constructive Theology*, Cambridge (Mass.)-Londres, Harvard University Press, 1993; *God, Mystery, Diversity. Christian Theology in a Pluralistic World*, Minneapolis, Fortress Press, 1996.
3. *Unapologetic Theology. A Christian Voice in a Pluralistic Conversation*, Louisville, Westminster-John Knox Press, 1989; *Narratives of a Vulnerable God. Christ, Theology, and Scripture*, Louisville, Westminster-John Knox Press, 1994. Mon intérêt pour l'œuvre de Placher tient sans doute au fait qu'il a lui aussi fait ses premières armes en se mesurant aux écrits de W. Pannenberg, voir sa thèse de doctorat *History and Faith in the Theology of W. Pannenberg*, Yale, 1975.
4. Pour Luther, voir G. EBELING, *Luther, introduction à une réflexion théologique*, Genève, Labor et Fides, 1983; pour Calvin, G. VINCENT, *Exigence éthique et interprétation dans l'œuvre de Calvin*, Genève, Labor et Fides, 1984, et É. FUCHS, *La Morale selon Calvin*, Paris, Éd. du Cerf, 1986; pour Zwingli, A. RICH, *Éthique économique*, Genève, Labor et Fides, 1994. Pour une présentation d'ensemble, Chr. FREY, *Die Ethik des Protestantismus von der Reformation bis zur Gegenwart*, Gütersloh, Gütersloher Verlag, 1989, p. 22 ss.; J. ROHLS, *Geschichte der Ethik*, Tübingen. Mohr, 1990, p. 176 ss.; et surtout E. TROELTSCH, *Die Soziallehren der christlichen Kirchen und Gruppen* (1911, 1922), Aalen, Scientia Verlag, 1977; *Protestantisme et modernité*, Paris, Gallimard, 1991.

Les limites du paradigme Loi-Évangile, Évangile-Loi.

Le souci de Luther de clarifier les relations entre la justification par la foi et l'ordre de l'amour et des œuvres, autrement dit de la sanctification, répondait à la nécessité de rendre compte de la primauté essentielle de la justification. De même, Luther distingue la Loi et l'Évangile, non, comme on l'a cru parfois, pour donner à la Loi une place privilégiée et autonome, mais pour faire émerger l'originalité irréductible de l'Évangile. Il ne faut pas que l'Évangile devienne une Loi, fût-ce, comme l'entendait la scolastique thomiste, une Loi nouvelle! Ce combat mené au nom de la pureté et de la clarté de l'Évangile explique pourquoi Luther, et la Réforme tout entière à sa suite, parle de différents usages de la Loi. Bonhoeffer l'a montré, le sujet qui fait usage de la Loi, ce n'est pas le croyant ou le prédicateur, mais Dieu lui-même. La distinction Loi-Évangile correspond donc à la distinction des deux règnes ou des deux modes de l'agir divin dans le monde et dans les consciences.

Pour Luther, la Loi est équivoque par définition, au contraire de l'Évangile. Il convient donc de s'interroger sur ses diverses fonctions. Luther se limite à deux usages de la Loi. L'usage civil, ou politique, concerne l'ensemble de la vie sociale. À travers les lois et les institutions, la Loi de Dieu permet que la vie sociale se déroule de manière ordonnée et stable. Mais la Loi a un autre usage, plus essentiel encore, qui est l'usage théologique. Ici, la Loi a pour fonction de nous convaincre que nous sommes pécheurs et que nous avons besoin de la justification pour exister devant Dieu. En ce sens, Luther prend au sérieux les paroles de l'apôtre Paul: la Loi tue, seul l'Évangile fait vivre. Mais ces deux usages de la Loi: l'usage théologique, qui est le véritable, et l'usage politique, qui évite de confondre le dernier et l'avant-dernier, ne sont pas sans rapport l'un avec l'autre. Dans les deux cas, ils renvoient à l'originalité et à la clarté sans pareille de l'Évangile.

Trois problèmes principaux sont nés de la théorie luthérienne des deux usages de la Loi:

1) L'usage politique a souvent servi (comme la théorie des deux règnes) à légitimer théologiquement un conservatisme politique. Il ne fait pas de doute que Luther lui-même est plutôt allé dans ce sens, mais ce sont surtout les Chrétiens-Allemands, au XXe siècle, qui ont revendiqué de manière funeste le modèle luthérien pour soutenir le régime nazi. Le luthéranisme contemporain témoigne qu'une interprétation plus ouverte est possible. L'usage politique peut en effet être compris à partir de l'autonomie légitime du politique et d'une vision éthique de la «loyauté critique» (P. Bühler) à l'encontre de l'État et des instances politiques. Elle ne se confond donc nullement avec une attitude conservatrice.

2) Luther écarte toute possibilité de comprendre l'obéissance chrétienne à partir d'un usage spécifique de la Loi (l'usage didactique dont

parleront surtout les réformés à la suite de Calvin). L'agir chrétien relève des fruits de la foi, et en aucune manière d'un recours renouvelé à la Loi, qui nous ferait retomber sous le joug d'un légalisme insupportable. Même si la notion d'usage didactique ou de troisième usage de la Loi demeure problématique, on ne voit pas très bien pourquoi Luther refuse de reconnaître toute fonction positive de la Loi de Dieu au cœur de la vie du croyant justifié.

3) Cette deuxième difficulté est liée, en profondeur, à la manière dont Luther comprend la tradition juive et en particulier la signification spirituelle et éthique de la Tora. Le dialogue judéo-chrétien contemporain nous oblige à remettre sur le métier une question essentielle qu'un certain anti-judaïsme a contribué à voiler. Nous ne pouvons plus recourir aujourd'hui à la théorie des usages de la Loi sans nous interroger sur ses implications dans nos rapports avec le judaïsme. Mais cela ne saurait signifier que les chrétiens devraient renoncer à lire la Loi dans la perspective de l'Évangile. Sans doute un intérêt renouvelé pour la portée théologique et éthique de la Tora trouve-t-il dans la démarche proposée par Zwingli et Calvin, des pistes fécondes. Au XXe siècle, Barth opposera au conservatisme luthérien, tenté par le régime nazi, l'inversion (théologique et politique) de la séquence Loi-Évangile (voir *Evangelium und Gesetz*, 1935).

À la différence de Luther, Calvin distingue trois usages de la Loi: l'usage théologique, l'usage civil ou politique, l'usage didactique enfin.

«Luther et le luthéranisme s'orientent sur la foi, d'où découle l'action. Calvin et la Réforme réformée s'orientent sur l'action, qui découle de la foi[5].» C'est la raison pour laquelle, chez Calvin, l'usage didactique (absent chez Luther et problématique dans le luthéranisme) occupe la place centrale: «Le troisième usage de la Loi, qui est le principal, et proprement appartient à la fin pour laquelle elle a été donnée, a lieu parmi les fidèles, au cœur desquels l'Esprit de Dieu a déjà son règne et sa vigueur[6].» Cet usage de la Loi est lié, pour Calvin, à la vision qu'il se fait de la croissance temporelle dans la foi; par la «doctrine quotidienne de la Loi», le chrétien peut progresser dans la connaissance de la volonté de Dieu et dans sa mise en pratique. Mais l'usage didactique ne répond en rien à une image idyllique de l'obéissance; sa fonction est précisément de faire obstacle à la «paresse et pesanteur» de la chair (= de la volonté rebelle); la Loi agit, nous dit encore Calvin, comme un fouet ou comme un aiguillon perpétuel pour tenir les chrétiens en éveil.

Ce troisième usage de la Loi n'a cependant pas de sens autonome. Les trois usages ne sont que des modalités permettant d'accéder à l'exigence éthique fondamentale que nous transmet la Loi divine. Au cœur du troi-

---

5. J.-L. LEUBA, in *Loi et Évangile*, Genève, Labor et Fides, 1981, p. 101.
6. *Institution de la religion chrétienne* II, VII, 12.

sième usage se tiennent en permanence le premier et le deuxième usage. Accomplir la Loi implique que je me reconnaisse pécheur et qu'en chrétien mû par l'Esprit de Dieu, je me sente solidaire de la société. Calvin écarte ainsi la propre justice légaliste qui résulterait de l'oubli du premier usage de la Loi, mais également le repli sur l'intériorité auquel conduirait une séparation étanche entre l'usage politique et l'usage didactique.

Il devient dès lors difficile de soupçonner Calvin de confondre l'usage politique et l'usage didactique et de ne vouloir construire l'éthique que sur le troisième usage, ainsi que le lui a reproché Jean-Louis Leuba. L'éthique calvinienne repose sur la dialectique dynamique des usages de la Loi. En plaçant l'usage théologique en premier lieu, Calvin n'entend pas le dévaloriser, mais lui assigne une fonction critique permanente contre le moralisme hypocrite et contre le conservatisme politique.

La difficulté du rapport à l'éthique philosophique[7].

Luther ne cesse de s'opposer au philosophe, à Aristote comme figure emblématique de la mainmise de la théologie scolastique des œuvres sur le pur mouvement de la justification par la foi seule. Pourtant, dans la solide logique de la doctrine des deux règnes, la raison, traitée de tous les noms quand elle prétend arraisonner le salut, retrouve dignité et sens lorsqu'il s'agit pour elle de déployer les possibles de l'humain et du social. On retrouvera un même balancement dialectique chez Calvin. Melanchthon, à Wittenberg, et Lambert Daneau, à Genève, feront une place étonnante et nouvelle, diversement appréciée, à l'éthique philosophique.

Philippe Melanchthon (1497-1560), l'ami et le principal collaborateur de Luther, développa, dans la deuxième phase de sa théologie (1522-1560), une approche renouvelée des rapports entre la morale philosophique et l'éthique chrétienne (*Epitome philosophiae moralis*, 1538; *Ethicae doctrinae elementa*, 1550). Sa formation humaniste et son intérêt croissant pour Cicéron et Aristote l'amenèrent à s'écarter de plus en plus des positions théologiques de Luther. Contrairement à Luther, Melanchthon présuppose l'existence d'une lumière naturelle en l'homme et renonce en conséquence à la doctrine du serf arbitre; pour lui, la justification par la foi est purement forensique: Dieu nous déclare justes, mais c'est à nous qu'il appartient de le devenir; l'homme est considéré comme sujet doté, face à Dieu, de la liberté du vouloir. C'est pourquoi les œuvres du croyant ne témoignent pas simplement de la justification opérée par Dieu; elles sont nécessaires pour obtenir la vie éternelle («*bona opera necesseria esse ad*

---

7. Sur la question plus générale des relations entre théologie et philosophie, voir la synthèse récente de W. PANNENBERG, *Theologie und Philosophie*, Göttingen, Vandenhoeck & Ruprecht, 1996.

vitam aeternam»). Melanchthon s'éloigne de Luther sur un autre point décisif: le domaine de la foi est réservé à l'intériorité, mais celui de la conscience, rejoignant l'ordre universel de la raison, identifie purement et simplement le Décalogue avec la loi naturelle. Melanchthon pense ainsi répondre à la question centrale de toute sa réflexion éthique: comment construire une éthique universelle à partir de la justification par la foi? La solution proposée revient en définitive à subordonner la promesse particulière de l'Évangile à la rationalité universelle de la loi naturelle. L'éthique politique se structure dès lors autour de la notion significative de l'*ordo politicus.* En attribuant à l'État la responsabilité d'appliquer les deux tables de la Loi (comme le dira également Calvin), Melanchthon fait s'estomper la différence des deux Règnes; l'État, comme union du spirituel et du temporel, devient intouchable; il n'est pas étonnant que, pour Melanchthon et pour le luthéranisme confessionnel ultérieur, toute idée de résistance à l'État injuste apparaît comme péché mortel! L'évolution de l'éthique luthérienne mise en route par Melanchthon, surnommé le «précepteur de l'Allemagne», traduit un intérêt légitime pour une articulation entre l'éthique chrétienne et l'éthique philosophique, mais au prix d'un affadissement des thèses de Luther. Homme de compromis et de dialogue, Melanchthon introduisit dans les textes symboliques du luthéranisme le troisième usage de la Loi, contrairement à l'avis de Luther.

Il n'y a pas qu'à Wittenberg que l'éthique protestante tente de trouver le juste milieu entre les thèses de Luther sur la justification par la foi seule et une perception plus philosophique de l'éthique. Le collègue de Théodore de Bèze (1519-1605) à Genève, Lambert Daneau (1530-1595), en bon réformé, a concentré sa réflexion éthique sur la sanctification, mais a par ailleurs lié cette dernière à une vision aristotélicienne de l'homme agissant par la volonté et la raison, dans ses *Ethices christianae libri tres*, parus à Genève en 1577[8]. La synthèse est étonnante: l'homme, en tant que bénéficiaire de la nouvelle naissance émanant de la sanctification, doit se soumettre au Décalogue, compris comme un catalogue de règles; c'est seulement ainsi qu'il parviendra à atteindre le but véritable de son existence: la gloire due à Dieu. L'éthique des vertus est alors mise au service de la sanctification et balise la discipline ecclésiastique. «Daneau récupère ainsi dans le cadre de la doctrine calvinienne de la sanctification des thèmes classiques et médiévaux qu'il critique et réinterprète[9].»

---

8. Dans ses *Leçons* de 1826-1827 sur la morale chrétienne, Fr. SCHLEIERMACHER signalait d'entrée de jeu le rôle joué par Lambert Daneau ainsi que par Georges Calixte dans le processus de séparation de l'éthique et de la dogmatique, voir *Die christliche Sittenlehre: Einleitung*, d'après les notes de J. E. Erdmann, éd. critique de H. PEITER, Berlin-Stuttgart, Kohlhammer, 1983, p. 3.
9. O. FATIO, *Méthode et théologie. Lambert Daneau et les débuts de la scolastique réformée*, Genève, Droz, 1976, p. 180.

Dans cette insistance sur la sanctification se produit un événement en apparence imperceptible, qu'on va retrouver dans le piétisme, dans le puritanisme et dans l'éthique très moralisatrice d'un J.-F. Ostervald (1663-1746). Malgré l'ellipse à double foyer constitutive de l'éthique de la Réforme: justification et sanctification (point fortement souligné en 1675 par Pierre Jurieu dans son *Apologie pour la morale des réformés*, répondant au janséniste Arnauld et à son traité *Du renversement de la morale des Réformés*, 1657), l'intérêt croissant pour la sanctification répond à des besoins pratiques et politiques évidents; dans cette concentration sur le sujet humain, l'éthique est en quête de ce que nous appellerions aujourd'hui une plus grande opérationnalité; elle s'efforce de parer aux dangers de quiétisme qu'une insistance unilatérale sur la justification pouvait produire. Mais alors que, chez Calvin, l'équilibre était maintenu entre les deux foyers de l'ellipse, le calvinisme ultérieur cède de plus en plus souvent aux sollicitations de la réalité extérieure. Le motif théologique de la gloire de Dieu fait place au motif téléologique de la vérification par l'efficacité, motif qui va de pair avec une plus grande accentuation d'une certaine dimension proprement philosophique; dans sa vision de la vocation et du travail, le puritanisme anglais est passé progressivement du théocentrisme calviniste d'un W. Perkins (1558-1602) à l'utilitarisme et à la primauté de l'économique chez R. Baxter (1615-1691, voir son *Christian Directory* de 1673); la vocation *(calling, Beruf)* est devenue travail séculier: «L'accent se déplace de l'action de Dieu à l'action de l'homme[10].» Une certaine «religion du travail» s'est instaurée, fort éloignée de la conception calvinienne de la grâce et de la liberté. Mais on ne saurait attribuer ce déplacement à la seule intention d'un projet théologique; on assiste aussi, en profondeur, à un déplacement culturel, signe avant-coureur du raz-de-marée de la modernité, et dont le rééquilibrage boiteux en faveur de l'éthique philosophique n'est qu'un indice. L'éthique protestante est embarquée dans un changement de paradigme dont elle ne domine pas toutes les données[11]. Elle épouse l'évolution de la société bourgeoise et annonce le surgissement de la rationalité économique. Il est assez aisé d'opposer la pureté de la doctrine de Calvin aux dérapages du puritanisme, mais rien ne dit qu'il suffise, pour fonder une éthique adaptée à notre époque, de faire retour à Calvin par-dessus l'expérience historique de la modernité.

---

10. M. MIEGGE, *Vocation et travail,* Genève, Labor et Fides, 1989, p. 82.
11. E. Troeltsch a eu une conscience vive de cette dimension «matérialiste» du rapport entre les idées et l'histoire, ce qui l'a conduit à remettre en question le mécanisme explicatif par trop idéel de son ami et collègue Weber, voir J.-L. GASSE: «Religion et modernité: le point de vue de Ernst Troeltsch», in GROUPE DE RECHERCHE SUR LA CULTURE DE WEIMAR, *L'Éthique protestante de Max Weber et l'esprit de la modernité,* Paris, Éd. de la Maison des sciences de l'homme, Philia, 1997, p. 146-157, 152.

Une éthique encore totalement dépendante de la dogmatique?

Le déploiement de l'éthique protestante moderne se caractérise dès lors par un *renversement* significatif, souvent occulté par les reconstructions idéalisantes d'une éthique protestante originaire et immuable. Chez les Réformateurs (à l'exception de Melanchthon), l'éthique ne faisait pas l'objet d'un traitement séparé; l'orthodoxie protestante enchâssa la morale dans une déduction dogmatique serrée, jusqu'à ce que la morale, s'émancipant de ce carcan, se constitue elle-même en système, comme cela apparaît chez un Lambert Daneau notamment. Le piétisme et le rationalisme purent ainsi donner lieu à des élaborations morales de plus en plus autonomes. L'éthique désormais émancipée avait conquis son indépendance comme science, ce qui allait l'obliger à se confronter de manière encore plus exigeante avec l®éthique philosophique ambiante. Mais elle semblait aussi perdre de vue sa dimension théologique, ce que ses interlocuteurs «profanes» ne manquaient guère de lui rappeler, étonnés, frustrés ou moqueurs. Cet écart grandissant fut l'une des raisons qui devait conduire la théologie dialectique, dans le premier quart du XXe siècle, à relire l'éthique théologique à la lumière de la dogmatique chrétienne. Ce problème, seulement évoqué à ce stade, se retrouvera à certains moments clefs de l'histoire de l'éthique protestante (chez Schleiermacher et chez Troeltsch; voir ici chapitres II et III) puis dans la théologie dialectique (voir ici chapitre VII). Il réoccupe de nos jours très largement la scène, suscitant doutes internes et repositionnement public. Notre parti pris généalogique tend à nous confirmer que cette transformation du décor contemporain est à l'origine des relectures de notre héritage intellectuel et de nos ressources culturelles.

UNE TENSION QUI DEMEURE ENTRE L'ÉTHIQUE PHILOSOPHIQUE ET LA MORALE CHRÉTIENNE (FRIEDRICH SCHLEIERMACHER)

La théologie de Schleiermacher (1768-1834) se situe au confluent du rationalisme des Lumières et du piétisme (qui a fortement marqué l'éducation religieuse de Schleiermacher, comme déjà de Kant). Le cas particulier de sa contribution théologique à l'éthique, objet de notre intérêt dans ces pages, résume de manière paradigmatique le destin et la problématique de l'éthique protestante en régime de modernité.

L'*Éthique chrétienne* (*Die christliche Sitte*, publiée après sa mort en 1843) n'a été que peu étudiée, même parmi les théologiens[12]; si elle

---

12. Voir surtout H.-J. BIRKNER, *Schleiermachers christliche Sittenlehre im Zusammenhang seines philosophisch-theologischen Systems*, Berlin,

retrouve aujourd'hui un nouvel intérêt, c'est sans doute grâce aux impulsions issues de la redécouverte dont fait l'objet son éthique philosophique[13]. Nous commençons à mieux comprendre pourquoi et comment, durant sa carrière académique, Schleiermacher mena de front l'une et l'autre démarches. Dans son œuvre de jeunesse, il manifesta d'emblée une passion pour l®éthique philosophique, discutant le modèle kantien et se laissant fortement imprégner, via Jacobi, de la pensée de Spinoza[14]. En 1803, il dressa un impressionnant inventaire critique de l'histoire de l'éthique occidentale (*Grundlinien einer Kritik der bisherigen Sittenlehre*[15]); on y voit notamment sa dette envers Platon et Spinoza, auteurs grandioses d'une déduction *(Ableitung)* de l'éthique à partir de la connaissance «première et originaire» de l'Infini (34 ss.) et sa volonté de surmonter l'éthique kantienne, jugée trop formelle (131), dualiste (39), mêlant à tort le droit et l'éthique (133). Ses cours d'éthique philosophique *(Brouillon zur Ethik*, 1805-1806; *Ethik*, 1812-1813) réorganisent cette discipline autour des trois axes centraux que sont la doctrine des biens, la doctrine de la vertu et la doctrine du devoir[16]. La doctrine du devoir (c'est Kant qui est visé) vient en dernier; comme telle, elle butte en effet sur la pluralité des commandements. Quant à la vertu, elle ne peut influencer que la volonté de l'individu. Seule la doctrine des biens, culminant dans la notion platonicienne de Bien suprême, est à même, selon Schleiermacher, d'embrasser l'universalité des buts. L'éthique philosophique part de l'universel, pour découvrir le particulier, c'est-à-dire les modalités concrètes par lesquelles la raison organise (par la conscience interne de soi) et symbolise (par l'expression externe) la nature.

Töpelmann, 1964; H. BURBACH, *Das ethische Bewusstsein. Studien zur Systematik der theologischen Ethik Schleiermachers*, Göttingen, Vandenhoeck & Ruprecht, 1984; E. BRITO, *La Pneumatologie de Schleiermacher*, Louvain, Leuven University Press, 1994, accorde une attention particulière à son éthique théologique, comprise avant tout comme pneumatologique («L'Esprit chrétien et l'agir éthique», p. 342-358); son interprétation suit souvent de très près l'étude de Birkner. Voir aussi, de manière rapide, J. ROHLS, *Geschichte der Ethik*, p. 320-323; Chr. FREY, *Die Ethik des Protestantismus...*, p. 137-143.
   13. Voir G. SCHOLZ, *Ethik und Hermeneutik. Schleiermachers Grundlegung der Geisteswissenschaften*, Francfort, Suhrkamp, 1995; Chr. BERNER, *La Philosophie de Schleiermacher. Herméneutique-dialectique-éthique*, Paris, Éd. du Cerf, 1995.
   14. Voir G. MECKENSTOCK, *Deterministische Ethik und kritische Theologie. Die Auseinandersetzung des frühen Schleiermacher mit Kant und Spinoza (1789-1794)*, Berlin-New York, Walter de Gruyter, 1988.
   15. *Schleiermachers Werke* I, 2. Neudruck der 2. Auflage Leipzig 1928, Aaalen, Scientia Verlag, 1981, p. 1-346. Les chiffres entre parenthèses dans le texte renvoient à cet ouvrage.
   16. Voir E. BRITO, *La Pneumatologie de Schleiermacher,* p. 120-177; Chr. BERNER, *op. cit.*, p. 247 ss. Voir aussi notre article «Éthique des valeurs et éthique théologique», *Revue d'histoire et de philosophie religieuse* 73, 1993, p. 409-427.

Suivant sa conception générale de la théologie systématique, incluant dogmatique et éthique, Schleiermacher conçoit d'abord l'éthique chrétienne comme une science descriptive. De même que l'éthique philosophique décrivait les finalités de la culture, l'éthique théologique expose l'esprit chrétien tel qu'il est vécu dans la communauté des croyants. De descriptive, l'éthique ne devient prescriptive ou impérative que par les commandements concrets qui la constituent de l'intérieur[17]. Rattachée de manière intime à la réalité de l'Église, elle suit dès lors la logique de l'Esprit-Saint, en tant que ce dernier représente pour Schleiermacher la traduction théologique concrète et le dépassement de la raison appelée à déterminer la nature[18].

Le *programme* schleiermachérien de l'éthique théologique se trouve anticipé de manière thétique dans plusieurs paragraphes du *Bref exposé*[19]. On ne comprend bien la visée de tels passages, souvent elliptiques et abstraits, que si l'on a devant les yeux le projet schleiermachérien global de l'éthique théologique dans son rapport différencié à l'éthique philosophique. Faute d'avoir assisté aux autres cours ou d'avoir eu accès à leur manuscrit, les auditeurs et les lecteurs du *Bref exposé* passèrent à côté des intentions de Schleiermacher[20]. La citation suivante propose quelques extraits significatifs du *Bref exposé*.

§ 29 Si la théologie philosophique était dûment développée comme discipline, l'ensemble des études de théologie pourrait commencer par elle. Aujourd'hui, cependant, on ne peut en acquérir les différents éléments que de façon fragmentaire par l'étude de la théologie historique; et cela seulement si elle a été précédée par l'étude de l'éthique, que nous devons en même temps considérer comme la science des principes de l'histoire. [...]
§ 35 Comme l'éthique, en tant que science des principes de l'histoire, ne peut exposer que de façon générale comment est né un ensemble historique, de même ce n'est que par la voie critique, en comparant les différences générales exposées dans l'éthique avec la réalité historique, que l'on peut découvrir ce qui, dans le christianisme, est l'expression pure de son idée et ce qui doit être considéré comme une déviation de celle-ci, c'est-à-dire un état pathologique. [...]
§ 223 [... C]ette distinction ne peut pas être considérée comme essentielle, [...] elle n'a pas été non plus quelque chose d'originel, ni

---

17. Ce passage entre le descriptif et le normatif est important; il correspond à l'articulation de la dimension historique et de la dimension systématique (voir *Die christliche Sitte nach den Grundsätzen der evangelischen Kirche im Zusammenhange dargestellt*, éd. par L. JONAS, Berlin, G. Reimer, 1843, p. 9).
18. Sur l'ancrage ecclésiologique et pneumatologique de l'éthique chrétienne chez Schleiermacher, voir E. BRITO, *La Pneumatologie de Schleiermacher*, p. 348 ss. et 610.
19. *Le Statut de la théologie. Bref exposé*, Genève-Paris, Labor et Fides-Éd. du Cerf, 1994; voir en particulier les paragraphes 29, 35, 223-229, 318-319.
20. Comme le relève H.-J. BIRKNER, «Le *Bref exposé* de Schleiermacher: un programme pour une réforme de la théologie», in *Le Statut de la théologie, op. cit.*, p. 117-135, 132-133.

dans le christianisme en général, ni dans l'Église protestante en particulier. [...]

§ 224 [... U]ne combinaison bien ordonnée et vivante des deux disciplines semble offrir une garantie appréciable contre la facilité avec laquelle les affirmations dogmatiques proprement dites dégénèrent en formules sans esprit et les propositions éthiques en prescriptions purement extérieures.

§ 227 La division des deux disciplines a également engendré un processus éclectique inapproprié, puisqu'on estimait pouvoir se référer sans préjudice à une autre école philosophique pour la doctrine chrétienne des mœurs que pour la doctrine de la foi.

§ 229 De nombreux traités de morale chrétienne laissent indéniablement très peu deviner le type d'une discipline théologique, et sont difficiles à distinguer des traités d'éthique philosophique. [...]

Schleiermacher ordonne les études de théologie, de manière originale, en trois parties fondamentales: la théologie philosophique (nous dirions sans doute aujourd'hui: la théologie fondamentale), la théologie historique (exégèse biblique comprise), la théologie pratique, «couronnement»[21] des études de théologie.

Chaque partie renvoie à l'éthique, qui constitue ainsi, comme l'avait d'emblée noté Schwarz en 1812, le «principe le plus profond où toute notre théologie s'enracine» et «le fondement qui domine tout[22]».

Au paragraphe 29, Schleiermacher souligne avec force que la théologie historique, pour trouver son sens, nécessite au préalable l'étude de l'éthique, comprise de manière large comme «science des principes de l'histoire». Or c'est un fait que l'éthique constitue pour ainsi dire le cœur de la théologie philosophique elle-même, comme racine de toute théologie. Elle tient ici un rôle parallèle et congruent avec la critique: sans la double vigilance de l'éthique et de la critique (§ 35), nous ne serions pas en mesure de distinguer, au sein du christianisme historique, ses déviations «pathologiques» de «l'expression pure de son idée».

Même si elles diffèrent quant à leur forme, à leur méthode et à leurs thèmes spécifiques[23], éthique philosophique et éthique chrétienne ont finalement le même contenu, *sub specie aeternitatis*. Le Bien suprême, constitutif de la destination ultime de l'homme, a trouvé dans l'individualité particulière de Jésus, comme anticipation du Royaume, son modèle exemplaire.

L'éthique chrétienne de Schleiermacher est fondamentalement téléologique[24]; orientée vers le Royaume de Dieu, elle tend, à la limite, à iden-

---

21. Schleiermacher avait utilisé, dans la première édition, en 1810, la métaphore de la couronne pour la théologie pratique; même s'il renonce à cette image dans la deuxième édition, en 1830, l'idée demeure bel et bien, voir H.-J. BIRKNER, *ibid.*, p. 127.
22. Cité par H.-J. BIRKNER, *ibid.*, p. 132 s.
23. H.-J. BIRKNER, *Schleiermachers christliche Sittenlehre...*, p. 84; BRITO, *op. cit.*, p. 348.
24. Sur cette dimension téléologique, voir H.-J. BIRKNER, *ibid.*, p. 73 ss.

tifier la communauté chrétienne et la société civile. Cela conduit Schleiermacher à un certain optimisme culturel et historique, comme on le voit dans ses réflexions sur l'État notamment[25]. On ne trouve guère, chez le théologien réformé, ce sens du tragique et de l'historique qui anime Hegel dans la *Phénoménologie de l'Esprit*. L'éthique de Schleiermacher nous frappe par son sens de la synthèse et de la mise en perspective; elle nous offre des pistes fécondes pour dépasser les fausses oppositions que le néo-kantisme a eu tendance à durcir. Troeltsch lui-même, tout en reconnaissant le rôle crucial de l'éthique *philosophique* de Schleiermacher en matière de réflexion fondamentale et méthodologique (voir ici, p. 227), ne pensait pas que la *Christliche Sitte* fût à la hauteur des enjeux et puisse permettre en aucune manière de résoudre les problèmes éthiques concrets de la société moderne[26]. Il n'est de ce fait guère étonnant de voir certains auteurs contemporains aller jusqu'à se demander si elle n'est pas typiquement une éthique de la bourgeoisie, visant à une conciliation paisible des oppositions et à un apaisement naïf des conflits, par le biais d'une adaptation *(Anpassung)* à la culture et au progrès[27]. Dans le refus, souvent injuste et caricatural, que la théologie dialectique à ses débuts opposera au projet schleiermachérien, il n'y avait pas que la critique d'une manière de relier la foi et la raison, l'Église et la culture; on pourrait y lire aussi, rétrospectivement, le diagnostic posé sur une théologie par trop installée dans le siècle et satisfaite d'elle-même[28]. Sans doute ces faiblesses dont témoigne l'éthique de Schleiermacher tiennent-elles pour une bonne part à la conscience insuffisante du caractère eschatologique (et pas seulement téléologique!) du Royaume de Dieu dans la mentalité chrétienne du XIXe siècle.

Néanmoins, le déficit social de la reconstruction schleiermachérienne ne doit pas masquer sa *force programmatique*, liée à son projet de repenser le lien conjoncturel et systématique à la fois entre l'éthique théologique, l'éthique philosophique et la modernité. Les débats actuels sur la postmodernité, nous l'avons rappelé aux chapitres III, IV et V, ne sauraient faire l'impasse sur le geste moderne de l'interrogation critique, dont Schleiermacher est un témoin particulièrement lucide, avec son refus parallèle du rationalisme et d'un sentimentalisme sans rapport avec sa théorie du *Gefühl*.

25. Nous n'entendons pas discuter ici l'éthique matérielle de la *Christliche Sitte*; voir pour plus de détails H.-J. BIRKNER, *ibid.*, p. 113 ss.; E. BRITO, *La Pneumatologie de Schleiermacher*, p. 352 ss.
26. «Grundprobleme der Ethik» (1902), repris dans *Gesammelte Schriften*, t. II, Tübingen, Mohr, 1922², p. 568 s.
27. Voir par exemple D. SCHELLONG, *Bürgerturm und christliche Religion. Anpassungsprobleme der Theologie seit Schleiermacher,* Munich, Kaiser, 1975, et la discussion critique qu'en fait H. BURBACH, *Das ethische Bewusstsein*, p. 23-24.
28. Travers que la théologie dialectique, une fois dominante, n'a pas su totalement éviter non plus!

Cette reconstruction suppose la mise en perspective de l'éthique comme philosophie pratique ayant pour objet l'action de la raison sur la nature et de l'éthique comme science des principes de l'histoire[29].
Comment se fait plus précisément le passage à l'éthique théologique? Dans la *Glaubenslehre* de 1822, la définition de l'éthique en tant que telle est tout à fait identique à celle des écrits philosophiques: «Nous entendons ici par éthique l'exposition spéculative de la raison dans son effectivité totale, parallèle à celle de la science de la nature[30].» Mais la différence avec Hegel est énorme: «Pour Schleiermacher le savoir absolu est inaccessible. Sa philosophie est une philosophie du sujet fini, tout dépassement ne peut s'opérer que dans la croyance. L'infini n'est accessible que dans la foi religieuse[31].» De ce déplacement radical découle la spécificité de l'éthique théologique par rapport aux éthiques philosophiques lorsqu'elles se refusent à faire le pas.

On ne comprend l'articulation des deux éthiques, la philosophique et la théologique, que si l'on perçoit le programme de théologie philosophique sous-jacent à toute la démarche de Schleiermacher[32] et dont on retrouve des traces très claires, au XXe siècle, chez Paul Tillich.

Dans l'ordre philosophique, Schleiermacher procède – spéculativement et déductivement, mais en un sens non hégélien – de l'universel au particulier, en décrivant la manière dont la raison gouverne, oriente et infléchit aussi bien la nature que la culture et l'histoire, tout en demeurant une raison finie et contingente. C'est pourquoi il peut présenter l'éthique comme la science par excellence des principes de l'histoire.

L'ordre théologique obéit à une logique inversée: partant du particulier humain et historique, condensé dans la figure de l'homme Jésus, il remonte vers l'universel du Royaume de Dieu, non sans emprunter les diverses médiations des réalités positives, la culture et l'Église notamment. La correspondance ainsi indiquée n'est donc pas une analogie linéaire et mécanique, qui nous permettrait de passer sans problèmes de l'éthique philosophique à l'éthique théologique, mais bien une analogie dialectique, organisée selon la figure croisée d'un chiasme, plutôt que d'une ellipse à double foyer[33]:

Logique philosophique (spéculative)	*Logique théologique (pratique)*
Universel: raison	Particulier: histoire, Jésus
Particulier: nature – histoire	Universel: Royaume de Dieu

29. Voir Chr. BERNER, *La Philosophie de Schleiermacher*, p. 220-221.
30. *Glaubenslehre* § 2, *Zusatz* 2, cité par Chr. BERNER, *ibid.*, p. 223.
31. Chr. BERNER, *ibid.*, p. 227.
32. H. BURBACH, *Das ethische Bewusstsein*, p. 26 ss.
33. L'image du chiasme, ou de la logique inversée, rend mieux compte du décrochage entre les deux types d'approche. Sur la structure en ellipse de la pensée de Schleiermacher, voir E. BRITO, *La Pneumatologie de Schleiermacher*, p. 365 s.; voir déjà G. SCHOLTZ, *Die Philosophie Schleiermachers*, Darmstadt, Wissenschaftliche Buchgesellschaft, 1984, p. 60.

La formulation du paragraphe 3 de la *Glaubenslehre* signale en quelque sorte le caractère second de l'éthique chrétienne par rapport à la foi: «La piété *[Frömmigkeit]*, sur laquelle se fondent toutes les communautés ecclésiales, n'est comme telle *[rein für sich betrachtet]* ni un savoir *[Wissen]* ni un faire *[Tun]*, mais une forme déterminée *[Bestimmtheit]* du sentiment *[Gefühl]* (compris comme) conscience immédiate de soi[34].» Schleiermacher donne ici la formule canonique de sa «stratégie de délimitation[35]» tendant à distinguer la religion de la métaphysique et surtout, pour ce qui nous concerne, de la morale.

Comprise comme «sentiment de dépendance absolue» (§ 4), la relation avec Dieu qui se tient au cœur de la piété est théologiquement fondée sur la rédemption *(Erlösung)*, concept central de la christologie schleiermachérienne. C'est de là que découle la thèse programmatique centrale qui structure l'ensemble de la *christliche Sitte*: «[La morale chrétienne] devra être la description *[Darstellung]* de la communion *[Gemeinschaft]* avec Dieu en tant que cette dernière est conditionnée par la communion avec Christ le rédempteur; la communion avec Dieu est en effet le motif de tous les actions *[Handlungen]* des chrétiens. La morale chrétienne ne pourra être rien d'autre qu'une description des modes d'action qui naissent de la domination *[Herrschaft]* de la conscience de soi religieuse sous sa forme chrétienne[36].»

Cette centralité christologique et sotériologique du fondement théologique de l'éthique chrétienne, liée à la compréhension radicale de la piété (et donc de la foi) comme sentiment de dépendance absolue, a pour effet, si je vois bien, de produire un *décalage* par rapport à l'éthique philosophique: les références théologiques de la *Glaubenslehre*, reportées avec une grande cohérence dans l'introduction de la *Sittenlehre*, interdisent en quelque sorte de reproduire un strict parallélisme avec la compréhension de l'éthique comme travail pratique de la raison sur la nature par le moyen de l'action. Ni l'agir *(Tun)*, ni le savoir *(Wissen)* n'émargent au cœur de la piété. Ce n'est que par le détour de l'analyse du sentiment de dépendance et de son lien à la rédemption que les modes d'action des chrétiens se voient réintroduits, en tant qu'objets pratiques d'une motivation spécifique.

Ce rapport original de l'éthique chrétienne à l'éthique philosophique n'a pas été sans influence sur Karl Barth, quoi qu'il ait pu en dire: une certaine continuité est en effet perceptible ici dans la fondation christologique et théologique de l'éthique chrétienne. En même temps,

---

34. *Der christliche Glaube nach den Grundsätzen der evangelischen Kirche im Zusammenhange dargestellt*, t. I, éd. par M. REDEKER, Berlin, Walter de Gruyter, 1960, p. 14.
35. L'expression d'*Abgrenzungstrategie*, au sujet du jeune Schleiermacher, se lit chez G. MECKENSTOCK, *Deterministische Ethik und kritische Theologie*, Berlin-New York. Walter de Gruyter, 1988, p. 225 s.
36. *Die christliche Sitte nach den Grundsätzen der evangelischen Kirche im Zusammenhange dargestellt*, p. 32 s.

l'asymétrie en forme de chiasme qui relie les deux éthiques est porteuse d'une difficulté ou d'une promesse, selon le point de vue que l'on adoptera sur le fond: l'agir des chrétiens n'est pas explicitement *fondé* (comme ce sera le cas chez Barth) sur l'agir de Dieu en Christ, mais il est *indirectement motivé* par le biais du sentiment de dépendance absolue compris comme détermination de la religion. Ce détour, objet de tant de discussions et de critiques (notamment de la part de la théologie dialectique), était aussi porteur, comme on dirait aujourd'hui, d'une «fondation non fondationnelle» de l'éthique chrétienne!

Serait-ce une des raisons du retour de l'éthique schleiermachérienne tout entière dans le débat académique contemporain? Ce «Père de l'Église» du protestantisme moderne a voulu tenir ensemble un projet d'éthique philosophique aussi cohérent que possible et une approche irréductiblement théologique de l'éthique chrétienne, sans concordisme ni éclectisme. Plus personne, en notre temps, n'oserait pareille gageure. Avec le recul, on comprend bien pourquoi. Ancêtre du libéralisme théologique, inspirateur d'auteurs aussi différents qu'Albrecht Ritschl, Richard Rothe, Wilhelm Herrmann et Ernst Troeltsch, il a été et demeure l'exemple moderne par excellence de la critique théologique de la modernité. Il nous lègue notamment l'obligation de reprendre à nouveaux frais la question de la *plausibilité de l'éthique théologique*, sans rien céder sur la *cohérence interne* de nos présupposés philosophiques et de leur articulation avec nos choix théologiques. Mais il apparaît en même temps, sur l'autre face de son œuvre, comme celui qui a affirmé avec le plus de conviction et de force la *spécificité irréductible du théologique*, *via* la figure du Christ rédempteur et de l'Esprit inspirateur et communicateur. Parmi les innombrables héritiers de Schleiermacher, nous trouvons ceux qui privilégient le cadre (la culture, la raison, l'histoire) et ceux qui s'attachent avant tout au contenu du tableau (Dieu, le Christ, l'Esprit), mais que serait la vérité sans le monde et le monde sans la vérité? Barth, Pannenberg, Jüngel, Hauerwas ou Placher, pour faire droit au primat de la vérité, devront bien s'appuyer sur sa manifestation; Troeltsch, Tracy, Kaufman, Ebeling, T. Rendtorff ou Cobb ausculteront les structures de la manifestation non par simple curiosité descriptive, mais pour y déceler ne serait-ce que la trace d'une vérité possible. Schleiermacher, le plus fondationnaliste peut-être des théologiens et des éthiciens chrétiens lorsqu'il s'occupe de son affaire théologale, est en même temps celui qui articule christianisme et humanisme de la façon la plus indirecte qui soit, ouvrant ainsi la voie aux fondationnalismes non fondationnels.

Dans l'optique généalogique qui nous anime, la figure de Schleiermacher est aussi l'emblème d'un singulier paradoxe: alors que la part dogmatique de sa théologie systématique et pratique donne à penser l'*essentielle secondarité de l'éthique*, la part philosophique de sa théologie fondamentale laisse au contraire entrevoir le *primat de l'éthique comme principe constitutif de la pensée.* Barth et la théologie dialectique emprunteront allègrement la première voie, tandis que Troeltsch appellera au renouvellement de la seconde.

Mais, dans les deux cas, on ne saurait oublier que, pour Schleiermacher, la raison à l'œuvre dans notre travail de reconstruction (théologique et philosophique) demeure de part en part, comme le montre la *Dialectique, une raison contingente et finie,* aux antipodes de la *Vernunft* spéculative hégélienne[37].

LA RECONSTRUCTION CRITIQUE DE L'ÉTHIQUE PROTESTANTE CHEZ ERNST TROELTSCH

Le regain d'intérêt œcuménique et international pour l'œuvre de Troeltsch (1865-1923) s'explique pour différentes raisons. Trop longtemps, l'œuvre inachevée de ce théologien protestant est demeurée dans l'ombre de celle de son ami, le sociologue Max Weber[38]. On a beaucoup plus discuté de *L'Éthique protestante et l'esprit du capitalisme* que des *Soziallehren.* Dans l'espace théologique, Troeltsch a fait figure d'*outsider,* voire de renégat: ni tout à fait théologien, ni dogmaticien, mais plutôt un curieux alliage de philosophie, d'histoire et de sociologie. D'autre part, son décès prématuré a non seulement interrompu une œuvre en pleine mutation; il a également représenté une césure dans un débat en cours, que ce soit avec Paul Tillich ou avec Karl Barth. Le monopole de la théologie dialectique nous apparaît rétrospectivement avoir été un monopole battu en brèche par les conflits internes et par les appréciations divergentes de l'éthique proprement dite; il n'en demeure pas moins qu'il a largement contribué à occulter la signification du différend central entre Barth et Troeltsch; or ce différend a porté ses effets jusque dans les débats ultérieurs de Barth avec Tillich, Bonhoeffer et Brunner. Qu'on pense à l'articulation de l'autonomie et de la théonomie chez Tillich, impensable chez Barth; à la critique du positivisme de la révélation émise par Bonhoeffer à l'encontre de Barth, critique éclatant dans les *Lettres de prison* mais déjà impliquée dans la construction de l'*Éthique,* comme il faudra le montrer; à la structuration de l'éthique brunnérienne autour du double pôle de la création et de la rédemption. Les malentendus avec l'éthique protestante nord-américaine (Reinhold Niebuhr, puis Gustafson et Ramsey) porteront également la trace de cette discussion inaccomplie,

---

37. Chr. BERNER, *La Philosophie de Schleiermacher,* p. 91: «L'expérience de la pensée ne peut pas être absolue. Le savoir absolu ne peut être qu'un principe régulateur.»
38. L'étude citée plus haut de J.-L. GASSE, «Religion et modernité: le point de vue de Ernst Troeltsch», est très instructive à cet égard.

au point que les nostalgies réactionnaires d'un Stanley Hauerwas (dans son retour non critique à Barth et dans sa désignation de Troeltsch comme l'adversaire à abattre!) nous apparaissent comme le fruit d'une réception idéalisée et incomplète de la discussion européenne.

Conformément à notre projet systématique, qui vise à reconstruire le discours de l'éthique protestante en fonction de son ancrage historique et de sa portée culturelle pour le monde présent, nous aimerions retracer le mouvement par lequel Troeltsch a réinterprété le geste éthique protestant et plus largement chrétien. Puis nous évaluerons les résultats auxquels Troeltsch semble être parvenu, de manière à prendre nous-même distance et à nous situer librement face à notre propre actualité.

Dans sa thèse de 1891 consacrée à Johann Gerhard et Philippe Melanchthon[39], Troeltsch avait posé les bases de sa célèbre distinction entre le vieux protestantisme et le néo-protestantisme. Par sa manière d'articuler la raison et la révélation, l'orthodoxie luthérienne se montre en effet foncièrement prémoderne; c'est seulement dans son choc avec la modernité que le néo-protestantisme va connaître l'épreuve d'une nouvelle mise en perspective du christianisme et de la culture. Il ne fait pas de doute pour Troeltsch que le calvinisme, qui appartient encore lui aussi au vieux protestantisme, s'est ici révélé infiniment plus à la hauteur de ce défi colossal, lorsque se joua la plausibilité même du christianisme en situation moderne, que le luthéranisme englué dans ses héritages traditionnels.

Les *Soziallehren* se nouent pour une part tout à fait décisive dans l'opposition idéale-typique opérée par Troeltsch entre Luther et Calvin. On en retrouve les linéaments essentiels dans l'article «Calvinisme et luthéranisme» de 1909[40]. Deux thèses s'entrecroisent ici. D'une part, Troeltsch voit triompher chez Luther le «pathos de l'obéissance» tandis que Calvin opte, selon lui, pour le «pathos de la liberté»[41]. Tel est bien, en effet, le résultat de l'analyse systématique des deux modes de pensée et de leur manière d'articuler le religieux et le politique, ou, si l'on préfère, le christianisme et la culture. Mais à cette première approche s'en ajoute une seconde, plus directement historique et culturelle: Troeltsch voit dans le luthéranisme un phénomène typiquement allemand, alors que le calvinisme présente selon lui une trajectoire cosmopolitique propre au monde euro-américain.

---

39. *Vernunft und Offenbarung bei Gerhard und Melanchthon*, diss. Göttingen, 1891.
40. Trad. fr. in *Protestantisme et modernité*, p. 9-27.
41. Selon la formulation de H. Heimpel, citée par L. SCHORN-SCHÜTTE, «Ernst Troeltsch *Soziallehren* und die gegenwärtige Frühneuzeitforschung. Zur Diskussion um die Bedeutung von Luthertum und Calvinismus für die Entstehung der modernen Welt», in F. W. GRAF et T. RENDTORFF éd., *Ernst Troeltschs «Soziallehren». Studien zu ihrer Interpretation*, «Troeltsch-Studien» 6, Gerd Mohn, Gütersloh, 1993, p. 133-151, 135.

Critique de l'éthique luthérienne et valorisation de l'éthique calvinienne.

Le combat mené par Troeltsch contre le luthéranisme[42] n'est pas de pure curiosité historique; il y va de sa propre attitude critique envers la religion prussienne de l'Allemagne wilhelminienne. La pointe polémique est dirigée contre l'éthique luthérienne moderne, dans son caractère de restauration; une telle éthique, selon Troeltsch, se révèle socialement impuissante; foncièrement dualiste, elle limite la pertinence de la foi au seul domaine de l'intériorité; dans le domaine des structures sociales ne valent que les normes naturelles du sens commun. Cette faillite n'est pas propre à la restauration luthérienne; elle touche déjà le projet théologique de Luther lui-même, de même que le paléo-luthéranisme, comme si, au fond, la trajectoire luthérienne avait quelque chose de consubstantiellement anhistorique et de fatalement statique. À la différence du calvinisme, qui épouse beaucoup mieux les courbes de l'histoire et s'avère donc infiniment plus conscient de sa propre historicité, le luthéranisme paraît en définitive imperméable au mouvement de l'autodifférenciation et de la réflexivité conduisant à des distinctions internes comme celle proposée entre l'ancien et le nouveau protestantisme. À la limite, à lire Troeltsch on éprouve le sentiment que le luthéranisme n'a lui-même que faire de la distinction interne entre le paléo-luthéranisme et le néo-luthéranisme. L'essence du luthéranisme semble rebelle à toute différenciation historique.

Walter Sparn a relevé la raison proprement ecclésiologique de cette permanence du luthéranisme aux yeux de Troeltsch. Chez Luther, en effet, l'Église ne cesse de s'opposer à la secte et à la mystique. Elle a un caractère de pure positivité, de contingence absolue, et c'est précisément de cette position arbitraire que naît une conception à la fois conservatrice et irrationnelle du droit naturel *(usus politicus legis)*: le conservatisme politique répond au positivisme ecclésiastique. Troeltsch, de son côté, opte sans hésiter pour la mystique, c'est-à-dire, dans l'élaboration subtile qu'il donne de cet idéal-type, pour l'éthique individuelle et libérale, pour la liberté engagée et responsable dont nous pouvons lire la formule dans le fameux paragraphe 6 des conclusions des *Soziallehren* (cité p. 236 s.). Dès lors, il n'est plus question pour lui de céder aux illusions symétriques du conservatisme du type Église ou de l'utopisme du type secte; la dynamique libératrice émanant du type mystique rejaillit au cœur de

---

42. Voir W. SPARN, «Preussische Religion und lutherische Innerlichkeit. Ernst Troeltschs Erwartungen an das Luthertum», in F. W. GRAF et T. RENDTORFF éd., p. 152-177; on comparera cette analyse à la défense de l'éthique de Luther apportée par G. EBELING, très largement contre Troeltsch, voir *Luther. Introduction à une réflexion théologique*, Genève, Labor et Fides, 1983.

l'histoire, dans le creuset du mouvement social et culturel. *Le calvinisme est la figure historique de cette inculturation de l'absolu*[43].

La distinction entre vieux protestantisme et néo-protestantisme.

Le travail de titan accompli par Troeltsch pour dégager la signification dynamique du protestantisme tel qu'il se donne à comprendre dans l'histoire vise avant tout, me semble-t-il, à mettre en évidence l'articulation spécifique du protestantisme et de la modernité, une articulation critique et différenciée, précisons-le, c'est-à-dire exempte de toute apologétique linéaire et unidimensionnelle du geste moderne en tant que tel[44]. Mais suivons plus précisément l'argumentation troeltschienne. Il lui importe, dans un premier temps, de faire émerger les traits distinctifs du protestantisme moderne. Pour ce faire, il recourt à la distinction entre l'*Alt-* et le *Neuprotestantismus*[45].

En un sens, nous dit Troeltsch, le protestantisme «authentique» *(echt)* est le vieux ou le paléo-protestantisme, celui correspondant, globalement, à l'époque et à la pensée de Luther et de Calvin. Or ce protestantisme véritable, classique, reste, malgré ses traits anticatholiques, «entièrement circonscrit par la culture ecclésiastique du Moyen Âge; il entend subordonner l'État, la société, la culture, la science, l'économie et le droit aux critères supranaturels de la Révélation, et, comme le fait toujours le Moyen Âge, il se soumet à la *lex naturae,* considérée comme originellement identique à la loi divine[46]».

Les analyses de Troeltsch ne sont elles-mêmes pas dénuées d'ambiguïtés. La construction idéale-typique du vieux et du néo-protestantisme possède une logique contraignante, qui conduit à tirer les Réformateurs

---

43. H. FISCHER se demande, lui, si la fuite en avant de Troeltsch dans la mystique et dans l'individualisme radical n'est pas le résultat d'un conservatisme luthérien inversé, voir «Die systematische Funktion der Eschatologie für Troeltschs Verständnis von Ethik in den *Soziallehren*», in F. W. GRAF et T. RENDTORFF éd., p. 276-292. La remarque de Fischer met le doigt sur un chiasme étrange dans la pensée de Troeltsch: son penchant pour l'éthique objective entraîne une insistance paradoxale sur l'individualisme radical, celui-là même qu'il reproche au luthéranisme conservateur; de même, le lien entre l'eschatologie et l'éthique est subordonné à une conception dogmatique et a-politique de la rédemption, etc. Nous reviendrons plus loin sur ces contradictions.
44. Il y a lieu à cet égard de nuancer la vision de Troeltsch telle qu'elle ressortait des analyses anciennes de P. GISEL, *Vérité et histoire*, Paris, Beauchesne, 1977, p. 457-463. Comme l'attestent les travaux plus récents de Gisel lui-même, Troeltsch nous apparaît aujourd'hui autrement plus critique, théologiquement parlant, à l'égard du mouvement de la modernité.
45. Voir Chr. FREY, *Die Ethik des Protestantismus...*, p. 79-82.
46. *Protestantisme et modernité*, p. 47.

(Calvin compris) du côté du vieux protestantisme et donc de la structure théocratique et patriarcale du Moyen Âge, tout en découvrant, surtout chez Calvin, mais en fait déjà chez Luther lui-même (dans son spiritualisme radical, annonciateur de la mystique), le germe du néo-protestantisme, à savoir le *pathos* indéracinable de la liberté. *En même temps qu'il enferme Luther, à travers sa doctrine de l'usage politique de la Loi et du droit naturel, dans les obscurités catholiques du Moyen Âge, Troeltsch reconnaît l'amorce révolutionnaire du* Traité de la liberté chrétienne; *il en vient à introniser implicitement Luther comme champion de la modernité, par le biais d'une interprétation spiritualisante relevant du type mystique. Tel est le résultat paradoxal de la déconstruction troeltschienne de la «double morale» luthérienne.*

Le droit naturel en protestantisme[47].

Il faut bien reconnaître que Troeltsch occupe une place à part dans l'histoire de l'éthique protestante. Cela est particulièrement visible quand on s'attache à sa conception du droit naturel, que nous prendrons ici comme exemple symptomatique. Plus qu'aucun autre théologien protestant, Troeltsch a en effet affirmé le caractère nécessaire de la problématique du droit naturel[48]; qui plus est, il a voulu en montrer la permanence au sein même de la tradition protestante et dans la construction particulière de l'éthique.

Dans le dialogue œcuménique actuel, la tentation est grande de nous contenter de schématismes simplistes: au catholicisme, les concepts du droit naturel et de la loi naturelle, au protestantisme les concepts antinomiques de la grâce, de l'existentiel ou du relationnel. Cette typologie est paresseuse et erronée: non seulement elle ne rend pas compte de la manière dont le protestantisme dès ses origines – les Réformateurs compris – a argumenté à l'aide de catégories relevant du droit naturel;

---

47. Je suis ici sauf indication contraire les *Soziallehren der christlichen Kirchen und Gruppen* (1911, 1922), Aalen, Scientia Verlag, 1977. Les chiffres entre parenthèses dans le texte renvoient à cet ouvrage. Les principales autres analyses de Troeltsch sur le droit naturel sont: «Naturrecht, christliches«, *Die Religion in Geschichte und Gegenwart,* t. IV, Tübingen, 1913, col. 697-704; «Das stoisch-christliche Naturrecht und das moderne profane Naturrecht» (1911), *Gesammelte Schriften,* t. IV p. 166-191; «Droit naturel et humanité dans la politique mondiale» (1923), trad. fr. in *Religion et histoire,* éd. par J.-M. TÉTAZ, Genève, Labor et Fides, 1990, p. 273-298.

48. Emil Brunner lui a su gré d'avoir reconnu l'importances des questions liées à cette problématique, tout en déplorant la confusion des réponses qu'il leur a apportées. Pour une présentation et une discussion d'ensemble de la position de Troeltsch sur ce thème, voir K. TANNER, *Der lange Schatten des Naturrechts. Eine fundamental-ethische Untersuchung,* Stuttgart, Kohlhammer, 1993, p. 59-163.

mais, de plus, elle renonce à aborder de front, dans la discussion actuelle, l'éventuelle pertinence d'une problématique fondamentale, trop importante pour être abandonnée aux seuls catholiques ou aux seuls évangéliques. Notre conviction est qu'il nous appartient tout au contraire de penser les implications contenues dans la problématique du droit naturel (comme dans celles de la nature[49], d'ailleurs), implications qui ne visent pas, à notre sens, à conforter une attitude réactionnaire et traditionaliste, mais à rendre possible la compréhension proprement universelle de la foi chrétienne, de même que l'insertion pratique et plausible de son éthique dans le monde moderne et postmoderne.

Troeltsch reconnaît l'état «pitoyable et confus» (*kläglich und konfus*, 173) de la doctrine du droit naturel. Il n'en pense pas moins qu'elle a des incidences *pratiques* considérables, sur le plan tant culturel que social. La théologie protestante est demeurée presque complètement aveugle face à la tradition du droit naturel (173, note 77). L'*enquête historique* menée par Troeltsch a pour but de rendre possible une *évaluation normative*.

La problématique du droit naturel constitue le «dogme culturel» de l'Église (173); elle est donc le pendant, sur le plan de la théologie fondamentale ou de l'herméneutique, comme nous dirions aujourd'hui, des doctrines proprement dogmatiques du christianisme (la Trinité, la christologie, la pneumatologie, etc.).

La vision que se fait Troeltsch du droit naturel est déterminante pour comprendre sa reconstruction de l'éthique sociale chrétienne. Comme le relève Klaus Tanner[50], elle dépend très étroitement de son interprétation du message central du Nouveau Testament. Troeltsch estime en effet que l'Évangile comme tel, condensé dans le message de Jésus, contient une radicalité absolue, difficilement conciliable avec les réalités contingentes et rugueuses du monde social où il retentit. Si l'on ne partait que de l'Évangile, on ne parviendrait pas à rejoindre ce monde et à fonder une éthique sociale opératoire. *L'éthique naît dans l'élaboration de médiations, de compromis*[51] *entre l'absoluité radicale de l'Évangile et la dure contingence du monde et de la société*. Tel est le présupposé fondamental de l'œuvre de Troeltsch, et singulièrement des *Soziallehren*. On pourra, à n'en pas douter, interroger ce présupposé[52], estimer, par exemple, que la

---

49. Voir D. MÜLLER, «L'ontologie de la personne et les enjeux du concept de nature en éthique», in *Éthique et natures*, É. FUCHS et M. HUNYADI éd., Genève, Labor et Fides,1992, p. 183-202. Sur la question du droit naturel, voir dans le même ouvrage les réflexions de J.-F. COLLANGE et É. FUCHS.
50. «Das *Kulturdogma* der Kirche, Ernst Troeltschs Naturrechtsdeutung» in F. W. GRAF et T. RENDTORFF éd., p. 122-132.
51. Je rejoins ici pleinement la thèse de G. MÉDEVIELLE, *L'Absolu au cœur de l'histoire. La notion de compromis chez Ernst Troeltsch*, Paris, Éd. du Cerf, 1998.
52. Voir par exemple W. STEGEMANN, «Zur Deutung des Urchristentums in den *Soziallehren*», in F. W. GRAF et T. RENDTORFF éd., p. 51-79; Stegemann souligne notamment le caractère anhistorique de la vision troeltschienne de la prédication de Jésus comme «commencement absolu». On se demandera aussi

radicalité de l'Évangile, loin d'être incompatible avec sa mise en œuvre dans le monde et dans la société, contient au contraire en son sein le principe de sa propre médiation, et que, d'autre part, elle n'est pas sans lien avec les racines juives qui la portent. Toujours est-il que, pour Troeltsch, on ne saurait biaiser avec cette radicalité et cette absoluité de l'Évangile. Historiquement, le christianisme primitif s'est heurté à la dureté et à la résistance du monde environnant, et pourtant il n'a rien cédé de son étrangeté; vouloir déduire immédiatement une éthique sociale de l'étrangeté radicale de l'Évangile, ce serait non seulement passer à côté de la nécessaire opérationnalité de l'éthique comme telle (un point auquel Troeltsch tient par ailleurs), mais ce serait aussi, et peut-être surtout, faire bon marché de cette radicalité même, et se satisfaire trop vite d'une confusion ou d'une identification pure et simple de l'Évangile et de l'éthique. Il faut bien voir la motivation proprement théologique qui se tient ici au départ de la décision méthodologique de Troeltsch. Contrairement à un préjugé fréquemment entretenu envers Troeltsch, ce n'est pas par désir d'accommodation ou par souci «apologétique» et «libéral» de privilégier le compromis que Troeltsch fait appel à la médiation du droit naturel. L'éthique, certes, ne se constituera réellement que dans l'entre-deux de l'Évangile et du monde, par le truchement de médiations réussies; mais cet entre-deux s'impose à cause même de l'irrépressible radicalité du message évangélique[53]. *À méconnaître l'absoluité des exigences évangéliques, l'éthique sociale chrétienne serait condamnée à passer des compromis faibles, finalement inopérants, avec les réalités du monde. C'est bien d'une médiation difficile, supposant la permanence d'une tension et la conscience d'un écart, qu'il s'agit dans la reconstruction d'une éthique sociale véritablement chrétienne.*

La catégorie de droit naturel fait office de tierce instance entre cette radicalité de l'Évangile et la résistance du monde. Mais il ne s'agit pas d'une simple reproduction du droit naturel antique, celui de la *Stoa* par exemple. En perspective théologique, le droit naturel chrétien ne peut être qu'un droit naturel *relatif* (173), faisant contrepoids à la radicalité de l'Évangile. Par lui-même, c'est-à-dire dans sa visée «enthousiaste» et «héroïque», tournée vers l'éternité des choses, l'Évangile «rétrécit la base naturelle de la vie» (Troeltsch parle d'une *Verkürzung der Naturbasis des Lebens*, 174). L'Église n'a eu d'autre parade que d'établir le pouvoir d'un droit naturel relatif, susceptible de donner sens à une vie placée sous la protection de la Providence. Une culture chrétienne est devenue pensable et

---

dans quelle mesure le message central du Nouveau Testament n'est pas déconnecté de ses racines juives et vétérotestamentaires, de manière assez analogue à ce qui se passera plus tard chez Bultmann. D'où, sans doute, des difficultés parallèles dans la manière de fonder théologiquement l'éthique.

53. Un auteur nuancé comme William C. Placher pourrait reconnaître cela plus aisément que Stanley Hauerwas, dont l'allergie envers l'apologétique libérale troeltschienne est caricaturale et déraisonnable.

possible, comme référence unitaire, mais seulement dans le cadre de la théocratie et du droit naturel. La disparition de ce double cadre, au XVIIe siècle, signifiera également la fin de la culture chrétienne.

Troeltsch ne considère donc pas que la réintroduction progressive d'un droit naturel relatif au sein du christianisme médiéval et prémoderne ait signifié une trahison de l'idéal évangélique. Au contraire, il est clairement d'avis que le recours aux médiations culturelles, dont le droit naturel constitue une réalisation centrale, a été la seule manière raisonnable et réaliste d'inculturer l'Évangile. Son problème n'est nullement celui de Harnack, avec sa thèse célèbre de l'hellénisation répréhensible du message chrétien. Critiquant la vision harnackienne idéaliste et abstraite d'une prétendue «essence du christianisme[54]», Troeltsch n'est pas habité par le souci nostalgique des origines; sa question est tout autre; elle concerne *la pertinence et la plausibilité actuelles du christianisme*, dans un monde culturel et social complètement différent de l'âge classique. C'est pourquoi l'attention portée à la manière dont le néo-protestantisme a dû affronter à nouveaux frais le défi contenu dans la problématique du droit naturel relatif apparaît à ce point instructive: dans l'évaluation de nos démêlés culturels passés et récents, nous apprenons à penser théologiquement notre époque.

En reconnaissant la fonction d'inculturation de la catégorie de droit naturel, Troeltsch ne sacralise pour autant d'aucune manière ce dernier, dont l'ambivalence reste entière. Cela apparaît avec une clarté particulière dans le passage du droit naturel chrétien classique à la réinterprétation proposée par le néo-protestantisme. Alors que le premier demeurait «obscurci par le péché[55]», contrôlé en conséquence par l'Église et soustrait à toute possibilité d'autonomie rationnelle, la modernité fit place à un «droit naturel profane et progressiste», qui n'en restait pas moins «fondé sur une loi divine, en accord profond avec une théologie rationaliste et en liaison avec un calvinisme radicalisé» (282). Pourtant, la tension entre conservatisme et progressisme demeurait permanente: le droit naturel moderne permit lui aussi de légitimer des politiques conservatrices, en Allemagne notamment, et ceci en contradiction flagrante avec l'idéal d'autonomie et de dignité de la personne contenu dans la notion même de droit naturel. C'est pourquoi le dernier Troeltsch en appelle à une nouvelle synthèse culturelle (294) à même d'unifier les principes modernes de l'individualité et de l'autonomie avec la visée universelle d'une politique au service de l'humanité. Le protestantisme, singulièrement dans sa version démocratique post-calviniste, a joué ici un rôle moteur, que Troeltsch avait déjà souligné dans les conclusions des *Soziallehren*.

---

54. «Que signifie "essence du christianisme"?» (1903, 1913), in *Histoire des religions et destin de la théologie*, éd. par J.-M. TÉTAZ, Paris-Genève, Éd. du Cerf-Labor et Fides, 1996, p. 178-241.
55. «Droit naturel et humanité dans la politique mondiale», p. 281. Les chiffres entre parenthèses dans le texte renvoient à cet article.

Évaluation normative intermédiaire.

Saisir la mesure du passage entre le vieux et le nouveau protestantisme n'est donc pas pour Troeltsch un but en soi; son point d'aboutissement n'est pas la célébration hagiographique du protestantisme moderne, mais l'*élucidation des questions que l'Évangile ne cesse de nous poser, de poser à notre actualité*. Quel enseignement pouvons-nous en tirer, dans la liberté d'une synthèse culturelle inventive, forcément distincte de l'idéal troeltschien, encore trop marqué à notre sens par le projet d'une synthèse de type «grand récit» (Lyotard) entre l'éthique sociale chrétienne et l'individualisme progressiste moderne?

La condition moderne de la théologie et de l'éthique, pour le protestantisme, signifie aujourd'hui la possibilité d'une critique et d'une reconstruction de la postmodernité, c'est-à-dire, pour commencer, d'une mise à l'épreuve au feu de la déconstruction. Au bout du chemin tracé par Troeltsch, nous ne voyons pas seulement l'offre d'une révision du droit naturel, toujours plus relatif; nous ne saurions nous contenter en effet d'une formalisation accélérée et accentuée de principes abstraits ou d'une universalité désincarnée, qui serait d'ailleurs contraire à la vision plus libre et plus ambitieuse d'une véritable «synthèse culturelle»; nous intuitionnons surtout l'articulation nouvelle d'une radicalité évangélique et d'une «précarité protestante» (Jean-Paul Willaime), *où il ne serait plus question, de manière morbide et masochiste, d'un effacement conscient des structures ecclésiales et du tissu social protestant, mais d'une reconnaissance de la précarité même de l'institué et de ses médiations*[56], avec les habitations du monde rendues ainsi possibles. La tâche de l'éthique théologique protestante ne serait plus tellement de rivaliser mimétiquement avec le mythe de doctrines sociales opérationnelles, catholiques, socialistes ou néo-libérales, ni même d'aspirer à une synthèse culturelle *totale*, mais d'assumer plus sobrement les racines mêmes de nos propres fragilités institutionnelles. *Réalisant ponctuellement* plutôt qu'exténuant le principe protestant au cœur de la substance catholique (pour reprendre ici la distinction de Tillich tout en l'infléchissant), l'éthique protestante se ferait alors, en toute lucidité, *passion sans cesse ravivée pour la contingence et pour le relatif, kénose* se relevant (ressuscitant!) sans cesse des illusions de la Totalité mortifiante, offertoire exposé sans cesse à l'imagination de l'Esprit. L'apport original de la synthèse ne serait pas tant à chercher dans l'harmonisation et la totalisation (encore trop sous-jacentes selon nous au projet troeltschien), mais dans l'imagination créative faisant place toujours à nouveau à des espaces de liberté et de

---

56. Troeltsch a saisi beaucoup mieux ce point que, par exemple, Tillich. Voir ici P. GISEL, «L'institutionnalisation moderne de la religion», *Revue de l'histoire des religions* 214/2, 1997, p. 153-182.

spontanéité, sans lesquelles l'idée même d'une régulation sociale ne serait qu'un quadrillage sans âme, une mise au pas de l'Esprit et du sujet. La manière dont Troeltsch a opposé l'éthique subjective et l'éthique objective est à cet égard très révélatrice, puisqu'en attestant la force de son projet d'éthique sociale, elle souffre en même temps à notre sens d'une certaine mise à l'écart des *sources vives* de la subjectivité à l'œuvre dans la socialité même. Nous aimerions vérifier cette hypothèse de lecture en empruntant deux chemins: en analysant la réception critique que Troeltsch propose de Schleiermacher et de W. Herrmann, puis en évaluant les conséquences d'une telle approche dans la formulation positive d'une éthique sociale effectuée dans la conclusion des *Soziallehren*.

Troeltsch héritier critique de Schleiermacher et de Herrmann: l'articulation de l'éthique subjective et de l'éthique objective[57].

Dans sa reconstruction critique de l'éthique protestante, Troeltsch accorde une importance centrale à l'apport de Schleiermacher. Ce dernier figure à plusieurs titres à cette place cardinale. En amont, il s'inscrit dans une filiation plus calvinienne que luthérienne, et, de plus, il assume avec une acuité singulière l'influence de Kant. En aval, Schleiermacher représente en quelque sorte, dans la stratégie réflexive de Troeltsch, la source par excellence de la théologie et de l'éthique protestantes au XIXe siècle, mais une source que Troeltsch estime utilisée de manière sélective, appauvrie de sa réelle dialectique, notamment dans la réception opérée par Wilhelm Herrmann.

Pour comprendre la portée du débat, il faut donc saisir ce qui s'est passé dans le glissement de Schleiermacher à Herrmann.

Dans son texte important de 1902 sur les «Problèmes fondamentaux de l'éthique[58]», Troeltsch discute la conception de Wilhelm Herrmann[59], le professeur de Marbourg qui sera plus tard le maître de Barth et de Bultmann.

Un premier problème, pour Troeltsch, provient du renversement entre religion et éthique. La religion n'est plus le concept supérieur à partir duquel il conviendrait d'expliquer l'éthique, mais l'éthique est devenue la *science première et principale* («*die übergeordnete und prinzipiellste*

---

57. Sur le rôle de l'éthique chez Troeltsch et ses critiques envers Herrmann, voir l'exposé très clair de G. MÉDEVIELLE, *L'Absolu au cœur de l'histoire*, p. 90 ss.
58. «Grundprobleme der Ethik», p. 552-672. Les chiffres entre parenthèses dans le texte renvoient à cet ouvrage.
59. L'ouvrage de base de Herrmann, pour ce qui touche à l'éthique, est paru en 1901 (*Ethik*, Tübingen, Mohr-Siebeck, 1909[4]).

Wissenschaft», 553) dans laquelle doit s'insérer la compréhension de la religion. Il s'agit là d'une conséquence de l'*Aufklärung*[60], dont Schleiermacher avait justement pris acte dans son *Bref exposé.* Mais Troeltsch ne se satisfait pas d'une lecture réductrice de cette démarche. Il ne partage pas la vision nietzschéenne d'une critique radicale des arrière-mondes et de la métaphysique censées légitimer les fins et les valeurs éthiques[61]. Pour lui, la religion, et la foi chrétienne en particulier, sont devenues un problème, en ce cens qu'elles ont perdu leur caractère d'évidence culturelle; mais l'éthique n'en est pas quitte pour autant avec sa propre dimension *ultime*, telle qu'elle s'exprime dans la quête de *valeurs* et de *fins dernières* (553).

Troeltsch pense que toute éthique se confond avec une théorie téléologique des valeurs, et qu'une telle théorie ne peut faire l'économie d'une référence à l'absolu. Comme théologien, il estime que l'éthique chrétienne pourrait contribuer de manière nouvelle à éclairer une telle problématique. L'enjeu est en effet d'articuler l'éthique et l'absolu, ce qui suppose de reconnaître à la religion positive et en particulier au christianisme une position médiatrice, par-delà toute rechute dans la métaphysique, mais aussi dans la philosophie du savoir absolu à la Hegel.

On reconnaît bien, dans cette manière de poser la question, l'héritage apologétique de Schleiermacher.

Or, quelle est exactement la perspective de Troeltsch lui-même quant à l'autonomie de l'éthique?

On le comprend mieux, quand on prend connaissance de sa reconstruction de la morale catholique et de l'éthique protestante classiques (554-559). La morale catholique, celle du thomisme avant tout, en est restée à une conception dualiste de la surnature et de la nature, un dualisme qui laisse hors de question la loi naturelle héritée de l'Antiquité. En ce sens, il n'y pas de déduction de l'éthique chrétienne à partir du contenu de la foi, mais seulement superposition des deux univers. Les Réformateurs n'ont pas vraiment rompu avec ce schéma, puisqu'ils retrouvent eux aussi, en fin de course, la loi naturelle comme équivalente au contenu moral du Décalogue. Pourtant, leur refus du dualisme entre surnature et nature conduit à entrevoir que l'éthique doit être pensée à partir des contradictions internes de la nature, corrompue et paralysée par le péché. Tel est, selon

---

60. Comme bouleversement de la civilisation, elle conduisit notamment à l'autonomie de la moralité humaine par rapport à la religion positive et même par rapport à la religion naturelle; ce qui était visé en dernière instance n'était autre qu'une éthique rationnelle, voir E. TROELTSCH, «L'Aufklärung» (1897), *Recherches de science religieuse* 72/3, 1984, p. 381-418, voir p. 400.
61. C'est du moins ainsi que Troeltsch lit et comprend Nietzsche. Pour une appréciation critique du rapport entre Troeltsch et Nietzsche, d'un point de vue plus favorable à Nietzsche et dans une perspective heideggerienne, voir I. SCHÜSSLER, «Troeltsch et Nietzsche. Réflexions critiques concernant l'image de Nietzsche chez Troeltsch», in P. GISEL éd., *Histoire et théologie chez Ernst Troeltsch*, Genève, Labor et Fides, 1992, p. 101-122.

Troeltsch, le paradoxe étonnant de l'éthique protestante classique: d'une part, elle représente «un pas de géant vers l'immanence du moral et du religieux au sein même des formes de pensée et de vie naturelles» (559); mais elle en reste d'autre part, par une sorte de timidité ou d'inconséquence, à une dualisme de l'éthique de la foi et la morale naturelle, correspondant en éthique au dualisme dogmatique entre la révélation et la raison. La conséquence en est claire dans l'orthodoxie protestante et produira ses effets dans la modernité: l'éthique demeure de part en part «dans l'ombre de la dogmatique» *(ibid.)*.

Avec son art consommé de tracer les effets sociaux et culturels des doctrines, Troeltsch désigne alors du doigt, en 1902 déjà, les implications de ce dualisme non surmonté au cœur même de l'éthique protestante: la répartition des tâches entre dogmatique et éthique conduit à «geler» l'éthique dans l'ordre des conventions et à l'immuniser contre les difficultés ou les conflits (ce sera la «morale bourgeoise» [*bürgerliche Moral*, 560], limitée à la personne privée et subjective), tandis que la dogmatique, fixée sur la seule religion, gardera l'apanage de la révélation autoritaire et veillera sur le domaine des réalités *objectives*. On pourrait dire que la division du travail au sein de la théologie n'est ainsi que le reflet de la scission moderne entre le public et le privé. Dans ces conditions, le christianisme n'était jamais susceptible d'une interrogation spécifique partant de l'éthique.

C'est le piétisme et le puritanisme qui, les premiers, ébranlèrent cette dichotomie, par leur récusation de la morale dominante et par leur exigence de relier la vie privée et la morale commune (561). La tragédie du gouvernement de Cromwell, parodie de l'État chrétien, conduisit ensuite les moralistes anglais à rechercher une théorie générale de la morale (562), signe avant-coureur, selon Troeltsch, de l'autonomie de l'éthique, enfin capable de penser ses concepts fondamentaux et de s'émanciper de la dogmatique comme de la métaphysique religieuse. Ce fut l'acte de naissance de l'éthique philosophique moderne toute entière (563).

Une des conséquences en fut l'effondrement des catégories aristotéliciennes, avec pour effet indirect la libération de l'éthique chrétienne, pour ainsi dire obligée de s'opposer à l'immanence psychologique des conceptions nouvelles de l'éthique (563).

L'éthique kantienne réduisit finalement la religion à n'être que l'appui et le renforcement de la morale (564). Ce fut le mérite de Schleiermacher, comme on sait, de redonner à la religion son autonomie tant par rapport à l'éthique que par rapport à la métaphysique, et de lui conférer le rôle de «déterminer objectivement l'agir» dans ses différents buts (565), l'éthique accédant du même coup au rang de philosophie de la culture. Chez Kant, elle était science fondamentale, limitée à la seule dimension subjective; chez Schleiermacher, elle porte sur les buts objectifs ultimes qui orientent l'agir; elle est d'abord éthique des biens *(Güterlehre)*.

Sans doute Schleiermacher n'est-il pas parvenu à traduire complètement sa vision de l'éthique des biens et des buts objectifs dans son éthique théologique, encore trop inféodée, selon Troeltsch, au point de vue ecclésiastique et dogmatique de la *Glaubenslehre*. Non seulement l'éthique chrétienne demeure dans l'ombre de la dogmatique (Barth s'en souviendra!), mais la tension *(Spannung)* entre l'orientation chrétienne de l'agir et sa détermination mondaine n'est plus du tout ressentie (567).

Le projet de Troeltsch consiste, lui, à rendre compte théologiquement de la *tension* entre le christianisme et la culture, tension qui se répercute dans la différence entre la personne et la fonction, ou dans celle entre le Sermon sur la montagne et la loi naturelle. Or, Schleiermacher ne respecterait pas cette distance: «Car le christianisme est lui-même [chez Schleiermacher] l'incarnation de l'esprit, de la raison, de la culture, du système des biens objectifs» (567 s.). Il en résulte pour Troeltsch que Schleiermacher est retombé dans les impasses de la tradition protestante antérieure: le *contenu* de la morale est présupposé connu et évident, l'esprit éthique résultant de la rédemption ne faisant que confirmer cette donnée préalable. La relation à Dieu, donnée en Christ, ne transforme rien, n'a pas de portée critique; elle fonde et conforte seulement. Seul Richard Rothe[62], selon Troeltsch, avait saisi le véritable enjeu de la pensée de Schleiermacher: c'est la structure de l'éthique philosophique, ordonnée à la doctrine des biens, qui devait devenir le principe organisationnel de l'éthique chrétienne, et non l'inverse (569 s.). Troeltsch indique de cette façon une des facettes possibles de l'héritage théologique de Schleiermacher. À la croisée des chemins, nous savons aujourd'hui que la théologie dialectique, mais aussi la théologie post-libérale nord-américaine, avec leur recentrement de l'éthique sur la christologie, en représentent *nolens volens* une autre facette, non moins légitime et sans doute aussi non moins problématique.

Dans ce contexte, la discussion que mène Troeltsch de l'éthique herrmannienne est vaste et détaillée. Elle est partagée entre une profonde admiration et une critique acerbe. Nous nous contentons d'en recueillir ici les principaux résultats.

En disciple de Albrecht Ritschl (peu cité, mais omniprésent), Herrmann entend rompre avec la métaphysique. Sa conception de l'éthique

---

62. R. ROTHE (1799-1867) est l'auteur d'une monumentale *Theologische Ethik* en 5 volumes (1845 ss.). On le classe généralement dans la lignée du théisme éthique (voir J. ROHLS, *Geschichte der Ethik*, p. 365 ss.). Reprenant la trilogie philosophique schleiermacherienne des biens, de la vertu et du devoir, il a fait se rejoindre la piété et l'éthique (que Schleiermacher avait au contraire placées en décalage) et appelé à une fusion téléologique de l'Église et de l'État. L'éthique chrétienne, dans cette vision typique du *Kulturprotestantismus*, engage le croyant à déployer les possibles religieux de la culture et de la politique. Voir aussi V. DREHSEN, «La vision d'un âge éthique non ecclésial du christianisme: Richard Rothe (1799-1866)», *Revue de théologie et de philosophie* 130, 1998, p. 173-192.

obéit au rationalisme et au formalisme kantiens, déliant l'éthique de toute autorité ou instance hétéronome. Sa question centrale est dirigée vers le passage de l'éthique générale à l'éthique chrétienne, la théorie éthique constituant par ailleurs le cadre supérieur et principiel dans lequel s'inscrit l'interprétation du christianisme (575).

C'est à l'intérieur du concept général de l'éthique, développé en une psychologie du vouloir et en une théorie des valeurs, que Herrmann découvre le dualisme de l'affirmation et de la négation de soi, dualisme à partir duquel il devient possible de penser l'opposition du bien et du mal (582). Troeltsch déplore la discrétion de Herrmann, qui se contente d'affirmer l'irrationalité de la liberté comme d'ailleurs celle du mal, mais sans en approfondir le sens. Herrmann a raison de s'opposer au monisme des éthiques du bonheur, mais il déduit trop rapidement la structure de l'éthique de son interprétation du christianisme (Troeltsch parle même d'une «intrusion quelque peu violente de la doctrine ecclésiastique du péché originel», 583!).

Il n'en demeure pas moins que, chez Herrmann, le concept du mal et de la faute et le concept de la force du bien sur le réel balisent le chemin conduisant de l'éthique générale à l'éthique chrétienne (585). Mais l'éthique chrétienne ne modifie pas les concepts éthiques généraux: quant au *contenu*, il y a *totale identité* des deux. La fonction de l'éthique chrétienne se réduit à *procurer l'aide nécessaire à l'accomplissement de l'idéal* préalablement posé (587). «La moralité chrétienne n'apporte ainsi rien de neuf et rien de spécifique dans la détermination du but éthique lui-même» *(ibid.).*

Voilà bien la critique la plus acérée que Troeltsch adresse à Herrmann et, à travers lui, au Schleiermacher de la *Christliche Sitte* – non à celui de l'éthique philosophique, appelé au contraire à la rescousse pour fonder une éthique objective, théologiquement centrée sur les biens et sur les buts.

Pour Troeltsch, l'impasse finale à laquelle parvient Herrmann est due à sa dépendance du formalisme kantien (celui-là même que Schleiermacher avait voulu surmonter). Le christianisme n'est finalement, pour le maître de Marbourg, que «la réalisation de l'autonomie éthique par le truchement de la confiance en Jésus» (590). Tout comme dans l'éthique scolaire *(Schulethik)* du protestantisme, le contenu éthique va de soi, le christianisme tenant lieu d'intervention miraculeuse *(Wunder)* pour que puisse s'opérer la mise en action de ce contenu. Un dualisme constitutif demeure, inmunisant le christianisme contre ses propres ressources éthiques et laissant l'éthique mondaine à son autonomie.

Dans la critique aiguisée de Troeltsch s'annonce *son propre engagement en faveur d'une éthique chrétienne sociale déduite de manière immanente des ressources interne du christianisme, et devenant ainsi capable d'interroger critiquement et de transformer politiquement l'*éthos *ambiant.* C'est ce programme *théologique* (dépassant de loin une simple curiosité historienne ou sociologique) que Troeltsch a mis en œuvre dans les *Soziallehren.* Cette position courageuse de Troeltsch n'a pas été reconnue à sa juste valeur, notamment par ses adversaires de la théologie dialectique, trop vite enclins à voir dans le projet théologique de Troeltsch une dissolution «libérale» de la spécificité chrétienne. S'ils avaient mieux perçu la critique troeltschienne de Herrmann et le sens exact de sa lecture de Schleiermacher, Barth et ses amis auraient dû au moins reconnaître la légitimité de la problématique *théologique* de Troeltsch lorsqu'il en appelait à une déduction de l'éthique chrétienne à partir des ressources propres du christianisme et en consonance matérielle avec «le mouvement socialiste» (601). Mais c'est bien sûr le refus opposé par Troeltsch à une subordination de l'éthique à la dogmatique (position pourtant issue de Schleiermacher et de Herrmann, à l'insu de Barth!) qui devait creuser le fossé entre les deux approches[63].

L'éthique objective, fondement de l'éthique sociale.

Troeltsch reproche en substance à Herrmann d'avoir lu Schleiermacher exclusivement sur le pôle de l'éthique subjective et de son corollaire, l'évidence de l'éthique. Schleiermacher, lui, avait subordonné de manière explicite la doctrine des vertus comme la doctrine du devoir (quintessence de l'éthique subjective, pour le néo-kantien marbourgeois Herrmann) à la doctrine des biens *(Güterlehre).* Troeltsch se propose d'en revenir à Schleiermacher sur ce point central, mais de manière critique, tenant compte des limites indiquées, afin de mieux fonder l'éthique sociale et éviter la scission mortelle entre une éthique subjective et privée et une éthique objective de type bourgeois.

Un argument revient sans cesse sous la plume de Troeltsch: quand on se contente d'opérer le passage de l'éthique générale à l'éthique chrétienne sur un mode *simple et facile* (600), on fait l'économie de la *tension* entre le christianisme et la culture, ce qui a aussi pour effet de *banaliser le christianisme en lui faisant perdre son mordant critique et sa radicalité eschatologique.* Mais ce simplisme témoigne aussi d'un éloignement idéaliste *hors de l'histoire et du monde,* lieux d'incarnation, mais aussi de conflits.

Il y a un *lien systématique fort et constant,* dans la pensée troeltschienne, entre les biens objectifs rencontrés dans le monde et dans l'histoire (le mariage, l'État, la société, la science, l'art) et leur interprétation en termes *téléologiques* (comme buts) et *eschatologiques* (comme

---

63. Il s'agit d'un fossé systématique latent, tant il est vrai que Troeltsch, mort en 1923, n'a pas eu le temps de s'expliquer avec Barth sur ces questions.

anticipations du Royaume). Ces biens et ces buts ne sont pas, comme dans le rigorisme néo-kantien de W. Herrmann, de simples «supports de l'autonomie» *(blosse Erzieher für die reine Autonomie)* (596), mais ils possèdent une *valeur intrinsèque* et un *sens propre*, que l'éthique chrétienne se doit de thématiser.

Dans sa reconstruction engagée de l'éthique protestante, Troeltsch n'hésite pas à voir une parenté d'esprit entre le rigorisme herrmannien, réduit à l'autonomie formelle, et le quiétisme luthérien (voir 604 ss.), qu'il va déconstruire et critiquer si fortement par la suite. Ce qu'il conteste, sur le fond, c'est toujours à nouveau l'assomption «simple et facile» d'une *éthique évidente*, fondée en dernière instance sur la *nature* (605) plutôt que sur l'histoire en sa conflictualité propre, et s'inscrivant dans la continuité d'un schéma purement déiste (614 ss.).

C'est en définitive le lien entre subjectivité et nature qu'il convient d'interroger. Le privilège unilatéral accordé aux vertus, dans leur correspondance à la nature, isole en effet l'éthique des réalités objectives. Troeltsch réfléchit de manière dialectique sur l'axe double du sujet et de l'objet, non, pensons-nous, pour éliminer le sujet, mais pour *redonner pleinement sa place aux réalités objectives et historiques dans l'expérience même du sujet, qui est toujours à la fois individuelle et sociale* (voir 618). Ce que conteste Troeltsch dans la lecture herrmannienne n'est pas l'affirmation de la subjectivité, mais la réduction de l'éthique à la seule subjectivité, comprise comme autonomie formelle. Troeltsch parle ici sobrement d'une double dimension *(Doppelseitigkeit, ibid.)* de l'expérience éthique, l'individu trouvant de la valeur à la fois dans son rapport à soi et dans le rapport aux instances objectives valorisées. Il construit cette dialectique en partant de l'observation de l'expérience et n'estime pas nécessaire de déduire cette dualité des concepts éthiques *(Doppelheit der sittlichen Begriffe,* 619) du concept téléologique d'un But absolu et nécessaire.

Nous posions plus haut la question: Troeltsch n'aurait-il pas jeté l'enfant avec l'eau du bain, en opposant l'éthique objective à l'éthique subjective et en perdant ainsi de vue le rôle décisif de la subjectivité en éthique? Comme nous venons de le voir, la solution troeltschienne est plus subtile que ne le supposait notre formulation. Ce n'est pas tant la subjectivité qu'il conteste que la réduction de toute l'éthique à la seule subjectivité. Il n'en demeure pas moins que, dans sa volonté de redéployer prioritairement les implications objectives et sociales de l'éthique subjective, Troeltsch n'a fait que concéder l'existence d'un point de départ dans la subjectivité. Il n'a pas suffisamment pris la mesure, à notre avis, de la problématique inverse, qui touche la présence de la subjectivité – avec ses médiations spécifiques: l'imagination, la créativité, la spontanéité, la contestation, etc. – au cœur même des élaborations et des régulations objectives et sociales.

L'éthique dans la conclusion des «Soziallehren».

Nous examinerons ici uniquement la partie éthique de la conclusion de ce monumental ouvrage, afin de faire surgir la problématique centrale de la reconstruction troeltschienne de l'éthique sociale elle-même[64]. En effet, après avoir rappelé la complexité essentielle rattachant, dans l'histoire et dans la sociologie des Églises et des groupes chrétiens, les contenus idéels de vérité (le Christ, le Royaume de Dieu, etc.) à leur mise en œuvre organisationnelle (selon les types Église, secte et mystique), Troeltsch se tourne vers l'*objet principal et initial de sa recherche*, à savoir la dimension pratique, concentrée dans l'éthique sociale chrétienne, qui a pour tâche de penser «le rôle du christianisme dans la solution du problème social à l'heure actuelle» (31, 983)[65].

Une fois de plus, Troeltsch distingue l'acquis historique de son évaluation normative et de sa mise en forme organisationnelle. Si les paragraphes 4 et 5 des Conclusions font le point sur l'histoire, il appartient au paragraphe 6 d'aborder de front le contenu normatif de l'éthique sociale chrétienne, avant que les paragraphes 7 et 8 – que nous laisserons dans l'ombre ici – en dessinent l'effectuation ecclésiale et historique.

Au cœur de «l'histoire de l'éthique chrétienne» (§ 4, titre du traducteur), une histoire de part en part complexe, Troeltsch voit la *tension* entre la simplicité enfantine (22, 973) de l'éthique de l'Évangile et la dureté du monde réel. Le seul outil qui permette de gérer cette tension est le *compromis*, comme le montrait déjà le recours au droit naturel relatif. Il n'en demeure pas moins que, pour le *théologien* Troeltsch, la force motrice *(treibende Kraft)* est l'opposition *chrétienne* au monde, *der christliche Weltgegensatz*[66] (23, 974). Il y a dans la foi chrétienne elle-

---

64. Je suis ici la traduction française publiée sous le titre «Christianisme et société», *Archives de sociologie des religions*, 1961, p. 15-34, correspondant aux p. 965-986 des *Soziallehren*. Les deux chiffres entre parenthèses dans le texte renvoient à la traduction, puis au texte original. La traduction est parfois malhabile, d'où les corrections introduites, sauf dans la citation, où j'ai maintenu la version d'origine, tout en indiquant entre parenthèses certaines tournures allemandes lorsque cela me paraissait éclairer la traduction.
65. À cet égard, même si Troeltsch n'oublie jamais l'importance des présupposés théologiques et même métaphysiques (dans son langage) de l'éthique, il faut souligner que c'est bien l'éthique, non la théologie dogmatique, la spiritualité ou la religion, qui constitue l'*objectif visé dans son œuvre*. La mise en œuvre organisationnelle, *via* les différentes formes d'institutions religieuses, n'est que de l'ordre du moyen, au service d'une éthique sociale eschatologiquement orientée. À noter qu'à la même époque, le jeune Barth et le jeune Tillich *partent*, eux aussi, de la question sociale, mais pour apporter chacun leur réponse théologique et éthique spécifique. La différence est sans doute que, seul des trois, Troeltsch a l'éthique pour visée et pour objet premier, et que lui seul prend en compte, d'autre part, l'importance cardinale de sa mise en œuvre organisationnelle.
66. La traduction de cette expression par «l'opposition du christianisme au monde» affaiblit la tension proprement théologique énoncée ici par Troeltsch.

même (et pas seulement dans les formes contingentes du christianisme historique) une *dualité constitutive* par rapport au monde, ce que Troeltsch va reprendre dans les termes de *l'eschatologie chrétienne primitive*[67].

Il n'y a aucun doute aux yeux de Troeltsch que ce trait constitutif et toujours actuel (*noch heute*, 24, 974) de l'éthique chrétienne est en contradiction avec le monde moderne, utilitariste, optimiste, immanentiste et esthétisant. La tâche centrale de l'éthique chrétienne contemporaine n'en est donc rendue à ses yeux que plus ardue.

On doit rendre cette justice à Troeltsch, contre tous ceux qui ne verront en lui qu'un champion du compromis paresseux ou du libéralisme harmonisateur: il entend affronter cette tension permanente, ce choc entre éthique et eschatologie, au fond, comme l'un des *Grundprobleme* actuels de l'éthique chrétienne[68]. Il n'y a chez lui à cet égard aucune velléité de résoudre les problèmes théologiques et éthiques en faisant l'économie de leur difficulté la plus haute. En même temps, fidèle à ce qu'il appellera plus tard son projet de synthèse culturelle, Troeltsch voit dans «l'élargissement de l'unilatéralité *[Einseitigkeit]* religieuse par l'invention d'une éthique de la culture *[Kulturethik]* compatible avec lui» (24, 975; traduction modifiée) *l'autre grand problème* à résoudre de toute urgence.

Notons-le, c'est bien ce qui distingue ici Troeltsch de ce que dira le jeune Barth: pour Troeltsch, comme ce sera le cas pour Tillich, il nous appartient de résoudre *ensemble deux problèmes fondamentaux totalement indissociables*, celui de la *différance eschatologique* et celui du *compromis* (au sens fort)[69], là où Barth estimera requis de *nier le second* pour *comprendre le premier*!

Dans le paragraphe 5, Troeltsch prend aussi bien ses distances avec la thèse marxiste du reflet qu'avec la thèse hégélienne de la réalisation de l'Absolu dans l'histoire. L'éthique chrétienne ne saurait en effet ni se réduire à une causalité historique extérieure, ni s'extraire de la contingence historique dans laquelle elle ne cesse d'émerger. Chacun de ses moments est relatif, déterminé et irrépétable (26, 977); la synthèse en voie d'élaboration est toujours unique, à la fois libre et responsable.

---

67. Sur le lien central, chez Troeltsch, entre éthique et eschatologie, voir W. PANNENBERG, «Die Begründung der Ethik bei Ernst Troeltsch», *Ethik und Ekklesiologie*, Göttingen, Vandenhoeck & Ruprecht, 1977, p. 70-96; D. MÜLLER, «La réflexion éthique de Troeltsch dans la perspective de Pannenberg», in P. GISEL éd., *Histoire et théologie chez Ernst Troeltsch*, p. 361-381; et, plus spécifiquement pour les *Sozial!ehren*, H. FISCHER, «Die systematische Funktion der Eschatologie für Troeltschs Verständnis von Ethik in den *Sozial!ehren*».
68. G. MÉDEVIELLE, *L'Absolu au cœur de l'histoire*, a au contraire montré avec une grande clarté que le compromis, comme catégorie centrale de l'éthique chez Troeltsch, découle d'une articulation systématique entre l'universalité de l'absolu et la contigence historique du particulier et n'a donc rien à voir avec une faiblesse paresseuse.
69. Voir *ibid.*, p. 197-339.

Ces considérations méthodologiques du paragraphe 5 sont capitales pour saisir l'intention qui préside au paragraphe 6, mais elles ne nous en rendent guère l'interprétation aisée. S'agit-il de fixer une fois pour toutes la «*nature* de l'éthique chrétienne», comme le suppose le sous-titrage du traducteur? Si l'on s'en tient à la doctrine méthodologique du paragraphe 5, il ne saurait en être question. En revanche, force est de constater que les formulations du paragraphe 6 relèvent d'un *éternisme axiologique* en rupture avec la méthodologie annoncée. Troeltsch postule en effet d'entrée la présence, dans l'éthique sociale du christianisme tout entier, d'une «donnée durable et éternelle» et parle de la reconnaissance «de valeurs éthiques éternelles» (26, 977, trad. modifiée). Certes, un saut est nécessaire pour passer de l'histoire à cette reconnaissance d'invariants. Néanmoins, le langage de Troeltsch trahit sur ce point un résidu d'hégélianisme commun assez mal digéré: tirées de la vie historique, les intuitions systématiques vont, par le biais de la conviction vivante et de la volonté agissante, apparaître avec certitude comme une manifestation *(Offenbarung)* de la raison absolue *(die absolute Vernunft)* (26, 978).

Tel est semble-t-il le projet de Troeltsch, que nous exprimerons pour notre part de manière plus méthodique que spéculative: dégager un certain nombre de *traits caractéristiques*[70] *de l'éthique sociale chrétienne, par-delà la différence des siècles et des cultures, mais sans jamais oublier que ces traits font l'objet de négociation contextuelle sans cesse recommencée.*

Sur cette base, nous découvrons cinq valeurs éthiques permanentes de l'éthique sociale chrétienne selon Troeltsch (voir citation p. 236 s.): une théorie métaphysiquement fondée de la personnalité et de l'individualité, un socialisme inébranlable fondé sur l'amour divin, une conception non égalitaire de l'égalité, la production d'une charité *(Karität)* transcendant tous les possibles humains, et enfin l'assignation d'un but eschatologique dépassant toutes les relativités de la vie (26-27, 978-979).

Les cinq points développés par Troeltsch forment un tout, mais dont la présentation, dans le texte même, est fort rapide et paraît même assez incohérente. Ce passage célèbre n'est sans doute que la synthèse systématique et thétique du parcours historique et sociologique des *Soziallehren*. Il garde de ce fait un caractère programmatique et inachevé, ce dont nous ne devons pas être dupes, en pressant trop ses formulations par exemple.

Que constatons-nous en relisant ces thèses avec attention?

1) L'enjeu est de manifester non seulement la spécificité, mais, dans le meilleur sens possible, le caractère *exclusif* de l'éthique chrétienne, par

---

70. Troeltsch aurait pu recourir ici aux idéaux-types chers à Weber, ce qui lui aurait peut-être évité de tomber dans les apories d'un hégélianisme spéculatif déjà problématique en soi, mais de plus trop simplifié pour emporter l'adhésion.

une sorte de reprise à finalité éthique des *particulae exclusivae* de la Réforme (les trois premières thèses commencent par *nur*, «seule l'éthique chrétienne»; et les deux dernières tentent d'éclairer le reste de la réalité à la lumière de cette spécificité radicale).

2) Troeltsch place en tête de l'éthique comme philosophie de l'histoire (Schleiermacher) la *théorie métaphysique de la personnalité et de l'individualité*. Le fondement métaphysique d'une telle théorie repose selon lui dans le «dépassement de la finitude» *(über die Endlichkeit erhaben)* qui résulte de l'union de la volonté et de l'être de l'homme avec Dieu. Nous avons donc affaire à une *vision théocentrique de la personne*. Lorsque Troeltsch parle, dans d'autres passages, d'individualisme radical, il ne désigne pas autre chose; il n'y a rien, en effet, de plus éloigné de tout individualisme vulgaire que l'individualisme théocentrique et métaphysique visé ici par Troeltsch.

3) Le fondement matériel de cette métaphysique transcendentale de la personnalité n'est autre que l'*amour de Dieu*, source de la *sociabilité véritable* (le socialisme *véritablement* inébranlable n'est en effet pas à comprendre d'abord comme forme politique partisane) et de l'*égalité véritable* (thèses 2 et 3)[71].

4) La quatrième thèse n'emprunte plus la figure rhétorique de l'exclusivisme, mais le langage plus intégratif du dépassement: «L'éthique chrétienne [...] produit quelque chose dont aucun ordre social [...] ne peut se passer entièrement», cette *charité* qui, dans sa différenciation sémantique même, fait passerelle entre la *Liebe* divine et la socialité humaine.

5) Le texte se termine par une conclusion interne, qui *récapitule* ce qui précède tout en lui conférant une *qualité théologique nouvelle*: c'est en effet la *qualification théologique du But comme Royaume de Dieu* qui se révèle être le moteur et le vecteur de la dialectique (non strictement hégélienne dans son intention) de l'infini et du fini, sans laquelle il ne serait pas possible d'affirmer simultanément la bonté (ou la légitimité) du monde et sa transcendance. Rarement Troeltsch n'exprime aussi clairement les implications éthiques et spirituelles concrètes de sa conception théologique que dans les dernières lignes de cette conclusion: l'ascèse humaine, telle que la saisit l'éthique chrétienne, est source d'énergie et de santé, de dynamisme et d'action; elle se sépare aussi bien du quiétisme que de l'utopisme.

---

71. La formulation de la thèse 3 est empreinte d'un certain conservatisme luthérien qui n'est pas sans donner raison aux remarques de H. FISCHER, «Die systematische Funktion der Eschatologie für Troeltschs Verständnis von Ethik in den *Soziallehren*».

*Les cinq valeurs de l'éthique chrétienne selon Troeltsch
dans la conclusion des* Soziallehren, *paragraphe 6.*

Premièrement: seule l'éthique chrétienne, en vertu de son théisme personnaliste, possède une théorie métaphysiquement fondée de la personnalité et de l'individualité, qu'aucun naturalisme ou pessimisme ne peut atteindre. Cette personnalité, qui ne surgit de l'ordre naturel que grâce à l'union de la volonté et de l'être avec Dieu, transcende seule le fini et peut seule le défier. Sans son appui, tout individualisme se réduit à rien.

Deuxièmement: seule l'éthique chrétienne, grâce à sa conception d'un amour divin qui embrasse et unit tous les individus, enseigne un socialisme inébranlable *[einen wirklich unerschütterlichen Sozialismus]*. Ce n'est que par l'intermédiaire de la divinité que disparaissent les divisions et les rancœurs, les luttes et les privilèges qui appartiennent en propre à la nature humaine et qui façonnent son existence naturelle. En elle seulement les combinaisons que forment la contrainte et la force, la sympathie et le besoin d'aide, l'instinct et l'attrait sexuels, le travail et l'organisation atteignent une unité qui les transcende toutes et qui est indestructible parce que métaphysique.

Troisièmement: seule l'éthique chrétienne résout le problème de l'égalité et de l'inégalité; elle ne célèbre pas, en effet, la force et le hasard et se garde également d'attenter au réel en professant une doctrine égalitaire. Elle accepte les différences de situation sociale, de pouvoir et de capacité, comme un état de choses *[Zusammenhang]* établi par la volonté impénétrable de Dieu; état de choses que le développement interne de la personnalité et le sentiment d'obligation réciproque transforment en une éthique universelle *[in einen ethischen Kosmos]*. Les valeurs éthiques d'incorporation et de subordination volontaire d'une part, de sollicitude *[Fürsorge]* et de responsabilité d'autre part, donnent à chacun l'occasion de pouvoir et de vouloir transformer des différences naturelles en valeurs éthiques de compréhension, de confiance et de sollicitude réciproques.

Quatrièmement: l'éthique chrétienne, par l'importance qu'elle attribue à la personnalité et à l'amour *[Liebe]*, produit quelque chose dont aucun ordre social – si juste et rationnel soit-il – ne peut se passer entièrement, car il y aura toujours des souffrances, des détresses, des maladies impossibles à prévoir; en un mot elle produit la charité *[Karität]*. Celle-ci est le fruit de l'esprit chrétien et ne peut s'affirmer que par lui. Le côté mesquin et le penchant au prosélytisme que l'on peut trouver parfois associés à la charité ne représentent que les limites imposées par la nature humaine à une chose en elle-même grande et noble.

En conclusion: l'éthique chrétienne propose à toute forme de vie et d'aspiration sociale un but *[Ziel]* qui dépasse toutes les relativités de la vie temporelle et par rapport auquel toute autre valeur n'est qu'approximative *[alles nur Annäherungswerte darstellt]*. L'idée du Royaume de Dieu à venir *[des Gottesreiches der Zukunft]*, qui n'est autre que la croyance en la réalisation finale de l'Absolu (de quelque façon que l'on conçoive cet absolu), loin de vider le monde et l'existence de leur valeur, comme le pensent certains adversaires à vue étroite, stimule au contraire les énergies humaines et, à travers les différentes phases de l'expérience, raffermit l'esprit dans la certitude qu'une signification *[Sinn]* et un but ultimes et absolus sont assignés à l'activité humaine. Ainsi cette idée élève l'homme au-dessus du monde, sans renier le monde. Cette pensée, la plus profonde de toute l'ascèse chrétienne, représente le seul moyen pour maintenir la force et l'héroïsme à un niveau spirituel où la vie psychologique s'approfondit et s'affine sans cesse et où l'on tente d'écarter complètement les motifs naturels de l'héroïsme ou même de le faire renaître au sein des instincts brutaux. Cette idée est à l'origine à la fois d'une activité accrue et de la certitude du but, et donc aussi, en définitive, de la santé du corps et de l'esprit. Toutes les Utopies sociales deviennent dès lors superflues. Cependant, si l'expérience nous apprend sans cesse qu'il est impossible de saisir et de réaliser complètement l'Idéal, cela ne doit pas pour autant décourager celui qui cherche la vérité ni le rejeter dans le scepticisme, tentation à laquelle sont justement exposées les âmes qui recherchent sincèrement la vérité et dont les effets se font sentir manifestement chez les esprits les plus fins de l'époque actuelle. L'au-delà est en effet la source et le soutien pour la vie d'ici-bas *[Das Jenseits ist die Kraft des Diesseits]*.

Troeltsch rassemble et synthétise cette dialectique de l'infini et du fini par la célèbre et ambivalente formule qui clôt notre extrait. Littéralement, elle s'énonce ainsi: «L'au-delà est la force de l'en-deçà.» Dans le contexte argumentatif et théologique du paragraphe 6 des Conclusions, le sens en est très clair: loin de donner prise à un quelconque immanentisme, l'énoncé de Troeltsch porte au contraire la signature d'une critique théocentrique et transcendantale de tout immanentisme, au nom même d'une articulation asymétrique de l'infini et du fini. Grammaticalement, le génitif *des Diesseits* est donc bien à saisir comme un génitif *objectif:* c'est l'au-delà ou le transcendant, *das Jenseits*, qui confère puissance à l'immanence[72].

Il n'en demeure pas moins, comme devrait le montrer une étude plus approfondie, que Troeltsch, à d'autres endroits, privilégie une approche

---

72. Cela a été parfaitement démontré par W. GROLL, *Ernst Troeltsch und Karl Barth — Kontinuität im Widerspruch*, Munich, Kaiser, 1976, p. 107 ss. Dans la conférence de Tambach intitulée «Le chrétien dans la société» (1922), Barth lira intuitivement la phrase de Troeltsch au sens d'un génitif subjectif, entraînant selon lui la fatale subordination (feuerbachienne) de la théologie à l'anthropologie. Mais il aurait pu la saisir à partir d'un génitif objectif, et il aurait alors compris que, chez Troeltsch aussi, l'éthique découlait de la doctrine de Dieu (exprimée il est vrai comme théorie métaphysique de l'amour divin et de la personnalité humaine) et demeurait subordonnée à l'eschatologie et à la rédemption *(Erlösung)*. On pourra penser, comme Groll le montre très bien et en privilégiant un mode d'interrogation de type post-barthien, que l'ambivalence grammaticale de la phrase analysée ici de la Conclusion des *Soziallehren* trahit aussi une certaine ambivalence de la pensée troeltschienne, partagée entre la méthode descendante (de l'eschatologie à l'éthique) et la méthode ascendante (de l'anthropologie religieuse à l'éthique). Mais le chemin balisé par Troeltsch demeure valide; la question n'est pas de savoir s'il a eu raison de parcourir l'itinéraire en double sens, mais s'il l'a fait d'une manière satisfaisante; à bien des égards, c'est là-dessus que portent les interrogations de W. PANNENBERG, «Die Begründung der Ethik bei Ernst Troeltsch»; voir aussi mon article «La réflexion éthique de Troeltsch dans la perspective de Pannenberg».

plus immanentiste. Barth ne s'y est pas *complètement* trompé! Cet immanentisme a notamment pris la forme d'un spiritualisme (proche du type mystique), doublé d'une insistance quelque peu immédiate sur l'eschatologie réalisée, ainsi que l'atteste la très ambiguë formulation du dernier paragraphe des *Soziallehren*: «Le Royaume de Dieu est présent en nous» (34, 986: *das Reiche Gottes ist inwendig in uns*). Comme l'a noté Pannenberg, la tension constitutive entre le Royaume de Dieu et l'éthique semble soudainement être retombée, au profit d'une présence directement traductible en termes éthiques. Un indice de cette difficulté nous paraît donné dans la tendance de Troeltsch à quasiment identifier l'eschatologie et la téléologie.

I. Schüssler a elle aussi relevé, sous un angle plus philosophique, cette ambivalence de l'éthique troeltschienne: «On ne peut pas, dit-elle, adhérer à la "pensée moderne" et reprendre en même temps des pièces ontologico-théologiques à la métaphysique traditionnelle[73].» Le jugement est sévère. Mais reconnaissons qu'il interroge avec acuité le *montage éthico-spéculatif* qui conclut le grand œuvre socio-historique de Troeltsch.

L'ambivalence des Conclusions, touchant le statut de l'éthique théologique, tient encore à un autre facteur. De manière qui fait penser à Tillich, Troeltsch ne parvient pas à donner à «l'éthique chrétienne» (selon sa formule même) un *contenu positif*. Toute la *matière* accumulée dans l'écriture des doctrines sociales semble s'être pour ainsi dire *évidée*. La personnalité, l'amour, l'égalité sont de beaux principes, déduits du christianisme, mais que Troeltsch peine à *reconnecter à la narration scripturaire de Dieu, de l'homme et du monde*. La récapitulation eschatologique autour du Royaume de Dieu est porteuse de promesses meilleures à cet égard, mais finit par se résumer dans la belle formule abstraite du *Jenseits* comme force du *Diesseits*. C'est la *reconfiguration même d'une éthique des chrétiens autour d'une histoire christologique, eschatologique et pneumatologique de Dieu, des hommes et du monde* qui nous fait ici défaut, comme chez Tillich (voir nos remarques au sujet de ce dernier, chapitre III).

Regard rétrospectif sur la reconstruction troeltschienne.

Il ne fait pas de doute que Troeltsch a beaucoup projeté[74] sa propre conception de la philosophie de l'histoire et de l'éthique sociale dans sa reconstruction de l'éthique protestante. Cela tient de toute évidence au fait,

---

73. «Troeltsch et Nietzsche», p. 121.
74. Ingeborg Schüssler fait cette remarque au sujet de la lecture troeltschienne de Nietzsche (*ibid.*, p. 105), mais on peut admettre la portée plus générale d'une telle observation.

amplement souligné par la recherche[75], qu'il n'a pas adopté la position d'un historien détaché ni celle d'un spectateur, mais bien celle d'un *interprète engagé et intéressé*. L'apport principal de Troeltsch, de notre point de vue de théologien et d'éthicien, réside dans l'élucidation renouvelée des rapports entre éthique et religion d'une part, entre éthique objective et éthique subjective, d'autre part. Même s'il n'a pas réussi à en tirer des conséquences entièrement convaincantes et éclairantes du point de vue de l'éthique théologique elle-même, il a ainsi préparé le terrain à de nouvelles réflexions généalogiques et reconstructives difficiles à ignorer en éthique théologique. On peut toujours critiquer les formulations de Troeltsch, souvent ampoulées, maladroites et ambiguës. Pour autant qu'on soit sensible à l'intention même de son projet (ce qui est notre cas), il paraît peu indiqué de régresser au-dessous du niveau élevé et exigeant où il a placé la problématique.

Il est naturellement toujours possible et estimable de refuser cette problématique elle-même et de critiquer en conséquence Troeltsch sous un autre angle de vue, par exemple en privilégiant une perspective généalogique *radicalisée*[76]. C'est ainsi que la philosophe heideggérienne Ingeborg Schüssler reproche à Troeltsch d'avoir évité la question critique posée par Nietzsche aussi bien à la philosophie de l'histoire qu'à l'idée d'une morale objective. Nietzsche, selon I. Schüssler, n'aurait nullement proposé une philosophie de la vie de type darwinien – comme l'affirme Troeltsch –, mais bien «une métaphysique de l'esprit absolu, en sa réinterprétation rescendante[77].»

Plutôt que de vouloir trancher ici entre deux lectures de Nietzsche, il nous semble plus pertinent de noter que nous avons affaire à *deux intérêts*

---

75. Voir par exemple les études réunies dans F. W. GRAF et T. RENDTORFF éd.. H. FISCHER y souligne le rôle systématique joué par l'eschatologie dans la compréhension troeltschienne de l'éthique; T. RENDTORFF, tout en notant l'*interprétation théologique décidée* que Troeltsch propose de la sociologie, relève par ailleurs le manque de précision des principes méthodologiques guidant l'ouvrage, mais en dédouane partiellement Troeltsch, victime, selon lui, de l'état incertain de la sociologie de l'époque («Die *Soziallehren* von Ernst Troeltsch und die gegenwärtige Sozialethik», p. 293-301, 300).
76. Ce que n'est pas, on l'aura compris, notre approche, dans la mesure où la triade de la généalogie, de la critique (avec son versant herméneutique) et de la reconstruction reconnaît au moment généalogique un sens réel mais dialectiquement ordonné aux deux autres. J'assume donc une position relevant de ce que Ricœur a nommé un «kantisme post-hégélien» ou une «dialectique hégélienne brisée»; la généalogie, dans sa fonction soupçonneuse, ne saurait pourtant avoir le dernier mot face à l'exigence moderne de la critique (Kant) et de l'herméneutique (Schleiermacher); mais la reconstruction, comme l'a montré J.-M. Ferry, transcende à son tour l'opposition trop courte entre rationalité critique et post-criticisme de type narratif et herméneutique. Avec cette remarque, le projet exprimé dans l'Introduction de l'ouvrage gagne sans doute un peu plus en clarté. Je suis redevable, dans cette interrogation méthodologique, des questions suggestives de Victor Sheitoyan, philosophe à Montréal.
77. «Troeltsch et Nietzsche», p. 116.

reconstructifs différents. I. Schüssler prolonge à propos de Nietzsche la reconstruction heideggerienne de l'histoire de la métaphysique occidentale, afin de parvenir elle-même à une métaphysique «rescendante» (c'est-à-dire, si je comprends bien, reparcourant en aval, pour le présent, le destin de l'être dans la métaphysique et en culminant en des «valeurs perspectives»). Le projet théologique et éthique de Troeltsch était tout autre – sans compter qu'il ne pouvait bénéficier de la lecture heideggerienne de Nietzsche! Il avait pour objectif de reconstruire l'éthique théologique de sorte qu'elle retrouve une nouvelle plausibilité culturelle, en apportant sa contribution à la question du fondement religieux des valeurs.

Ce que nous avons vu au chapitre IV et qui nous occupera plus loin (chapitre IX) au sujet des difficultés proprement *fondationnelles* de l'éthique peut donc bien entendu se retourner contre Troeltsch, dont nous avons relevé l'embarras à énoncer le *contenu spécifique* de l'éthique théologique (dans la conclusion des *Soziallehren* tout particulièrement) et sa difficulté correspondante à thématiser la *positivité* du conflit interprétatif, difficulté liée sans doute au schème préférentiel de l'unité *(Einheit)* qui sous-tendait son projet en gestation de *synthèse culturelle*.

Mais le crédit conditionnel que nous accordons à l'interrogation généalogique et déconstructive ne doit pas non plus se confondre avec la radicalité critique de Nietzsche ou avec sa réinterprétation heideggerienne. En tout cas, nous ne partageons pas l'idée selon laquelle généalogie, critique, herméneutique et reconstruction devraient être soumises au mouvement épocal et ontologique d'une métaphysique rescendante de l'Être. Nous pensons, au contraire, que toute reconstruction s'inscrit nécessairement dans l'espace historique et culturel d'une *pluralité constitutive*, condition d'un fécond conflit des interprétations – et non pas étape ultime du nihilisme et de l'antagonisme effrayant des valeurs. Nietzsche annonçait la fin du nihilisme fondé sur les valeurs, mais sans pouvoir s'empêcher de revaloriser la volonté de puissance et la vie (succombant ainsi, lui aussi, à la métaphysique rescendante?); Troeltsch, comme le note I. Schüssler, voulait «retenir» le cours du nihilisme[78]. Nous pensons qu'il s'agit d'*affronter* le cours du nihilisme et de le *surmonter de l'intérieur*, en retournant l'antagonisme des valeurs en leur *relationnalité* dynamique, fragile et exposée, parce que toujours vécue et visée sous les conditions de l'existence finie (de la souffrance et de l'expérience du mal, par conséquent aussi) et de l'ouverture eschatologique de l'histoire humaine.

Reconstruire l'éthique théologique dans sa version protestante, comme nous nous y essayons dans cet ouvrage, n'épuise pas les possibles de toute reconstruction, qu'elle soit tournée vers l'intérieur de la théologie ou qu'elle procède davantage vers l'extérieur. Un des résultats positifs de la déconstruction a été de nous rappeler la fragilité et la contingence du sujet qui parle. Cet apprentissage ascétique interne a pour corollaire une grande

---

78. *Ibid.*, p. 119.

liberté critique envers les tentations de réduction unifiante ou de synthèse uniquement culturelle. Il n'est pas du tout certain que, sur le fond, une perspective théologique critique, centrée sur l'Évangile du Christ en croix et de l'Esprit de résistance, puisse se rallier si facilement à la «transition au surhomme[79]» que propose, sous forme poétique, le langage strictement pensé de Nietzsche. Il est probable, de plus, qu'une telle perspective implique une prise en charge encore plus radicale que ne le pensait Troeltsch du «conflit des interprétations» qui va s'accentuant dans le christianisme moderne et qui est devenu la signature de son destin postmoderne.

ÉTHIQUE PROTESTANTE ET PURITANISME

Une reconstruction de l'éthique protestante ferait avec peine l'économie d'une discussion sur le puritanisme. Nous proposons ici seulement quelques remarques, rappelant certaines évidences, et tentant de les mettre en rapport avec l'ensemble de notre projet.

Le langage courant a tendance à assimiler l'éthique protestante au puritanisme, saisi de la manière la plus étroite et fortement caricaturale. Pourtant, la question ne relève pas seulement de la connaissance historique et des rectifications que celle-ci peut apporter à certains stéréotypes. Le protestantisme, c'est un fait, est globalement perçu par l'opinion d'une manière ambivalente, qui n'est pas sans rapport avec l'héritage puritain. Cette ambivalence peut s'expliquer par la tension, au cœur de la conscience protestante, entre la passion pour la liberté et la crainte de ses débordements (voir ici, chapitre III). L'éthique protestante élabore sur le plan pratique l'écart symbolique constitutif qui demeure entre l'ordre de la foi et celui des œuvres. Dès l'instant où le salut est lié à la justification par la foi seule et où les œuvres sont déclarées secondes, une force de libération se dégage, avec un potentiel explosif qui n'a pas échappé aux détracteurs de la Réforme, mais qui n'a cesse de faire problème aux protestants eux-mêmes, dès les origines.

La liberté ainsi fondée est en effet par définition une liberté dangereuse; *ce qu'elle déploie comme critique du moralisme peut aussi revêtir la forme d'un risque de libertinisme*. La question éthique semble alors devenir presque uniquement de juguler cette puissance, de la cadrer dans des proportions acceptables. En théorie, cette question n'aurait pas dû se poser, puisque le discours théologique était censé comprendre la liberté de manière purement spirituelle, en lien avec le don objectif de la grâce divine. Mais de la théorie théologique à la réalité psycho-sociale, comme on sait, il y a loin. La Réforme a bien dû se mesurer au retour du refoulé.

79. *Ibid.*, p. 118.

Une généalogie critique de l'éthique protestante, comme celle visée dans cet ouvrage, assumera la réalité de ce retour et son potentiel de travestissement, plutôt que de pratiquer une politique de l'autruche strictement hagiographique et idéaliste. Autrement dit, le puritanisme, en sa face revêche, ne cesse de dépouiller le protestantisme de son humanité; en sa face réjouie, il en déploie la capacité à chanter le monde, le corps, la sexualité, mais en se heurtant à la sombre limite du désir qui leur est commune à tous les deux. Bref, que l'on prenne le puritanisme comme la quintessence d'un protestantisme triste ou comme le risque de l'excès du désir, dans les deux cas, il comporte une menace de désintégration interne, de dislocation de l'éthique protestante.

Ce n'est donc pas un hasard si, au fil de ses déploiements historiques et culturels, l'éthique protestante a connu des vicissitudes, dont on ne saurait méconnaître l'influence sur la conscience de soi des protestants et sur leur image extérieure. Progressivement, une identification vague et subtile s'est opérée entre éthique protestante et éthique puritaine. Max Weber a formulé de manière classique le lien conduisant de Luther et de Calvin à l'éthique puritaine essentiellement comprise comme ascèse intramondaine ou séculière[80]. Par cette notion d'ascèse intra-mondaine, Weber entendait souligner l'*ambivalence extraordinaire* de l'éthique protestante; à la différence des compréhensions précédentes de l'ascèse, essentiellement monastiques, l'ascèse séculière réalise en quelque sorte l'abstinence par l'exercice de la profession, du métier; l'ascèse est engagée et productive, elle n'implique aucun retrait du monde, mais une domestication intramondaine des passions et des pulsions; elle est donc, par définition, structurante et socialisatrice. C'est à partir de cette vision, identifiant strictement éthique protestante, puritanisme et ascèse intramondaine que Weber a pu postuler la continuité structurelle entre protestantisme et capitalisme[81].

On doit noter ce qui distingue cette conception du puritanisme de son acception ordinaire. Pour Weber, le protestantisme n'est pas puritain au sens d'un pieux mépris du monde, mais bien dans l'optique d'une gestion modérée et régulatrice de l'être-au-monde (nous trouvons la même insistance chez Troeltsch, voir la Conclusion des *Soziallehren*). L'accent est placé sur la contribution positive de l'attitude ascétique, non sur son repli ou sur ses frilosités. Il en va de même pour le piétisme, qui obéit fondamentalement à une logique identique de prise en charge des réalités mondaines.

Quelles que soient les limites historiques (fortement signalées par la recherche) de sa thèse, Weber a permis de retrouver un concept positif de

---

80. *L'Éthique protestante et l'esprit du capitalisme*, Paris, Plon, 1964.
81. Voir la critique systématique de la thèse de Weber chez A. DISSELKAMP, *L'éthique protestante de Max Weber*, Paris, Presses universitaires de France, 1994.

puritanisme. À partir de lui, il n'est plus possible de considérer la relation entre protestantisme (calviniste notamment) et puritanisme sur le simple mode de la rupture et de l'opposition. Or cette prise de conscience a des incidences importantes pour la compréhension de l'héritage puritain en éthique *et donc aussi pour la généalogie différenciée et critique d'une éthique protestante non hypostasiée*. Certains travaux ont heureusement montré à quel point l'approche puritaine, loin de mener à un double langage moralisateur dans des domaines délicats comme la sexualité, a été capable d'intégrer non seulement la passion du bonheur, mais les pulsions érotiques[82]. Certes, cette intégration, comme son nom l'indique, a pour but de contenir passion et pulsions; nous restons fondamentalement dans le domaine de l'ascétisme modéré, avec ses stratégies de contrôle individuel et social. Mais contrairement à une idée entretenue notamment par M. Foucault[83], ce contrôle n'est pas d'abord le fait d'un quadrillage social; il naît, au sein du sujet lui-même, d'une genèse proprement éthique, inscrite en un projet de devenir personnel et de quête de bonheur authentique.

Les sociétés contemporaines sont partagées entre une certaine nostalgie pour un érotisme épanoui (dont la libération des mœurs n'a été qu'un épisode superficiel) et des velléités de normalisation médicale et sociale. La figure historique du puritanisme fonctionne à bien des égards comme le rappel symbolique de cette hésitation. C'est sans doute pourquoi le débat avec l'éthique protestante dans sa version puritaine continue de travailler les consciences, par-delà toute appartenance confessionnelle et à un degré de profondeur qui transcende la scission entre religion et éthique. Il ne s'agit pas à nos yeux de redonner au puritanisme, même dans une forme raffinée et humanisée, une plausibilité contemporaine. La question serait plutôt de dépasser les oppositions mortelles qui contribuent à la résignation sociale et culturelle. La sexualité n'est qu'un élément du puzzle à reconstituer; mais elle occupe bel et bien une place centrale dans le dispositif du vivre-ensemble humain. Se mesurer avec l'héritage puritain nous permettrait sans doute de mieux percevoir les chances d'une sexualité harmonieuse et heureuse dans une société déboussolée. On verrait mieux, en particulier, la connivence fondamentale de l'érotisme et de la relation, du désir et de la tendresse[84], dès l'instant où se seraient défaites les illusions d'une sexualité instrumentale, purement technique, et celles, symétriques, d'une normalisation publique et politique des formes de l'amour. L'éthique protestante a un rôle à jouer dans cette critique libératrice des sentiments et des relations. Elle peut contribuer à détecter les tabous et les idoles liés au

---

82. Voir E. LEITES, *La Passion du bonheur*, Paris, Éd. du Cerf 1988.
83. *Histoire de la sexualité, La Volonté de savoir*, t. I, Paris, Gallimard, 1976.
84. É. FUCHS, *Le Désir et la Tendresse*, Genève, Labor et Fides, 1978, nombreuses rééditions.

sexe, en redonnant la priorité au plaisir d'aimer et à la jouissance du monde. Mais elle doit en assumer le prix: célébrer le *jeu*, la *jouissance* (la *fruitio*, qu'Augustin opposait à l'usage du monde) et la *créativité ad extra*, dans les relations humaines, c'est aussi consentir au jeu interne d'une pluralité d'*éthos* et d'éthiques, qui ne seraient pas en soi et *a priori* menaçants pour la construction de soi. C'est entrer dans l'ordre d'une reconnaissance de la mutualité et des possibles, c'est assumer, en quelque sorte, *l'érotique réglée d'un jeu pluriel d'éthiques*. Un nouveau rapport au monde émerge ainsi, inséparable d'un nouveau rapport à soi, d'un travail renouvelé sur soi, dans le respect de l'autre, et donc toujours aussi sous l'égide d'une loi de vie. Les puritains congrégationnalistes de la Nouvelle-Angleterre, note Troeltsch[85], étaient pleins de compréhension pour leur liberté de culte et n'entendaient contraindre personne à faire partie de leur congrégation; pourtant, ils ne reconnaissaient aucune autre Église à côté de la leur! Telle était la conséquence fatale du principe purement négatif de la mise à l'écart de la contrainte d'État, dès l'instant où aucune affirmation positive – aucun principe de plaisir, pourrions-nous dire – ne venait contrebalancer le principe de réalité.

Cette institution d'un nouveau rapport au monde, que l'éthique protestante appelle de ses vœux et de son expérience historique interne, est riche d'enseignements aussi pour tout ce qui touche au domaine économique et social. Nous touchons du doigt un autre paradoxe de l'*éthos* protestant. La Réforme n'a pas seulement rendu possible une attitude positive à l'égard des mécanismes économiques et de la structuration démocratique de la société, elle a aussi généré des attitudes ambivalentes de méfiance, de distance critique et de culpabilité. Une des conséquences en a été une sorte de scission mortifère entre l'idéal d'une éthique de conviction, purement déontologique et idéaliste, et les dures réalités de la vie économique, sociale et politique. Le protestant apparaît souvent comme le représentant idéal-typique d'une éthique des vertus bourgeoises et conventionnelles, de l'honnêteté dans les affaires, du zèle, du travail bien fait, etc. Une telle individualisation de l'*éthos* protestant a pu avoir une influence notoire sur la construction de l'espace socio-économique et politique, il n'en demeure pas moins que la complexification croissante de nos sociétés occidentales exige des régulations éthiques qui transcendent les possibilités de la simple vertu individuelle. Par ailleurs, il ne faut pas confondre le pragmatisme découlant de cet *éthos* avec les intentions des Réformateurs. Entre l'éthique de la Réforme et l'éthique moderne du travail (celle que critiquera avec une grande lucidité le philosophe André Gorz[86]), la rupture est indéniable: «il faut oser

---

85. *Sozialleheren*, p. 759.
86. *Les Métamorphoses du travail*, Paris, Galilée, 1988. Voir son nouvel ouvrage *Misères du présent, richesse du possible*, Paris, Galilée, 1997.

l'Exode[87].» L'éthique protestante contemporaine ne saurait se contenter d'en revenir nostalgiquement au modèle des Réformateurs; elle ne saurait non plus dédouaner le protestantisme historique de ses dérives pragmatiques et utilitaristes.

Telle est la tâche d'une reconstruction véritable, n'éludant ni les aspérités de la généalogie critique, ni les radicalités de la déconstruction: l'éthique protestante doit penser à nouveaux frais la situation de l'éthique des chrétiens dans un monde pluriel et éclaté, complètement étranger à la vision encore unitaire et totalisante d'un Luther ou d'un Calvin, voire même, sous des conditions certes très différentes, d'un Troeltsch (avec son idéal de synthèse culturelle et de valeurs éternelles), d'un Barth (subsumant l'humain sous le chrétien) ou d'un Tillich (théonomisant la culture).

---

87. A. GORZ, *Misères du présent, richesse du possible*, p. 11. Gorz parle d'un Exode hors de la société du travail, mais comment ne pas voir que cet Exode a aussi pour corollaire l'Exode hors de l'éthique protestante traditionnelle?

CHAPITRE VII

L'ÉTHIQUE DE LA THÉOLOGIE DIALECTIQUE ENTRE MODERNITÉ ET POSTMODERNITÉ

Nous traiterons ici de deux auteurs qui nous paraissent représentatifs de l'apport central mais aussi de certaines impasses de la théologie dialectique dans le champ de l'éthique: Barth et Bonhoeffer. Notre perspective est de toute évidence conditionnée par l'essai de reconstruction que nous avons proposé en suivant la trajectoire menant de Schleiermacher à Troeltsch (chapitre VI). En traitant par ailleurs de Tillich en lien avec la double problématique de l'autonomie et de la modernité (chapitre III) et dans l'optique d'une confrontation avec la postmodernité et la déconstruction (chapitre IV), nous avons d'ores et déjà signalé le changement critique que nous entendons effectuer dans l'évaluation de la théologie dialectique. Il est clair aussi que nos réflexions successives sur la tradition, l'herméneutique et le rapport à l'Écriture (chapitre V) répondaient à la nécessité d'une telle transformation, dans la mesure où, en francophonie tout spécialement, la réception de la théologie dialectique a pu aller de pair avec une relation d'immédiateté non critique avec la Bible.

L'ÉTHIQUE DE BARTH: UNE ÉTHIQUE DE L'AUTONOMIE PARADOXALE[1]

La réflexion éthique de Karl Barth (1886-1966) s'est développée de manière surprenante. La réception qui en a été faite, notamment en théo-

---

1. Voir D. LANGE, *Ethik in evangelischer Perspektive*, Göttingen, Vandenhoeck & Ruprecht, 1992, p. 33-40; Chr. FREY, *Die Ethik des Protestantismus von der Reformation bis zu der Gegenwart*, Gütersloh, Siebenstern, 1989, p. 174-192. Sur différents aspects traités ici, voir K. BLASER, *Karl Barth (1886-1986)*, Berne-New York, Lang, 1986.

logie francophone, a été très largement caricaturale et réductrice. Une lecture plus différenciée s'impose, qui tienne compte des paradoxes de la position barthienne, aussi bien dans sa généalogie historique que dans ses aboutissements pratiques et culturels.

Il n'est pas question, dans ces paragraphes, de tenir compte de tous les aspects de la réflexion éthique barthienne; mon intention est à la fois plus ambitieuse et plus limitée: il s'agit de saisir le *moment de la constitution critique de l'éthique théologique* chez Barth, dans son lien à la modernité et dans ses rapports à la thématique plus large de la postmodernité. Je le ferai en cinq étapes: les trois premières (l'éthique négative, la subordination parallèle de l'éthique à la dogmatique et de la loi à l'Évangile, l'éthique spéciale comme éthique de la liberté) suivent l'évolution de Barth, en l'organisant selon un principe systématique, propre à mettre en évidence le surgissement de la constitution critique de l'éthique théologique; la quatrième étape (le rapport à l'autonomie et à la modernité) nécessitera un retour en arrière, de façon à élucider une première aporie centrale de cette éthique; la cinquième étape sera à la fois récapitulative et critique.

Le premier Barth et l'éthique négative (continuité et rupture avec Wilhelm Herrmann).

À première vue, aucune théologie moderne n'est plus foncièrement opposée à tout projet éthique que celle de Barth, en particulier si l'on s'en tient au premier Barth, celui du *Römerbrief* et de la conférence de Tambach (1919). Saisir les raisons d'être fondamentales de cette intention anti-éthique conditionne non seulement la constitution d'une éthique paradoxale chez le premier Barth, mais se révélera également décisif, à mon avis, si l'on entend rendre compte du statut de l'éthique dans la phase ultérieure, celle de la *Dogmatique*.

La conférence de Tambach «Le chrétien dans la société[2]» (1919) est un texte extraordinairement paradoxal. D'une part, Barth y prend acte, avec une radicalité inouïe, de «l'autonomie de la vie sociale» (52), ou, plus profondément encore, de l'autonomie du profane et de la société moderne. «La société est désormais dominée par son *logos* propre» (53). Mais, d'autre part, cette rationalité *sui generis* de la modernité sécularisée fait l'objet d'un verdict théologique impitoyable: ce *logos* propre n'est autre,

---

2. In *Parole de Dieu et parole humaine*, Paris, Je Sers, 1933, p. 47-90; les chiffres entre parenthèses dans le texte renvoient à cet ouvrage; voir le texte allemand dans J. MOLTMANN éd., *Anfänge der dialektischen Theologie*, t. I, Munich, Kaiser, 1974, p. 3-37. Pour une approche plus détaillée de l'évolution du jeune Barth, voir surtout B. L. MCCORMACK, *Karl Barth's Critically Realistic Dialectical Theology. Its Genesis and Development 1909-1936*, Oxford, Oxford University Press, 1995.

en fait, qu'une «série d'hypostases et de puissances divinisées» (*ibid.*, même phrase). C'est donc bien sous le signe de l'idolâtrie que Barth saisit ici «le monde». Et c'est à cause de cette évaluation théologique qu'il en vient à contester toute tentative d'unification (*Bindestrich*, trait d'union, 50). L'autonomie est un fait social, historique, culturel, pour ainsi dire un destin, auquel il faut désormais «consentir» (53), mais un tel événement ne justifie en aucune manière de sanctionner idéologiquement «l'autonomie de la civilisation, de l'État, de la vie économique» (52). Tel est le premier aspect paradoxal de la pensée de Barth: la reconnaissance du «processus de l'autonomie[3]» en sa radicalité oblige à penser la totale idolâtrie de l'autonomie comme projet et comme contenu.

Dans le contexte de 1919, Barth amalgame sans nuances toutes les formes du protestantisme (libéralisme, socialisme religieux, etc.), de l'aile la plus piétiste à l'aile la plus révolutionnaire. Sans ménagement, il dénonce le danger global de cléricalisation de la société (53), danger à l'œuvre, selon lui, dans le protestantisme moderne, comme le montrait au XIXe siècle l'œuvre de l'éthicien Richard Rothe (1779-1867), taxé ironiquement par Barth d'optimisme bienfaisant (52). Rothe, certes, ne croyait pas à une cléricalisation de la société, il attendait bien plutôt une dissolution de l'Église dans l'État, une sorte de dissémination du «principe protestant» (comme dira Tillich) dans la société civile et profane.

La critique est de part en part une critique théologique. Ce que Barth reproche (à Tambach comme dans son *Römerbrief*) à la théologie de son temps, toutes tendances confondues, c'est d'inverser les priorités, en érigeant l'autonomie moderne en absolu, contre la souveraineté de Dieu, plus exactement contre le miracle de la révélation manifesté dans la résurrection du Christ (57). C'est, en d'autres termes, de partir d'en bas, du monde de la mort, au lieu de partir d'en haut, du monde de la vraie vie. Un partage est ainsi opéré, dans l'argumentation barthienne, entre la Vie théologale et la vie mondaine, entre la positivité authentique d'une autonomie en Dieu et la négativité mortelle d'une autonomie contre Dieu: «Une vie autonome à côté de la Vie n'est pas vie, mais mort» (61).

On ne saurait assez le souligner: dans sa radicalité critique, la théologie du premier Barth, en dépit de ce qu'il a pu en laisser croire parfois lui-même, et en dépit de ses interprètes les plus réactionnaires, n'est pas une théologie de l'hétéronomie, mais bien une théologie critique de l'autonomie, et par cela même une révision déchirante (non un refus de principe) de la modernité, comme cela a été magistralement démontré par T. Rendtorff avant tout.

Sur le plan doctrinal ou dogmatique, la thèse de Barth revient à refuser toute scission entre l'humain et le divin, scission mortelle qui serait selon lui à la base de l'autonomisation folle de la modernité. Penser l'humain

---

3. Voir sur ce thème M. WELKER, *Der Vorgang Autonomie*, Neukirchen, Neukirchener Verlag, 1975.

pour lui-même, comme entité séparée, ce serait, au mieux, le penser comme religion, mais la religion, on le sait, n'est pour Barth que la sublimation ultime des illusions humaines. La théologie chrétienne doit mettre en cause une société et une culture dont les fondements mêmes (64 s.) présupposent le divorce du divin et de l'humain, de l'histoire de Dieu et de l'histoire des hommes.

On pressent ce que va être, dans ce renversement radical, le partage affectant l'éthique comme telle. Contre ses maîtres, contre W. Herrmann en particulier, Barth ne veut plus d'une alliance molle de l'éthique et de la religion, autrement dit d'une éthique «humaine, trop humaine» (la religion n'étant ici que l'expression de l'humain). *Mais ce n'est pas à dire que ce refus de l'éthique profane soit une renonciation à toute éthique.* Bien au contraire: selon la méthode dialectique qui lui est propre, Barth va en appeler à une éthique de la Vie, contre une éthique de l'autonomie «à côté de la Vie». Son *a priori* théologique, c'est le fait que l'histoire de Dieu avec les hommes est une histoire victorieuse (66), et c'est sur cette base que peut apparaître enfin, et enfin seulement, «le sérieux de la situation», au cœur de la «tragique dualité où nous sommes».

Nous avons parlé d'un renversement radical. Ce n'est pas seulement un tournant logique de la pensée, il s'agit, sur un plan plus *ontologique*, d'un «tournant des âges» *(Wende der Zeit),* d'un «renversement de la justice des hommes à la justice de Dieu, de la mort à la vie, de l'ancienne à la nouvelle Création» (67), autrement dit d'un *tournant eschatologique* où se conjoignent la force de la Résurrection et la poussée du Royaume.

Pour bien comprendre la généalogie critique de l'éthique théologique chez Barth, il faut bien voir que l'éthique authentique résulte à ses yeux d'une promesse, promesse attestée dans une Parole mais fondée dans une histoire. Si noir et dégénéré soit-il, le monde réel lui-même, à cause de l'agir de Dieu dans l'histoire, contient une promesse (74) qui nous appelle à une «responsabilité solidaire à l'égard de ce monde dégénéré» (75). On peut bien dire que l'éthique théologique du premier Barth est une *éthique haute*, une éthique élevée au niveau de la Résurrection d'En Haut, par opposition à toutes les *éthiques basses* ayant conclu un compromis illusoire avec les réalités éphémères. Comme le dit très bien Dietrich Korsch, la crise de l'éthique est à comprendre de bout en bout «comme l'empreinte de la positivité pure et absolue[4]».

Faut-il d'ores et déjà se demander, à ce stade de notre réflexion, *si une telle éthique haute ne contient pas en germe, contrairement à son point de départ résolument anti-moral, une moralisation absolue de la foi chrétienne?* C'est en tout cas une question que toute étude de l'éthique barthienne doit finir par aborder de front. Nous nous y attacherons plus loin.

---

4. «La modernité comme crise», in P. GISEL et P. EVRARD éd., *La Théologie en postmodernité*, Genève, Labor et Fides, 1996, p. 33-63, 57.

En 1922, dans sa conférence «Le problème éthique à l'heure actuelle[5]», Barth précise de manière très pointue le sens de sa rupture avec l'éthique protestante antérieure (celle qui va de Schleiermacher à Troeltsch en passant par Rothe et Ritschl). L'éthique y apparaît, au vrai sens du terme, comme un problème, non comme une évidence. En quel sens est-elle un problème? Parce qu'elle manifeste à la fois la crise et le mystère de l'homme. Barth voit l'éthique protestante, celle du XIXe siècle avant tout, comme une éthique de la certitude (et de la certitude bourgeoise), comme une éthique confortablement assise sur ses bases. «Le temps de ces éthiques-là est définitivement révolu» (167). Pour commencer véritablement avec l'éthique chrétienne, annonce Barth, il faut avaliser la perte de toute assurance, accepter que l'homme soit *en crise*, et toute l'éthique avec lui. En termes kierkegaardiens, que Barth n'hésite pas à utiliser en ces années-là, il faut reconnaître que le problème éthique est la «maladie mortelle de l'homme» (168) et qu'elle fait donc référence au jugement de Dieu sur l'homme et sur son agir. Contre toute neutralisation théologique du danger radical de l'éthique, il faut assumer la négation (169) qui travaille au cœur même de l'éthique[6].

Cette crise propre à l'éthique affecte, selon Barth, aussi bien le sujet moral que la dimension objective de l'éthique (la distinction n'est pas sans rappeler celle établie par Troeltsch entre éthique subjective et éthique objective dans les *Grundprobleme*, voir ici, chapitre VI). Mais on ressent très fortement, sur ce point, la prédominance de l'influence de Wilhelm Herrmann sur Barth. Du côté du sujet moral, en effet, Barth tresse les louanges de Kant, dont la doctrine des postulats (Dieu, la liberté, l'immortalité) signale l'incapacité de l'homme de répondre à l'exigence radicale adressée à sa «volonté naturelle», sinon par un acte de foi (173)[7]. Ainsi est affirmée la fragilité de la créature, contre tout titanisme à la Fichte (tel que Barth le comprend). C'est nettement du côté de l'éthique objective que Barth marque le plus sa distance; comme dans la conférence de Tambach, c'est en effet la prétention commune du socialisme religieux et des éthiques libérales du Royaume à identifier les buts moraux objectifs de l'histoire et l'avènement du Royaume de Dieu qui fait l'objet de la critique théologique centrale de Barth.

---

5. In *Parole de Dieu et parole humaine*, p. 157-193. Les chiffres entre parenthèses dans le texte renvoient à cet ouvrage.
6. Avec des concepts différents et dans une perspective proprement théologique et chrétienne, le premier Barth se rapproche ici de ce qu'exprimera ultérieurement Emmanuel Lévinas, dans son refus d'une neutralisation ontologique de l'éthique (voir l'ouvrage remarquable de J. F. GOUD, *Emmanuel Levinas und Karl Barth. Ein religionsphilosophischer und ethischer Vergleich*, Bonn-Berlin, Bouvier, 1992).
7. Plus loin, Barth réunira pourtant la doctrine des postulats et l'idéal d'un but de l'histoire dans une même critique (190). Mais la doctrine des postulats est envisagée alors comme une tentative illusoire de mainmise sur Dieu; contrairement à la lecture théologique différente que Barth en donne ici.

L'existentialisme théologique de Barth est ici patent. L'homme concret n'est pas l'homme idéal aspirant à la synthèse harmonieuse de l'éthique et de l'eschatologie, mais l'homme simplement vivant, la créature faillible avec sa «volonté de vivre» (181), volonté de vivre qu'on ne saurait mettre au service d'une morale objective culminant dans un absolu, fût-ce le Royaume de Dieu.

Concluons sur ce point. La seule connaissance que procure la réflexion éthique, quand elle essaie de passer de l'éthique subjective à l'éthique objective, est une *connaissance négative*, que Barth désigne successivement *(et sans les distinguer clairement!)* comme la connaissance de l'état de créature et comme la connaissance de l'état de péché *(ibid.)*.

Nous butons ici sur une difficulté majeure de la pensée du premier Barth, difficulté surmontée seulement en partie dans les périodes suivantes de sa pensée: en ne distinguant pas clairement entre l'état de créature et la chute, Barth non seulement ne se donne pas les moyens d'*articuler l'éthique sur une théologie de la création* (alors même que sa lecture de Kant aurait pu l'y inciter), mais il rejette unilatéralement l'éthique théologique *du côté de la christologie et de la sotériologie,* en attribuant l'éthique négative à la condition pécheresse de l'homme. Comme chez Herrmann, mais de manière plus radicale, le problème éthique rebondit en effet chez Barth au prix d'une affirmation massive de l'événement de la révélation. Si le problème éthique, bien compris, «signifie notre rapport avec Dieu» (182), c'est dans l'exacte mesure où Dieu lui-même, dans sa révélation, laisse retentir le oui de l'Évangile et de la grâce. Le problème éthique, prétendant déboucher sur la connaissance du Bien, aboutissait en fait, pour lui-même, à une impossibilité radicale; seul Dieu rétablit l'impossible possibilité de l'éthique chrétienne, la «justification de l'activité de l'homme» (186) et la sanctification qui s'ensuit.

La continuité de l'Évangile et de la Loi[8]**. Les conséquences pour l'articulation de la dogmatique et de l'éthique.**

En 1922 déjà, Barth soulignait que «la Loi demeure dans une unité indissoluble avec l'Évangile» et il en tirait cette conséquence: «la question

---

8. J'ai consacré en 1970 mon mémoire de licence à cette question (sous la direction de J.-L. Leuba), *Théologie de la Loi. Examen critique de la position de Karl Barth à la lumière de quelques analyses luthériennes contemporaines*, Faculté de théologie, Université de Neuchâtel. Voir avant tout E. KINDER et K. HAENDLER éd., *Gesetz und Evangelium*, Darmstadt, Wissenschaftliche Buchgesellschaft, 1986; A. PETERS, *Gesetz und Evangelium*, Gütersloh, Gerd Mohn, 1981; L. RUMPF et S. PINCKAERS éd., *Loi et Évangile*, Genève, Labor et Fides, 1981. Sur Barth, voir E. JÜNGEL, «Evangelium und Gesetz. Zugleich zum Verhältnis von Dogmatik und Ethik», in *Barth-Studien*, Zürich-Gütersloh, Benzinger-Gütersloher Verlag, 1982, p. 180-209.

éthique subsiste, nullement affaiblie, avec son sérieux obligatoire et exigeant[9].» La théorie théologique énoncée en 1935 puis dans la *Dogmatique* au sujet des rapports entre l'Évangile et la Loi n'est au fond que le développement systématique conséquent de cette affirmation.

Nous n'allons pas analyser ici en détail la démarche proposée par Barth dans son célèbre opuscule «Évangile et Loi» de 1935[10]. Nous nous contenterons d'en dégager la structure fondamentale et d'en montrer les retombées sur l'éthique théologique de la *Dogmatique*.

Barth traite des rapports entre Évangile et Loi – dans cet ordre-là, inversant la tradition luthérienne – sous quatre aspects, subordonnés eux-mêmes à la distinction fondamentale de la *vérité* et de la *réalité*.

On peut représenter l'architectonique du texte par le schéma suivant:

Épistémologie théologique	Dogmatique	Éthique
Vérité	§ 1. Évangile (grâce)	§ 2. Loi bonne
Réalité	§ 3. Péché (loi qui tue)	§ 4. Justification

Dans les paragraphes 1 et 2 – sur le plan de la vérité ultime[11] – Barth récuse explicitement la succession luthérienne traditionnelle; il estime en effet que cette *Reihenfolge* prête à malentendu du point de vue doctrinal (surtout, faut-il expliciter, dans le contexte du combat contre la théologie hérétique des Chrétiens-Allemands). Mais cela ne l'empêche pas de reconnaître à la succession traditionnelle une *part de vérité*, qui se situe cependant uniquement, on le voit par le schéma, sur le plan de la réalité humaine, de l'expérience historique et spirituelle, si l'on veut.

La controverse entre Barth et ses adversaires théologiques (j'entends par là non seulement ses adversaires réels de l'époque, mais aussi ceux qui, ultérieurement, questionneront radicalement son modèle, pour des raisons spécifiquement théologiques) naît sans nul doute de la thèse centrale du texte, censée établir l'articulation vraie entre l'Évangile et la Loi et rebondir ensuite dans la réalité vécue, sous le double point de vue du péché et de la justification.

Cette célèbre thèse est la suivante: «La Loi n'est autre que la forme nécessaire de l'Évangile dont le contenu est la grâce» (224).

---

9. «Le problème éthique à l'heure actuelle», p. 184.
10. *Evangelium und Gesetz*, Munich, Kaiser, 1935, reproduit dans E. KINDLER et K. HAENDLER éd., p. 1-29. Une traduction de G. Casalis est maintenant disponible sous forme ronéotypée dans le recueil édité par K. BLASER, *Karl Barth. Textes de 1932-1968*, Université de Lausanne, 1996, p. 220-234. Les chiffres entre parenthèses dans le texte renvoient à ce recueil.
11. E. JÜNGEL souligne ici l'aspect *supralapsaire* (antérieur à la Chute) des concepts d'Évangile et de Loi, «Evangelium und Gesetz», p. 200.

La contradiction logique est patente, l'Évangile occupant à la fois la place du contenu de la Loi et de la «forme» de cet autre contenu qu'est la grâce[12]. Barth lève de fait cette contradiction en identifiant l'Évangile et la grâce. On pourrait donc admettre que la difficulté ne réside que dans la formulation logique de la thèse. Barth, d'ailleurs, modifiera l'énoncé dans la *Dogmatique*, en 1942, en faisant de l'Évangile et de la Loi le contenu et la forme de la Parole de Dieu[13]. J'incline cependant à penser que le lapsus de la thèse de 1935 signale un problème de fond. En privilégiant sur le plan de la vérité la plus grande continuité entre l'Évangile et la Loi, Barth contribue aussi à formaliser l'Évangile: on comprend que la critique luthérienne en soit toujours revenue ici à voir dans la thèse barthienne la transformation de l'Évangile en loi.

Certes, Barth est prêt à l'admettre, la succession traditionnelle rend compte de la mainmise de l'homme pécheur sur la Loi et permet de comprendre le sens du discours négatif à propos de la Loi que l'on trouve dans le *corpus* paulinien et sur lequel s'appuie la tradition luthérienne. Conformément à sa subordination quelque peu idéaliste de la réalité à la vérité, Barth considère néanmoins que ce discours n'affecte en rien la positivité et la bonté premières de la Loi traitée au paragraphe 2. Sa traduction «herméneutique» fait entrevoir sous la critique de la Loi la critique de l'homme pécheur *mésusant* de la Loi. Barth reconnaît donc implicitement ici la vérité visée par l'usage théologique (ou élenctique) de la Loi chez les Réformateurs. L'accent porte toutefois entièrement sur le «*entre nos mains pécheresses*» (226 s.), sur le «*en face de la Loi*» (227, c'est moi qui souligne) et jamais sur la possibilité (soulignée par Luther et non occultée par Calvin!) que la Loi *elle-même* comporte une part d'ombre, en tant que Loi de mort et que Loi qui tue (un motif constamment présent chez saint Paul: voir Romains 8, 2, la loi du péché et de la mort; 1 Corinthiens 15, 56, la loi comme puissance du péché, etc.). *La vérité des paragraphes 1 et 2 exonère la Loi de toute compromission objective avec la mort et le péché.* En d'autres termes, l'homme, non Dieu, est la cause du mésusage de la Loi et il ne saurait y avoir d'*échec* de la Loi ou de l'ancienne alliance comme telles. Le «triomphe de la grâce» (G. Berkouwer) reproché à Barth produit ici tous ses effets, contre le terrible réalisme par lequel Luther (et Schelling après lui) avait accepté d'entrevoir l'échec en Dieu même.

S'il y a un usage de la Loi dans cette zone d'ombre, ce ne saurait être un *usus a Deo*, c'est seulement un *usus a peccato* ou *a diabolo*! C'est le péché qui *se sert* de la Loi comme d'un tremplin, selon l'image de Romains 7, 8-11, et la détourne de son usage «normal» (227 et 229, allusion subtilement critique à la doctrine des usages de la Loi!). Seule une logique de l'autojustification de l'homme peut conduire à «déchirer la

---

12. Voir *ibid.*, p. 195.
13. *Dogmatique* II/2**, p. 4.

Loi en mille morceaux» (228) et à croire, selon une «fausse interprétation» *(ibid.)* que Dieu serait l'instigateur de cette tromperie.

Telle est la lecture barthienne, en 1935, de l'usage théologique de la Loi, une lecture qui évite *intentionnellement* la terminologie consacrée des différents usages de la Loi, en parlant d'un usage «normal» de la Loi, pour mieux indiquer que la vision luthérienne de l'usage théologique *abuse* de l'idée selon laquelle c'est Dieu[14] qui ferait un usage *anormal* de la Loi!

Il nous faut cependant nuancer ce qui précède. Au cœur du paragraphe 3, Barth introduit déjà massivement le thème réformateur de la justification par la foi pour légitimer sa critique des mésusages de la Loi (229 ss.). C'est justement ce thème qui rebondit au paragraphe 4, pour entrer dans la logique de la surabondance (voir Romains 5, 20). La surabondance implique pour saint Paul lui-même que la grâce règne «par la justification pour la vie éternelle».

Barth fait se rejoindre au paragraphe 4 le plan de la vérité et le plan de la réalité et retrouve la dynamique existentielle de la réconciliation effective. La logique de la surabondance est aussi une logique du «malgré que», du *trotzdem*: Dieu comme sujet, comme grâce manifestée en Jésus-Christ, rend possible de manière paradoxale la reconnaissance évangélique de la Loi dans sa vérité lumineuse et instructive au cœur de l'expérience humaine, à même la réalité meurtrie des humains.

Loin de se réduire à un dualisme binaire purement conceptuel, la doctrine barthienne de l'Évangile et de la Loi est une *dialectique à quatre temps, épousant le mouvement de l'histoire critique et réconciliatrice (jugement-grâce) de Dieu avec les hommes*. Sa force est évidente, comme le sont aussi certaines de ses impasses. Sa force est de reconnaître la potentialité éthique de l'Évangile, toujours lié à sa forme nécessaire, la Loi, mais irréductiblement premier. Ses impasses seront d'autant plus apparentes à la lumière de la relation entre éthique et dogmatique traduisant en termes de statut disciplinaire et de champ épistémologique la dialectique Évangile-Loi.

Prêtons donc attention à la correspondance systématique, dans la puissante construction barthienne, entre «Évangile/Loi» et «dogmatique-éthique»[15].

---

14. Ce n'est pas pour rien, sans doute, que le luthérien Bonhoeffer méditera d'abord sur Dieu comme sujet du *primus usus* (l'usage politique) et non sur Dieu comme sujet de l'usage théologique, car cette question l'aurait conduit à interroger beaucoup plus sévèrement l'image même de Dieu.
15. On se reportera ici aux analyses de E. JÜNGEL, dans ses *Barth-Studien* ainsi qu'à T. RENDTORFF, «Der ethische Sinn der Dogmatik. Zur Reformulierung des Verhältnisses von Dogmatik und Ethik bei Karl Barth», in T. RENDTORFF éd., *Die Realisierung der Freiheit. Beiträge zur Kritik der Theologie Karl Barths*, Gütersloh, Gerd Mohn, 1975, p. 119-134.

Dans le paragraphe 36 de la *Dogmatique*, paru en 1942[16], Barth reprend pour l'essentiel l'armature de son argumentation de 1935 dans l'opuscule sur «Évangile et Loi» et s'en sert pour construire la relation entre dogmatique et éthique.

Le début de la thèse du paragraphe 36 est éloquent: «Doctrine du commandement de Dieu, l'éthique expose la loi comme la forme de l'Évangile, c'est-à-dire comme la sanctification dont l'homme est l'objet de la part du Dieu qui l'élit» (1).

On lit plus loin, toujours dans la thèse: «(L'éthique) fait partie de la doctrine de Dieu, parce qu'en revendiquant l'homme pour soi, Dieu se rend lui-même responsable de ce dernier d'une manière qui n'appartient qu'à lui» *(ibid.)*.

La première citation établit le lien systématique entre le couple Évangile-Loi et le couple dogmatique-éthique, *via* le terme intermédiaire de «doctrine». Elle balise par ailleurs le rapport constitutif de l'éthique au couple classique justification-sanctification, la justification, non mentionnée comme telle, figurant en première ligne dans la stratégie de l'opuscule de 1935 comme nous l'avons vu.

La deuxième citation annonce ce qu'il y a plus inouï dans la perspective barthienne – un point trop souvent occulté par la réception francophone de sa théologie: l'éthique de la responsabilité est ici entièrement concentrée sur la responsabilité *de Dieu*; cette *responsabilité de Dieu*, découlant de l'élection de l'homme par Dieu en Jésus-Christ, est à la source de l'exigence éthique et de l'obligation de reconnaissance. Le développement de la thèse sera plus nuancé, mais sans lever complètement l'ambiguïté d'une position si radicalement théocentrique.

À partir de ces deux éléments extraits de la thèse du paragraphe 36, notre problématique consiste à nous poser la double question suivante: dans quelle mesure la formalisation de l'Évangile en loi menaçant dans le point 1 de virer en moralisme est-elle surmontée dans l'articulation de la dogmatique et de l'éthique? Que signifie au point 2 la métaphorisation de la responsabilité humaine au point d'en faire une responsabilité divine[17]?

Notre attention est attirée par la manière dont Barth comprend les relations entre la dogmatique et l'éthique. Trop souvent, notamment sur sol francophone, on a compris le modèle de Barth comme une subordination de la dogmatique à l'éthique. Or son propos, comme celui attenant au couple Évangile-Loi, est à la fois plus subtil et plus dialectique.

---

16. *Kirchliche Dogmatik* II/2 = *Dogmatique* II/2** pour l'édition française (1959), à laquelle renvoient les chiffres entre parenthèses dans le texte.
17. Comme l'a souligné E. JÜNGEL, *Barth-Studien*, p. 205, la différence entre Barth et Luther est une différence anthropologique (passivité créatrice chez Luther, correspondance entre activité humaine et activité divine chez Barth). Le présupposé philosophique implicite de Barth (l'homme défini par son agir) est transféré métaphoriquement en Dieu.

Le point de départ dogmatique de Barth est liée à sa doctrine des rapports entre l'élection et l'alliance. L'insistance unilatérale sur l'élection pourrait en effet faire croire que l'homme est entièrement passif. Il n'en est rien: la thématique de l'alliance fait au contraire de lui un partenaire, l'objet de l'attente et de l'exigence de Dieu (2 s.). La détermination *(Bestimmung)* de l'homme dans l'élection gratuite n'est pas incompatible avec l'autodétermination *(Selbstbestimmung)* de l'homme (3). On retrouvera ce thème développé dans le paragraphe 38, notamment au deuxième alinéa, consacré à la déterminité *(Bestimmtheit)* de l'homme[18].

On aurait donc tort de penser que l'éthique de Barth soit une éthique de la passivité, au sens luthérien de l'expression. Le ton est plutôt synergiste, mais d'un *synergisme christocentrique*, puisque c'est Jésus-Christ, à la fois «Dieu saint et homme sanctifié» (1, thèse), qui conditionne le tout, et d'un synergisme inégal ou asymétrique, si l'on peut dire, puisqu'il n'est pas question de nier que «seule la grâce de Dieu est à l'origine de l'élection et de la détermination de l'homme» (3).

Barth préfère plutôt parler de détermination au sens d'une mise en demeure: revendiqué et interpellé par Dieu, l'homme doit répondre. À la décision de Dieu doit correspondre une décision «analogue» (3, *sic*).

Cette décision analogue est semble-t-il la raison qui permet à Barth d'envisager aussi une *responsabilité* propre de l'homme, de même qu'une *obéissance* et une *action* spécifiquement humaines (3).

Voilà bien le point central – et critique – de la position barthienne: son entrée en matière sur l'éthique présuppose explicitement que la question éthique *fait partie* de la question dogmatique de la doctrine de Dieu, dans l'exacte mesure où, sur le plan «onto-théologique», l'homme *fait partie* de l'être et du projet de Dieu, dans et par son alliance. L'analogie théologique de Dieu et de l'homme est la raison d'être de l'analogie méthodologique de la dogmatique et de l'éthique.

C'est sur cette base de l'alliance que Barth peut affirmer: «En se rendant lui-même responsable pour l'homme, Dieu rend ce dernier responsable à son tour» (4). Suit alors le rappel, revu quant à sa formulation logique, de la thèse centrale d'«Évangile et Loi»: «L'Évangile lui-même et comme tel revêt la forme et l'aspect de la Loi» (*ibid.*).

L'entier de l'éthique apparaît ainsi comme réponse à une responsabilité première. On saisit le lien étroit entre les deux aspects de la question formulée précédemment: *la surdétermination dogmatique de l'éthique va de pair avec la métaphorisation de la responsabilité humaine en responsabilité divine. Parce qu'il n'y a pas d'éthique qui ne soit fondée dogmatiquement et analogiquement référable à elle, il découle que toute assertion dogmatique a une dimension éthique, émanant du primat de la responsabilité divine à la source de l'alliance et de l'élection.* Cette structure ana-

---

18. Voir p. 270 ss. nos remarques sur le plan de cette partie de l'éthique barthienne et son influence sur Bonhoeffer.

logique de la relation entre dogmatique et éthique est clairement explicitée à la page 5 du passage que nous commentons librement.

1) De même que «l'éthique est partie intégrante de la dogmatique en général et de la doctrine de Dieu en particulier», «la doctrine de Dieu va devoir être décrite, développée et expliquée comme une éthique, ce qu'elle est aussi d'un bout à l'autre». Les barthiens de droite (au sens théologique du terme d'abord) privilégieront la subordination de l'éthique à la dogmatique, les barthiens de gauche auront tendance à éthiciser et même à politiser la doctrine; les uns et les autres pourront se référer également à ce texte, résumé insoupçonné du destin du barthisme et de sa réception brisée.

2) Le deuxième texte est encore plus extraordinaire: «En *introduisant* dans la dogmatique la notion d'éthique pour décrire la tâche particulière qui nous est *proposée par la loi* en tant que forme de l'Évangile, nous usons de cette *liberté*, nécessaire à la dogmatique et qu'elle a le droit de revendiquer, qui consiste à *prendre les termes là où nous les trouvons*, sans toutefois nous laisser lier par la signification qu'ils peuvent avoir reçue ailleurs. En les *rapportant* à l'objet qui nous intéresse, nous demandons que ce soit cet objet qui leur fixe leur nouvelle signification» (5, c'est moi qui souligne). Ainsi:
— Barth a *introduit* la notion d'éthique dans la notion de dogmatique: la dogmatique est un travail de *transfert métaphorique*[19].
— Il l'a fait pour répondre à la proposition qui émane de la loi comme forme de l'Évangile.
— L'éthique elle-même *change de sens* au contact de la dogmatique.
— Mais la dogmatique subira la «contamination» de cette éthique introduite métaphoriquement en elle.

L'homme ne sera responsable qu'en analogie avec Dieu, mais l'introduction de la responsabilité en Dieu affecte éthiquement le concept de Dieu. Faire de Dieu l'origine *active* de la liberté et de la responsabilité, n'est-ce pas éthiciser le divin et déresponsabiliser l'humain[20]? Ne vaudrait-il pas mieux «réduire» l'agir anthropomorphique de Dieu pour mieux faire émerger le dire éthique de l'homme et la part irréductible de mystère que Dieu entretient avec lui? Dieu n'est-il pas davantage

---

19. Ce caractère a été bien mis en évidence par E. JÜNGEL, *Gottes Sein ist im Werden*, Tübingen, Mohr, 1964, 1975³.
20. Barth a voulu inverser la théologie de Schleiermacher, qui fondait la dogmatique sur l'éthique (comprise comme éthique philosophique d'abord), voir le cours de 1923-1924, *Die Theologie Schleiermachers*, éd. par D. RITSCHL, *Gesamtausgabe*, t. II, Zurich, Theologischer Verlag, 1978, p. 256, 303 s. et 309. Si notre résultat est juste, on découvre une fois de plus à quel point cette inversion reste tributaire de la problématique qu'elle prétend renverser.

Dieu dans son silence interrogateur éloquent de notre responsabilité que dans le redoublement anthropomorphique de notre charge éthique? Dieu n'alourdit-il pas ici ce qu'il devrait alléger et proprement libérer, décentrer, relancer?

Il résulte de ce qui précède que Barth évite de parler en un sens positif des usages de la Loi, comme le voulait la tradition tant luthérienne que calvinienne[21]: ayant posé Dieu lui-même en sujet transcendantal décidant du bon usage de la Loi et de son commandement concret toujours inaccessible à la maîtrise humaine (même chrétienne), il ne lui était plus nécessaire ni surtout possible de s'interroger sur la différenciation entre l'*usus divinum legis* et l'*usus legis ab homine*[22].

En sa radicale autonomie, Dieu est devenu chez Barth le sujet transcendental de la Loi et de son usage. On peut même affirmer que la question éthique est désormais commandée par la décision et le jugement de Dieu comme sujet.

Ce recoupement, voire cette fusion de la subjectivité de Dieu et de la subjectivité de l'homme en faveur de la première, a pour effet d'occulter la *différence théo-anthropologique* pourtant affirmée sans cesse par Barth comme la clef décisive du discours théologique. Du même coup, c'est la *différenciation interne de la responsabilité éthique de l'homme*, comme sujet appelé à se décider selon des modalités et dans des sphères de réalité distinctes, qui devient impossible à thématiser. La critique la plus pointue que l'on doive adresser au modèle théologique barthien est qu'*en aplatissant (verticalement) la différence théo-anthropologique, il rétrécit (horizontalement) la différenciation du sujet éthique et des sphères de son application, donc aussi du monde de l'homme, de la réalité historique elle-même*.

De par ce double court-circuit, l'éthique théologique barthienne, malgré ses efforts de concrétude, manque la cible de crédibilité et de plausibilité visée pourtant dans son point de départ théologique.

---

21. Pour cette raison, il nous paraît risqué de se référer à Barth pour résumer le point de vue de Calvin, ainsi que le fait É. FUCHS, *La morale selon Calvin*, Paris, Éd. du Cerf, 1986, p. 69.
22. Bonhoeffer s'était explicitement posé la question, voir «La doctrine du *primus usus legis* d'après les Confessions de foi luthériennes et sa critique» *Éthique*, Genève, Labor et Fides, 1997[4], p. 253-268, notamment p. 253: «Il faut néanmoins poser que le sujet en est Dieu»; p. 267: «La notion d'*usus* est équivoque en ce qui concerne le sujet de l'*usus*»; dans ce texte, la réponse bonhoefférienne est certes identique à celle de Barth (Dieu est le sujet de l'*usus*), mais le questionnnement porte en lui les conditions d'un dépassement dont il est difficile de savoir ce que Bonhoeffer en aurait pensé. Sans doute peut-on supposer que la logique nouvelle des *Lettres de prison* aurait remis en question le modèle traditionnel des usages de la Loi, mais aussi l'affirmation trop évidente selon laquelle Dieu serait le sujet *immédiat* de l'*usus*.

L'éthique spéciale comme éthique de la liberté face au Créateur.

Lorsqu'il en vient à appliquer les principes théologiques (essentiellement dogmatiques) dans le champ de l'éthique spéciale, Barth le fait dans le cadre de la problématique typiquement *moderne* (ne lui en déplaise) de la liberté. À Tambach déjà, le renversement critique de l'éthique s'était fait sous le signe de la subversion théologique de la liberté des modernes: «La crainte de Dieu est notre liberté dans la liberté»[23]. Dans la partie de la *Dogmatique* explicitement dédiée à l'éthique spéciale (III/4, § 52-53 ss.)[24], l'éthique se voit développée positivement et non plus seulement dialectiquement ou paradoxalement, mais à trois conditions théologiques décisives: elle dépend de la doctrine de la création; elle demeure un problème, et n'est donc jamais évidente (contre W. Herrmann); elle découle de la compréhension théologique de la liberté (nous prendrons ensemble ces deux derniers points).

L'éthique dans le cadre de la création.

Barth définit ici la question éthique comme la question portant sur l'homme véritable *(der wahre Mensch)* et sur son action bonne *(das gute Handeln)*. Elle est donc soumise à la vérité proprement dogmatique, comme nous l'avons vu; elle découle d'une anthropologie fondamentale, celle de l'homme vrai, et non pas simplement celle de l'homme factuel, réel; mais cette anthropologie fondamentale suppose toujours, chez Barth, la correspondance ontologique, et pas seulement existentielle, de l'homme à son Dieu, de la créature au Créateur; cette correspondance est à la fois connue (noétiquement) et réalisée (ontologiquement) dans la personne et dans l'œuvre du Christ. *Il s'agit bel et bien, en substance sinon dans les termes de Barth lui-même, d'une fondation onto-théologique, théo-anthropologique et onto-christologique de l'éthique.*

Mais cette éthique n'est pas seulement adossée à un fondement ontologique; elle embraie simultanément sur une *orientation pratique*. L'homme n'existe pas pour Barth comme une entité abstraite, il est toujours l'homme concret, ce qui veut dire: l'homme existentiellement confronté au commandement concret de Dieu, l'homme revendiqué dans son action réelle, qui est toujours concrète (4). C'est pourquoi il n'est pas envisageable de développer une anthropologie théologique générale, ni

---

23. «Le chrétien dans la société», p. 76.
24. Les chiffres entre parenthèses renvoient à l'édition française, *Dogmatique* III/4*, Genève, Labor et Fides, 1951.

d'énoncer un fondement théo-anthropologique de l'éthique, sans engager une conception active de l'homme, christologiquement analogue à celle de Dieu lui-même. *L'homme véritable est l'homme qui agit en présence de l'exigence divine et sous les conditions de la liberté.*

La tension constitutive de l'éthique spéciale entre le commandement souverain de Dieu et l'exercice réel de la liberté humaine conduit Barth à une discussion serrée de la casuistique. Certes, la casuistique, dans sa *particula veri*, renvoie à la concrétude ultime et permanente de la décision éthique, au fait que, devant Dieu, l'homme agissant ne peut jamais se soustraire au sérieux du cas concret se posant à lui; mais ce ne peut être qu'une casuistique en mouvement, une casuistique de l'événement, ou de l'*éthos* prophétique (8). Mais Barth écarte sans ménagement l'idée même d'une éthique casuistique comme telle, pour trois raisons (8 ss.): une telle éthique se mettrait à la place de Dieu, anticipant en quelque sorte l'avènement de Dieu dans son commandement concret; elle transformerait ensuite le commandement de Dieu, qui est toujours éminemment concret, en une règle générale, abstraite et fixe; elle détruirait enfin la liberté chrétienne, laquelle demeure la condition de possibilité fondamentale d'une action véritablement bonne.

L'éthique, un problème constamment lié à l'antinomie constitutive de la Loi et de la liberté.

L'éthique est un problème, non une évidence naturelle. Entendant dégager l'éthique théologique (comme l'avait fait Bonhoeffer dès les premières pages de son *Éthique*) de toute allégeance naturelle et de tout présupposé philosophique, Barth est pourtant contraint de résoudre l'antinomie classique de la réflexion éthique: l'antinomie de la Loi et de la liberté.

Barth réinterprète cette antinomie à l'aide de sa théologie de la création et du commandement divin. Dieu le créateur est un Dieu qui commande. La Loi est comprise comme le commandement concret de Dieu, et donc du même coup comme la forme de l'Évangile, dont le contenu est la grâce. C'est la dialectique théologique de l'Évangile et de la Loi qui résout la tension entre la Loi et la liberté: «Étant donné le caractère concret et impératif qu'il revêt chaque fois qu'il parvient à l'homme, le commandement de Dieu est un appel à sa liberté: non pas, bien entendu, à la liberté de choisir ce qui lui plaît ou ce qu'il préfère, mais sa liberté réelle, qui est d'être pour Dieu et de lui obéir» (12).

Cette réponse semble inadéquate sur le plan logique. La Loi n'est-elle pas l'opposé absolu de la liberté, ou pour le moins la limite de la liberté? Barth prend en compte la solution kantienne de cette difficulté. Il estime possible de surmonter rationnellement l'antinomie de la Loi et de la liberté. Mais cette solution rationnelle ne nous apporte encore rien sur le plan pratique. Pour atteindre l'homme concret, la Loi doit cesser d'être un principe abstrait, répétant l'abstraction même de la raison humaine; elle doit prendre visage historique, s'incarner pour ainsi dire dans une exigence toujours nouvelle. Plus encore: le caractère concret du commandement divin ne tient pas simplement à sa dimension actuelle, événementielle; sinon, nous aurions affaire, comme on n'a cessé de le reprocher à Barth, surtout du côté catholique, à un actualisme pur et dur. Le caractère concret du commandement de Dieu tient à sa liaison intime avec la grâce, au fait qu'il exprime et qu'il traduit la substance vivante de l'Évangile, le Christ lui-même. En un sens, *horribile dictu* aux yeux de Luther, chez Barth, c'est la Loi qui porte le Christ *(Christum treibet)*, parce que c'est le Christ lui-même, ou plutôt Dieu en Christ, qui a choisi de se dire dans la forme du commandement.

Voilà donc bien l'aporie naturelle, propre à l'homme normal, qu'il nous faut surmonter pour entrer dans la vision théologique de Barth: *l'obéissance au Dieu créateur, la correspondance docile et fidèle à son commandement, n'est pas l'aliénation de la liberté humaine, la renonciation à la responsabilité, mais la reconnaissance de l'essence même de la liberté! De même que le Dieu créateur est le Dieu qui aime dans la liberté, l'homme véritable est un homme accédant à la plénitude de sa liberté.*

Un tel discours ressemble à s'y méprendre, diront d'aucuns, à un certain discours conservateur tenu aujourd'hui encore par le Magistère catholique, et il n'est pas sans rejoindre les aspirations nostalgiques de quelques théologiens protestants (que ce soit l'anglican Olivier O'Donovan à Oxford, le luthérien Wolfhart Pannenberg à Munich ou le méthodiste Stanley Hauerwas à l'université Duke, même si ces auteurs, les deux premiers surtout, divergent de Barth quant à la méthode pour atteindre l'objectif. Mais il faut bien voir que la pensée de Barth, quelles que soient les critiques qu'on doive ensuite lui adresser, *résiste* à ce type de récupération conservatrice. Elle résiste à la récupération par le catholicisme conservateur, car la souveraineté du commandement de Dieu demeure pour lui fondamentalement *non disponible*; aucune institution, pas même l'Église, ne saurait s'en porter garante ou demeurer à l'abri de ses exigences surprenantes. Elle résiste aux sollicitations du protestantisme conservateur contemporain: car la liberté chrétienne ne cesse jamais, chez Barth, de correspondre *de manière critique et spontanée* au mouvement de Dieu dans l'histoire. Mais il faut bien reconnaître qu'en privilégiant la correspondance ontologique entre l'histoire de Dieu et l'histoire de l'homme, *Barth n'est pas parvenu à rendre compte de la radicalité et de la profondeur abyssale de cette liberté humaine*. Seule une méditation aiguë du mystère du mal est en mesure, selon nous, de comprendre la dimension tragique de l'existence historique de l'homme et donc aussi le vertige lié à la liberté. On le sait, Barth n'a pas voulu d'une telle perspective, faisant du mal un néant, *das Nichtige*, d'avance vaincu par la grâce (§ 50 de la *Dogmatique*)[25].

La solution de Barth est autre, et elle ne manque pas de grandeur. Il faut toujours s'en souvenir face aux détracteurs superficiels de la théologie barthienne. Contre la vision mécanique de la casuistique ou la conception statique d'une loi naturelle ou d'un destin, Barth souligne la *particularité* de la décision et de l'action humaines, toujours à nouveau confrontées au commandement concret d'un Dieu providence (16). L'agir humain lui-même n'est pas constitué d'actes discontinus ou dispersés, mais renvoie à l'unité du sujet, garant de la constance et de la continuité de l'action humaine *(ibid.)*. La verticalité du commandement de Dieu et de la revendication de l'homme n'est jamais séparable de la contextualité horizontale de l'intervention de Dieu et de l'agir humain. L'événement éthique ne naît pas d'un simple renvoi à la rencontre entre Dieu et l'homme: il est articulé, différencié, informé, structuré (17). De manière formelle, Barth désigne ici le régime de pluralité de l'éthique aux prises avec l'exigence divine. Il est d'autant plus regrettable qu'il ne se soit pas donné les moyens de rendre compte concrètement de cette intuition phénoménale, en lui faisant droit dans ses développements d'éthique spéciale. Car voilà bien ce qui nous apparaît ici: l'extrême concentration théocentrique sur le commandement absolu de Dieu pourrait être, aux antipodes de ce qu'en déduit Barth, la source d'une *immense liberté d'interprétation* quant aux modalités de l'agir humain dans sa mise en œuvre de la volonté divine.

Au cœur de l'éthique spéciale, comprise comme éthique de la liberté, s'entrecroisent et se confortent mutuellement *l'ouverture constitutive de l'éthique, à jamais rétive à la contrainte du prévisible, et son inscription dans la solidité du sujet et de son monde*. La verticalité fait brèche, l'horizontalité lui fournit matière à trancher, possibilité de décision et d'obéissance. Jusqu'où cette décision et cette obéissance font-elles écho à la liberté et la responsabilité contingentes de l'être humain? Où ne seront-elles que la réduplication d'une décision divine sans contrepartie? Telle est bien la question la plus difficile et la plus vertigineuse que nous lègue l'éthique barthienne.

Excursus: les «ordres de la création» dans les cours d'éthique de Barth (1928-1930).

Un point a été presque complètement négligé dans l'étude de la pensée barthienne: dans les cours qu'il a donnés à Bonn et à Münster en 1928-1930, Barth enseignait encore en un sens positif la doctrine des «ordres de

---

25. Voir les questions critiques de P. RICŒUR, *Le Mal*, Genève, Labor et Fides, 1987, repris dans *Lectures III*, Paris, Éd. du Seuil, 1994, p. 211-233.

la création» *(Schöpfungsordnungen)*[26]. La réception francophone de Barth a ignoré ce fait, soit pour en rester à une vision idéale de sa pensée (chez les barthiens), soit pour s'en faciliter l'analyse et la critique (chez les adversaires). Ce n'est que quatre à six ans plus tard, dans le cadre de la célèbre controverse avec Emil Brunner et sur l'arrière-fond historique et politique des thèses pronazies des Chrétiens-Allemands et des théologiens de même tendance, que Barth a condamné avec véhémence cette doctrine, accusée de faire le lit de la théologie du *Volk* et de la race et qu'il s'est également opposé à la théorie brunnérienne du point d'accrochage[27].

Dans le volume de la *Dogmatique* paru en 1951, consacré à la doctrine de la création et commençant par le paragraphe 52 sur l'éthique dans la doctrine de la création, Barth précise sa pensée, en se rapprochant de la doctrine des mandats de Bonhoeffer, mais en persistant dans sa critique de Brunner (*Dogmatique* III/4*, 18 s., 37 ss.). En particulier, les développements apportés par ce dernier dans son ouvrage *Gerechtigkeit* (1943) lui semblent de nature à creuser le fossé encore plus entre leurs deux théologies.

Pourtant, dans la foulée du retournement signalé par la conférence de 1956 à Aarau sur *L'Humanité de Dieu*[28], le vieux Barth a dû et a pu revenir à nouveaux frais sur la question de fond. Même s'il n'a pas explicitement rétracté sa condamnation de la théologie naturelle[29], ses développements sur les lumières et les paraboles de la création[30], dans le cadre et à partir de l'éthique de la réconciliation[31], représentent en fait un correctif critique important et une rétractation implicite de ses thèses des années 30 et de ce qu'il avait affirmé jusque-là dans la *Dogmatique*. Certes, Barth maintient ici le principe selon lequel le monde *en soi* ne

---

26. *Ethik I*, in *Gesammelte Schriften*, t. II, Akademische Werke, Zurich, Theologischer Verlag, 1973, p. 365 = *Ethique* I, Paris, Presses universitaires de France, 1998, p. 271.
27. Voir E. BRUNNER, *Nature und Gnade. Zum Gespräch mit Karl Barth*, Tübingen, Mohr, 1934, et K. BARTH, *Nein! Antwort an Emil Brunner*, Munich, Kaiser, *Theologische Existenz heute* 14, 1934 (repris tous les deux dans W. FÜRST éd., *Dialektische Theologie in Scheidung und Bewährung 1933-1936*, Munich, Kaiser, 1966, p. 169 ss. et 208 ss.). Pour une étude approfondie de la problématique des ordres de la création et de la théologie naturelle dans la théologie dialectique, l'ouvrage de référence est ici l'étude de Chr. GESTRICH, *Neuzeitliches Denken und die Spaltung der dialektischen Theologie*, Tübingen, Mohr-Siebeck, 1977, notamment p. 328 ss.
28. Genève, Labor et Fides, 1956² pour la traduction française.
29. Pour une lecture différenciée de Barth et une reprise critique de la problématique de la théologie naturelle, voir avant tout Chr. LINK, *Die Welt als Gleichnis. Karl Barth und das Problem der natürlichen Theologie*, Munich, Kaiser, 1976.
30. *Dogmatique* IV/3* (1959), Genève, Labor et Fides, 1972, p. 127 et 149 ss.
31. Sur ce thème, voir K. BLASER, *Karl Barth, 1886-1968. Combats, idées, reprises*, Berne-New York, Lang, 1987, p. 171-181; J. WEBSTER, *Barth's Ethics of Reconciliation*, Cambridge, Cambridge University Press, 1995 (avec une importante bibliographie).

saurait *produire* des paraboles ou *dégager comme tel* une clarté pareille à celle qui émane de la révélation en Christ (*Dogmatique* IV/3*, 155). Néanmoins, il en vient à penser positivement que, dans la dynamique du Dieu créateur, rédempteur et réconciliateur, le monde *devient* parabole et lumière du Royaume de Dieu. Le problème de la théologie naturelle est donc ici surmonté dans une théologie de type à la fois dynamique et métaphorique. Rien ne nous permet en tout cas d'affirmer aujourd'hui que la perspective globale du dernier Barth s'oppose à résoudre le *problème* réel posé par la question dite des ordres de la création.

Le traitement théologique du thème éthique de l'autonomie et le rapport à la modernité[32].

Dans une célèbre étude sur l'autonomie radicale de Dieu chez Barth, T. Rendtorff a mis en évidence l'ambiguïté du traitement barthien de l'autonomie et de la modernité.

L'analyse de Rendtorff portait avant tout sur le premier Barth, celui du *Römerbrief*. Mais l'*Aufklärung* radicale et systématique mise en œuvre dans le commentaire sur l'épître aux Romains ne représentait de fait qu'un premier pas (225). L'*Aufklärung* historique, centrée sur l'autonomie humaine, se voyait retournée en une percée théologique de l'autonomie et de la liberté radicales de Dieu lui-même, d'une manière qui allait déterminer la structure argumentative et l'architectonique de la *Dogmatique* dès 1932.

Mais quel est le point de vue critique de Rendtorff envers Barth? D'une part, Rendtorff détecte dans l'autonomie moderne, comme telle, l'adversaire numéro un de Barth (226). Mais, d'autre part, il n'en déduit pas, contrairement aux détracteurs nord-américains de Barth le taxant de néo-orthodoxie, que Barth soit anti- ou prémoderne. «Karl Barth place la théologie tout à fait dans les conditions de l'autonomie, mais il le fait de telle sorte que la *position* de l'autonomie est entièrement revendiquée par la théologie et est réoccupée à partir d'elle [...]. Karl Barth *transfère* les prétentions de la théologie au cœur de l'exigence même d'autonomie» (227, c'est moi qui souligne).

Rendtorff reconnaît que Barth n'a rien de naïf dans cette subversion théologique de la modernité. Ce serait consciemment et volontairement,

---

32. Voir T. RENDTORFF, «L'autonomie absolue de Dieu. Pour comprendre la théologie de Karl Barth et ses conséquences», in P. GISEL éd., *Karl Barth. Genèse et réception de sa théologie*, Genève, Labor et Fides, 1987, p. 221-245. Les chiffres entre parenthèses dans le texte renvoie à cet ouvrage. On consultera également T. RENDTORFF, «Modernité», in P. GISEL éd., *Encyclopédie du protestantisme*, Paris-Genève, Éd. du Cerf-Labor et Fides, 1995, p. 995-1011.

en théologien qui a baigné dans la théologie libérale, que Barth retourne la modernité contre elle-même. Barth prend tellement au sérieux la prétention critique de l'*Aufklärung* qu'il oblige en quelque sorte cette dernière à se rendre au bout de ses possibilités, en assumant sa tâche: «démasquer et ébranler par la critique l'assurance de tous les savoirs humainement possibles» (228) – à se déconstruire, pourrait-on dire, par épuisement.

Ainsi s'effectue dans *L'Épître aux Romains*, selon Rendtorff, le «contre-procès» (*Gegenprozess*, 233) de l'*Aufklärung*, avec l'éthique négative qui en découle, comme nous l'avons vu au début de ce chapitre. Mais c'est exactement sur ce point que naît le malentendu et que la critique de Rendtorff envers Barth va se nouer: le contre-procès a donné naissance à une conscience théologique de soi d'un type tout nouveau, appelant un programme théologique différent. Au fond, laisse entendre Rendtorff, le contre-procès aurait pu déboucher sur une *critique de la critique*, sur un dépassement «métamoderne» de la modernité. Or, le chemin suivi par Barth, en 1927 avec la *Christliche Dogmatik*, puis dès 1933 avec la *Kirchliche Dogmatik*, va être au contraire de revenir au matériau classique de la dogmatique prémoderne.

D'ailleurs, le glissement entre 1927 et 1932 témoigne de l'introduction de la dimension ecclésiale, et c'est cette dimension qui va «installer durablement» la théologie barthienne, au détriment, selon Rendtorff, des «véritables ouvertures de sa théologie, qui ont leur origine dans l'exigence radicale d'autonomie» (235).

Rendtorff n'en reste pas à ces considérations somme toute formelles. Il montre comment la critique barthienne a pris la forme d'une critique de part en part *christologique*, dissolvant et liquidant aussi bien la tradition (237) que l'Église (242), *mais consacrant du même coup l'autonomie de la pensée théologique, comme expression de l'autonomie moderne* (voir 242 ss.). Ainsi, la modernité dangereuse de Barth, typique des faiblesses comme des forces du protestantisme, est à la fois son *manque de retour critique sur la tradition de sa propre pensée* et son *inscription dans le processus constructif de la théologie moderne*. Rendtorff répond notamment à l'objection de ceux qui voient dans la théologie de Barth un retour immédiat à la Bible, en soulignant la liberté de Barth, comme théologien, vis-à-vis de la lecture officielle de la Bible.

Il n'est pas certain que Rendtorff ait tiré, dans cet article aussi célèbre qu'énigmatique, toutes les conséquences de son analyse[33]. Ce qui est sûr, en revanche, c'est qu'il en appelle à faire fructifier théologiquement la dialectique moderne de la critique et de la construction, selon un geste analogue à celui de Barth, mais qui pousse jusqu'au bout l'autoréflexion de sa

---

33. On trouve peut-être une application de son programme dans l'ouvrage consacré à Barth sous la direction de Rendtorff, *Die Realisierung der Freiheit*, Gütersloh, Gerd Mohn, 1975.

pratique (voir aussi nos remarques sur la notion de construction, au chapitre VIII).

Ce que Rendtorff formulait à sa manière, nous avons essayé de le reprendre et de le prolonger dans cet ouvrage, par notre manière d'articuler soigneusement une généalogie, une critique et une reconstruction de l'éthique théologique en sa version protestante.

Bilan: une récession du postmoderne au prémoderne?

On a souvent comparé le premier Barth, avec la force critique et déconstructive de sa théologie de la crise et de son éthique négative, au geste typiquement postmoderne qu'on retrouve notamment chez Derrida et chez Lévinas[34]. Sous son vocabulaire et sa rhétorique antimodernes, la théologie du jeune Barth recèle en effet un potentiel critique qui s'apparente beaucoup plus, pour qui sait lire entre les lignes et décoder culturellement, à une déconstruction post-critique et postmoderne de la critique historique et du progressisme moderne. Paradoxalement, c'est au moment où il entreprend de déployer les puissances du *oui* et de l'affirmation reconstructive par-delà celles de la négation que Barth semble renouer avec un «positivisme» plus moderne, prenant peu à peu la forme et le style d'un «positivisme de la révélation» (Bonhoeffer), en continuité forte avec la théologie idéaliste des hégéliens de droite du XIXe siècle.

On doit se demander alors si l'alternative entre la théologie de la crise et la dogmatique ecclésiastique, entre la déconstruction radicale et la reconstruction nostalgique, n'est pas justement mal posée, dans la texture comme dans l'architecture du geste dogmatique et éthique barthien, au détriment d'une critique *vraiment* moderne (celle qu'appelle de ses voeux l'analyse rendtorffienne), touchant aussi, par-delà le seul historico-critique, au *statut* de la théologie dans la culture et aux «puissances de l'expérience» (J.-M. Ferry) différenciées qui diffractent la *raison* en plusieurs types de rationalité[35].

Cela oblige la théologie à repenser en profondeur les conditions de la pluralité et de ses ambiguïtés (selon les termes de David Tracy) qui caractérisent le monde (post)moderne et dès lors aussi la théologie et l'éthique théologique elle-même, avec toutes les conséquences que cela

---

34. Voir en particulier J. F. GOUD, *Emmanuel Levinas und Karl Barth*, ainsi que G. WARD, *Barth, Derrida and the Language of Theology*, Cambridge, Cambridge University Press, 1995.
35. Je souscris à l'analyse de D. KORSCH voyant dans la postmodernité une réflexion sur les conséquences plurielles de la modernité elle-même, mais je ne crois pas qu'il ait raison de laisser supposer que la théologie du Barth de la *Dogmatique* puisse relever d'une telle attitude postmoderne, voir «Theologie in der Postmoderne. Der Beitrag Karl Barths», in *Dialektische Theologie nach Karl Barth*, Tübingen, Mohr, 1996, p. 74-92.

implique pour la compréhension critique de soi de la théologie et sa prise de congé vis-à-vis de ses propres illusions idéalistes, totalitaires ou hagiographiques.

L'*ÉTHIQUE* DE BONHOEFFER : UNE RELATION CONTRASTÉE AVEC LA MODERNITÉ

L'*Éthique* est une des œuvres majeures de Dietrich Bonhoeffer et l'un des ouvrages théologiques marquants de ce siècle. Elle l'est d'abord à cause de la personnalité de son auteur, résistant antinazi actif dans la conspiration contre Hitler, condamné à mort et exécuté pour cela par les SS le 9 avril 1945. L'*Éthique* fait comprendre les raisons profondes, théologiques notamment, de cet engagement de Bonhoeffer au cœur du combat politique et ecclésial de son temps, de son souci d'assumer de façon responsable ce qu'il appelle les réalités avant-dernières, aimées et prises en charge à cause de la réalité dernière du salut et du Royaume de Dieu. Classique de la réflexion éthique par la puissance intrinsèque de son contenu, et bien qu'il s'agisse de fragments, de tentatives partielles et inachevées rédigées entre 1940 et 1943, elle continue d'exercer une influence durable sur la réflexion éthique et théologique contemporaine, rayonnant d'un pouvoir étrange et fascinant, non dépourvu cependant d'une certaine ambiguïté. Les études les plus récentes sur Bonhoeffer oscillent entre l'admiration sans bornes, proche de l'hagiographie (ainsi, du côté catholique, Martino Dotta[36]) ou la critique la plus radicale, voire caricaturale (ainsi, du côté protestant, Klaus-M. Kodalle[37]). La réception de l'*Éthique* est sans doute moins explicitement polarisée, mais on y retrouve des écarts comparables[38]. À notre avis, la seule manière équitable de rendre compte

---

36. *Dietrich Bonhoeffer: lo strutturarsi della fede nel mondo. Un percorso all'inverso delle opere principali*, Comano, Edizioni Alice, 1995.
37. *Dietrich Bonhoeffer. Zur Kritik einer Theologie*, Gütersloh, Gerd Mohn, 1991. Cette étude systématique néglige malheureusement la dimension historique, au seul profit d'une critique d'inspiration kierkegaardienne. Pour une évaluation de cet ouvrage, voir notamment la recension de F. DE LANGE, *Dialektische Theologie* 19, 1994, p. 99-101.
38. L'étude critique la plus pointue et à bien des égards la plus pertinente demeure celle du théologien catholique R. MENGUS, *Théorie et pratique chez Dietrich Bonhoeffer*, Paris, Beauchesne, 1978. Une interprétation adéquate de l'*Éthique* et de sa portée actuelle ne saurait faire l'impasse sur les questions souvent très judicieuses posées par cet auteur. Pour les études les plus récentes sur le plan international, on consultera A. SCHÖNHERR et W. KRÖTKE éd., *Bonhoeffer-Studien*, Munich, Kaiser, 1985; W. J. PECK éd., *New Studies in Bonhoeffer's »Ethics«*, Lewiston-Queenston, The Edwin Mellen Press, 1987; G. CARTER, R. van EYDEN, H.-D. VAN HOOGSTRATEN et J. WIERSMA éd., *Bonhoeffer's Ethics. Old Europe and New Frontiers*, Kampen, Kok Pharos,

de la signification et de l'actualité de l'*Éthique* consiste à la resituer dans son contexte, à en mesurer les contradictions internes et l'intentionnalité fondamentale. Nous nous situons ainsi dans la perspective d'une critique proprement généalogique, faisant droit aussi bien à la trajectoire historique qu'au projet reconstructif de la pensée bonhoefférienne.

Les recherches bonhoefferiennes ont une dette immense envers le travail éditorial accompli par Eberhard Bethge, l'ami privilégié et fidèle, dont on connaît par ailleurs la monumentale biographie du théologien allemand[39]. Pourtant, on ne pouvait pas complètement échapper à un sentiment de malaise en consultant les éditions successives de l'*Éthique* et en les confrontant à la reconstruction interprétative proposée par Bethge.

Un certain manque de distance critique, sans doute parfaitement compréhensible étant donné l'intimité des deux hommes, portait à un jugement se situant à la limite de l'hagiographie. Les décisions de type épistémologique ou herméneutique opérées par Bonhoeffer en devenaient sinon opaques, du moins peu profilées. Sa gestion des héritages, tant culturels (la modernité) et politiques (la république de Weimar) que théologiques (la renaissance luthérienne, Barth et la théologie dialectique, le libéralisme, Bultmann, etc.), en apparaissait diffuse et incertaine. Une élaboration généalogique plus critique de sa textualité interrompue s'imposait, qui métaphorise d'une certaine manière la nécessité d'un retour interprétatif à la hauteur du projet et des thèses initiales de Bonhoeffer.

Une nouvelle édition critique[40].

Étant donné les remarques précédentes, on doit se demander si la nouvelle édition critique proposée par I. et H.-E. Tödt, E. Feil et C. Green apporte une révolution dans l'appréciation de la reconstruction théologique proposée par l'*Éthique* ou si elle n'est pas plutôt une opération

---

1991; W. W. FLOYD et Ch. MARSH éd., *Theology and the Practice of Responsibility. Essays on Dietrich Bonhoeffer*, Valley Forge Pen, Trinity Press International, 1994. Pour une approche synthétique rapide, voir R. GIBELLINI, *Panorama de la théologie au XXe siècle*, Paris, Éd. du Cerf, 1994, p. 119-138.

39. *Dietrich Bonhoeffer. Théologien, chrétien, témoin*, Genève, Labor et Fides, 1970. Voir la biographie récente de E. H. ROBERTSON, *The Shame and the Sacrifice. Dietrich Bonhoeffer's Life and Preaching*, Londres, Hodder and Stoughton, 1987 (trad. all., *Dietrich Bonhoeffer. Leben und Verkündigung*, Göttingen, Vandenhoeck und Ruprecht, 1989).

40. *Dietrich Bonhoeffer Werke*, (abrégé *DBW*), vol. VI, Munich, Kaiser, 1992.

intéressante du point de vue historique, biographique et rédactionnel, mais sans portée décisive quant au sens de l'œuvre.

La nouvelle édition allemande s'est fondée sur un réexamen approfondi des manuscrits disponibles, ainsi que sur une prise en compte minutieuse des fiches rédigées par Bonhoeffer (les *Zettelnotizen*, éditées à part[41]). Le résultat principal de cet immense travail éditorial réside dans une datation plus tardive des premiers textes de l'*Éthique*. Bethge faisait remonter les plus anciens chapitres («Amour de Dieu et déclin[42] du monde», «L'Église et le monde») aux années 1939-1940 et les rattachait explicitement, du point de vue du contenu, à l'époque du *Prix de la grâce (Nachfolge)*, ouvrage conçu entre 1935 et 1937. La nouvelle édition date ces deux chapitres de 1942.

L'écart entre l'édition Bethge de 1962 et l'édition remaniée, essentiellement dû à la volonté d'adopter un classement chronologique, n'est donc pas décisif quant au projet global de l'*Éthique*. Le mérite de la nouvelle édition est de nous éclairer de manière plus précise sur le *Sitz im Leben* du mouvement de pensée bonhoefférien. En particulier, la datation plus tardive des premiers textes de l'*Éthique* apporte une lumière nouvelle sur l'évolution de Bonhoeffer. C'est ainsi que le premier chapitre, que Bethge tendait à rattacher à la phase du *Prix de la grâce*, nous apparaît ici davantage relié au dialogue de Bonhoeffer avec Barth.

Lors de son premier voyage en Suisse (février-mars 1941), Bonhoeffer avait rencontré Barth à trois reprises (les 4, 6 et 7 mars). Après le deuxième voyage en Suisse (29 août-26 septembre 1941) et une nouvelle rencontre avec Barth (31 août), il y revient une troisième et dernière fois (probablement du 11 au 26 mai 1942). Le 13 mai, il écrit de Zurich à Karl Barth pour lui dire qu'il va passer environ huit jours au bord du lac Léman à lire les épreuves du volume II/2 (ou «au moins la deuxième partie») de la *Kirchliche Dogmatik*, épreuves que Barth lui a généreusement prêtées. Le 25 mai, il revoit Barth à Bâle. Ce sera leur dernière entrevue.

Le troisième voyage en Suisse se situe dans ce que les éditeurs de l'*Éthique* désignent comme la troisième période rédactionnelle (janvier-août 1942). La quatrième période rédactionnelle (août-décembre 1942) concerne précisément les chapitres «Amour de Dieu et déclin du monde» ainsi que «L'Église et le monde». Il est donc probable que dans cette période, Bonhoeffer ait mis à profit au maximum ce qu'il a appris de la rapide consultation du volume II/2 de la *Kirchliche Dogmatik*, en particulier de sa deuxième partie, consacrée à la doctrine de la création et à l'éthique qui en dérive.

---

41. *Zettelnotizen für eine «Ethik»*, I. TÖDT éd., Dietrich Bonhoeffer Werke, Ergänzungsband zum Sechsten Band, Munich, Kaiser, 1993.
42. *Zerfall*, déclin, et non pas déchirement, comme le reproduit fautivement l'édition française, sauf dans la table des matières.

Vérifions sur le texte. Dans «Amour de Dieu et déclin du monde», Bonhoeffer oppose de manière frontale (à la manière de Barth) l'éthique chrétienne et les autres éthiques. Comme le premier Barth, qui parlait de l'éthique chrétienne comme la «critique de tout *éthos*[43]», il voit dans l'éthique chrétienne la «critique de toute éthique», une perspective à laquelle il renvoie dans *Le Prix de la grâce* [44]. Les points de ressemblance sont naturellement frappants. Comme Barth, Bonhoeffer affirme la supériorité radicale de l'éthique chrétienne sur les autres éthiques; comme Barth, il vise à comprendre l'éthique chrétienne à partir du commandement concret. Dans son traité d'éthique fondamentale, celui-là même que Bonhoeffer a pu consulter en mai 1942, Barth soulignait que l'éthique chrétienne, loin de partir d'une multitude de possibilités théoriques, devait s'appuyer sur le mandat éminemment concret *(mandatum concretissimum)* de Dieu, mandat donné dans l'interdiction de manger du fruit de la connaissance du bien et du mal[45], «afin, chose significative, d'empêcher l'homme de connaître par lui-même le bien et le mal[46]». C'est exactement la position de Bonhoeffer dans le premier paragraphe de «Amour de Dieu et déclin du monde»: «Le but de toute réflexion éthique semble être la connaissance du bien et du mal. La première tâche de l'éthique chrétienne consiste à abolir cette connaissance» (1)[47].

Bonhoeffer ne pouvait pas ne pas être impressionné par la force constructive de Barth, force qui s'exprimait à nouveau dans l'architecture du chapitre VIII de la *Dogmatique* («Le commandement de Dieu», § 36 à 39). Après avoir exposé le rôle de l'éthique théologique comme l'une des tâches de la doctrine de Dieu (§ 36), Barth développe en effet sa conception du commandement *(Gebot)* en trois mouvements de pensée, considérant successivement et dialectiquement les dimensions de l'exigence *(Forderung)* (§ 37), de la décision *(Entscheidung)* (§ 38) et du jugement *(Urteil)* (§ 39).

Selon la méthode habituelle de Barth, ces trois dimensions du commandement divin se subdivisent à leur tour en trois aspects, selon le schéma suivant:

---

43. *Römerbrief*, p. 413 s., trad. fr., *L'Épître aux Romains*, Genève, Labor et Fides, 1972, p. 407.
44. *Nachfolge*, in DBW vol. IV, p. 93, n. 14 (à propos du renversement de 360 degrés, Bonhoeffer cite la phrase de Barth sur la critique de tout *éthos*). Ne reprenant pas les notes, la traduction française ne porte malheureusement pas trace de ce renvoi à Barth, voir *Le Prix de la grâce*, Neuchâtel, Delachaux et Niestlé, 1962, p. 65.
45. *Dogmatique* II/2**, p. 167.
46. *Ibid.*, p. 170.
47. Les chiffres entre parenthèses renvoient à l'édition française de l'*Éthique*, Genève, Labor et Fides, 1997.

L'exigence (§ 37)	La décision (§ 38)	Le jugement (§ 39)
Fondement	Souveraineté *(Herrschaft)*	Présupposition
Contenu	Détermination *(Bestimmtheit)*	Exécution
Forme	Bonté	Intention

Conformément à l'option explicitée dans le paragraphe 36, l'éthique se trouve ici subordonnée à la dogmatique, plus précisément à la doctrine de Dieu, de même que, sur le plan des contenus, la Loi va apparaître comme la forme de l'Évangile (c'est tout l'objet du paragraphe 37, qui confirme la thèse célèbre de 1935 dans *Evangelium und Gesetz*).

L'Évangile de la grâce	La souveraineté de Dieu	La christologie de la croix
La loi, forme de l'Évangile	L'unité de Dieu	La christologie de la résurrection

Le schéma impressionnant par lequel Barth entendait rendre compte du statut de l'éthique théologique conduit à mettre en évidence le double primat accordé par Barth au thème de la souveraineté absolue de Dieu et à celui de la concrétisation christologique du commandement. La démarche de Bonhoeffer subit sans aucun doute l'influence de ce mode de pensée, mais on observe assez rapidement des écarts significatifs.

Prenons la manière dont l'un et l'autre envisagent la catégorie de la responsabilité. Dans la deuxième version de «L'histoire et le bien» (*DBW*, vol. VI, p. 245-256, *Éthique*, p. 173-181), qui date de la première partie de l'année 1942, Bonhoeffer élargit consciemment la notion de responsabilité (*DBW*, vol. VI, p. 254, *Éthique*, p. 180), lui conférant, selon ses propres termes, une plénitude (*Fülle*) allant même au-delà de la conception de Max Weber. Bonhoeffer écrit en effet: «Être responsable signifie [...] jouer le tout de notre vie, agir à nos risques à périls» (*ibid.*). Un tel propos paraît en lien évident avec l'engagement de Bonhoeffer dans la conspiration contre Hitler. Mesurant sa pertinence à l'aune de l'Écriture, Bonhoeffer réfléchit ensuite à la responsabilité devant Christ, comme manière de répondre à son appel. Le vocabulaire de la suivance (*Nachfolge*) cède ici sa place à celui de l'engagement et du risque (*Einsatz*). La responsabilité s'est en effet fortement déplacée en direction de la concrétisation pratique, et même politique. «La responsabilité pour le Christ devant les hommes est la responsabilité pour les hommes devant le Christ; c'est en cela seulement qu'elle est ma responsabilité à l'égard de moi-même devant Dieu et devant les hommes» (traduction modifiée par nous) (p. 181, *DBW*, vol. VI, p. 255)[48]. Le déchirement théologique et existentiel provoqué chez Bonhoeffer par la participation à la conspiration produit ici ses effets. La théologisation de la responsabilité tend à reconnaître une certaine autonomie de l'humain par rapport au divin. L'homme est responsable de sa réponse à Dieu, mais il est également responsable des hommes devant Dieu (en Christ), cette responsabilité doit donc comporter une face intramondaine. On le voit bien dans la suite des développements esquissés par Bonhoeffer dans les célèbres fragments sur la structure de la vie responsable (un des sommets de l'*Éthique*) et sur le lieu de la responsabilité. Or comment se présente chez Barth, en 1942, le discours théologique sur la responsabilité? Barth met presque uniquement l'accent sur la responsabilité éthique de l'homme par rapport à Dieu (*Dogmatique* II/2**, 135 ss.). La responsabilité décrit avant tout «la situation de l'homme en face de la décision divine souveraine» (135). Tout le poids de l'argumentation barthienne, dans le paragraphe 38, est placé sur la souveraineté de Dieu et de sa décision, substance du commandement concret. L'actualisme bien connu de Barth explique bien pourquoi l'éthique théologique s'inscrit ici en faux contre toute éthique abstraite des principes. Bonhoeffer partage d'ailleurs cette méfiance de Barth à l'encontre des principes. Mais alors que Barth (en 1942, car il en ira différemment, en partie tout au moins, dans son éthique spéciale rédigée en 1951) peine à énoncer le contenu véritablement concret du commandement de Dieu, Bonhoeffer, en réorientant la catégorie de responsabilité dans le sens d'une responsabilité pleinement humaine et potentiellement autonome, prépare mieux le terrain à une application concrète de la réflexion éthique. Cette première différence explique l'impression de plus grande pertinence ressentie par les lecteurs de Bonhoeffer, quand ils le comparent à Barth.

Un autre point d'écart particulièrement significatif, découlant du précédent, touche la catégorie de l'action ou de l'agir. La structure même de la construction barthienne, dans le chapitre VIII de la *Dogmatique*, tend à subordonner la responsabilité, mais aussi l'agir concret de l'homme, à la seule initiative de Dieu. Barth paie ici le prix de son recours à l'analogie ou à la correspondance entre le domaine de Dieu et celui de l'homme. Il ne fait pas de doute qu'en distinguant mieux ce qui relève de Dieu et ce qui relève de l'homme, Bonhoeffer s'est donné davantage de chances de reconnaître l'autonomie relative de l'être humain en ce qui touche sa capacité de décision et d'action[49].

---

48. La traduction française se termine par: «C'est en cela seulement qu'elle est ma justification devant Dieu et devant les hommes». L'allemand dit simplement: *«und nur darin die Verantwortung meiner selbst vor Gott und den Menschen»*, ce que nous avons rendu par la variante proposée ici. Le terme de «justification», très connoté théologiquement dans la tradition protestante (luthérienne notamment), prête trop à malentendu dans ce contexte.
49. Cela n'a pas empêché la recherche bonhoefférienne de s'interroger sur la conception purement substitutive de la représentation, voir avant tout

Analysant les ambiguïtés de l'action humaine, Barth s'est finalement contenté de les éclairer à la lumière de la souveraineté de la décision divine (§ 38) et de la réalité du jugement de Dieu en Jésus-Christ (§ 39). En concevant la grâce et la loi, l'Évangile et la loi, de manière à la fois subordonnée et continue, il n'a guère laissé de place à l'autonomie même relative de l'agir humain. Confronté à ses ombres, l'homme ne doit sa survie et ses chances d'action qu'à la détermination de Dieu (§ 38, 2), à sa bonté ultime, gage de réconciliation (§ 38, 3), et à son intention salvifique (§ 39, 3), source de la sanctification humaine. L'agir de l'homme, relevé par la grâce, est en correspondance analogique avec l'agir de Dieu.

À la différence de Barth, Bonhoeffer fait place à un espace, à une faille, à un écart entre la volonté de Dieu et l'agir de l'homme. Paradoxalement, c'est parce qu'il s'est forgé (dans l'épreuve de la conspiration) une conscience tragique qu'il devient capable de reconnaître le caractère véritablement autonome et responsable de l'agir humain[50].

Questions pour une reconstruction.

Serrons de plus près et de manière plus systématique quelques-unes des problématiques actuellement débattues dans le processus complexe de réception de l'*Éthique*[51].

Deux méthodes éthiques?

L'un des principaux acteurs de la réception de Bonhoeffer aux États-Unis, le luthérien Rasmussen, professeur d'éthique sociale à l'Union Theological Seminary, a comparé les méthodes de l'éthique telles qu'elles

---

D. SÖLLE, *La Représentation*, Paris, Desclée, 1969, p. 99ss. Nous reviendrons sur cet aspect du problème dans notre chapitre X.
50. Comme le dit très justement L. RASMUSSEN: «Le thème de Barth est de savoir comment nous pouvons subsister en permanence devant Dieu; celui de Bonhoeffer est plutôt que Dieu nous permet de vivre comme être humain» (*Dietrich Bonhoeffer. His Significance for North Americans* [with Renate BETHGE], Minneapolis, Fortress Press, 1990, p. 102).
51. Voir le survol proposé par les éditeurs de *DBW*, vol. VI, (*Postface*, p. 439-447), très fortement limité à la sphère germanophone et nord-américaine. En français, les travaux de Dumas et de Mengus donnent un très bon aperçu des débats autour de l'*Éthique*. Nous nous sommes attelé pour notre part à une réévaluation critique de l'*Éthique* bonhofférienne, voir D. MÜLLER, *Les lieux de l'action. Éthique et religion dans une société pluraliste*, Genève, Labor et Fides, p. 91-99; «Some Reflections on Bonhoeffer's *Ethics*», *Modern Churchman*, Manchester, vol. XXXIV, n° 4, 1993, p. 26-33; «Bonhoeffer's Ethics of Responsibility and Its Meaning for Today», *Theology*, Londres, 1996, p. 108-116.

ont été mises en œuvre par Bonhoeffer[52]. Il a proposé de distinguer deux méthodes fondamentalement différentes dans l'itinéraire bonhoefférien: la méthode liée à l'éthique comprise comme formation *(Gestaltung)* et la méthode liée à l'éthique comprise à partir du commandement. La première méthode, telle qu'on la trouve dans le chapitre intitulé «La fonction formatrice de l'éthique» (automne 1940) repose sur la cohérence ontologique, en Christ, de la réalité de Dieu et de celle du monde. Elle se lisait déjà, en fait, dans *Le Prix de la grâce*. La continuité que l'on peut observer entre l'époque de *Nachfolge* (1937) et les premiers fragments de l'*Éthique* n'est donc pas tellement une continuité de type «confessant» ou «piétiste» qu'une continuité de type «christo-ontologique», en cohérence avec les premiers écrits académiques (*Sanctorum communio*, *Akt und Sein*), fortement marquée par la lecture que fait Bonhoeffer de Luther (sous l'influence de Reinhold Seeberg et aussi de Karl Holl), mais également par une certaine emprise de la thématique catholique de la nature, qu'on retrouvera dans le chapitre sur «Le naturel»[53]. La deuxième méthode, reprise de Barth, recourt directement à la catégorie du commandement *(Gebot)*. Comment ces deux veines, la veine christo-ontologique et la veine déontologique, se rejoignent-elles dans le cours rédactionnel de l'*Éthique*, telle est au fond la question. Selon Rasmussen, Bonhoeffer va en fait réinterpréter le commandement dans l'optique de son thème originaire, le thème christo-ontologique. L'éthique du commandement concret reste un thème second par rapport à celui de la fonction formatrice de l'éthique. Cette analyse de Rasmussen nous paraît confirmer l'hypothèse que nous avons émise plus haut concernant la réinterprétation, par Bonhoeffer, des catégories de la responsabilité et de l'action. Mais elle n'explique pas comment Bonhoeffer est parvenu à joindre sa perspective ontologique (identifiant par trop à notre sens l'agir du Christ et le monde) avec la reconnaissance de l'autonomie de l'action humaine. À nos yeux, seul le recours au thème de la «conscience tragique[54]» rend compte de ce tournant dans l'œuvre de Bonhoeffer. Or l'avènement de la conscience tragique n'est-il pas lié à la

52. «A Question of Method», in W. J. PECK éd., *New Studies...*, p. 103-138; *Dietrich Bonhoeffer – His Significance for North Americans*, p. 89-110.
53. Ce dernier point avait été notamment souligné par H. MÜLLER, *Von der Kirche zur Welt*, Leipzig-Hambourg, Herbert Reich, 1961, p. 290.
54. D'une manière classique en protestantisme, la plupart des auteurs récusent la pertinence de la catégorie de tragique, supposée d'origine exclusivement grecque et soupçonnée de fatalisme. Ainsi, D. LANGE souligne l'absence de toute perspective tragique dans le doctrine des mandats. La solution résiderait pour Bonhoeffer uniquement dans l'obéissance, ou dans la libre action comprise comme action de Dieu (*Ethik in evangelischer Perspektive. Grundfragen christlicher Praxis*, Göttingen, Vandenhoeck & Ruprecht, 1992, p. 60). Nous croyons au contraire qu'en découvrant peu à peu le risque inhérent à la responsabilité et à l'action proprement humaines, Bonhoeffer a commencé à prendre des distances par rapport à une conception synergique de l'agir humain et de l'agir divin, telle qu'il pouvait la lire notamment chez Barth.

reconnaissance de l'autonomie radicale (et pas seulement relative) du monde? La crise de l'éthique ne passe-t-elle pas par le choc frontal de la sécularité de l'histoire? C'est vers cette question que nous devons nous tourner maintenant.

L'énigme de l'«Éthique»:
et si la solution se trouvait dans les «Lettres de prison»?

La reconstruction de l'éthique protestante au XXe siècle proposée en 1992 par Dietz Lange, professeur de théologie systématique et d'éthique à Göttingen, est la tentative la plus achevée dont nous disposions à l'heure actuelle[55]. Très sensible à l'articulation du protestantisme et de la modernité, bon connaisseur de Schleiermacher, de Troeltsch, élève de Reinhold Niebuhr aux États-Unis (il lui a consacré en 1964 sa thèse de doctorat), Lange aborde l'éthique de la théologie dialectique avec un regard original, certes critique, mais non dépourvu d'empathie.

Selon lui, l'effort de Bonhoeffer tend à surmonter deux monismes inversés, la tendance au théocratisme chez Barth et la tendance au monisme politique (doctrine du règne unique!) chez le nationaliste chrétien pronazi Emanuel Hirsch. Pourtant, le fait que Barth et Hirsch ne se laissent pas réduire à leur tendance moniste interdit toute simplification. Bonhoeffer va garder quelque chose de l'intention «théocratique» barthienne et de son «éthique confessante» *(Bekenntnisethik)*, mais il ne va pas se débarrasser totalement non plus de la théologie des «ordres» émanant du luthéranisme conservateur[56].

Du côté de l'«éthique confessante», Lange relève les correctifs apportés par Bonhoeffer tant au point de départ christocentrique de son maître Reinhold Seeberg qu'à la fascination exercée par Karl Barth, dès 1925. Dans *Nachfolge* (1937), l'insistance sur le prix de la grâce résulte d'une *dialectique* de l'Évangile et de la Loi, bien différente du nivellement auquel se ramène la thèse barthienne de la Loi comme forme de l'Évangile (1935). Cela va le conduire progressivement à reconnaître «l'autonomie relative du naturel» au sein d'une conception chrétienne de la réalité, et donc à rejoindre la part de vérité présente dans la théologie des ordres, à condition de réinterpréter totalement cette dernière. La réalité elle-même est pensée comme le «sacrement du commandement», une idée présente dès le début des années 30. C'est donc que les éléments de réalité comprennent en eux-mêmes une structure d'ordre, une anticipation anthropologique du commandement de Dieu. Bonhoeffer évitera cependant

---

55. *Ibid.* Pour Bonhoeffer, voir p. 56-61.
56. *Ibid.*, p. 56. Lange va même jusqu'à ranger par erreur dans les rangs des luthériens conservateurs, aux côtés de Friedrich Gogarten, le zwinglien Emil Brunner, tant il est vrai que sa théologie des ordres, dans *Das Gebot und die Ordnungen*, demeure fortement conservatrice sur le plan politique, ainsi que l'a notamment montré Arthur Rich.

de parler à ce propos d'ordres de la création, langage rappelant par trop la théologie du luthéranisme conservateur, il lui préférera celui des ordres de la «conservation» *(Erhaltungsordnungen)*, c'est-à-dire des structures par et dans lesquelles Dieu maintient dynamiquement l'humanité en état d'accueillir le Christ (ce sera le thème central du chapitre sur le naturel). La tension immanente à la pensée de Bonhoeffer se retrouve au cœur de l'*Éthique*, dans le chapitre sur le naturel, et surtout dans le chapitre sur les réalités dernières et avant-dernières. Il ne fait pas de doute aux yeux de Lange que Bonhoeffer y insiste davantage que précédemment sur le droit spécifique de l'avant-dernier, et cela malgré tout ce qui, dans le même chapitre, plaide en faveur de la prérogative forcément ultime du dernier. La doctrine des mandats, plusieurs fois remise sur le métier, traduit également cette volonté de surpasser le statisme et le conservatisme de la théologie politique des ordres de la création[57].

Lange salue le fait que, dans la dernière version de cette doctrine des mandats, l'Église, qui clôturait la liste dans les esquisses de 1940-1941 («Le Christ, la réalité et le bien», 167 ss.), est passée en première position en 1943 («Le commandement concret et les mandats divins», 236 ss.). Loin d'y voir une tendance cléricale ou le rêve d'une rechristianisation du monde, Lange situe la doctrine des mandats dans l'optique de la théologie de la sécularisation des *Lettres de prison*[58]. Mais il est bien obligé d'admettre simultanément que la formule de cette doctrine reste marquée par un sens aigu de la hiérarchie sociale. Les mandats expriment le caractère *irréversible* du haut et du bas (*Éthique*, 238). La tension reste donc vive entre la théologie politique de Bonhoeffer et sa décision existentielle de participer à la conspiration. Fondamentalement, la position de Bonhoeffer demeure christocentrique. La catégorie permettant de dépasser l'opposition de l'hétéronomie et de l'autonomie s'appelle la christonomie (246, n. 1), et non pas, comme chez Tillich, la théonomie. Écartelé entre le luthéranisme conservateur et Barth, Bonhoeffer a donc choisi de relire le christocentrisme de Barth: dorénavant, le Christ structure l'ensemble de la réalité et est indissociable de l'Église, comme premier mandat de Dieu sur le monde. Lange note la tonalité tout à fait barthienne dans laquelle Bonhoeffer décrit le commandement de Dieu et les mandats qui le concrétisent.

L'évaluation que donne Lange de l'éthique bonhoefférienne en reste au constat de cette tension constitutive. Avec la fin dramatique de Bonhoeffer, son *Éthique* fut l'objet d'une réception ambivalente, dans laquelle se

---

57. À la même époque, Barth abandonnera lui aussi la notion des ordres de la création, revendiquée de manière ambiguë par Emil Brunner. Mais on sait aujourd'hui, grâce à la publication posthume de ses cours d'éthique à Münster et à Bonn (1928 et 1930), que Barth avait lui-même eu recours de manière positive à l'idée des ordres de la création (voir ici p. 263-265).
58. *Résistance et soumission*, Genève, Labor et Fides, 1973².

reflètent les contradictions de la théologie européenne et nord-américaine de l'après-guerre. La question demeure pourtant, non clarifiée par Lange: Bonhoeffer pouvait-il en rester à la solution christonomique du problème moderne de l'autonomie? Que voulait-il dire exactement par la notion de «laïcité authentique», ou mieux encore de «mondanité authentique» (*echte Weltlichkeit,* 245) qui s'insère si fortement et si mystérieusement dans sa réflexion sur le mandat de l'Église? La question n'est pas seulement de savoir, comme il le dira dans les pages suivantes du même chapitre, ce qu'il en est de l'autonomie de l'Église, expression trahissant une problématique définitivement moderne. Elle est de savoir comment l'Église peut subsister et se montrer crédible au cœur du mouvement autonome de la modernité, au cœur du monde majeur[59]. De toute évidence, ces dernières pages de l'*Éthique* annoncent la thématique des *Lettres de prison* et renvoient la solution du problème à une autre énigme. C'est sans aucun doute ce jeu d'incertitudes qui explique pourquoi, pendant des décennies, le débat sur les *Lettres de prison* a occulté la réception de l'*Éthique*.

Parmi les interprètes qui, avec André Dumas, soulignent aujourd'hui la continuité de l'œuvre de Bonhoeffer, Wolfgang Huber voit dans la théologie de la croix le lien entre l'*Éthique* et les *Lettres de prison*: la réalité de Dieu, telle qu'elle s'est concrétisée dans l'histoire du Christ, est inséparable de la croix; c'est ce motif central qui poussa Bonhoeffer à penser la radicale autonomie du monde moderne[60]. J'y vois pour ma part une bonne raison de penser que la «théologie critique de la modernité» de Bonhoeffer – en son attitude métamoderne – se tient à égale distance du modernisme et du postmodernisme.

Le naturel: conservatisme bioéthique ou défi politique[61]*?*

Bonhoeffer lui-même avoue tout soudain, en commençant la rédaction du chapitre sur le naturel, qu'il aborde une matière dangereuse[62]. Quel sens donner à cette dangerosité?

---

59. Voir à ce sujet W. HUBER, «Bonhoeffer and Modernity», in W. W. FLOYD et Ch. MARSH éd., p. 5-19. L'auteur soutient la thèse que la théologie de Bonhoeffer est de part en part une théologie critique de la modernité (*critical theology of modernity*), discutant les structures spécifiques de la modernité mais ne se confondant pas simplement ave une «théologie moderne» (p. 10). Selon Huber, une théologie critique de la modernité est encore nécessaire là où la modernité n'a pas produit tous ses effets; le passage à la postmodernité n'est légitime que dans les pays «avancés» (voir p. 11).
60. *Ibid.*, p. 13 s.
61. Voir R. MEHL, «La notion du naturel dans l'*Éthique* de Bonhoeffer», dans *L'Évangile hier et aujourd'hui* (Mélanges F. J. Leenhardt), Genève, Labor et Fides, 1968, p. 205-216.
62. Lettre du 9 décembre 1940 (Ettal), *Gesammelte Schriften* II p. 389, cité in *DBW, vol. VI*, p. 459 s.

Une lecture convenue voudrait que Bonhoeffer flirtât ici dangereusement avec le catholicisme. Il y donne d'ailleurs lui-même prise dès les premières lignes du chapitre. À cela s'ajoute que Bonhoeffer est l'hôte du couvent bénédictin d'Ettal, à partir du 17 novembre 1940, au moment où il se met à ce chapitre (entre le 9 décembre 1940 et le 22 février 1941). En suivant cette ligne d'interprétation, on verra dans le chapitre sur le naturel, et dans les exemples concrets qu'il apporte à l'appui de sa thèse, une réhabilitation ontologique de l'éthique de la vie. On se contentera d'y détecter une bioéthique avant la lettre, une bioéthique particulièrement conservatrice et qu'un Jean-Paul II ne désavouerait pas aujourd'hui.

Une autre lecture est possible, qui n'efface pas forcément la première, mais qui donne au chapitre en question un autre élan et un autre intérêt. William Peck, à qui nous devons cette découverte, parle ici d'une lecture en profondeur *(depth reading)*[63]. Le front polémique de Bonhoeffer est en effet dirigé avant tout contre la politique euthanasique du régime nazi. L'affirmation du droit à la vie corporelle (une expression forte, hostile à tout spiritualisme désincarné!) n'est pas d'abord l'expression d'un conservatisme bioéthique, qu'on rattacherait à l'interdiction de l'avortement donnée plus haut, mais bien d'un prophétisme politique. Ce qu'elle entend dénoncer, c'est la volonté de puissance du régime totalitaire, sa mainmise sur l'autonomie, sur la liberté et sur la dignité des sujets humains.

On comprend mieux, dès lors, la différence de perspective qui sépare l'approche bonhoefférienne de l'euthanasie, en hiver 1940-1941, des pages que consacrera Karl Barth à la même question, en 1951[64]. Le problème de Bonhoeffer est celui de la résistance à l'État totalitaire, État dont la volonté de puissance s'exprime dans la pratique politique de l'euthanasie forcée. Le problème de Barth, beaucoup plus proche de notre questionnement actuel, est celui des limites éthiques à la souffrance des malades incurables. La comparaison de ces deux textes, en leur contexte totalement différent, nous montre sans peine l'absurdité qu'il y aurait à assimiler la question actuelle de l'euthanasie active (rejetée par Barth, mais montrant le bout de son nez dans son propos...) à celle de l'euthanasie pratiquée par les nazis. Du même coup, délivré d'une finalité qu'il n'a pas (résoudre notre problème actuel de l'euthanasie active), le texte de Bonhoeffer en prend une formidable puissance et une originalité irréductible.

Bonhoeffer ne se contente pas de prendre la défense générale de la vie, mise en péril par la pratique de l'euthanasie. En distinguant explicitement l'atteinte à la vie innocente (c'est ainsi qu'il faut traduire *unschuldiges Leben*, et non pas «une vie qui ne vaut plus la peine d'être vécue» [128], traduction qui fait trop rapidement référence à notre questionnement

---

63. «The Euthanasia Text», in W. J. PECK éd., *New Studies...*, p. 141-165.
64. *Dogmatique* III/4**, p. 111 ss.

actuel!) de l'atteinte à la vie d'autrui *(Tötung fremden Lebens)*, Bonhoeffer entrouve la possibilité d'une exception, l'atteinte à la vie humaine non innocente, à la condition expresse qu'existe une nécessité absolue *(unbedingte Notwendigkeit)*. La défense du droit à la vie corporelle présuppose donc la limite assignée au droit du tyran. Le chapitre sur l'euthanasie, lu entre les lignes, c'est-à-dire en profondeur, désigne le régime nazi, et son guide suprême, comme l'origine de la transgression contre la vie de la créature et justifie *a contrario* le droit d'abattre le tyran. Une telle lecture devrait convaincre les lecteurs trop vite enclins à voir en Bonhoeffer un vitaliste ou un naturaliste à quel point son chapitre sur le naturel a une *finalité critique et politique*, admettant à la limite la possibilité de l'*exception* et de la *transgression* par rapport à l'interdit du meurtre. Cela ne nous empêchera pas, bien au contraire, de garder nos doutes quant au type d'argumentation utilisé par Bonhoeffer, dans le même chapitre, pour assimiler dans tous les cas l'avortement à un assassinat. *Demeure en effet à penser la fonction structurante de la transgression, pour toute éthique, mais singulièrement pour une éthique chrétienne faisant face au tragique et au mal.*

Une éthique politique néanmoins ambivalente.

Nous avons évoqué plus haut la question de l'interprétation de la doctrine des mandats[65]. Elle représente en effet un test assez décisif pour évaluer la distance prise par Bonhoeffer avec le luthéranisme conservateur. En tentant de reformuler critiquement l'intention de la théologie des ordres par le terme plus dynamique de mandat, Bonhoeffer est-il parvenu à échapper aux pièges d'une doctrine luthérienne des deux règnes par trop devenue rigide? Et s'il y est parvenu, n'a-t-il pas versé l'enfant avec l'eau du bain, se jetant dans les bras de Karl Barth et de sa théorie christonomique de l'État?

Plusieurs auteurs, moins inconditionnels que Bethge, ont souligné les limites de la théorie des mandats. «Des ordres aux mandats, le progrès est donc mince[66]», concluait R. Mengus, après avoir relevé la faiblesse de Bonhoeffer dans le traitement du mandat proprement politique de

---

65. Voir les études déjà anciennes de J. MOLTMANN, *Herrschaft Christi und soziale Wirklichkeit nach Dietrich Bonhoeffer*, Munich, Kaiser, 1959, et de K.-M. BECKMANN, «Die Mandatenlehre und die nicht religiöse Interpretation biblischer Begriffe bei Dietrich Bonhoeffer», *Evangelische Theologie* 28, 1968, p. 202-219. Sur la lecture du politique chez Bonhoeffer, voir surtout Th. R. PETERS, *Die Präsenz des Politischen in der Theologie Dietrich Bonhoeffers*, Munich-Mayence, Kaiser-Grünewald, 1976, et, d'un point de vue plus historique, Chr. STROHM, *Theologische Ethik im Kampf gegen den Nationalsozialismus. Der Weg Dietrich Bonhoeffers mit den Juristen Hans von Dohnanyi und Gerhard Leinholz in den Widerstand*, Munich, Kaiser, 1989.
66. *Théorie et pratique chez Dietrich Bonhoeffer*, p. 383.

l'autorité. Nous avons noté la même tension à la lecture de la reconstruction proposée par D. Lange; quant à K.-M. Kodalle, il a sonné une charge critique impitoyable, au nom de la modernité, contre le conservatisme antimoderne de Bonhoeffer[67].

Par ses origines sociales et religieuses, Dietrich Bonhoeffer participait d'une pensée politique fortement conservatrice. Quand on évalue son éthique politique, la question est toujours de savoir à quelle échelle on le mesure et à partir de quel point vue personnel on le sollicite.

Le chapitre «Héritage et décadence», rédigé en septembre-octobre 1940, est à cet égard révélateur des contradictions de Bonhoeffer. Il y émet de sérieuses réserves contre la compréhension de la sécularisation moderne en termes d'autonomie absolue. Une interprétation unilatérale de la liberté chrétienne et de la doctrine des deux règnes a conduit à ses yeux à une dissociation catastrophique du règne de Dieu et des réalités historiques et politiques. De fait, la modernité apparaît comme la pointe du nihilisme, et trouve dans la Révolution française son expression achevée. Aux yeux de Bonhoeffer, la Révolution américaine a su au contraire maintenir la fonction du Royaume de Dieu comme limitation fondamentale du pouvoir terrestre (*Éthique*, 79). En valorisant la Révolution américaine, Bonhoeffer s'inscrit ici dans la suite des travaux de Georg Jellinek, Max Weber et Ernst Troeltsch, ainsi que dans la foulée de Karl Jaspers, dont Bonhoeffer connaissait l'ouvrage *La Situation spirituelle du présent* (dans sa 5e édition de 1932). Pourtant, Bonhoeffer ne poursuit pas la comparaison jusqu'au point de radicalité où la conduira après la guerre Hannah Arendt[68]. Certes, la Révolution américaine a échappé au nihilisme consécutif à la version européenne de la sécularisation. Mais Bonhoeffer, fort de sa théologie de l'Église, et encore imprégné malgré tout d'une vision encore assez statique des deux règnes, refuse de penser l'émergence de la laïcité comme une conséquence de l'Évangile (ainsi que le fera après la guerre Friedrich Gogarten par exemple). Son conservatisme théologique

---

67. *Dietrich Bonhoeffer. Zur Kritik einer Theologie*; voir la réfutation de Kodalle par W. HUBER, «Bonhoeffer and Modernity», p. 16 s.
68. Voir son *Essai sur la révolution* (1963), Paris, Gallimard, 1967 (coll. «Tel», 1985). Hannah ARENDT note avec force que la Révolution américaine, comme John Locke lui-même, restaient liés à la problématique de l'Absolu pour fonder l'autorité. Seul Montesquieu parvint selon elle à dépouiller la loi de toute connotation religieuse en s'appuyant sur la conception romaine de la *lex*. De toute façon, conclut Hannah ARENDT, «il est futile de chercher un absolu pour briser le cercle vicieux où tout commencement se trouve nécessairement pris, étant donné que cet "absolu" réside dans l'acte même dudit commencement» (p. 302). Tel est bien le problème auquel est aujourd'hui confrontée l'éthique théologique: comment faire droit, dans le débat sur la légitimation de l'éthique, à la contribution de la foi chrétienne, étant donné l'autonomisation du monde moderne et le pluralisme signifié en son sein par l'émergence d'une postmodernité? En 1940, Bonhoeffer était loin d'imaginer une telle manière de poser la question; on peut penser que, dans les *Lettres de prison*, il a ouvert une brèche nouvelle dans cette direction, sans avoir le temps d'en mesurer toutes les implications.

et ecclésiologique le retient de toute interprétation «libérale» du champ politique et du processus de sécularisation. C'est ce qui explique pourquoi ses analyses, aussi bien dans «Héritage et décadence» que dans «Le naturel», gardent une certaine tonalité conservatrice[69], laissant seulement percer une pointe prophétique lorsqu'il s'agit de justifier la résistance au tyran. L'éthique sociale n'est pas encore capable, dans ce dispositif, de penser la signification du théologique dans un monde résolument moderne, un monde ayant désappris à considérer le christianisme comme naturellement inscrit dans ses propres structures. De ce point de vue, le chapitre très original et très puissant sur «Les réalités dernières et avant-dernières» est porteur de la même contradiction interne, résultant sans doute de l'écartèlement entre le christocentrisme radical de Barth et la théorie de l'autonomie relative découlant d'une interprétation non dualiste de la doctrine luthérienne des deux règnes.

En conclusion sur ce point, nous aimerions souligner que la pensée de Bonhoeffer demeure marquée au coin d'une ambiguïté dont ne parviennent à rendre pleinement compte ni la défense inconditionnelle, ni la critique simpliste[70].

La place de l'«Éthique» dans la reconstruction de l'éthique protestante.

Le cheminement intellectuel de Bonhoeffer s'inscrit ainsi dans un effort pour surmonter les impasses respectives du luthéranisme conservateur et du «positivisme de la révélation» découlant de l'optique barthienne. Il est difficile de porter un jugement sur la réussite de cet effort; les *Lettres de prison*, au-delà de leur équivocité, semblent indiquer la piste vers laquelle Bonhoeffer voulait s'orienter. En pensant l'autonomie du monde moderne devenu majeur et en dégageant les principes de l'interprétation non religieuse des concepts bibliques, le dernier Bonhoeffer n'a-t-il pas clairement reconnu la nécessité d'une théologie pleinement moderne et (auto)critique, d'un penser théologique de la modernité que les modèles luthérien et barthien étaient incapables d'entrevoir?

La réception de l'œuvre de Bonhoeffer, singulièrement de son *Éthique*, n'a sans doute pas encore été jusqu'au bout de ses possibilités. Dans les

69. Ce n'est pas un hasard si la réception de l'*Éthique* bonhofférienne chez les théologiens de tendance évangélique prend le plus souvent une tournure elle aussi conservatrice, quitte à juger Bonhoeffer coupable de «modernisme», comme l'atteste par exemple G. HUNTERMANN, *Der andere Bonhoeffer. Die Herausforderung des Modernismus*, Wuppertal, 1989.
70. Kodalle est excessif dans sa critique, comme le montre Huber; mais ce dernier ne nous convainc pas entièrement en prétendant que les concepts de liberté et de responsabilité surmonteraient les ambiguïtés de la théologie bonhofférienne.

années 60, le lecture de Bonhoeffer s'est en effet contentée soit de le ramener dans les eaux des modèles existants (barthien, bultmannien, tilllichien, marxiste, etc.), soit de l'abandonner aux tentations insuffisamment élaborées et clarifiées de la postmodernité (théologies radicales de la mort de Dieu, ou théologies postmodernes de la déconstruction). Le défi contemporain semble lié à deux conditions nouvelles: la critique postmoderne d'une part, qui remet en question l'unicité fantasmatique de la modernité, et oblige à penser le pluralisme irréductible des représentations (voir les travaux déterminants de David Tracy), la reconnaissance du caractère indépassable du champ religieux, d'autre part.

Le sens des structures et la question de l'autonomie.

Dans son ouvrage désormais classique, qui demeure à ce jour l'une des meilleures interprétations globales de l'œuvre théologique de Bonhoeffer, André Dumas a admirablement montré comment Bonhoeffer s'était affranchi d'un mode de pensée de type subjectiviste, largement redevable au néo-kantisme, et qui empêchait la théologie protestante de son temps de thématiser la dimension objective et institutionnelle des structures anthropologiques, culturelles et sociales. Selon Dumas, Bonhoeffer s'inscrivait davantage, de la sorte, dans la foulée de la pensée hégélienne, notamment dans l'élaboration de l'ecclésiologie proposée dès 1927 par *Sanctorum Communio*, «entre la sociologie non dogmatique de Troeltsch, de Tönnies et la dogmatique verticale de l'événement de la Parole de Dieu chez Barth[71]».

Bonhoeffer fut, comme nous l'avons vu, un pionnier dans la réévaluation de relations entre l'ecclésiologie et la sociologie. Le manque de temps, mais sans doute aussi sa méfiance théologique (partiellement partagée avec Barth) à l'encontre de Troeltsch et de la «théologie libérale» de son temps l'ont probablement empêché de tirer au clair, plus

---

71. *Une théologie de la réalité. Dietrich Bonhoeffer*, Genève, Labor et Fides, 1968, p. 108. Pour la question des influences hégéliennes, voir l'étude de O. BAYER, «Christus als Mitte. Ethik im Banne der Religionsphilosophie Hegels», *Berliner Theologische Zeitschrift* 2, 1985, p. 259-276. Dans l'étude la plus récente et la plus équilibrée consacrée à *Sanctorum Communio (Die Sozialität der Kirche. Theologie und Theorie des Kirche in Dietrich Bonhoeffers "Sanctorum Communio"*, Munich, Kaiser, 1992), J. VON SOOSTEN a montré de manière convaincante tout ce que l'articulation de l'ecclésiologie et de la sociologie chez Bonhoeffer doit à ses racines luthériennes. À la fin, il pose deux bonnes questions, qui me paraissent valoir aussi, *cum grano salis*, pour l'*Éthique*: Bonhoeffer n'a-t-il pas cédé à un certain «déductionnisme dogmatique», et quelle place y a-t-il, dans sa conception de la théologie et de l'Église, pour la pluralité des convictions et des positions théologiques? (p. 285 s.).

largement, la question des rapports entre la sociologie, la théologie et l'éthique. Nous ne pouvons plus, aujourd'hui, passer directement de la sociologie à la théologie et réciproquement, *via* une concentration christologique même étendue à l'ensemble de la réalité comme c'est le cas chez Bonhoeffer. C'est précisément à cause de leur radicalité et de leur ambivalence que les thèses fulgurantes des *Lettres de prison*, postérieures aux fragments de l'*Éthique*, ont produit des réceptions aussi contradictoires dans les années 60. Au Bonhoeffer de la sécularisation (celui de Hanfried Müller) et de la mort de Dieu (popularisé par John A. T. Robinson) est sans cesse venu se mêler le Bonhoeffer «théologien de la réalité», foncièrement christologique et ecclésial (André Dumas, privilégiant la continuité de l'œuvre), et la «théologie critique de la modernité» (Wolfgang Huber) qui en découle. Nous sommes confrontés aujourd'hui à la nécessité de défricher une troisième voie, non pas celle d'un compromis bâtard, mais bien celle d'une meilleure articulation entre l'autonomie des sciences humaines (sociologie, mais également éthique, voir nos remarques chapitre II) et la contribution spécifique de la théologie et de l'éthique théologique en particulier. Cette articulation suppose un sens aigu des tensions et des conflits qui demeurent entre les différentes visions dites autonomes de la réalité et la prétention théologique s'exprimant dans des modèles comme ceux de la théonomie (Paul Tillich) ou de la «théo-christonomie». Non seulement nous devons remettre en question le christomonisme de Barth (partiellement surmonté par Bonhoeffer) et son «positivisme de la révélation» (dénoncé dans les *Lettres de prison*), non seulement nous devons réviser notre conception théologique des relations (trinitairement pensées) entre Dieu, le Christ, l'Esprit, le monde et l'histoire, afin de transcender une certaine identification du Christ et de la réalité dans l'*Éthique* de Bonhoeffer, mais nous devons également redéfinir l'articulation du théologique, de l'éthique, du social et de l'humain. C'est donc bien à une autre conception du théologique que nous pousse l'œuvre de Bonhoeffer, à une autre manière de concevoir la pertinence et la plausibilité du théologique dans la culture et dans la société. Bonhoeffer nous y appelle, mais il semble bien qu'il soit resté lui-même à mi-chemin, sur le plan théorique s'entend[72]. Sa lucidité, son courage et son martyre ne doivent pas nous masquer les limites de certaines de ses analyses théologiques. C'est à cette condition qu'une réception de l'*Éthique* de Bonhoeffer demeurera féconde et dynamique.

---

72. Ces limites avaient été très bien aperçues par R. MENGUS, *Théorie et pratique chez Dietrich Bonhoeffer*. Voir dans le même sens ma contribution sur Bonhoeffer, *Les Lieux de l'action*, p. 91-99.

Force inspiratrice et distance critique.

Livre inachevé, témoignant de manière exemplaire et poignante de l'interaction entre la réflexion et l'action, la théologie et la vie, l'*Éthique* garde sa force surprenante, malgré et sans doute aussi grâce aux questions critiques qu'elle n'a cessé de susciter dans le monde. Il s'y dessine les traits d'une éthique théologique qui prend réellement au sérieux l'amour de Dieu pour le monde, amour qui s'exprime centralement dans la personne et dans l'action de Jésus de Nazareth, reconnu comme le Christ. Un amour critique et créateur, source de responsabilité et de lucidité, un amour se refusant aussi bien aux solutions radicales, toujours simplificatrices, qu'aux compromis pseudo-réalistes, au terrorisme intellectuel et spirituel aussi bien qu'au cynisme du Grand Inquisiteur. Avec une clairvoyance dont les fameuses *Lettres de prison*, rédigées entre 1943 et 1945, accentueront encore la portée, Dietrich Bonhoeffer («théologien, chrétien, contemporain», comme disait emphatiquement E. Bethge) annonçait les défis que notre fin de siècle affronte. *Le retour de la question éthique ne sera fécond que s'il suscite des réflexions fondamentales sur le statut de l'éthique et sur sa puissance d'élucidation du destin de la modernité.* L'apport de Bonhoeffer est ici exemplaire. Certes, comme nous l'avons rappelé plus haut, il pose souvent davantage de questions qu'il n'en résout, touchant notamment l'articulation du théologique et de l'éthique philosophique, l'utilisation de la catégorie du naturel et ses applications en «bioéthique» (comme nous disons aujourd'hui) ou encore la relation entre l'autonomie du sujet éthique et sa mise en perspective christologique. Mais, comme tous les auteurs féconds, il reste une source d'admiration et d'inspiration pour quiconque accepte de s'exposer aux risques et aux promesses du questionnement éthique.

On pourrait dire qu'à la différence de Barth, Bonhoeffer n'a pas évolué «de la postmodernité à l'anti-modernisme[73]», mais plutôt «de la critique de la modernité à son intensification paradoxale par le nihilisme postmoderne[74]». Cette étrange *inversion de parcours* entre les deux grands théologiens dialectiques permet de deviner ce que furent leurs malentendus réciproques. Elle signale aussi, au cœur de ce qu'il y avait de commun dans leur projet, *un malaise récurrent avec la modernité et une relation*

---

73. Tant il est vrai que la reconstruction barthienne du thème de l'autonomie mise en évidence par T. Rendtorff débouche finalement sur une critique radicale de la modernité, moins différenciée que celle de Bonhoeffer en tout cas.
74. Selon Walter Lowe, la manière dont Bonhoeffer *contextualise* les principes critiques de réalité et de responsabilité lui permet de rejoindre le thème derridien de l'indécidabilité et ouvrirait ainsi la voie à une lecture postmoderne-déconstructive de Bonhoeffer, voir W. LOWE, «Bonhoeffer and Deconstruction. Toward a Theology of the Crucified Logos», in W. W. FLOYD et Ch. MARSH éd., p. 207-221, 213 s.

oblique avec la culture de leur temps, débouchant chez tous les deux sur une revalorisation de l'éthique, par ailleurs potentiellement très divergente (avec le déchirement frôlant la rupture chez Bonhoeffer, dans le passage entre l'*Éthique* et les *Lettres de prison*). Héritiers de la théologie dialectique et de ses tribulations éthiques à géométrie variable, oscillant entre la dogmatisation et la rethéologisation de l'éthique et sa sécularisation radicale, nous sommes appelés à la reconstruction généalogique, critique et imaginative d'une nouvelle manière de faire de l'éthique, avec ce qu'elle implique d'un autre style théologique, ecclésiastique et chrétien. Le projet dont notre livre est issu et qu'il tente de mener à bon port procède avant tout de l'aporie constitutive découverte dans le dispositif central de la théologie dialectique, tel que Barth et Bonhoeffer l'ont façonné[75].

---

75. Il faudrait revenir aussi sur le statut de l'éthique chez R. Bultmann (voir H.-E. Tödt, *Rudolf Bultmanns Ethik der Existenztheologie*, Gütersloh, Gerd Mohn, 1978; Chr. Frey, *Die Ethik des Protestantismus...*, p. 230-237); nos remarques au sujet de la conception éthique de G. Ebeling et de K. Løgstrup (voir chapitre premier) indiquent peut-être assez dans quelle direction irait notre questionnement au sujet de Bultmann. Quant à P. Tillich, qui occupe une place à part au sein de la théologie dialectique, nous lui consacrons une place importante dans l'ensemble de cet ouvrage (notamment au chapitre III).

CHAPITRE VIII

PLAUSIBILITÉ CULTURELLE ET ŒCUMÉNIQUE DE L'ÉTHIQUE PROTESTANTE

CONSTRUCTION ET RECONSTRUCTION

Il convient tout d'abord de nous expliquer sur le vocabulaire de la construction et de la reconstruction, vocabulaire auquel nous avons fait allusion à de nombreuses reprises jusqu'ici, mais sans en cerner assez la portée méthodologique et doctrinale. La métaphore de la construction est trompeuse, puisqu'elle donne l'illusion que nous serions en train de poser les fondements d'un édifice absolument nouveau. C'est la raison pour laquelle, d'une manière plus conforme à notre projet de généalogie critique et d'herméneutique rétrospective de l'éthique théologique, envisagée à titre paradigmatique sous son aspect protestant, nous préférons parler d'une reconstruction plutôt que d'une construction, ou, pour le moins, de réserver le terme de construction, plus restreint, au deuxième moment (après la critique) de la phase reconstructive dans son ensemble. Cela est particulièrement valable pour les discours de type théologique (dont fait aussi partie l'éthique théologique) et philosophique (y compris l'éthique), qui présentent ceci de spécifique et de particulier de toujours faire référence à des traditions de pensée ou même, dans le cas de la théologie, à un *corpus* de textes fondateurs (Écriture et traditions) sans lesquels «l'institution de la théologie[1]» ne pourrait exister.

Faisons un retour en arrière sur la problématique en cause.

---

1. Voir F. DUMONT, *L'Institution de la théologie*, Montréal, Fides, 1995, et, dans un sens assez proche, P. GISEL, *Croyance incarnée*, Genève, Labor et Fides, 1986.

Critique et construction de la théologie protestante.

Déjà dans les années 70, le systématicien munichois Trutz Rendtorff (qui avait publié en 1961, avec le «groupe de Pannenberg», le célèbre manifeste *Offenbarung als Geschichte*) développait un concept impressionnant et créatif de relecture reconstructive de la théologie protestante dans son lien à la modernité[2]. Le couple conceptuel central de ses analyses articulait la notion de *critique* à celle de *construction*. S'inscrivant dans une optique qu'on pourrait appeler post-troeltschienne, Rendtorff parvenait à démontrer trois points essentiels: 1) Le geste anti-moderne de Karl Barth relevait en fait, de manière sans doute souterraine et inconsciente, mais culturellement et politiquement signifiante, d'une reconstruction critique de la modernité[3], reconstruction manquée, cependant, dans la mesure où elle ne voulut ni ne sut prendre en compte les médiations historiques de la conscience de soi constructive de la théologie[4]. 2) Aucune critique de la tradition théologique ne peut s'opérer hors d'un projet constructif, visant à réinterpréter positivement, à nouveaux frais et dans un autre contexte, les potentialités de sens de cette tradition. 3) La théologie protestante toute entière, en particulier dans ses formes systématiques (théologie fondamentale, dogmatique et éthique), doit se comprendre comme une opération de reconstruction critique et constructive de la modernité[5].

Le modèle formel de Rendtorff tourne autour du couple «critique-construction», mais implique à notre avis un double arrière-plan reconstructif, que Rendtorff n'est cependant pas parvenu à expliciter tout à fait clairement. Que signifie en effet chez lui la dimension constructive de la théologie: une simple relecture moderne de la tradition théologique? Il ne saurait suffire, de notre point de vue, de reconstruire la théologie antérieure (sens formel de la reconstruction), comme l'a fait Rendtorff pour Barth; il faut encore se demander comment est à l'œuvre, dans toute théologie constructive, un moment herméneutique proprement reconstructif (sens doctrinal et interprétatif de la reconstruction).

---

2. *Theorie des Christentums. Historisch-theologische Studien zu seiner neuzeitlichen Verfassung*, Gütersloh, Gerd Mohn, 1972, en particulier «Theologie als Kritik und Konstruktion. Die exemplarische Bedeutung der Frage der Theologie nach sich selbst», p. 182-200.
  3. «L'autonomie absolue de Dieu», in P. GISEL éd., *Karl Barth. Genèse et réception de sa théologie*, Genève, Labor et Fides, 1987, p. 221-245.
  4. Voir «Theologie als Kritik und Konstruktion», in *op. cit.*, p. 186.
  5. Voir son article «Modernité», in P. GISEL éd., *Encyclopédie du protestantisme*, Parisd-Genève, Éd. du Cerf-Labor et Fides, 1995, p. 995-1011. On notera à quel point, malgré des nuances importantes dans leur propre position dogmatique, la théorie de Rendtorff rejoint celle développée par P. Gisel dans *Vérité et histoire. La théologie aux prises avec la modernité*. Ernst Käsemann, Paris, Beauchesne, 1975. Tout au plus interrogera-t-on amicalement notre collègue lausannois pour lui demander si le post-barthien qu'il était à l'époque ne s'est pas mué au fil des ans en un post-troeltschien entretenant avec T. Rendtorff une certaine rivalité mimétique.

La percée philosophique de la reconstruction.

Dans l'ordre philosophique, on distinguera la ligne de pensée plus herméneutique, tracée par Gadamer et poursuivie de manière originale par Ricœur, et la ligne proprement reconstructive initiée par Jean-Marc Ferry, dans une synthèse personnelle fortement marquée par Habermas, mais soucieuse de rendre justice à Ricœur.

Sur le plan fondamental, Ricœur demeure en effet très proche de Gadamer quant au statut herméneutique de la tradition[6]. Toutefois, la distinction opérée par Ricœur entre Tradition, traditionalité et traditions comporte en elle-même un *potentiel critique* resté en partie ignoré ou tout au moins insuffisamment thématisé et exploité chez Ricœur (voir ici chapitre IX). Il ne suffit pas, en effet, d'en rester à la distinction des trois niveaux de la tradition, il faut encore délimiter l'*instance critique de discrimination* qui permettra de poser, en dehors et au-dessus de la tradition, la *vérité* des énoncés. De ce point de vue, Ricœur n'échappe pas tout à fait à l'objection naguère adressée par Karl Popper à Gadamer, au sujet de sa conception trop peu critique de la tradition[7].

Jean-Marc Ferry a essayé de surmonter ce problème dans son maître ouvrage *Les Puissances de l'expérience*[8]. Son propos n'y est pas de jouer la rationalité purement discursive des énoncés contre la tradition qui les véhicule, mais davantage, me semble-t-il, de mieux penser le lien dynamique de la rationalité et de la traditionalité, en faisant place à la notion de reconstruction, qui veut transcender l'opposition antérieure de l'herméneutique et de la discursivité. Toutefois, il nous semble que son concept de reconstruction témoigne d'une méfiance excessive envers l'identité narrative et qu'il lui manque par ailleurs la force critique de ce que nous appelons la généalogie.

Ferry distingue quatre formes de l'identité: la *narration*, l'*interprétation*, l'*argumentation* et la *reconstruction*. Malgré tous ses efforts pour rendre compte de la signification de l'identité narrative, comme premier palier menant à la reconstruction, il demeure très critique envers elle: «Mon propos est justement de *relativiser* l'identité narrative par rapport aux *autres* identités discursives. Les enjeux ne sont pas seulement théoriques. À l'occasion, ils sont également politiques [...]. La narration est une ressource fort limitée, inaccessible à des catégories

---

6. Sur le débat avec Gadamer, voir en particulier J.-M. FERRY, *L'Éthique de la communication*, Paris, Presses universitaires de France, 1988, p. 117 ss. Lors d'un échange récent à Ottawa, Jean-Marc Ferry nous rappelait avec quelle vigueur Paul Ricœur, lors de la soutenance de thèse de Ferry, avait défendu Gadamer contre les critiques de Habermas et de Ferry lui-même.
7. «Towards a Rational Theory of Tradition»», in *Conjectures and Refutations*, Londres, Routledge et Kegan, 1963, 1972[4], p. 120-135.
8. Paris, Éd. du Cerf, 1991, t. I et II. Les chiffres entre parenthèses renvoient à cet ouvrage, avec indication du tome.

cependant tout à fait essentielles à *notre* identité» (I, 104). En soulignant ainsi l'enjeu pour *notre* identité, Ferry pointe les développements des ordres de la reconnaissance qui orientent toute sa réflexion. La narration, avec sa «performance ontologique» (I, 105), a certes un caractère «logiquement primitif» (I, 107), sa thématisation réflexive produisant «*le premier tissu symbolique du monde ambiant» (ibid.)*. Mais cette *compulsion narrative (sic)* risque de tourner à vide; seul le passage à l'interprétation, *via* l'insertion du récit dans la tradition (I, 109), est à même de surmonter les limites de la narration.

Soulignons chez Ferry ce rôle décisif de la tradition comme embrayeur médiatisant le passage de la narration à l'interprétation. «Le récit devient "vrai", paradoxalement, dans la mesure où la tradition lui trouve des applications qui n'ont plus de rapport direct avec le contexte originaire, de sorte que sa pertinence est virtuellement universelle, du moins au niveau de sa prétention» *(ibid.)*. On est loin du déni posé, dans le rationalisme moderne, sur la tradition, et on échappe aux apories relevées par nous (chapitre V) dans le traditionalisme néo-aristotélicien de MacIntyre.

L'*interprétation*, objet de l'herméneutique, intensifie cette tendance à l'universalisation, dans la mesure où la compréhension vise à saisir la *loi* dont le sens de l'événement est porteur. Ferry voit dans cette deuxième forme de l'identité ou dans ce deuxième moment de la démarche menant à la reconstruction la mise en route de l'autoréflexivité. Mais c'est l'argumentation, «grande force critique du discours» (I, 121), qui achève le mouvement de la «fondation rationnelle critico-discursive» (I, 128), au risque de ne plus pouvoir s'autolimiter ou se dépasser.

C'est sur ce dernier point point précisément que Ferry tente de surmonter les difficultés présentes chez Habermas. Il affirme que la philosophie – comme jadis la religion – doit s'autolimiter et que cette distance critique propre à l'autoréflexion la conduit à s'interroger maintenant sur «*la raison de son propre discours*» (I, 134). Tel va être le sens de la reconstruction – une reconstruction qui comporte selon nous un moment généalogique et critique.

Que signifie alors la reconstruction pour Ferry? Elle va porter spécifiquement sur les *positions* d'où sont émises les bonnes raisons visées par l'argumentation (I, 135). La reconstruction est ainsi le moment de la métarationalité ou de la métacritique, dans ce sens qu'elle s'interroge sur le changement historique des contextes systématiques dans lequel nos argumentations sont «intriquées» (W. Schapp).

On comprend, en vertu de ce qui précède, mais aussi du contexte germanophone et anti-heideggerien dans lequel Ferry inscrit ici sa démarche, que le piège principal de la reconstruction serait à ses yeux d'en revenir à l'identité narrative centrée sur le Destin ou l'Événement (I, 136 s.). La reconstruction doit se lier à l'argumentation, le court-circuitage de la rationalité ne pouvant conduire qu'aux pires catastrophes politiques.

On ne s'étonnera dès lors pas que l'interprétation, comme la narration, apparaisse finalement du côté des modes discursifs *précritiques* (voir le tableau synoptique de Ferry, I, 150): non seulement la typologie quadripartite de Ferry est tirée en avant (selon une dialectique bien hégélienne en fin de compte) vers la reconstruction, mais c'est, nous semble-t-il, au prix d'un *aplatissement* des modalités proprement critiques de la narration et de l'interprétation. Le but est de désenchanter la vision herméneutique (I, 151), affirmation qui n'a de sens que dans la mesure où Ferry a préalablement dépouillé l'herméneutique de son potentiel critique (j'y vois le résultat d'une certaine *restriction négative* de l'herméneutique, sous le coup d'une surinterprétation heideggerienne de Gadamer et de Ricœur); mais surtout, *l'autoréflexion du discours sur ses propres positions reste affaire de contextualisation externe, laissant indemne la raison de tout questionnement généalogique radical.* Notre propre compréhension de la généalogie de l'éthique suppose une autoréflexion plus radicale, assumant jusqu'à la possible disparition *kénotique* de soi, et s'exposant ainsi aux *blessures narcissiques* infligées à la raison et au sujet pensant (philosophe et théologien) par l'expérience et par l'histoire. Ce dissensus naît sans doute d'un *désaccord implicite sur le lien de l'identité et de la négativité*, dans notre vocabulaire théologique: il n'y a pas de reconstruction et de réparation possibles – de *re-surrection*, comme disait naguère Jacques Pohier – sans le passage par la croix.

Plus récemment, Ferry a appliqué sa théorie à l'éthique elle-même, développant le projet d'une *éthique reconstructive*[9]. La reconstruction a ainsi reçu une concrétisation plus sensible que nous aurons à exploiter par la suite.

La théologie constructive sous l'angle reconstructif.

Dans un autre contexte culturel, le théologien protestant nord-américain Gordon D. Kaufman, professeur à l'université de Harvard, a mis en œuvre un projet de théologie constructive qui nous paraît transposable dans le domaine particulier de l'éthique, en tout cas sur le plan méthodologique. Son grand livre «En face du mystère» porte le sous-titre significatif «Une théologie constructive»[10].

Kaufman s'inscrit dans une ligne post-tillichienne. D'une part, comme Tillich, il refuse les modèles autoritaires consistant à argumenter théologiquement à partir de données scripturaires ou dogmatiques indiscutables, qui

---

9. Paris, Éd. du Cerf, 1996.
10. *In Face of Mystery. A Constructive Theology*, Cambridge (Mass.)-Londres, Harvard University Press, 1993; les chiffres entre parenthèses dans le texte renvoient à cet ouvrage. Je remercie Denise Couture, professeure à l'université de Montréal, d'avoir attiré mon attention sur l'apport de Kaufman.

n'auraient alors que fonction d'idoles (43)[11]. Mais précisément, s'appuyant sur les critiques adressées à la méthode de corrélation tillichienne, notamment par D. Tracy et S. Odgen (23-25)[12], Kaufman ne pense plus possible de faire de la révélation, ou de tout autre lieu théologique institué comme tel, *la réponse* apportée à *la question*. À la suite de Tracy, il s'agit de nous rallier à une conception beaucoup plus *modeste* de la tâche théologique, mais sans doute beaucoup plus humaine et beaucoup plus authentique, prenant la forme de la *conversation*[13] plutôt que de l'affirmation magistrale et indiscutable.

La théologie moderne a perdu trop de batailles avec les orientations et les savoirs séculiers (22): selon ce diagnostic posé par Kaufman, il convient que la théologie abandonne les impasses de l'unidimensionnel (les théologies de la révélation ou de l'autorité) comme celles du bidimensionnel (une corrélation trop harmonieuse), pour se comprendre enfin comme une démarche «holistique». Par ce terme, Kaufman n'entend pas une perspective totalisante à la manière de la théologie du *process* et encore moins du nouvel âge, mais bien une théologie qui traite du symbole Dieu (thème théologique centrale pour lui) comme «la source, le fondement et le sens de tout ce qui est» (29).

Avec cette insistance sur l'horizon d'une quête de sens et de fondement, Kaufman ne partage pas, on le voit, les solutions provocantes et parfois extrêmes des théologiens déconstructionnistes et de leur critique radicale du fondationnalisme. Il sait la difficulté de la tâche, mais ne renonce pas pour autant à viser un principe unificateur du réel, source d'intelligibilité et d'engagement existentiel. La théologie, pour lui, n'est

---

11. Kaufman prend comme exemple la manière dont la catégorie de révélation est présupposée de manière autoritaire dans les théologies dites de la révélation, alors que, de toute évidence, une telle catégorie participe d'une construction théologique, comme le montre la pluralité des théories de la révélation dans la théologie moderne, de Marheineke à Pannenberg. Je ne puis aujourd'hui que donner raison à un tel argument, contre l'insistance trop péremptoire et indifférenciée avec laquelle je croyais devoir m'appuyer, contre Pannenberg, sur une théologie de la révélation absolutisée (voir *Parole et histoire*, Genève, Labor et Fides, 1983). Cela ne veut pas dire que toute théologie de la révélation doive être révoquée; mais elle devra penser ses propres choix constructifs et imaginatifs et reconstruire la tradition dont elle provient aussi bien en rapport avec d'autres possibilité théoriques qu'en fonction du nouveau contexte culturel. Kaufman ne fait pas autre chose, dans son ouvrage, quand il reconstruit le sens du symbole Dieu pour l'anthropologie et la culture nord-américaines contemporaines.
12. Sur le contexte plus large de cette discussion, voir K. BLASER, *Les Théologies nord-américaines*, Genève, Labor et Fides, 1995; sur la méthode de corrélation, voir J. P. CLAYTON, *The Concept of Correlation: Paul Tillich and the Possibility of a Mediating Theology*, Berlin-New York, de Gruyter, 1980, ainsi que les réflexions récentes de P. GISEL, «Un demi-siècle après la méthode de corrélation: quelle méthode pour la théologie?», in *La Méthode de Paul Tillich*, XIIe colloque international Tillich, Luxembourg, 1997, p. 195-209.
13. G. D. KAUFMAN développe ce thème de la conversation dans *In Face of Mystery*, chapitre v, p. 60-69.

pas science spéculative, mais recherche pratique sur «le sens de l'existence humaine et historique» (p. XV).

Essayons maintenant de cerner de plus près les caractéristiques de la méthode constructive selon Kaufman. Ce penseur emploie parfois les termes de construction et de reconstruction en un sens équivalent. Pourtant, à y regarder plus près, il est clair que la construction prime pour lui sur la reconstruction. La métaphore de la reconstruction demeure en effet encore trop dépendante à ses yeux de l'idée d'une réinterprétation répétitive de la tradition, du passé, de l'Écriture même comme pure autorité extérieure. On comprend dès lors les réticences feutrées de Kaufman envers l'herméneutique de type postmoderne, notamment dans la version que lui a donnée Tracy. L'insistance de ce dernier sur les «classiques» de la théologie – une notion que Kaufman avait jugée en son temps imprécise et extensible – témoigne d'un intérêt prioritairement tourné vers la tradition. Or, Kaufman en appelle à une théologie vraiment constructive, c'est-à-dire capable de penser la plausibilité et la pertinence des lieux théologiques dans la conception de l'homme et du monde qui nous est propre. D'où l'insistance marquée sur le caractère imaginatif de la construction, mais d'où aussi le refus de toute critique radicale.

Le projet constructif de Kaufman n'est pas qu'un programme; on en trouve la réalisation impressionnante dans *In Face of Mystery*. Nous y découvrons ce que peut signifier la force systématique, spéculative et méthodique à la fois, d'un penser Dieu pour aujourd'hui. C'est d'ailleurs à l'occasion de ce penser Dieu que l'éthique, comme réflexion différenciée sur le sens de l'agir humain, prend sa place dans l'édifice de la théologie constructive toute entière, nous offrant ainsi une solution originale, aux antipodes de la subordination barthienne de l'éthique à la dogmatique, mais sans que l'éthique se constitue en science première pour autant[14].

Nous avons pourtant mis en évidence un certain flottement dans le rapport entre le moment constructif et le moment reconstructif. La méfiance de Kaufman envers la reconstruction est-elle légitime? Elle s'explique par sa crainte de retomber dans les filets du traditionalisme et de passer ainsi à côté des défis culturels du présent. Pourtant, Kaufman est bien obligé de recourir, dans l'acte même de la construction, aux symboles fondamentaux de frappe chrétienne que lui fournit la tradition. Sa théologie constructive se veut, de manière à la fois modeste et précise, une théologie *chrétienne* du sens de Dieu dans le monde actuel. Pour construire de manière fraîche et convaincante une nouvelle théologie, il doit nécessairement procéder à des mesures de reconstruction, *réinterprétant critiquement* les données anciennes.

Le couple notionnel le plus fréquent auquel recourt Kaufman pour décrire son projet est celui de critique et de construction, en consonance objective avec T. Rendtorff. Or, la critique elle-même suppose un objet;

---

14. *Ibid.*, chapitres X à XV.

cet objet n'est pas simplement défait par la critique: il réapparaît sous un jour nouveau, permettant le passage à une construction d'un type différent. L'épistémologie générale commande déjà que, dans toute dialectique de la critique et de la construction, intervienne un troisième terme, celui de l'interprétation ou de la reconstruction. Il en va *a fortiori* de même en théologie chrétienne, dans la mesure où son objet – Dieu en son mystère, selon Kaufman – n'est pas simplement objet d'étude, mais aussi, de manière singulière, Celui qui *se* donne à penser, dans la médiation historique des témoignages qui lui sont rendus (écritures, traces, traditions, etc.).

Le modèle méthodologique proposé par Kaufman nous paraît ainsi fécond, dans la mesure où il nous pousse à une plus grande créativité, au risque personnel de l'interprétation, de la construction et de l'imagination. Nos remarques visant à une meilleure articulation de la construction systématique et de la reconstruction herméneutique visent cependant à enrichir le modèle, en le rattachant de manière plus claire aux textes institués-instituants se tenant au point de départ de toute théologie constructive.

Certes, le statut de l'imagination demeure encore à penser plus en profondeur. Kaufman tend à identifier, de manière rapide et un peu superficielle, l'imagination avec la créativité humaine au travail dans le déploiement des savoirs. Mais la créativité effectivement à l'œuvre dans l'activité très humaine de la théologie n'est pas seulement, à notre avis, le fait de l'homme; déjà d'un point de vue philosophique, l'imagination, la «fantaisie créatrice» de Kant, comporte une dimension transcendentale; théologiquement, elle participe également, à un niveau supérieur et plus intime à la fois, au mouvement même de Dieu, à la vie de l'Esprit-Saint. On devra donc encore prolonger l'intuition de Kaufman, l'élever en quelque sorte au plan théologal, alors qu'elle demeure chez lui un simple outil au service d'une méthode.

D'autre part, je ne suis pas certain que la critique kaufmanienne de la déconstruction atteigne vraiment cette dernière (voir notre chapitre IV sur la postmodernité et la déconstruction). Penser jusqu'au bout la finitude du labeur théologique, comme le souhaite à juste titre Kaufman, c'est peut-être justement accepter d'être exposé en sa chair et en son esprit, dans son corps et dans sa vie, aux interpellations douloureuses et dérangeantes de l'Esprit du Christ en œuvre cachée dans l'histoire. C'est reconnaître que le théologien, lui aussi, est nu, et qu'il doit exhiber ses blessures, sans exhibitionnisme, mais dans la foi partagée des meurtris de la vie. À ce niveau d'exposition, la quête effrénée et parfois morbide du fondement doit céder la place à la reconnaissance de l'infondé, de l'injustifié, du non-arraisonnable; la religion elle-même, pour être vraiment pieuse, doit se faire sans religion[15]. Nous rejoignons ici la radicalité critique de l'inter-

---

15. Voir J. D. CAPUTO, *The Prayers and Tears of Jacques Derrida. Religion without Religion*, Bloomington-Indianapolis, Indiana University Press, 1997.

rogation du Bonhoeffer des *Lettres de prison*, dont nous avons vu plus haut qu'elle était sans doute la clef de compréhension de son *Éthique*.

SENS ET CRITÈRES DE LA PLAUSIBILITÉ CULTURELLE DE L'ÉTHIQUE PROTESTANTE

De ce qui précède, il résulte assez clairement qu'il n'est plus possible d'en rester à la conception idéaliste et hagiographique de l'éthique protestante qui demeure dominante dans le champ ecclésial et culturel protestant, notamment francophone[16]. Ce constat inquiétera peut-être les esprits soucieux de déboucher sans retard sur un message apaisant et sécurisant. Nous reconnaissons bien volontiers que le chemin proposé dans cet ouvrage présente un aspect escarpé et semé d'embûches. Mais la théologie comme l'éthique, contrairement à certaines modes démagogiques actuelles, ne vont ni sans effort, ni sans frustration, signes d'une adéquation à notre finitude.

Notre propos, cependant, n'a rien de destructeur ou de démobilisateur. On l'aura saisi en notant l'insistance que nous mettons à défendre une vision reconstructive, et non simplement critique et constructive. En invitant à reconnaître honnêtement les difficultés qui se posent dans la constitution scientifique d'une éthique théologique culturellement plausible, nous n'entendons nullement nous limiter dans des considérations purement préliminaires et formelles, détachées de tout engagement et de tout souci de pertinence culturelle et sociale. Mais la reconstruction proposée suppose le dépassement critique et lucide des apories qui font obstacle à la réception authentique de ce qu'il y a de meilleur dans l'éthique protestante[17].

---

16. Malgré toutes les nuances qu'il prétend apporter ici et là (surtout dans son ouvrage sur *La Morale selon Calvin*, Paris, Éd. du Cerf, 1986), É. FUCHS demeure à nos yeux assez typique de cette tendance à l'idéalisation, insuffisamment critique et menant parfois à l'hagiographie, dans le champ de l'éthique d'inspiration calvinienne (voir ses deux ouvrages les plus récents, *L'Éthique protestante*, Paris-Genève, Les Bergers et les Mages-Labor et Fides, 1990, et *Comment faire pour bien faire?*, Genève, Labor et Fides, 1995, dans lesquels l'approche historique et critique demeure largement insuffisante). Très redevable en fait à la perspective de Troeltsch en ce qui concerne la valorisation de la perspective calvinienne et la critique de la perspective luthérienne, la présentation fuchsienne de l'éthique protestante gagnerait à prendre en compte la finesse de la reconstruction et de la généalogie critique introduites par Troeltsch. En effet, les conclusions de Troeltsch nous apparaissent inséparables de la méthode qui permet d'y parvenir.

17. Voir dans le même sens les remarques concluant le livre de K. TANNER, *Der lange Schatten des Naturrechts. Eine fundamental-ethische Untersuchung*, Stuttgart-Berlin-Cologne, Kohlhammer, 1993, p. 228-234. À juste titre, cet auteur remarque que l'éthique théologique protestante doit éviter la double impasse du relativisme et du fondationnalisme.

Le sens de la plausibilité culturelle.

William C. Placher, l'un des représentants les plus modérés et les plus constructifs de la théologie post-libérale nord-américaine, a souligné la légitimité du thème de la théologie publique développé notamment par David Tracy et Gordon Kaufman (auquel on pourrait ajouter les tenants du renouveau troeltschien des deux côtés de l'Atlantique), tout en exprimant la crainte que la théologie en vienne ainsi à soumettre l'Évangile aux canons philosophiques et culturels de l'époque[18]. On peut comprendre cette réserve. Mais elle se nourrit à notre avis d'une interprétation *linéaire et plate* de la corrélation entre Évangile et culture comme base d'une théologie plausible et publique. Comme nous l'avons souligné à plusieurs reprises dans cet ouvrage, la corrélation entre Évangile et culture doit être pensée comme une corrélation fondamentalement *asymétrique et critique*, respectant la différence du message chrétien sans rien céder de son inculturation. La différence n'est pas déduite ou construite à partir de la culture, mais elle n'est pas non plus pensable hors de son lien constitutif avec elle. La théologie se doit de rendre compte de cette rencontre et de ce lien.

Rien ne dit, en conséquence, que la préoccupation pour la plausibilité culturelle de la théologie et de l'éthique théologique doive être identifiée à un conformisme culturel. Ce qui est en jeu, c'est la *puissance d'éclairage* du discours théologique pour une culture donnée. Le critère d'évaluation de cette capacité interprétative ne réside pas dans l'*adéquation systématique ou automatique* entre le sens du message évangélique et les exigences supposées de cette culture, mais dans la *corrélation critique* entre les deux éléments. Ainsi, à l'extrême, dans le contexte spécifique de la fin de la Première Guerre mondiale, même l'éthique négative de Barth entendait répondre *d'une certaine manière* à la crise culturelle de son temps et sa plausibilité ne pouvait être écartée *a priori*. Mais la question se posait de savoir si, *dans la durée*, une telle option pouvait répondre à la genèse culturelle complexe du temps. En modifiant son intuition de départ, Barth a montré qu'il se souciait lui aussi de la plausibilité culturelle à long terme de sa théologie.

---

18. *Unapologetic Theology. A Christian Voice in a Pluralistic Conversation*, Louisville, Westminster-John Knox Press, 1989, p. 160. En son temps, j'avais exprimé des réserves semblables envers le projet apologétique de Pannenberg, voir *Parole et histoire. Dialogue avec W. Pannenberg*, Genève, Labor et Fides, 1983. Je propose aujourd'hui une approche plus dialectique, mais qui maintient le moment critique de l'asymétrie entre la foi et la raison, l'Évangile et la culture, etc.

Critères de la plausibilité culturelle de l'éthique théologique protestante.

Au point où nous en sommes dans notre parcours, nous aimerions tenter de définir les critères de base susceptibles de soumettre l'éthique théologique au test permanent de sa plausibilité culturelle[19].

1) Le premier critère est celui de du *respect de la réalité*. Ce respect de la réalité n'a rien à voir avec un conformisme social ou avec une quelconque servilité, docilité ou crédulité envers de prétendues «lois» économiques, sociales, historiques ou naturelles. Il s'agit plutôt d'une fondamentale attention à la réalité telle qu'elle se présente à nous, dans sa diversité, mais aussi avec ce qu'elle comporte de contradictoire, d'opaque, voire de scandaleux. Cette réalité ne doit pas être théologisée trop vite; l'éthique théologique doit veiller à ne jamais recouvrir ce qui existe d'un voile pudibond, hypocrite ou idéalisant, mais accepter d'abord de voir les choses telles qu'elles sont.

Prenons l'exemple délicat du débat éthique sur la prostitution[20]. Avant de moraliser un tel phénomène social ou au contraire d'en construire une idéalisation théologique (par exemple en s'appuyant sur l'accueil constant de Jésus envers les prostituées), il s'agira d'en comprendre sociologiquement les causes et les enjeux. On verra assez vite qu'une évaluation éthique ne peut pas se contenter de se prononcer sur le comportement des prostituées (ou des prostitués), mais qu'elle doit prendre en compte le rôle des clients, celui des souteneurs, ainsi que les structures d'exploitation, d'injustice et de pauvreté qui conditionnent le développement de la prostitution tant adulte qu'enfantine. L'analyse de la réalité contribuera à élargir le regard éthique et à dépasser la dimension étroitement individuelle et sexuelle du problème envisagé.

2) Le second critère est celui de la *capacité critique* de l'éthique théologique par rapport aux différents types de discours proférés au sein de la société. La culture ne revient jamais à une juxtaposition innocente de produits culturels ou de biens symboliques de consommation, mais elle engage toujours une confrontation philosophique, politique, éthique, sociale et religieuse. Elle se présente toujours à nous sous la forme de discours et de représentations complexes et diversifiés. On pourrait reprendre librement ici certains des traits que l'anthropologue Clifford

---

19. Nous nous inspirons ici librement de la théorie théologique d'Arthur RICH, notamment dans sa modélisation des critères de l'éthique théologique, voir son *Éthique économique*, première partie, Genève, Labor et Fides, 1994.
20. Voir l'analyse approfondie qu'en a donnée J.-G. NADEAU, *La Prostitution, une affaire de sens. Études de pratiques sociales et pastorales*, Montréal, Fides, 1987.

Geertz attribue à la religion en tant que «système culturel[21]» et les étendre à toute forme de discours élevant une prétention à la vérité au sein d'une culture donnée: en suscitant des motivations profondes et durables et en les plaçant dans un cadre existentiel plus large, pouvant aller jusqu'à la dimension du cosmos, un système culturel semble viser l'*intégration* des expériences dérangeantes de l'existence; mais son intérêt le plus grand, comme le montre Geertz, tient à la manière dont il intègre le *non-intégrable*, et dont il permet par conséquent à l'expérience de la souffrance, du mal et de l'inquiétude de se faire *entendre*. La religion, singulièrement dans sa forme chrétienne et protestante, met en avant et radicalise cette expérience de la *dissonance*. Un thème classique et central de la théologie protestante comme celui de la «justification par la grâce au moyen de la foi» exprime cela avec une acuité toute particulière. Mais comme nous l'avons noté lors d'un débat avec E. Jüngel[22], le critère de la capacité critique ne peut pas être appliqué de n'importe quelle manière: mal comprise, la thèse de la justification peut évacuer de l'éthique profane des questions qu'elle devrait plutôt aiguiser. La capacité critique de l'éthique protestante n'est pas nécessairement dans sa critique des idéologies externes: elle peut très bien intervenir aussi pour libérer les potentialités autonomes de la sécularité et nous aider ainsi à surmonter la charge anxiogène du pur ressentiment, cette sorte de maladie infantile de la religion protestante.

3) Un troisième critère décisif nous paraît être celui de la *capacité autocritique* de l'éthique théologique envers son propre fonctionnement. Cette capacité implique en particulier une disponibilité à reconnaître ses erreurs d'information et d'appréciation, le courage de corriger ou de compléter son évaluation éthique, l'honnêteté intellectuelle et morale ainsi que la lucidité religieuse de découvrir et de reconnaître chez les tenants d'autres croyances ou d'autres convictions une attitude plus juste, plus authentique, plus libératrice, et donc plus conforme, en fin de compte, au message évangélique. En d'autres termes, la thèse paulinienne et protestante de la justification par la grâce ne saurait se déployer uniquement *ad extra*, pour dénoncer le moralisme des autres (croyants et non-croyants), mais elle a toujours d'abord aussi une *fonction interne*, destinée à dévoiler la fausse conscience religieuse de soi si fréquente dans le protestantisme historique et vécu.

4) Un quatrième critère, plus difficile à manier, concerne la *capacité d'éclairage* de l'éthique théologique par rapport aux besoins et aux désirs

---

21. «La religion comme système culturel» (1963), in *Essais d'anthropologie religieuse*, Paris, Gallimard, 1972, p. 19-66.
22. «éthique des valeurs et éthique théologique», *Revue d'histoire et de philosophie religieuse* 73, 1993, p. 409-427.

de l'humanité. Ce critère est inséparable des précédents. Non seulement les besoins ne sont pas faciles à décrire et ne découlent pas simplement d'une analyse objective de la réalité, mais ils ne doivent naturellement pas être confondus non plus avec les désirs les plus profonds qui structurent la destinée humaine. L'élaboration d'une telle distinction n'est pas propre à la théologie, mais il est clair que la théologie se doit d'exprimer la visée *ultime* du désir humain, comme désir de Dieu, du vrai, du bien, du juste et du beau, et ne pas en rester à une conception fonctionnaliste ou utilitaire de la finalité de l'existence.

Il apparaît dès lors aussi de manière très frappante que la capacité d'éclairage de la théologie se joue pour une part décisive dans l'équilibre fragile à préserver entre les expériences de *résonance* (G. Theissen) et les expériences de *dissonance*. L'éthique théologique protestante a tendance à privilégier la dissonance (voir la critique radicale des éthiques autonomes dans la théologie dialectique et la méfiance plus générale de l'éthique protestante envers les modèles téléologiques et les éthiques du Bien), tandis que la théologie morale catholique accorde une plus grande priorité à la résonance et tend à sous-estimer la force transformatrice des thèmes bibliques de la justification par la grâce et de l'avènement du Royaume de Dieu. La tâche contemporaine est de montrer dans quel sens et de quelle manière, selon les circonstances, la dissonance de la croix, du jugement et de la critique appelle, *par sa radicalité et son exigence mêmes*, une expérience *plus grande* et *plus vraie* d'une authentique résonance, placée sous le signe résurrectionnel de l'Esprit et du Royaume.

Il faut souligner que cette dialectique analogique de la dissonance et de la résonance ne se limite nullement à l'expérience religieuse interne des chrétiens, des chrétiennes et des Églises. L'analyse théologique constitue bien plutôt un outil herméneutique susceptible d'éclairer toute expérience humaine et sociale. Le test de la plausibilité culturelle suppose une théologie de la culture, comprise au sens d'un discours généalogique, critique et reconstructif, et n'en ayant ainsi jamais fini avec sa propre constitution.

La liste de ces critères n'est évidemment pas exhaustive. Surtout, il s'agit bien de critères liés à la plausibilité culturelle, et non de critères de vérité. La problématique de la plausibilité ne constitue qu'un aspect de la problématique bien plus large de la vérité. Au stade où nous en sommes, nous voulons seulement souligner qu'aucune théorie de la vérification des énoncés éthiques et théologiques ne peut faire l'économie d'une mise à l'épreuve de leur plausibilité culturelle.

LE DÉFI D'UNE ÉTHIQUE CHRÉTIENNE RÉCONCILIÉE

Nous aimerions introduire ici une nouvelle étape de réflexion sur la nécessité d'une éthique œcuménique compatible avec les critères présidant, dans cet ouvrage, à la reconstruction de l'éthique théologique, et en particulier avec ce que nous avons dit plus haut des publics de la théologie. La crise présente de l'œcuménisme ne s'explique pas seulement par des facteurs théologiques; elle découle aussi de déplacements affectant le religieux lui-même dans le champ social et culturel. Un de ses avantages les plus évidents est d'avoir fait ressortir les véritables enjeux de l'œcuménisme et les conditions d'une vraie unité – *costly unity*, comme dit le Conseil œcuménique des Églises[23] – et de l'engagement éthique exigeant qui en découle – *costly commitment*[24].

La réflexion éthique est exposée en première ligne à l'occasion de ce processus d'*aggiornamento* confessionnel[25].

1) Protestantisme et catholicisme correspondent à deux manières fondamentalement distinctes d'aborder la réalité et la signification du salut, de l'Église et de l'histoire humaine ou de l'anthropologie (relations hommes-femmes). Or comprendre différemment le rôle de l'Église, son «instrumentalité», c'est lui donner aussi un poids différent dans les affaires du monde. Les débats classiques, dès le XVIe siècle, au sujet de la signification de la justification par la foi et de la portée des œuvres bonnes ne sont pas de simples vestiges du passé; ils conditionnent encore la perception que les deux confessions se font de la foi et de l'engagement des croyants dans le monde[26]. En particulier, ils fondent une autre appréciation de la profanité, de la laïcité et de la démocratie. Ils engagent de ce fait un autre rapport au caractère public de la théologie et à sa plausibilité culturelle.

---

23. Th. F. BEST et W. GRANBERG-MICHAELSON éd., *Costly Unity: Koinonia and Justice, Peace and Creation*, Genève, Conseil œcuménique des Églises, 1993.
24. Th. F. BEST et M. ROBRA éd., *Ecclesiology and Ethics: Costly Commitment*, Genève, Conseil œcuménique des Églises, 1995. La double notion d'unité qui coûte et d'engagement qui coûte fait évidemment référence au thème bonhoefférien du prix de la grâce, par opposition à la *billige Gnade*.
25. Je m'inspire ici librement des travaux du COMITÉ MIXTE CATHOLIQUE-PROTESTANT EN FRANCE, voir *Consensus œcuménique et différence fondamentale*, Paris, Centurion, 1987; *Choix éthiques et communion ecclésiale*, Paris, Éd. du Cerf, 1982.
26. Voir le débat tout récent, en Allemagne, à propos la Déclaration commune protestante-catholique sur la justification par la foi, avec notamment la position très tranchée de E. JÜNGEL, «Um Gottes willen – Klarheit! Kritische Bemerkungen zur Verharmlosung der kriteriologischen Funktion des Rechtfertigungsartikels – aus Anlass einer ökumenischen "Gemeinsamen Erklärung zur Rechtfertigungslehre"», *Zeitschrift für Theologie und Kirche*, 1997, p. 394-408.

Alors que le catholicisme tend à saisir la morale à partir de la continuité entre la nature et la grâce (selon une filiation thomiste jamais démentie), le protestantisme privilégie avant tout la relation (à la fois continue et discontinue) entre la Loi et l'Évangile. Pourtant, le catholicisme connaît aussi la dialectique de la Loi et de l'Évangile, même si elle est subordonnée au schéma de la nature et de la grâce, jugée plus essentiel; de même, le protestantisme n'est pas indifférent à l'égard de la question de la nature et de la grâce. Ce sont les théologiens extrémistes du protestantisme qui ont refusé tout lien entre la grâce de l'Évangile et les réalités désignées par le terme abstrait de nature; tant Luther que Zwingli et Calvin ont tenté de penser l'articulation entre grâce et nature. Au XXe siècle, de nombreux théologiens protestants ont posé à nouveaux frais la question de la pertinence de la nature et du réel pour le discours théologique et ses implications éthiques (voir en particulier les concepts du «naturel» et de la réalité avant-dernière, chez Bonhoeffer, ou le regain d'intérêt pour les théories du droit naturel ou de la loi de nature en éthique politique). Ces rapprochements ne signifient nullement la négation de la différence fondamentale. Protestantisme et catholicisme, réunis sur l'essentiel et capables d'agir ensemble occasionnellement, continuent à envisager cet essentiel sous un angle de vue spécifique et à motiver autrement les comportements et les normes éthiques. Dans des questions épineuses comme l'avortement, l'euthanasie, la fécondation artificielle, ou le contrôle des naissances, la différence fondamentale engendre de fortes divergences, notamment entre le Magistère catholique et les Églises réformées comme telles (les communautés et les courants évangéliques prennent souvent, sur plusieurs de ces points, des positions similaires à celles de l'Église catholique).

2) Il faut toutefois éviter d'assimiler cette différence fondamentale et la manière dont la comprennent les positions officielles du Magistère catholique. La question se pose, en particulier, de savoir si la conception que se fait Jean-Paul II du Magistère et de la morale catholique (y compris comme doctrine sociale) correspond nécessairement et durablement à la vision catholique comme telle, que ce soit dans l'élaboration qu'en a donnée le concile Vatican II ou dans celle qui pourrait se dessiner à l'avenir, sous la double impulsion du peuple des croyants et de la réflexion des théologiens et des théologiennes. Il existe fort heureusement aussi, dans le catholicisme, des tendances au renouveau théologique, éthique et démocratique. D'autre part, il faut bien voir que la question n'est pas seulement doctrinale. Le débat sur le statut de la loi naturelle (concept réintroduit en force après Vatican II) en éthique et en pastorale renvoie également au problème du pouvoir *dans* l'Église et du pouvoir *de* l'Église.

Ces modèles œcuméniques sont encore beaucoup trop convenus et trop timides pour répondre au défi posé par le processus de la modernité et de la postmodernité avec leur exigence de plausibilité culturelle renouvelée. C'est pourquoi nous proposons une impulsion nouvelle, inspirée librement du modèle de l'éthique reconstructive développé par J.-M. Ferry. L'histoire de l'éthique théologique de la Réforme à nos jours est aussi le destin tragique et douloureux d'une histoire de ruptures, de conflits et de violences réciproques entre les différentes confessions chrétiennes. En Occident, ce destin a surtout pris la forme d'une polarisation croissante entre la morale catholique et l'éthique protestante[27].

J.-M. Ferry insiste beaucoup sur le pôle *réparateur* et *anamnétique* de l'opération intellectuelle qu'est la reconstruction. L'identité reconstructive, écrit-il, est une «aptitude spécifique à notre époque à se relier aux autres identités[28]». Nous pouvons parler ici d'identité ouverte[29], par opposition au repli identitaire. Ferry parle, plus techniquement, d'une *identité négative*, marquée au coin d'une réflexivité particulière.

Dans quelle mesure l'histoire de l'éthique théologique occidentale a été une histoire de violence, avec son cortège de victimes, d'incompris, de rejetés et de bannis? Et dans quelle mesure aussi doit-elle être lue et reconnue comme une série de dialogues de sourds, au prix d'enfermements imposés à l'autre part? Telles sont les questions que nous devons désormais nous poser.

Pareil déplacement de l'interrogation ne vise plus à mettre en avant la recherche d'accords ou de plates-formes «ecclésiastiques» (on connaît trop les limites de ces rapports de synthèse), mais à aiguiser notre propre sens autocritique afin que cette déconstruction de nos maîtrises puisse faire émerger une nouvelle confrontation avec l'Évangile. L'accord à rechercher n'est donc plus dans une synthèse supérieure de nos différences mais dans une déprise des pouvoirs et des savoirs qui rendent si souvent notre raison sourde et notre cœur sclérosé.

Dans ce travail de deuil quasi psychanalytique, chaque partie peut en venir à se reconnaître et à s'accepter dans sa fragilité, à comprendre son identité comme une vulnérabilité à l'autre et comme une disposition neuve à l'écouter vraiment. Mais ce dépouillement suppose une *attention à l'histoire des souffrances de l'autre* et une *juste interprétation* de sa version des faits. Argumentation théologique et reconstruction œcuménique demeureraient vides sans l'articulation dialectique en profondeur avec le

---

27. J.-M. GUSTAFSON, *Protestant ethics and Catholic Moral*, Chicago, Chicago University Press, 1978, représente un effort méritoire de surmonter cette opposition. Dans le domaine de l'éthique sexuelle, l'opposition semble s'être définitivement sédimentée, comme on le voit de manière symptomatique dans l'ouvrage classique de É. FUCHS, *Le Désir et la Tendresse*, Genève, Labor et Fides, 1979.
28. *L'Éthique reconstructive*, Paris, Éd. du Cerf, 1996, p. 35.
29. Voir nos remarques sur l'identité dans le contexte européen, *Les Lieux de l'action*, Genève, Labor et Fides, 1992, p. 175-187.

moment de la narration et celui de l'interprétation. Mais il importe de relever la *modification fondamentale* qui affecte ainsi l'identité narrative et interprétative et qui va se reporter sur les niveaux de l'argumentation et de la reconstruction: *le sujet n'a pas la maîtrise du processus*, comme pourrait le faire accroire la dialectique des modes de discours, mais se découvre *écoutant, affecté, décentré*. *Le récit de l'autre fait irruption dans le récit égocentrique de soi*, obligeant le soi à entrer dans le jeu d'une interprétation dialogale et intersubjective. C'est en vertu d'une abstraction que l'identité narrative a pu apparaître comme solipsiste et subjective: elle est toujours traversée par le questionnement de l'autre.

Nous illustrerons ce qui précède par un exemple célèbre, la thèse wébérienne sur l'éthique protestante, en nous interrogeant sur les effets produits par cette thèse sur l'*identité protestante* dans sa relation supposée à l'*identité catholique*.

Le «grand récit» de l'éthique protestante proposé par Max Weber et relayé en souplesse par Ernst Troeltsch a donné lieu à de nombreuses interprétations et polémiques. Comment fallait-il comprendre en particulier le lien systématique entre cette espèce d'*essence* de l'éthique protestante décrite par Weber et l'énigmatique *esprit* du capitalisme? Et pourquoi fallait-il dériver cette éthique protestante, avec son vecteur de rationalisation, du dogme de la prédestination et de l'angoisse qu'il aurait suscitée chez les croyants?

La réception culturelle du paradigme wébérien a produit une schématisation caricaturale qui peut être ramené à deux interprétations symétriques et inverses:

Interprétation A: l'éthique protestante comme motif et signature de la modernité.

On souligne ici que l'éthique protestante a été le motif idéologique de l'émergence de l'esprit du capitalisme dans la culture moderne. De ce fait, ajoute-t-on, l'éthique protestante entretient un lien étroit avec la rationalisation comme processus central de la modernité manifesté dans l'émergence de l'esprit du capitalisme. Quant au catholicisme, il apparaît à l'inverse comme une force anti-moderne et il n'est pas étonnant que la morale catholique soit en déphasage constant avec l'expérience de l'homme moderne.

Interprétation B: la morale catholique comme protestation critique contre l'esprit du capitalisme et la culture moderne.

L'association systématique de l'éthique protestante et de l'esprit du capitalisme amène à se demander comment il est possible de s'en satisfaire, tant d'un point de vue théologique que d'un point de vue politique. N'a-t-on pas affaire ici à une stratégie d'adaptation et de conformisme, alors que l'éthique chrétienne, fondée sur l'Évangile, appelle un discernement critique des développements historiques et sociaux et une mise en cause de certaines tendances culturelles? La morale catholique semble mieux à même de relever le défi d'une critique théologico-éthique de la modernité[30].

Pour comprendre où le bât blesse dans l'opposition de ces deux interprétations, il convient de revenir au sens exact du lien entre éthique protestante et esprit du capitalisme chez Weber. Comme le montre Annette Disselkamp[31], Weber voit dans l'esprit du capitalisme à la fois *une éthique précise* (inspirée du luthéranisme) et une *tendance à la rationalisation* (effet du calvinisme). Dans les deux cas, l'esprit du capitalisme s'oppose au *traditionalisme*. Certaines formes de capitalisme marchand pouvaient en rester à un esprit traditionnel. Seule la *rationalisation systématique des méthodes de production et d'échange* nous fait passer selon Weber de l'esprit traditionaliste à l'esprit du capitalisme comme tel (82).

Il ne fait pas de doute aux yeux d'Annette Disselkamp que Weber a *isolé* l'esprit du capitalisme de son contexte social et économique réel pour mieux le *ramener* à «des idées et des intérêts religieux, sans justement prendre en compte l'évolution de la société» (85). C'est bien pourquoi nous parlions plus haut de l'éthique protestante elle-même comme d'une essence: nous avons affaire chez Weber à la *correspondance systématique foudroyante de deux essences* ou de deux concepts abstraits, l'éthique protestante et l'esprit du capitalisme, correspondance qui *justifie* (comme magiquement) l'antagonisme du traditionalisme et de la rationalisation moderne, en faveur bien sûr de ce dernier terme.

La question devient encore bien plus difficile quand on considère le lien établi par Weber (et par Troeltsch à sa suite) entre cette correspondance et le dogme de la prédestination[32]. Les analyses d'Annette Disselkamp sont éclairantes (voir 90 ss.). Elle y voit, comme Biéler et

---

30. Sur cette base, mais en l'inversant en quelque sorte, Michaël NOVAK en viendra à concevoir une vision catholique positive de l'esprit du capitalisme, voir *Une Éthique économique: les valeurs de l'économie de marché*, Paris, Éd. du Cerf-La Boétie, 1987 – ouvrage qui prend justement le contre-pied des thèses des évêques nord-américains sur la justice économique et de celles, moins radicales mais assez semblables néanmoins, de la doctrine sociale du Magistère romain depuis *Populorum progressio*.
31. *L'Éthique protestante de Max Weber*, Paris, Presses universitaires de France, 1994, p. 76 ss. Les chiffres entre parenthèses dans le texte renvoient à cet ouvrage.
32. Voir la critique théologique de cet aspect chez A. BIÉLER, *La Pensée économique et sociale de Calvin*, Genève, Georg, 1959, et É. FUCHS, *La Morale selon Calvin*, Paris, Éd. du Cerf, 1986, ainsi que chez M. H. MACKINNON, «Calvinism and the Infallible Assurance of Grace: The Weber Thesis Reconsidered (Part I)» et «Weber's Exploration of Calvinism: the Undiscovered Provenance of Capitalism (Part II)», *The British Journal of Sociology* 39, 1988, p. 143-177 et 178-210 (articles cités et discutés par A. Disselkamp).

Fuchs avant elle, un véritable «renversement de la dogmatique calviniste» (90) et en conclut que ce sont les *intérêts sociaux* des acteurs, et non leurs intérêts religieux qui expliquent le rapport entre protestantisme et capitalisme – une thèse que Weber a par ailleurs défendu dans son écrit *Les Sectes protestantes et l'Esprit du capitalisme*. Nous trouvons ce renversement proposé par Annette Disselkamp très fécond pour l'éthique théologique elle-même. La stratégie argumentative de cet auteur, à l'inverse de celle de beaucoup de théologiens, n'est pas de réfuter la compréhension théologique que Weber propose du calvinisme et du puritanisme, mais de s'interroger, plus sociologiquement, sur les facteurs sociaux susceptibles de rendre compte du lien systématique supposé entre éthique protestante et rationalisation capitaliste. *Je vois une portée théologique plus grande dans cette mise à distance de l'explication par le théologique que dans la riposte apologétique consistant à sauver le sens originaire du théologique.* Une telle attitude nous oblige en effet à nous *défaire* d'une double illusion, la première présupposant une *autonomie abstraite et intemporelle des doctrines*, la deuxième se laissant séduire par l'idée implicite selon laquelle le discours théologique pourrait mieux expliquer les transformations sociales que le discours sociologique. Il me semble au contraire que la reconnaissance des intérêts sociaux en jeu chez les croyants est plus instructive théologiquement. Elle nous renvoie en effet à la *gratuité des représentations théologiques comme condition de possibilité de l'engagement social réel des croyants*. Elle nous oblige dès lors aussi à prendre conscience de la *nécessaire distance critique* entre le théologique et le socio-historique, entre le dernier et l'avant-dernier, aurait peut-être dit Bonhoeffer ici: *du fait que le théologique ne se réduit pas à sa fonction explicatrice des transformations sociales, il en apparaît d'autant plus pertinent dans sa capacité d'élucidation critique de ce qui se passe et de la motivation personnelle des acteurs*. On pourrait dire, en reliant les deux sous-thèmes de ce chapitre, que *sa plausibilité culturelle est d'autant plus forte qu'elle ne se confond pas avec sa fonctionnalité sociale, et que l'éthique protestante se voit ainsi singulièrement dégagée et libérée du destin intemporel et abstrait dans lequel Weber a cru pouvoir l'enfermer.*

Cette expérience de déprise et de libération n'est-elle pas une conséquence imprévue et bénéfique de l'idée de justification par la grâce?

En 1906, dans l'étude sur *Les Sectes protestantes*, la motivation au «dressage capitaliste» ne sera plus, pour Weber, la crainte de l'au-delà et la peur des conséquences néfastes de la prédestination, mais la *nécessité de s'affirmer socialement*. Preuve en soit, comme le note très finement Annette Disselkamp, le glissement de sens du concept de *Bewährung*: la mise à l'épreuve ne porte plus sur l'élection, mais sur la foi devant les autres (197 s.)[33].

---

33. A. Disselkamp ne suit pas P. Berger, qui voit dans les deux écrits de Weber deux thèses complémentaires, celle de 1904 portant sur la genèse et sur

Dans sa conclusion, Annette Disselkamp souligne que l'influence de la thèse de Weber a «plutôt été néfaste» (203), malgré ses intuitions et la perspicacité de certaines de ses observations. Je dirais pour ma part que l'histoire de sa réception a contraint la théologie protestante à plus de modestie et à plus de liberté.

Le grand récit wébérien s'est défait, au gré de son manque de plausibilité et de ses contradictions internes, mais surtout en fonction des avancées de la déconstruction postmoderne de tels récits (Lyotard). Chez Habermas, il ne restera plus que la force reconstructive des rationalisations du monde vécu, mais sans l'influence active du religieux. L'éthique protestante doit se défaire de son identification hâtive avec le paradigme flatteur auquel la thèse wébérienne l'a narrativement réduite. Elle doit renouer avec la dialectique critique de la religion chrétienne et de la modernité, pour mieux assumer sa précarité et la liberté extraordinaire liée à cette fragilité. C'est dans cette faiblesse constitutive que réside sa force, et c'est ainsi qu'elle rejoint le camp des militants de la liberté chrétienne, laquelle s'étend de manière irrépressible par-delà le mur des confessions et ne cesse de remettre en question le monopole clérical du pouvoir, où qu'il s'exerce.

l'institutionnalisation et celle de 1906 sur l'aspect psychologique et sur la diffusion de la conduite de vie.

CHAPITRE IX

L'ÉTHIQUE DE LA RESPONSABILITÉ: AVEC ET AUTREMENT QUE PAUL RICŒUR

Dans le débat public auquel conduit l'éthique sans cesse, le théologien (ou la théologienne) croise le regard, le discours et le style du philosophe, trouvant en ce commerce irremplaçable de l'inspiration et du défi. Plutôt que de nous affilier inconditionnellement à telle philosophie, censée mieux nous convenir et confirmer subtilement nos thèses, ce qui irait à l'encontre de notre démarche généalogique, critique et reconstructive, il nous paraît plus fécond de prendre le risque du questionnement oblique[1]. À titre d'exemple, nous nous proposons, dans ce chapitre, de débattre avec Paul Ricœur, un des philosophes auxquels nous devons le plus, comme l'atteste ce travail, et de baliser ainsi le chemin d'un désaccord créatif et libre, hommage le plus sérieux qu'en vérité nous puissions lui rendre[2].

Nous procéderons en trois temps. Dans une première partie, plus substantielle, nous discuterons l'éthique ricœurienne de la responsabilité, en la confrontant à un point de vue théologique; puis, plus formellement, nous récapitulerons ce que pourrait être le juste rapport du théologique et du philosophique; enfin, dans le chapitre suivant, nous tirerons quelque enseignement sur la portée publique de l'éthique théologique.

---

1. C'est ce que nous avons tenté dans notre article «Bifurcations des philosophes et corde raide des théologiens» (en discussion avec Luc FERRY et Pierre-André STUCKI), *Études théologiques et religieuses* 72, 1997, p. 243-258.
2. La biographie intellectuelle de Ricœur par F. DOSSE (*Paul Ricœur. Les sens d'une vie*, Paris, La Découverte, 1997) donne de précieuses indications sur la réception très large de l'œuvre de Ricœur, y compris parmi les éthiciens et les théologiens protestants (notamment A. Dumas, R. Mehl, O. Abel, R. Campiche [comme sociologue], P. Gisel et moi-même). Sur l'éthique chez Ricœur et ses rapports à la théologie, l'ouvrage fondamental est celui de A. THOMASSET, *Paul Ricœur, une poétique de la morale. Aux fondements d'une éthique herméneutique et narrative dans une perspective chrétienne*, Louvain, University Press, 1996.

PENSER LA RESPONSABILITÉ: UNE TÂCHE PHILOSOPHIQUE?

Les passions se sont déchaînées ces dernières années au sujet de la responsabilité ou de l'irresponsabilité des politiciens. Une petite phrase de Georgina Dufoix (naguère ministre du gouvernement Fabius) à propos de l'affaire française du sang contaminé est encore dans toutes les mémoires: «Je suis responsable, mais pas coupable.» Détachée de son contexte, une telle affirmation a pu être comprise comme exprimant une volonté de se laver les mains de la part de ceux que l'on appelle précisément «les responsables politiques». Sans préjuger en rien de l'action des ministres socialistes français impliqués dans l'affaire du sang contaminé, on doit constater ici une regrettable confusion. D'une part, les critiques adressées à Georgina Dufoix présupposent que responsabilité politique et culpabilité iraient pour ainsi dire toujours de pair; d'autre part, l'attitude équivoque et pour le moins maladroite de la ministre en question tend à dissocier en principe responsabilité et culpabilité. Or les deux thèses doivent être défendues successivement: il importe certes de désimbriquer responsabilité et culpabilité, afin d'établir la dimension éthique de la responsabilité; mais il faut réfléchir aussi à leur interdépendance, si l'on ne veut pas réduire la responsabilité à une simple activité du sujet, alors qu'elle signifie toujours aussi l'imputation éthique d'une faute possible.

Y aurait-il une autre éthique qu'une éthique de la responsabilité? L'exemple que l'on vient de rappeler l'indique assez: tout semble aujourd'hui conduire à une revalorisation de la catégorie de responsabilité dans le champ de l'éthique, mais sait-on exactement de quoi l'on parle[3]? La philosophie n'a guère de peine à distinguer l'imputabilité de la responsabilité. Comme le souligne Paul Ricœur, «si l'on entend par imputabilité la procédure par laquelle on identifie l'auteur d'une action, son agent», «la responsabilité se décline alors au passé[4]». Conception minimale de la responsabilité, certes, mais qui suppose déjà l'acceptation, par le sujet éthique, de la nécessité de rendre compte et de rendre des comptes: de justifier son acte et d'en payer éventuellement les conséquences[5]. On le voit: même si elle ne constitue qu'un seuil, la vision de la responsabilité

---

3. Je ne suis pas certain qu'il faille, comme J.-M. FERRY, attribuer l'éthique de la responsabilité au modèle individualiste de la morale universaliste (voir *Les Puissances de l'expérience,* t. II, Paris, Éd. du Cerf 1991, p. 177).
4. *Lectures 1*, Paris, Éd. du Seuil 1991, p. 281-282.
5. Le même J.-M. FERRY, suivant en cela W. Benjamin et J. Habermas, souligne le lien de la responsabilité à la mémoire du passé, *Les Puissances de l'expérience,*, p. 216-219; voir à ce sujet les commentaires de J.-M. LAROUCHE et G. JOBIN, «Vers une "pragmatique contextuelle". L'éthique reconstructive de J.-M. Ferry», *Ethica* 9/2, t. 1, 1997, p. 181-196, 195. Je pense pour ma part que la dimension reconstructive concerne également l'avenir et doit donc s'articuler théologiquement à une éthique de l'espérance.

comme imputabilité n'est pas seulement juridique; elle est lourde, déjà, d'une compréhension du sujet éthique qui, non content de *se* rendre compte et de *se* rendre des comptes, entre en matière sur une possible culpabilité, au sens le plus effectif et le plus factuel de ce terme.

Cette fenêtre d'ores et déjà ouverte laisse également entrevoir à quel point une telle éthique place le sujet en position dominante, face à la fragilité constitutive de celui à qui est due la responsabilité et envers lequel s'impose une série de devoirs pratiques allant de la précaution la plus élémentaire[6] à une prudence plus vaste, incluant vigilance et anticipation. Nous touchons ici du doigt le degré le plus élémentaire et le plus concret de la dissymétrie: c'est envers un autrui plus faible, désavantagé ou menacé, que le sujet éthique se constitue et se reconnaît responsable, et c'est à cause même de ce fondamental déséquilibre qu'il consent à s'autolimiter[7].

Radicalisation théologique de la responsabilité.

Pourtant, comme théologien chrétien réfléchissant aux conditions d'une éthique de la responsabilité, nous ne saurions en rester à cette seule perspective d'horizontalité. La phénoménologie de la responsabilité ne débouche pas seulement sur une théorie éthique, recevable rationnellement et universalisable en droit; elle débouche aussi sur la question plus radicale du *vis-à-vis* de la responsabilité, de ce que le théologien Pierre Bühler appelle techniquement les «relations *coram*[8]». La confrontation dont émane le sentiment de responsabilité n'est pas uniquement de type éthique, comme si elle ne mettait en jeu qu'une altérité horizontale (quoique dissymétrique); elle porte toutes les marques d'une confrontation *théologale*, d'une «lutte avec l'ange», dont le sujet éthique ne saurait sortir

---

6. Sur ce thème de la précaution, très actuel en éthique médicale, voir F. EWALD, «L'expérience de la responsabilité», in Th. FERENCZI éd., *De quoi sommes-nous responsables?*, Paris, Le Monde-Éditions, 1997, p. 11-36, notamment p. 33-34; L. ENGEL, *La Responsabilité en crise*, Paris, Hachette, 1995, ainsi que P. LASCOUMES, «La précaution, un nouveau standard de jugement», *Esprit*, novembre 1997, p. 129-140
7. Voir ici par exemple J. GREISCH: «Il y a responsabilité, là où il y a un être vulnérable, menacé dans son essence ou son existence» («"Serviteurs et otages de nature"? La nature comme objet de responsabilité», in P. COLIN et al., *De la nature. De la physique classique au souci écologique*, Paris, Beauchesne, 1992, p. 319-359, 346). Pour le déploiement d'une éthique théologique et philosophique de la responsabilité, voir A. HOLDEREGGER, «Verantwortung», in J.-P. WILS et D. MIETH, *Grundbegriffe der christlichen Ethik*, Paderborn-Munich-Vienne, Zurich, Schöningh, 1992, p. 199-208 et surtout R. SIMON, *Éthique de la responsabilité*, Paris, Éd. du Cerf, 1993.
8. «Nature et grâce chez les Réformateurs», in É. FUCHS et M. HUNYADI éd., *Éthiques et nature*, Genève, Labor et Fides, 1992, p. 29-46.

indemne[9]. Si le philosophe tend déjà à élargir le socle temporel de la responsabilité pour en appréhender la fondamentale asymétrie (ce que Ricœur, commentant Hans Jonas, désigne comme une absence de toute réciprocité assignable[10]), le théologien doit encore désigner le *forum* explicitement théologal devant lequel se joue la véracité ultime du répondre[11]. Cette radicalisation, devant laquelle le philosophe peut être tenté de reculer, non sans en concéder la possibilité théorique, produit un redoutable choc en retour, nous obligeant à ajouter à l'idée d'un mystérieux mandat «d'en haut[12]», attestée par le philosophe Ricœur[13], celle d'un approfondissement *théologique* du mal. Car telle est bien la conséquence théologique d'un décentrement *par en haut* de la responsabilité humaine: regardée sous l'angle de son rapport à Dieu, *coram Deo*, la responsabilité n'échappe pas au questionnement *radical* de sa possible culpabilité, interprétée *explicitement* en terme de péché, c'est-à-dire d'un mal plus radical encore que le mal radical de la philosophie kantienne.

Certes, le décentrement théologique ainsi proposé ne gagnerait rien à se poser en absolu, en parole dernière surplombant la prudence bien légitime de la philosophie en la matière, de Kant à Ricœur. Le gain obtenu est susceptible d'une exploitation proprement philosophique, prolongeant les intuitions kantiennes ou même schellingiennes relatives à l'*inscrutable* énigme du mal radical. Le discours théologique, pour rester fidèle à sa visée, a impérativement besoin des interrogations philosophiques pour ne

9. Ce changement de niveau est fortement souligné par R. SIMON, *Éthique de la responsabilité*, p. 213 ss. Il s'explicite à travers les catégories théologiques de l'alliance et de l'élection, pour culminer, si je vois bien, dans une dialectique de la responsabilité et de la vocation, concrétisée dans la triple question: «Qui suis-je, moi que cette parole de l'Évangile responsabilise ? Qui est cet autrui dont je suis responsable ? Qui est cet Autre, qui a nom Jésus, pâque de Dieu et pâque des hommes ?» (p. 272).
10. *Lectures 1*, p. 283.
11. Voir É. FUCHS, *L'Éthique protestante. Histoire et enjeux*, Paris-Genève, Les Bergers et les Mages-Labor et Fides 1990, p. 107: la responsabilité suppose la précédence et l'interdépendance, le fait, finalement, de «se laisser revendiquer par l'Autre».
12. *Lectures 1*, p. 293.
13. Il nous semble que Ricœur reste ici très dépendant de Lévinas, chez qui la Hauteur de l'Infini se veut encore, philosophiquement parlant, une *transcendance-dans-l'immanence*, une transcendance pour ainsi dire *interne* à l'immanence; libérée du souci philosophique de légitimation interne intégrale, la théologie *peut* et *doit* thématiser la *transcendance vis-à-vis de l'immanence* qui seule constitue la *condition de possibilité proprement théologale* de la transcendance-dans-l'immanence – cette dernière demeurant ainsi en régime de *secondarité* (P. Bühler) ou de *dérivation*. – Plus récemment, Ricœur a manifesté une distance bien plus nette envers Lévinas, confinant à la critique radicale (avec l'accusation très dure de *terrorisme verbal*, expression soulignée par Ricœur), voir *Autrement. Lecture d'«Autrement qu'être ou au-delà de l'essence»*, Paris, Presses universitaires de France, 1997, p. 26. Il n'a toutefois pas rompu la solidarité philosophique centrale qui nous paraît justement rendre impossible la reconnaissance du *décrochage théologique* auquel pourtant l'une et l'autre philosophies *prêtent* (c'est leur faiblesse aux yeux des philosophes) et *invitent* (ce serait aussi leur chance, ici exploitée par nous).

pas télescoper les notions de responsabilité et de culpabilité. Prétendre, comme Georgina Dufoix, que l'on peut être responsable mais pas coupable, c'est reconnaître que les deux notions ne sauraient se confondre, surtout quand on élève implicitement celle de responsabilité au niveau de l'éthique; mais c'est laisser apercevoir aussi que, de la responsabilité morale à la culpabilité (qu'elle soit morale ou juridique), un passage est toujours possible, sauf à s'interdire toute idée de responsabilité.

Chez Ricœur (comme chez Lévinas sur ce point), la responsabilité se noue face à l'altérité de l'autre homme. C'est la dimension *horizontale* de la responsabilité. Vouloir étendre cette horizontalité en la déployant davantage en direction de l'instance temporelle de l'avenir, à la manière de Hans Jonas[14], c'est lui donner un contenu à la fois plus spécifique et plus énigmatique, et tendre davantage la corde de l'asymétrie au détriment de la réciprocité; c'est pourquoi une continuité plus grande et plus évidente mène de Lévinas à Jonas[15]. Chez Ricœur, la responsabilité implique toujours aussi la réciprocité, si l'on ne veut pas dédire le sujet de son devoir de rendre compte et de rendre des comptes; mais, de plus, Ricœur maintient une certaine tension entre l'autoréalisation éthique et ce qu'il appelle «le mandat d'en haut». Philosophiquement, ce mandat d'en haut concerne le fait que la tâche de la responsabilité, si intimement soit-elle liée à l'autoréalisation du sujet comme sujet autonome, est finalement «ressentie comme confiée par un autre»[16]. Ricœur admet ainsi un noeud essentiel où l'autonomie du sujet et une certaine «hétéronomie» se touchent (une proximité redoutable, au vertige de laquelle Kant ne semble pas avoir pleinement échappé, au risque de consterner Goethe et tous les adversaires des «restes de transcendance yahvique» au cœur du labeur philosophique). Ricœur ne va toutefois pas, comme Paul Tillich par exemple, désigner de façon univoque l'altérité en jeu comme théonomie[17].

---

14. Voir *Le Principe Responsabilité. Une éthique pour la civilisation technologique*, Paris, Éd. du Cerf 1990. Voir ici R. SIMON, *Éthique de la responsabilité*, p. 167 ss., ainsi que D. MÜLLER et R. SIMON éd., *Nature et descendance. Hans Jonas et le principe responsabilité*, Genève, Labor et Fides, 1993.
15. Voir ici W. LESCH, «Ethische Argumentation im jüdischen Kontext. Zum Verständnis von Ethik bei Emmanuel Levinas und Hans Jonas», *Freiburger Zeitschrift für Philosophie und Theologie* 38, 1991, p. 443-469, ainsi que R. SIMON, *ibid.*, p. 125 ss. et 167 ss.
16. *Lectures 1*, p. 293.
17. Je reviendrai sur cette question dans la suite du chapitre. À propos de Tillich, voir mes remarques dans *Les Lieux de l'action, Éthique et religion dans une société pluraliste*, Genève, Labor et Fides, 1992, p. 79-89, ainsi que ici, chapitre III. Cette dialectique de l'autonomie et de l'hétéronomie se retrouve également dans l'encyclique *Veritatis splendor* (§ 41). On doit simplement regretter que la légitime articulation de la théonomie et de «l'autonomie morale authentique» ne porte pas à conséquence quant à la liberté des moralistes eux-mêmes; de fait, cette encyclique enferme la recherche éthique dans la double contrainte d'une référence biblique (Matthieu 19) instrumentalisée et d'une réaffirmation de la quasi-infaillibilité du Magistère moral de l'Église catholique romaine. Bien des moralistes catholiques rejoignent cependant le sentiment des éthiciens protestants. Voir nos remarques au chapitre premier.

Il concède simplement que la coïncidence philosophique du mandat d'en haut et de l'autoréalisation est *également susceptible d'une interprétation religieuse*, qui rendrait compte d'une manière spécifique de l'horizon d'obligation et d'instauration de l'éthique. Pour Ricœur, cette possibilité de référer l'éthique à la religion et même à une forme particulière, juive ou chrétienne, de religion, relève des convictions dernières, éclairant *a posteriori* la réflexion éthique rationnelle, sans en fournir le fondement.

Comme nous l'avons établi dans cet ouvrage à différents endroits, il nous paraît qu'il y aurait lieu, au contraire de ce que propose ici Ricœur, de mieux distinguer le plan du religieux et celui du théologal, car si le plan théologal comme tel – avec sa positivité constitutive liée à l'avènement d'une révélation – échappe effectivement au travail du philosophe, le plan du religieux, lui, requiert une élaboration philosophique qui ne peut en rester à l'approche phénoménologique, mais requiert un traitement normatif.

Par-delà tout ce qui peut les séparer, au moins sur le plan des concepts et des procédures, Ricœur et Lévinas s'en tiennent à une structuration de la responsabilité par la confrontation avec l'autre. La responsabilité est toujours réponse à la question d'autrui. À la question originaire: «Où es-tu?», le sujet éthique se doit de répondre: «Me voici»[18]. Telle est la source de l'obligation. Or, comme nos deux philosophes le savent bien, cette confrontation n'a pas pour seuls acteurs le soi et son autre. Dans le récit biblique, Caïn et Abel débattent et se battent devant une tierce instance. La question la plus radicale n'est pas prononcée par l'un des deux protagonistes, mais par Dieu lui-même, témoin de la scène. Dieu ne demande pas: «Où es-tu?», mais bien: «Où es ton frère?», puis: «Qu'as-tu fait?» La réponse du meurtrier n'est pas de responsabilité, mais de déresponsabilisation: «Suis-je le gardien de mon frère?» (voir Genèse 4, 9-10).

Il faut penser cet *envers* de l'éthique pour atteindre l'exigence éthique dans toute sa profondeur. Le philosophe, d'une certaine manière, ne peut la penser jusqu'au bout; je veux dire qu'il ne peut aller au-delà de cette modestie sceptique et de cette grandeur, reconnues à Kant, consistant à décréter *inscrutable* le mal radical; sinon, il ferait trop directement allégeance au texte biblique, déléguant à la narrativité propre de ce dernier la constitution argumentative de la liberté du sujet. Mais c'est dire aussi que la propriété globale de la narration biblique ne se limite pas à la constitution du sujet comme identité narrative, elle pointe aussi vers la constitution de l'identité du croyant devant Dieu, de l'identité irréductible et incomparable advenant *coram Deo*.

---

18. Voir *Soi-même comme un autre*, Paris, Éd. du Seuil 1990, p. 195, en référence à E. LÉVINAS, *Autrement qu'être ou Au-delà de l'essence*, La Haye, Nijhoff, 1974, p. 180. Ricœur est revenu sur cet ouvrage, à l'occasion de l'adieu à Lévinas, voir *Autrement*.

À trop vouloir concilier et harmoniser le discours philosophique et le discours théologique, on perdrait aussi bien de vue, me semble-t-il, la lucidité réflexive du philosophe, sensible aux limites de la raison, que la vocation critique du théologien, voué à une instance qui passe la raison. C'est sans doute pourquoi la redécouverte contemporaine de la responsabilité en éthique se fait en catimini, sous couvert de penseurs fortement marqués par l'héritage judéo-chrétien, mais apparemment gênés d'assumer jusqu'au bout la *logique décentrante* du récit fondateur. À moins de la cantonner «dans les limites de la simple raison», la tradition judéo-chrétienne a de quoi littéralement *excéder* le croyable disponible; c'est son défi le plus radical envers le philosophe, qu'il soit en l'occurrence chrétien ou juif.

S'il dépasse consciemment les bornes dans lesquelles la philosophie se doit de demeurer, ce point de vue théologique n'en est pas pour autant spéculatif ou déraisonnable. Il bénéficie à sa manière des acquis de l'héritage kantien. Paul Ricœur n'a cessé, au cours de son œuvre[19], de souligner à quel point, chez Kant, la «restauration de la puissance d'agir, ruinée par le mal[20]», suppose en amont d'elle-même et du mal une disposition au bien plus originaire encore que le mal n'est radical. Positivement, dans l'ordre de l'éthique, cette originarité implique le redéploiement de l'espérance face aux effets dévastateurs du mal. Non seulement «l'aveu du mal radical» et «l'assomption des moyens de régénération» se trouvent ainsi entrecroisés, en une perspective synchronique, mais la volonté bonne, comme point de départ de l'éthique, resurgit pour ainsi dire intacte.

Ricœur établit dans son œuvre une distinction capitale entre l'éthique, comme visée de la vie bonne, et la morale, comme mise à l'épreuve de la norme. C'est bien sur le chemin qui conduit de l'éthique à la morale que le soi, comme liberté, fait l'expérience du mal radical; parce qu'elle est toujours confrontée au meurtre possible de la liberté d'autrui, ma liberté appelle l'épreuve de la norme; l'éthique de la liberté, pourrait-on dire, n'est pas sans la morale de la responsabilité.

Ainsi donc, la responsabilité émerge, chez Ricœur, plus spécifiquement sur le plan de la morale et de l'institution des normes. Mais où s'inscrit alors la dimension originaire de la responsabilité, comprise de manière radicale comme *confrontation forensique de la volonté avec un autre qu'elle-même?* Car une espérance de type philosophique, qui

---

19. La continuité est profonde qui conduit ici de *La Symbolique du mal* («Aussi *radical* que soit le mal, il ne saurait être aussi *originaire* que la bonté», Paris, Montaigne, 1960, p. 150) et l'étude de 1960 «Le "péché originel", étude de signification» (in *Le Conflit des interprétations*, Paris, Éd. du Seuil, 1969, p. 265-282) aux textes plus récents sur Kant (*Le Mal. Un défi à la philosophie et à la théologie*, Genève, Labor et Fides 1986 = Lectures 3, Paris, Éd. du Seuil, 1994, p. 211-233; *Soi-même comme un autre*, p. 237-254; «Une herméneutique philosophique de la religion: Kant», in *Interpréter* (Mélanges Claude Geffré), Paris, Éd. du Cerf 1992, p. 25-47).
20. «Une herméneutique philosophique de la religion: Kant», p. 27.

renouerait purement et simplement avec le fondement de l'éthique, soit une volonté bonne, n'appellerait à nos yeux qu'une conception faible de la régénération et de ses implications éthiques.

Contre les récupérations aplatissantes qui peuvent être faites de Kant, Ricœur refuse d'identifier le concept philosophique de mal radical et celui de péché originel. Cette distinction est en effet la condition de possibilité de l'éthique rationnelle: seuls des êtres demeurés capables de respect peuvent faire droit aux exigences de la conscience[21]. En même temps, Ricœur reconnaît la tension qui passe, chez Kant, entre une préférence foncièrement pélagienne et un retour critique de type augustinien; on pourrait dire que, pour Ricœur, Kant est pélagien quant à l'*avant-plan* de l'éthique et augustinien (en un sens critique) quant à l'*arrière-plan* de la dogmatique ou de la métaphysique: le mal radical, même subordonné à un bien plus originaire, demeure fondamentalement inscrutable, comme l'atteste la profonde méditation menée par Ricœur sur le tragique[22]. C'est cette réserve anti-spéculative qui garantit l'essor de l'espérance, entendue comme possibilité rationnelle de l'homme.

En concédant la présence, chez Kant, d'une telle ligne critique, Ricœur renoue avec sa propre certitude d'une plus grande profondeur de saint Augustin par rapport à Pélage, du moins sur ce point décisif qu'est «le fond démonique de la liberté humaine»[23] – un thème trop souvent occulté dans les discussions éthiques contemporaines, marquées au coin d'une anthropologie humaniste naïvement optimiste. Pris au sérieux, ce surcroît paradoxal d'un mal indéracinable oblige à respecter les possibilités et donc aussi les limites de la liberté. C'est Karl Jaspers qui le reconnaissait: «Au-delà de toutes les connaissances que nous pouvons acquérir, nous sommes finalement *forcés* de trouver notre propre chemin à partir d'un *non-savoir* qui en reste l'origine véritable; et là *nous devenons responsables*, non seulement de tel acte particulier, mais *de nous-mêmes*[24].» Entre l'expérience du mal radical et l'espérance comme chemin de régénération, nous devons encore prendre la mesure de notre responsabilité; c'est une responsabilité adossée et acculée au non-savoir, à la non-disposition de soi par soi (sur ce point, Ricœur rejoint tout à fait Jaspers), mais il faut ajouter, théologiquement, que cette «responsabilité de nous-mêmes», loin de s'épuiser dans le commerce de la conscience avec elle-même ou avec une loi morale redondante, bute dramatiquement sur ses limites, confrontée à l'appel d'un autre, dans le face-à-face avec une voix différente, qui ne redouble pas celle de notre conscience. La rencontre avec Dieu, expression

---

21. *Ibid.*, p. 31.
22. Voir O. ABEL, «Ricœur et la question tragique», *Études théologiques et religieuses* 68, 1993, p. 365-374.
23. *Le Mal*, p. 30.
24. «Le Mal radical chez Kant» (1952), cité par P. RICŒUR, «Une herméneutique philosophique de la religion: Kant», p. 33 (c'est moi qui souligne).

ultime de la religion authentique – un thème décisif en théologie depuis Schleiermacher –, place la responsabilité humaine dans une situation inédite, l'obligeant à rendre compte et à rendre des comptes face à une autre instance qu'elle-même. La responsabilité n'est donc plus ici d'abord réflexive, mais transitive: elle devient vraiment réponse à la parole d'un autre. «Où es-tu? – Me voici!» Entre l'injonction et l'obéissance, il y a comme le hiatus de deux sujets incommensurables, mais dont la rencontre inégale rend possible la relation vivante. L'homme pécheur, l'*homo incurvatus in se* des Réformateurs, ne cesse de se définir au prix et au gré d'une telle rencontre, source et lieu de sa justification[25].

Cette rencontre, toute la tradition théologique, de saint Paul à saint Augustin, de saint Thomas à Karl Barth et à Paul Tillich, la décrit comme expérience de l'amour. *Naître devant Dieu à la responsabilité envers autrui*, telle est bien la dialectique de la justification par la foi et de la sanctification en l'Esprit. L'amour offert et l'amour requis se rejoignent ainsi, sans se confondre, dans la dynamique éthique des fruits de l'Esprit. Cette conception théologique de la responsabilité humaine, qu'on peut appeler forensique (car elle se constitue en présence de Dieu), se distingue aussi bien de la perception juridique de l'imputabilité que de la conception moralisatrice du sentiment oppressant de culpabilité.

Or la philosophie, comme Ricœur le reconnaît, ne peut saisir la dimension proprement événementielle de la justification et de la sanctification que sur le mode de l'imagerie: d'une telle *dramaturgie* ou d'une telle *gigantomachie* mettant aux prises des partenaires inégaux, elle doit interpréter le sens, sans trahir l'autre qui s'annonce en elle, mais en essayant de s'accorder avec lui[26]. Peut-on aller au-delà d'une telle harmonisation? Si l'on pense la figure christique, en son dynamisme historique et eschatologique, comme un excès et un surcroît de sens, plutôt qu'en simple continuité herméneutique, on se voit à mon avis contraint d'approfondir davantage encore la logique de la vie responsable[27]. Car non seulement cette dernière se heurte douloureusement à la persistance du mal, mais, de plus, elle la comprend comme faute et comme péché. Précisons: la responsabilité éthique, confrontée à la faute envers autrui, ou à la trahison de l'être aimé, en se situant devant Dieu, atteint le *fond* de la faute, c'est-à-dire cela même qui, dans le refus d'aimer, revient à défier Dieu, en niant la différence fondamentale entre le créateur et la créature. La responsabilité assumée n'est donc pas, comme le voulait le moralisme de l'*Aufklärung*,

---

25. Sans doute y a-t-il ici une différence d'accent non négligeable entre la tradition protestante et la tradition catholique, même si, comme je l'esquisse dans la suite de ce chapitre, il paraît possible d'en surmonter les oppositions traditionnelles.
26. «Une herméneutique philosophique de la religion: Kant», p. 35-36.
27. C'est la grandeur théologique et l'actualité indéniable de la vision bonhoefférienne de la responsabilité éthique, constamment rapportée aux idées de substitution et d'assomption de la faute, voir *Éthique* (1949), Genève, Labor et Fides, 1997, p. 182-207.

dont Kant participe encore ici, simple retour de la volonté bonne sous le discours voilé de la régénération. Elle n'est pas non plus valeur d'avant-plan, donnant du relief à un arrière-plan présupposé acquis et maintenu intact: elle devient catégorie centrale d'une éthique nouvelle; elle rompt aussi bien avec le concordisme de la morale traditionnelle qu'avec l'utopisme d'une responsabilité aspirée par les générations futures[28].

Résolument attachée au présent et à ses possibles, sans illusions sur le passé et sans lyrisme sur l'avenir, *une éthique de la responsabilité à la taille de l'homme suppose la critique des idoles et des idéologies*; rien ne serait plus nocif et plus trompeur qu'une éthique obnubilée par le conflit des dieux et des valeurs, et incapable de ce fait de prendre distance par rapport à ses propres absolus. L'affirmation de Dieu dont témoigne le christianisme ne signifie pas fatalement la mort de la liberté et de la responsabilité, comme le pensaient Nietzsche et Sartre[29]; elle peut inspirer au contraire une vision plus radicale de la responsabilité: une vision délestée de toute illusion et ouverte à l'action décidée de ceux et celles qui espèrent contre toute espérance.

Le nécessaire passage par l'aveu de la faute et du péché, sur lequel nous avons insisté, nous ferait-il retomber dans «l'étau de la culpabilité[30]»? Non, il balise plutôt la redécouverte d'une responsabilité plus authentique et plus lucide. Par-delà la tendance paralysante du sentiment de culpabilité[31], reconnaître sa faute fait advenir la responsabilité à sa vraie profondeur: tout en ne se confondant jamais comme telle avec la culpabilité avérée, elle n'esquive pas la possibilité de s'assumer elle-même comme effectivement coupable. On peut certes, dans certains cas bien précis, être «responsable, mais pas coupable»; on n'est en revanche jamais

---

28. Voir sur ce point les critiques que j'adresse à Hans Jonas dans mon ouvrage *Les Lieux de l'action,* p. 117-129 («Une éthique de la responsabilité à la taille de l'homme»). Voir également, dans *Nature et descendance,* la contribution de J.-M. THÉVOZ. Sur la problématique de l'éthique envers les générations futures, l'ouvrage fondamental est celui de D. BIRNBACHER, *Verantwortung für zukünftige Generationen,* Stuttgart, Reclam, 1988 (trad. fr., Paris, Presses universitaires de France, 1994).
29. Voir ici les remarques déjà anciennes de W. PANNENBERG, *Gottesgedanke und menschliche Freiheit,* Göttingen, Vandenhoeck & Ruprecht, 1972. Dans *Parole et histoire. Dialogue avec W. Pannenberg* (Genève, Labor et Fides, 1983), j'avais surtout souligné les points sur lesquels la théologie de Pannenberg me paraissait discutable ou excessive. Tout en demeurant réservé sur une certaine ambition totalisante du projet pannenbergien, j'ai davantage pris conscience, avec le recul, de tout ce que je dois à cette pensée exigeante. Reste à s'interroger sur sa conception du péché et sur la manière dont elle entend la légitimer anthropologiquement (voir *Anthropologie in theologischer Perspektive,* Göttingen, Vandenhoeck & Ruprecht, 1983).
30. L'expression est de la psychanalyste M.-C. BOISSET, in F. LENOIR, *Le Temps de la responsabilité,* Paris, Fayard 1991, p. 39.
31. Voir ici le travail stimulant de N. JEAMMET, *Les Destins de la culpabilité. Une lecture de l'histoire de Moïse aux frontières de la psychanalyse et de la théologie,* Paris, Presses universitaires de France, 1993.

véritablement responsable si on élude *a priori* toute culpabilité morale; c'est dire aussi qu'en énonçant le mystère de la faute dans les termes à la fois relationnels et ontologiques du péché et de l'iniquité, le christianisme, comme le judaïsme[32], nous contraint à penser ce qui, au cœur de la responsabilité, transcende la seule perspective éthique.

La responsabilité sociale et politique.

La méditation que nous avons conduite jusqu'ici n'en est pas achevée pour autant; sa visée, en effet, n'est pas spéculative, mais pratique. Concrètement, il y va de la capacité d'une société à redécouvrir la plausibilité éthique et culturelle de la responsabilité sociale et politique[33]. Nous pouvons nourrir un temps l'illusion d'une éthique complètement repliée sur elle-même, réservée aux individus, hors de tout imaginaire commun et de toutes médiations partagées. Cela nous conduit, au mieux, à conforter le sens du devoir ou les vertus spécifiques de l'homme politique, renvoyé à la solitude indépassable de sa (bonne ou mauvaise) conscience, mais nous ne parviendrons jamais, par ce stratagème, au cœur du problème, là où doit s'opérer le lien entre le sentiment de responsabilité et sa mise en œuvre politique et institutionnelle.

À première vue, la responsabilité occupe, dans l'éthique politique, une place limitée. Ramenée la plupart du temps à sa seule dimension juridique, elle semble couvrir uniquement le champ technico-administratif et économique: l'homme politique apparaît avant tout comme un habile et si possible honnête gestionnaire, sommé de rendre compte de la politique menée. C'est peut-être cette sournoise lassitude qu'exprimait la petite phrase de Georgina Dufoix: comment, en effet, se reconnaître pleinement responsable, quand on a soi-même été en quelque sorte laminé et aveuglé par la logique techno-bureaucratique?

Chez Max Weber, l'opposition forcée de l'éthique de conviction et de l'éthique de responsabilité visait surtout à mettre en évidence la supériorité de la seconde; la responsabilité y désignait le sérieux de l'homme politique, capable de prendre en compte les conséquences de ses actes et de ses décisions, au nom d'un sain réalisme. L'éthique de conviction, comme donnée d'arrière-plan, se réduisait à une attitude de douce candeur[34].

---

32. Même si, dans ces deux religions si proches, l'abord différencié du péché et de la faute suppose une autre vision de l'éthique, redevable notamment à l'écart qui demeure dans l'interprétation des réalités messianiques.
33. Nous nous sommes exprimé récemment sur cet aspect dans notre texte *Les Éthiques de responsabilité dans un monde fragile*, Montréal, Fides, 1998.
34. Voir *Le Savant et le Politique* (1919), Paris, Plon, 1959 (édition de poche 10/18), p. 162-185.

Avec l'attention nouvelle portée à la responsabilité parentale et politique à l'égard de la descendance et des générations à venir, Hans Jonas a élevé la catégorie de responsabilité à un niveau encore supérieur à celui qu'elle occupait dans la conception wébérienne. Désormais, la responsabilité transcende les possibilités du sujet; tout en se concentrant sur l'aval des conséquences, elle désigne l'amont d'une ontologie.

En 1968 déjà, Paul Ricœur avait inscrit la responsabilité, comme catégorie centrale de la philosophie éthique et politique, à l'intersection d'une psychologie philosophique de la décision et d'une ontologie de la liberté[35]. À la différence de la décision, assignée au discours subjectif, la responsabilité confronte les volontés subjectives à la rationalité de la loi et de l'universel; le vouloir, comme volonté morale, quitte le niveau de l'arbitraire et s'élève à celui de l'universalité; selon Ricœur, la distinction kantienne entre la volonté et l'arbitraire garantit l'autonomie véritable de la volonté, mais à condition de bien voir, contre Kant, que la liberté a besoin, pour parachever cette autonomie, de se réaliser pleinement à l'épreuve de la réalité et donc *via* les médiations objectives de la société et de l'État. La responsabilité ne saurait en demeurer au simple niveau de la volonté subjective; elle doit se matérialiser dans une philosophie politique.

L'argumentation de Ricœur, dans le texte indiqué, a encore une forte tonalité hégélienne. Tout se passe ici comme si l'éthique de la responsabilité, entendue au sens d'une responsabilité politique se réalisant dans les médiations institutionnelles et étatiques, représentait l'accomplissement à la fois nécessaire et souverain de l'ontologie de la liberté. Au fil des ans, Ricœur s'est, nous semble-t-il, plus explicitement et plus radicalement éloigné de Hegel, de son panlogisme et de sa dialectique totalisante[36]. C'est qu'au cœur du discours sur le politique lui-même, comme lieu obligé de la responsabilité, s'est affirmée et déployée la prise de conscience du mal radical.

Méditant Éric Weil et Hannah Arendt[37], Ricœur a pris ses distances de toute théodicée de type hégélien; cela explique sans doute que le jugement qu'il porte sur la responsabilité politique est nettement moins globalisant et par conséquent moins idéologique que celui d'un Hans Jonas, encore tout empêtré dans la discussion avec le marxisme libertaire à la Ernst Bloch. De Weil, Ricœur retient que le politique ne pourra jamais s'affranchir de la violence effective à l'œuvre dans l'histoire (ce qui est dans la logique de Max Weber), mais, à l'inverse de toute une tradition hégélienne, il maintient (avec Arendt) que l'éthique comprend normativement la politique comme refus de la violence.

35. «Liberté, responsabilité et décision», *Actes du XIVe Congrès international de philosophie*, Vienne, Herder 1968, p. 155-165.
36. Voir *Le Mal*, p. 32-34.
37. Voir J. ROMAN, «Entre Hannah Arendt et Éric Weil», in *Paul Ricœur*, *Esprit* 140-141, juillet-août 1988, p. 38-49.

Cette tension nous apprend que la responsabilité politique ne peut réaliser éthiquement la liberté qu'en assumant la médiation des institutions. En effet, les institutions signifient et régulent simultanément la violence. L'espérance qui meut la politique suppose un bien politique plus originaire que la violence, expression du mal politique radical; mais précisément, ce bien ne peut être entrevu qu'au prix d'une confrontation proprement politique avec l'ambivalence même des institutions et de l'État. On ne sort pas du mal par la tangente, mais par une transformation interne.

La question demeure pourtant de la pertinence de l'éthique politique chez Ricœur. «L'éthique du politique ne consiste pas en autre chose que dans la création d'espace de liberté[38].» La thèse s'inspire davantage de la vision du bien politique que de ce qui lui fait obstacle. Centré sur la seule finalité éthique du politique, Ricœur ne sous-estime-t-il pas par trop ici et l'*opacité institutionnelle*, et l'*irréductible fond démonique* qui demeurent attachés au pouvoir comme tel?

Penser l'opacité institutionnelle, ce ne serait pas seulement saisir la logique propre du technocosme[39]; ce serait, plus radicalement, saisir l'envers du pouvoir immanent au politique: oser dire l'idole, le démonique[40] dont tout pouvoir est porteur et donc, ultimement, le refus de transcendance inscrit au cœur même du pouvoir. Ce serait conduire l'éthique politique là où spontanément elle refuse toujours d'aller: vers ce qu'elle suppose de critique *théologique* du pouvoir. Ainsi, notre questionnement précédent sur la radicalité théologique du péché trouverait sa traduction normative sur le plan politique.

Au terme de ce parcours, la tâche nous apparaît donc plus pressante que jamais d'une nouvelle éthique de la responsabilité, se mesurant à l'énigme du mal au cœur des réalités existentielles et historiques. L'éthique de la responsabilité politique peut prendre des formes bien différentes, selon qu'elle se situe dans l'héritage libéral dont Paul Ricœur nous paraît finalement s'inspirer ou qu'elle opte pour une vision plus autoritaire, comme celle qui perce dans certains propos de Hans Jonas. Mais dans les deux cas, *la charge idolâtrique immanente au pouvoir humain est-elle pensée jusqu'au bout ?* Même lorsque il prétend se mettre généreusement au service du bien commun, le pouvoir politique peut se prendre pour l'absolu et mettre ainsi la transcendance de l'autre au service de sa propre démesure.

Une vision délibérément théologique et critique des liens rattachant la responsabilité à la faute et au péché, loin de nous ramener à d'oiseuses

---

38. «Éthique et politique», in *Du Texte à l'action*, Paris, Éd. du Seuil 1986, p. 393-406, 403.
39. Voir P. KEMP, «Un "oubli" dans la philosophie politique de Ricœur», in J. GREISCH et R. KEARNEY éd., *Paul Ricœur. Les métamorphoses de la raison herméneutique*, Paris, Éd. du Cerf, 1991, p. 217-222.
40. L'expression joue un rôle central chez Paul Tillich dans sa critique théologique du politique.

spéculations métaphysiques ou à des alliances suspectes, pourrait se révéler instructive pour la constitution d'une éthique plus réaliste du politique[41]. Dans une telle perspective, il ne serait ni fatalement honteux, ni disqualifiant en soi de se dire responsable, donc éventuellement coupable. Le politicien y aurait gagné un nouvel atout: celui d'oser reconnaître en public qu'il lui peut arriver d'être en faute, non sans que cette défaillance personnelle renvoie aussi aux perversités spécifiques de la nature et de l'exercice du pouvoir. La société commencerait peut-être à comprendre, pour sa part, que le sens de la responsabilité ne s'épuise ni dans sa formulation juridique, ni même dans sa version éthique; car l'histoire humaine, lieu d'exercice de la responsabilité, nous confronte en permanence à l'*envers tragique de notre existence et de nos actions*. Saisir cette transcendance méta-éthique de la responsabilité, ce n'est pas nous décharger la conscience à bon marché, mais indiquer la radicale *fragilité* par laquelle nous répondons de nos actes. Nous ne sommes pas responsables de tout, mais bien de nos actes et de leurs conséquences prévisibles; nous ne sommes pas responsables de toute victime, comme le voudrait une représentation culpabilisante et malsaine, mais bien des victimes qui sont «en notre pouvoir»; nous sommes, enfin, responsables devant une instance qui dépasse les possibilités de toute représentation morale; mais c'est bien *à nous, comme sujets éthiques indépassables*, qu'il revient, sans filet, de dire la cohérence de notre être, de notre agir et de notre espérance, face aux coups de boutoir destructeurs de la violence et de la haine. Car au cœur de notre action la plus authentique et la plus entière demeurent «l'effrayante impuissance qui habite notre puissance, et la pitoyable irresponsabilité qui habite notre responsabilité[42]».

LA THÉOLOGIE COMME FACTEUR D'INSTABILITÉ NORMATIVE

La discussion que nous venons de mener avec Ricœur indique on ne peut plus clairement l'*impossibilité*, mais aussi l'*indésirabilité* d'un concordisme paresseux et commode entre la philosophie et la théologie[43].

---

41. Nous nous y sommes essayé avec Roger MEHL, voir notre article «Politique», in *Encyclopédie du protestantisme*, Paris-Genève, Éd. du Cerf-Labor et Fides, 1995, p. 1160-1181.
42. O. ABEL, «Ricœur et la question du tragique», p. 368.
43. J.-C. ESLIN note la tendance contemporaine aux «entreprises unifiantes», comme celle de Drewermann: elle correspond aux besoins du public, mais représente aussi une solution de facilité, faisant bon marché de l'exigence propre aux distinctions méthodologiques classiques («Indépassable religion», *Esprit* 233, juin 1997, p. 7-19, 19). Nous plaidons ici pour de telles distinctions, centralement entre philosophie et théologie, comme le fait lui-même Ricœur; le fait que nous divergions avec ce dernier quant à l'articulation

L'éthique théologique ne doit pas craindre de marquer ici sa différence, même si nous ne croyons pas pouvoir suivre des auteurs comme Stanley Hauerwas ni même William Placher dans leur volonté d'affirmation massive du théologique contre le philosophique. Car il ne s'agit pas de *s'opposer* à la philosophie. Pareille *réaction* n'est ni plus convaincante, ni plus mûre que le *suivisme inconditionnel* à l'égard d'une philosophie au détriment des autres. Nous ne nous satisfaisons pas non plus d'un recours purement *éclectique* à la philosophie. Cette pratique, dûment assumée par Karl Barth[44], court en effet le double risque de l'arrogance envers la philosophie et d'incohérence interne.

Que faire alors, si l'opposition, le suivisme et l'éclectisme se dérobent sous nos pieds? Comme nous l'avons esquissé et tenté plus haut, la seule voie possible nous paraît celle de la *critique oblique*, de l'interrogation tenace de la philosophie sur ses *implications théologiques indirectes* et sur sa *difficulté à les assumer logiquement* jusqu'au bout. Cette critique oblique n'a rien d'une simple élucidation des problèmes immanents à la pensée philosophique: elle découle, de toute évidence, d'un point de vue *extérieur* à la philosophie. Mais nous considérons en même temps que cet extérieur donne à penser à la philosophie, quant au statut même de sa conscience de l'excès.

Une philosophie qui ne rendrait pas compte de ce qui *l'excède théologiquement* est-elle encore une philosophie de la finitude? Au lieu d'être simplement excédée, ne doit-elle pas penser l'impensé qui la questionne?

Il ne s'agit ici que d'une question, mais d'une question qui, justement, signale la *tension constitutive* séparant la philosophie de la théologie, en leur mouvement propre.

Nous aimerions prolonger notre interrogation de la position de Ricœur en examinant quelques problèmes liés à sa propre théorie des rapports entre philosophie, Bible et théologie.

Le décalage entre la Préface de «Soi-même comme un autre» et l'Introduction d'«Amour et justice».

Dans la Préface de *Soi-même comme un autre*[45], Ricœur insiste sur le caractère *philosophiquement autonome* de son discours, moyennant «la mise entre parenthèses, consciente et résolue, des convictions qui me

---

des deux atteste que pareille distinction n'est jamais une opposition dualiste et qu'on ne saurait se réfugier paresseusement dans une sécurité dogmatique ou disciplinaire. Cet effort constant de distinction est par ailleurs un facteur dynamique d'auto-compréhension et de dialogue. Il suppose en effet, en amont, une conception ouverte de l'identité, très différente d'une attitude syncrétique privilégiant trop vite la synthèse et l'harmonie.
44. *Philosophie et théologie* (1960), Genève, Labor et Fides, 1960.
45. Les chiffres entre parenthèses dans le texte renvoient à cet ouvrage.

rattachent à la foi biblique» (36). Il reconnaît que ces convictions peuvent jouer le rôle de motivation dans l'intérêt porté à certaines questions. Mais l'*ascétisme de l'argument* commande de ne pas engager ces convictions et leur force profonde de motivation dans la légitimation rationnelle des thèses philosophiques avancées. D'où la suspension – phénoménologique et agnostique – de la question de Dieu, y compris dans l'investigation ontologique «qui ne prête à aucun amalgame onto-théologique» (37). Les dernières lignes de l'ouvrage le redisent explicitement, dans une prise de distance à peine voilée par rapport à Lévinas: «Peut-être le philosophe, en tant que philosophe, doit-il avouer qu'il ne *sait* pas et ne *peut* pas dire si cet Autre, source de l'injonction, est un autrui que je puisse envisager ou qui puisse me dévisager, ou mes ancêtres dont il n'y a point de représentation, tant ma dette à leur égard est constitutive de moi-même, ou Dieu – Dieu vivant, Dieu absent – ou une place vide. Sur cette aporie de l'Autre, le discours philosophique s'arrête» (409).

Plus avant dans la préface, Ricœur précise que l'*agapè* biblique relève d'une «*économie du don* de caractère méta-éthique» (37), de sorte qu'il n'existe pas de morale chrétienne (Ricœur reprend ici implicitement la thèse classique de Bultmann dont nous avons discuté au chapitre V), mais seulement une *perspective nouvelle* de la foi sur la *morale commune*. Le réseau symbolique de la foi chrétienne demeure, d'un point de vue herméneutique, «culturellement contingent» (38), ce qui oblige la foi à assumer son insécurité et à accepter le caractère non nécessaire de Dieu (Jüngel).

Comme théologien[46], nous nous retrouvons largement dans ce propos de Ricœur, très proche, à bien des égards, d'une approche déconstructive et pas seulement herméneutique. Tout n'en est pas réglé pour autant. La reconnaissance de l'insécurité de la foi et de la contingence de son réseau symbolique suffit-elle à suspendre la question de Dieu et à l'*exclure ainsi de la philosophie elle-même*? «L'âge herméneutique de la raison» (J. Greisch) *barre-t-il l'accès à toute philosophie construite et réfléchie de la religion et d'un rapport constitutif à l'absolu ou à l'infini*? Et que penser, sur l'autre versant, d'une *restriction de l'éthique à la problématique de la justice, tout ce qui relève de l'amour étant renvoyé à une économie du don apparemment extérieure à la philosophie*? En réalité, la répartition duale des tâches proposée par Ricœur *occulte le questionnement radical de l'éthique par la religion*. En déléguant ce type de question à la seule théologie, la philosophie ne se ferme-t-elle pas à la *radikale Fraglichkeit* dont un autre philosophe, Wilhelm Weischedel, avait fait, à juste titre selon nous, le vecteur ultime de l'étonnement[47]?

---

46. Sur le même sujet, mais dans une perspective assez différente, voir A. THOMASSET, *Paul Ricœur, une poétique de la morale*, notamment p. 552 ss. (en discussion avec Chr. Theobald).
47. Voir au sujet de Weischedel mon essai déjà ancien «Dieu caché et révélé, un défi pour notre temps», *Revue d'histoire et de philosophie religieuses* 64, 1984, p. 345-364.

Il est d'ailleurs frappant de constater que, dans l'Introduction à sa conférence sur *Amour et justice*, prononcée à l'invitation de la faculté de théologie protestante de Tübingen[48], Ricœur déplace imperceptiblement la bipartition précédente[49]. Le caractère méta-éthique de l'amour n'apparaît plus ici comme une extériorité, renvoyée à l'ordre des convictions, mais comme une *condition de possibilité transcendentale* de l'éthique philosophique. La comparaison attentive de ces deux textes atteste que la contradiction n'est pas entièrement résolue par Ricœur. La raison nous en semble être une adhésion trop étroite à l'univers phénoménologique de l'herméneutique, l'investigation ontologique elle-même, menée dans la dixième étude de *Soi-même comme un autre*, ne sortant pas vraiment de ce cadre.

Le retour réflexif sur la théonomie.

Nous avons dit plus haut que Ricœur ne thématisait pas directement l'altérité en termes de théonomie, car une telle opération conceptuelle risquerait de dénaturer l'entreprise philosophique. Or, dans un texte de 1994, repris en 1996 pour le recueil d'hommages offert à Jürgen Moltmann[50], Ricœur traite des rapports dialectiques entre autonomie et théonomie, texte d'autant plus intéressant qu'il engage

---

48. *Amour et justice / Liebe und Gerechtigkeit*, Tübingen, Mohr-Siebeck, 1991. Sur les problèmes posés par ce texte de Ricœur plus largement, voir les réflexions originales de O. ABEL, «Pouvoir, Amour et Justice. Considérations à partir de Tillich, Ricœur et quelques autres», *Études théologiques et religieuses* 72, 1997, p. 543-546.
49. Cela a été bien noté et débattu par Chr. THEOBALD, «La règle d'or chez Paul Ricœur», *Recherches de science religieuse* 83/1, 1995, p. 43-59, voir notamment p. 53, n. 58. Sur le fond, je me sens assez proche des objections centrales de Theobald envers le scepticisme de Ricœur («peut-être enraciné dans une tradition confessionnelle», p. 54), tandis que A. THOMASSET, qui discute en profondeur les liens de Ricœur avec le protestantisme (*Paul Ricœur, une poétique de la morale*, p. 552ss.), a tendance à tirer Ricœur du côté d'une conception exclusivement herméneutique et narrative de l'éthique (voir les fines remarques de Thomasset sur le caractère opposé des objections de l'école de Yale et de Theobald envers Ricœur, p. 560). Comme nous le verrons plus avant dans ce chapitre, Ricœur demeure à notre sens trop réservé envers la théologie comme discours réflexif, ce qui conditionne aussi grandement la manière dont il articule théologie et philosophie. Par ces remarques, nous signalons qu'il existe d'autres possibilités et d'autres ressources, au sein du protestantisme, que l'éclectisme post-barthien ou le scepticisme ricœurien.
50. En 1969, dans le *Conflit des interprétations*, Ricœur thématisait philosophiquement la *Théologie de l'espérance* de Jürgen Moltmann (Paris, Éd. du Cerf, 1983, p. 393-415: «La liberté selon l'espérance»). Dans son article intitulé «Nommer Dieu» (*Études théologiques et religieuses*, 1977, repris dans *Lectures 3*, Paris, Seuil, 1994, p. 281-305), Ricœur a également thématisé une autre théologie de l'histoire des années 60-70, celle de Pannenberg, voir en particulier p. 299.

la comparaison de la théologie biblique et de philosophie en commençant par la première[51].

Ricœur note d'entrée de jeu le conflit qui s'annonce entre la Loi mosaïque révélée (et donc théonome) et le thème moderne de l'autonomie. Comment surmonter l'opposition de cette dernière avec l'apparente *hétéronomie* de la première?

Comme Tillich, non nommé mais constamment présupposé, Ricœur s'efforce de concevoir la théonomie de telle manière qu'elle échappe à l'emprise néfaste de l'hétéronomie et qu'elle puisse donc venir dialectiquement à la rencontre de l'autonomie de la conscience morale telle que thématisée par Kant.

Ricœur procède ici directement à partir de la théologie, ou plutôt – la différence est importante à ses yeux – à partir de l'Écriture. Un premier élément de réponse à la question posée tient dans la structure *narrative* qui encadre le don de la Loi dans le livre de l'Exode: cette structure narrative porte autant sur *le récit de la libération* que sur *la mémoire des événements fondateurs de la création* (20). L'expérience de l'Exil conduit par ailleurs les prophètes, balancés entre la crainte et l'espérance, à *intérioriser* l'injonction de la Loi, comprise désormais comme la Loi d'un Autre *en nous* (21). La littérature sapientiale, enfin, établit rétroactivement un lien entre la Loi en ses différents cadrages narratifs et la sagesse des nations, ouvrant la voie à une *conceptualisation théonomique de l'universel*.

Ricœur distingue ensuite, par ordre ascendant, trois traits fondamentaux de la Loi mosaïque: son caractère *relationnel et dissymétrique*, dû au contexte théologique de l'Alliance; la *hiérarchie* (essentielle à toute théonomie) qu'elle institue entre les principes et leur application, la Loi et les lois, ce qui vient «d'en haut», de Dieu, et ce qui en découle «en bas»; et enfin, de manière étonnante (23), la culmination de la Loi dans l'Amour, un problème sur lequel Kant comme Freud ont buté. Ricœur voit le début d'une solution à ce problème central dans la distinction entre commandement *(Befehl)* et loi *(Gesetz)* proposée dans l'*Étoile de la rédemption* par Franz Rosenzweig. Selon Rosenzweig, le commandement ne peut être que la *supplication de l'amant en quête de réciproque*. L'amour seul, en ce sens, oblige, et c'est dans cette obligation de l'amour que la théonomie s'accomplit en vérité (24).

Un tel approfondissement était requis pour saisir pourquoi la théonomie, bien comprise, peut affronter l'autonomie sans l'exclure, d'une manière que l'hétéronomie ignore.

Comment redescendre alors de la théonomie, avec son arrière-fond biblique ainsi déployé, vers la problématique philosophique de

---

51. «Théonomie et/ou autonomie», *Archivio di Filosofia* 62, 1994, p. 19-36. Les chiffres entre parenthèses dans le texte renvoient à cet article. Voir aussi «Theonomy and/or Autonomy», in M. VOLF et al., *The Future of Theology. Essays in Honor of Jürgen Moltmann*, Grand Rapids-Cambridge (GB), Eerdmans, 1996, p. 284-298.

l'autonomie? Qu'est-ce que le «*symbole narratif*» de la théonomie, pourrait-on dire, «donne à penser» au philosophe moral? C'est l'objet de la deuxième partie de l'article de Ricœur.

La thèse centrale est exposée d'entrée de jeu: «Loin de s'opposer à une morale de l'autonomie, la théonomie, entendue au sens d'obéissance aimante, aide la première à *aller jusqu'au bout d'elle-même*» (26, souligné par Ricœur). Cette aide apportée à l'autonomie va faire éclater l'impossibilité d'une autosuffisance de l'autonomie. Ricœur redéveloppe ici les arguments d'*Amour et justice*. Cela le conduit surtout à rediscuter de manière pointue l'antinomie entre l'éthique procédurale de la discussion et le communautarisme, dans la perspective d'un universalisme «inchoatif» (29) et non *a priori*. Ricœur émet l'hypothèse que seul l'amour est susceptible de lever cette antinomie, dans la mesure où son universalité passe par une contextualisation capable d'accueillir «l'étranger, la veuve et l'orphelin» (Deutéronome 16,11) et de faire place au commandement de l'amour des ennemis dans le Sermon sur la montagne. Tout, dans l'amour, fait *pression* pour que la justice ne se rigidifie pas: l'amour oblige; il rappelle la singularité et le caractère irremplaçable des personnes (31); l'amour oblige l'éthique de la discussion, centrée sur le juste, à garder en vue la radicale *altérité de l'autre* (33) et à éviter ainsi le danger du monologisme transcendental: «Singularité, altérité, mutualité sont les présuppositions ultimes de la structure dialogique de l'argumentation. Or est-il un meilleur garant de cette trilogie que l'amour?» (33).

Ricœur prolonge son analyse par une remarque qui éclaire bien sa vision théonome de l'autonomie. L'amour, précise-t-il en effet, protège la justice contre ses propres excès, comme sa possible et paradoxale *hybris*: la relation (asymétrique) entre amour et justice est celle d'une «passivité fondatrice» (*ibid.*): «parce que tu as été aimé, aime à ton tour». Telle est, aux yeux de Ricœur, la seule conception acceptable de la théonomie, celle d'une «obéissance aimante» soutenant le paradoxe d'un commandement d'aimer.

Une telle conception, sur le fond, diffère radicalement de celle de Kant et de celle de l'éthique de la discussion. Reformulant librement le thème lévinassien de l'autre comme source de l'obligation et de la responsabilité, Ricœur affirme que «la théonomie engendre l'autonomie» (33 s.), puisque c'est l'appel à l'obéissance aimante qui génère l'appel à la responsabilité. Ricœur va même jusqu'à dire que la Loi, en tant que loi instituante et non seulement instituée, demeure antérieure à la voix de la conscience, elle est toujours déjà là.

La dialectique de la Loi (comme *ratio cognoscendi* de la liberté) et de la liberté (comme *ratio existendi* de la Loi) suppose une telle antériorité, la passivité fondatrice dont parle Ricœur, qui en vient justement à douter que Kant ait vraiment clarifié ce point. Le mal radical rend la raison pratique de l'être humain incapable d'agir, alors que, chez Kant, c'est le sujet moral lui-même, avec son autonomie, qui possède les ressources pour surmonter cette suspension de capacité. «C'est ici que l'autonomie, expulsée de la philosophie morale, resurgit dans la philosophie de la religion» (35). Certes, Kant concède l'assistance apportée par la grâce. Mais cela reste, à strictement parler, de l'ordre de l'hétéronomie, et non de la théonomie. Même si Ricœur sait bien – et reconnaît – que la philosophie de la religion ne se confond pas avec la philosophie morale, il ne lui paraît cependant pas possible de maintenir une cloison étanche entre le *principe* de l'obligation morale et la religion comme restauration ou mieux encore comme *instauration* d'un sujet moral capable.

Kant est resté ambigu, mais il est au moins demeuré conscient des limites de la raison; l'éthique de la discussion, avec sa prétention autofondatrice, semble en revanche victime, pour Ricœur, d'une forme d'*hybris* qui la fait retomber en dessous du niveau kantien. Le recours à la discussion suppose la capacité et la bonne volonté de ceux et celles qui discutent; sans l'amour du prochain, voire de l'ennemi, la discussion imposerait sa seule violence.

Synthèse.

Quand il dialogue avec les théologiens et les théologiennes, Ricœur nous paraît aller plus loin dans la reconnaissance d'un lien structurel entre éthique (ou philosophie morale) et philosophie de la religion. Sans doute ne commettra-t-on pas l'imprudence de confondre cette philosophie de la religion avec la théologie elle-même. Mais le fait que Ricœur, d'une manière plus spécifique et plus étroite que Hegel ou même que Henry Duméry, lie la philosophie de la religion avec les *représentations*[52] *symboliques du christianisme dans leur positivité et dans leur expressivité inaliénables*[53] n'est pas sans poser question. Le philosophe pourra y voir un résidu de «philosophie chrétienne» (celle même que Ricœur refusait naguère de lire chez son ami Pierre Thévenaz); le théologien que je suis demande plutôt ce qu'il en est de ce *statut positif de la représentation chrétienne au sein du discours philosophique*, et en quoi, finalement, un tel penser *diffère* du penser proprement théologique.

La solution nous paraît être la suivante: comme philosophe personnellement engagé dans la foi chrétienne (je ne dis pas: comme philosophe

---

52. Pensées *comme* représentations, et non traduites en concepts comme chez Hegel.
53. La continuité avec la *Symbolique du mal* est ici évidente; on se souviendra à ce propos du fameux débat entre P. RICŒUR et Cl. LÉVI-STRAUSS quant au privilège culturel du judéo-christianisme et des religions du livre, dans *Esprit*, novembre 1963.

chrétien), Ricœur adopte la position selon laquelle il y a une légitimité interne à la philosophie de *recourir au langage narratif et prescriptif de la Bible* (en tant que l'une de nos traditions culturelles dominantes) pour *élucider le rapport de l'autonomie et de sa passivité fondationnelle comprise en termes de théonomie. La philosophie de la religion qui soustend la critique d'une autonomie morale autosuffisante s'appuie sur une conception de la théonomie empruntée à la configuration positive de la narration prescriptive de la Bible.*

On ne voit pas en quoi ce travail de la philosophie (à l'intersection de la philosophie de la religion et de la philosophie morale) se distingue *dans ces conditions* de la théologie, sinon que Ricœur prétend «penser philosophiquement la Bible» et laisser à la théologie on ne sait quelle autre tâche. Car penser *philosophiquement la Bible*, n'est-ce pas aussi l'une des tâches spécifiques de la théologie systématique, notamment dans ce qu'il est convenu de nommer la théologie et l'éthique fondamentales?

Sans doute dira-t-on, comme Ricœur lui-même y insiste à plusieurs reprises[54] et comme les dialogues conduits avec Moltmann et Pannenberg le montrent, que l'intérêt de Ricœur ne porte pas prioritairement sur la théologie, mais sur le sens des récits bibliques[55].

Mais n'est-ce pas justement le nœud du problème? En *ramenant la théologie pour ainsi dire à la seule narrativité des textes bibliques*, Ricœur n'opère-t-il pas une réduction discutable de la *réflexion théologique* (y compris de la réflexion théologique intra-biblique, qui ne s'épuise pas dans le récit), réduction dont la catégorie d'identité narrative vient conforter la nécessité, mais révèle aussi une certaine circularité de la pensée ricœurienne?

Nous avons reproché plus haut (chapitres VI et VIII) à J.-M. Ferry de sous-estimer le potentiel critique de la narration et de l'interprétation en faveur de l'argumentation et de la reconstruction. À ce stade de notre propre itinéraire, nous devons bien admettre pourtant ce que la critique de Ferry envers Ricœur garde de pertinent: la circularité trop grande entre identité narrative et récits bibliques n'est-elle pas l'indice d'une *théologisation implicite* de la philosophie, face à laquelle on comprend que le philosophe réagisse avec son outillage argumentatif et reconstructif? La théologie ne serait-elle pas à l'inverse mieux à sa place, si la philosophie lui reconnaissait aussi le statut d'une science argumentative et reconstructive, capable, par conséquent, de participer activement à la discussion normative? Aussi devons-nous postuler qu'un *plus grand respect de la différence entre philosophie et théologie* est aussi le gage d'un *plus grand impact possible de cette dernière dans le débat public.*

54. Voir F. DOSSE, *Paul Ricœur. Les sens d'une vie*, Paris, La Découverte, 1997, p. 653 ss.
55. Voir P. RICŒUR et A. LACOCQUE, *Penser la Bible*, Paris, Éd. du Seuil, 1998; toute l'analyse de Thomasset suppose l'acceptation d'un tel présupposé.

Nous arrivons à cette conclusion paradoxale et inattendue: le modèle le plus *silencieux* envers la théologie – celui de J.-M. Ferry et, sur ce point aussi, celui de J. Habermas sans doute – se montre apte à offrir des *possibilités normatives* plus grandes à la théologie, alors que le modèle le plus *affine à la théologie* (mais sans oser se l'avouer jusqu'au bout) – celui de Ricœur – tend à réduire ces mêmes possibilités normatives.

Or, reconnaître les possibilités normatives de la théologie, c'est accepter aussi la possibilité et la légitimité d'un *conflit sensé* entre philosophie et théologie; c'est en tout cas prendre acte de la possibilité d'une *éristique matériale* (*et non seulement procédurale*) entre les deux discours. Cela rejoint l'une des hypothèses clefs de notre ouvrage, touchant *les représentations symboliques et culturelles toujours présentes* dans les discussions éthiques et bioéthiques. Mais cela suppose par ailleurs la reconnaissance de la théologie comme *science critique et dérangeante*, ne faisant pas nombre avec les présupposés désincarnés d'une rationalité uniquement formelle, et contribuant sans cesse, au sein même de nos quêtes normatives, à cette *instabilité normative* que la déconstruction nous a réapprise. Nous sommes ainsi ramené à la problématique initiale de cet ouvrage, celle du *caractère à la fois public et plausible de l'éthique théologique.*

CHAPITRE X

L'AVENIR PUBLIC DE L'ÉTHIQUE THÉOLOGIQUE

En nous séparant, sur plusieurs points décisifs, du *trop grand concordisme* de Ricœur comme de sa *timidité excessive devant le théologique* (voir chapitre IX), nous avons balisé devant nous le chemin d'une compréhension *créative* de l'éthique théologique, inséparable de la dialectique incessante et donc instable de la *construction* et de la *critique*, de la *généalogie* et de la *re(con)naissance*.

En conclusion de cet ouvrage, nous formulerons en quatre points programmatiques ce que pourrait être la contribution de la théologie aux débats éthiques contemporains.

SIGNALER LA TRANSCENDANCE: LA TÂCHE CRITIQUE

La théologie a pour tâche première de signaler la transcendance au cœur des débats éthiques. Une telle proposition requiert plusieurs clarifications.

1) Il s'agit d'une *tâche première*, non en termes de chronologie ou d'ordre méthodologique, mais en fonction de son urgence et de sa plus grande difficulté. En éthique (voir le succès croissant de l'éthique appliquée et de l'éthique de cas), la priorité est presque toujours accordée à l'urgence pratique, aux résultats concrets, à la décision, ce que nous traiterons ici en troisième lieu seulement, selon l'ordre méthodiquement bien formé d'un jugement éthique de type théologique. Or, nous pensons que le *rôle principal* de la théologie est d'*interroger critiquement et prophétiquement* le discours et les pratiques éthiques, de *ne pas accorder à ces derniers une validité inconditionnelle et ultime*, mais de les *soumettre à examen*, en fonction de *certains critères spécifiquement théologiques*, susceptibles

d'être énoncés dans une *perspective communicationnelle publique*, réticente à tout ésotérisme.

Cette assertion pose en principe, de manière implicite, que l'éthique théologique tire son caractère scientifique et théologique d'abord (mais non certes exclusivement) de la *capacité critique de la théologie elle-même*, et non d'un savoir autre.

On ne conclura cependant pas de ce qui précède que nous souhaitions en revenir à une conception classique (barthienne par exemple) de l'éthique théologique, telle que voudrait la ranimer aujourd'hui aux États-Unis un Stanley Hauerwas. Même si notre point de départ peut sembler identique et comporte une certaine similarité de résonance et de ton, il diffère grandement du projet barthien ou hauerwassien, comme il devrait apparaître dans les précisions suivantes.

2) Par transcendance, nous n'entendons pas d'abord ici une *réalité* transcendante, que ce soit un dieu ou une autre figure de l'absolu, mais le *mouvement de dépassement* qui s'oppose à la fermeture de l'immanence sur elle-même. Cette conception formelle de la transcendance a été exposée et défendue d'une manière dans l'ensemble convaincante par Luc Ferry[1]. Elle ne postule ni n'exige *a priori* aucune adhésion philosophique ou religieuse à une foi particulière. Par contre, elle résulte d'une décision critique contre toute forme d'immanentisme, l'immanentisme étant compris comme une pensée qui tendrait à se prendre elle-même pour source ultime de sa propre vérité. Nous pouvons nommer à titre d'exemple le scientisme, le positivisme, le laïcisme, le sécularisme, le rationalisme, mais aussi, en matière religieuse, le fidéisme et l'intégrisme et, en matière politique, le nationalisme et l'absolutisme.

3) Le verbe «signaler» veut indiquer l'impossibilité où nous nous trouvons de *prouver l'existence* ou d'*imposer la reconnaissance* d'une telle transcendance. Le simple fait, précisé auparavant, qu'il s'agisse d'une transcendance *formelle*, devrait suffire à écarter un tel risque. Mais tout bien considéré, certaines prétentions prétendues purement formelles peuvent fort bien dissimuler un argument d'autorité ou pour le moins éveiller une méfiance à cet égard. En «signalant la transcendance au cœur des débats éthiques», l'éthique théologique – ou toute autre forme d'éthique théonomique ou transcendantaliste – prend position, s'engage existentiellement, parie. Le signalement qu'elle opère n'a rien d'une élucidation neutre, objective, détachée, désengagée. Ainsi comprise, la signalisation d'une transcendance oblige les interlocuteurs à se déterminer, à annoncer la couleur, à prendre eux-mêmes position. Paraphrasant une

---

1. *L'Homme-Dieu ou le Sens de la vie*, Paris, Grasset, 1996. Voir la discussion que j'en propose dans «Bifurcations des philosophes et corde raide des théologiens», *Études théologiques et religieuses* 72, 1997, p. 243-258.

assertion célèbre du Réformateur Martin Luther, on peut dire ici: «Ce à quoi tu attaches tes valeurs, ton éthique ou ta morale, c'est ton dieu.» L'éthique théologique, dans l'espace public caractérisé par l'idéal d'une discussion pluraliste et démocratique, n'exige de personne l'adhésion à un dieu, ni même au Dieu de Jésus-Christ auquel elle se réfère bien elle-même, mais elle presse chacun et chacune de signaler les sources de transcendance auxquelles s'abreuve sa propre éthique[2]. Cela explique par exemple assez bien la sympathie que peut ressentir un théologien devant une «éthique du surhomme» au sens authentiquement nietzschéen: car même si le type de transcendance ainsi annoncé dans le *dépassement de l'homme* se situe matériellement aux antipodes de la conception chrétienne de l'humain, au moins admettrons-nous avoir affaire ici à la possibilité d'une confrontation loyale entre deux affirmations de transcendance qui, si elles devaient s'exclure en définitive mutuellement, s'assument au moins comme propositions de sens sérieuses et véritables.

4) Encore faut-il se préoccuper de la pertinence critique et la plausibilité prophétique de cette tâche. Nous avons employé plus haut l'expression d'«instabilité normative». Rappelons qu'une telle idée a surgi dans le mouvement même de notre appui à la problématique de la normativité. Il ne s'agit donc pas pour nous, comme théologien, d'occulter le questionnement relatif aux normes, ainsi qu'une interprétation radicale et extrémiste de la déconstruction pourrait nous le laisser penser (voir le discours de l'anti-fondationnalisme)[3]. *La différence de la théologie n'est pas d'être hors normes, mais de mener un combat hors normes au cœur même de l'exigence normative.*

Nous pouvons expliciter cette formulation encore toute formelle en relevant la manière dont Jésus de Nazareth lui-même, comme figure constitutive du christianisme, institue un rapport *neuf* à la Loi, *non en l'abolissant*, comme le voudrait une interprétation déséquilibrée de Paul[4], mais en

---

2. Le débat tout récent sur le clonage humain est ainsi l'occasion, aux États-Unis, d'une redécouverte significative du rôle des représentations religieuses dans l'anthropologie philosophique sous-jacente à l'éthique, voir la discussion du rapport fédéral américain de la National Bioethics Advisory Commission (NBAC), par exemple dans le numéro 27/5, septembre-octobre 1997, du *Hastings Center Report*, en particulier C. S. CAMPBELL, «Prophecy and Policy», p. 15-17. Il y a là à mes yeux une convergence avec la position fondamentale que nous avons nous-même adoptée dans cet ouvrage, voir en particulier chapitres I, II et V. Mais soulignons à quel point notre théorie de l'*instabilité normative* doit valoir justement en bioéthique, si les arguments d'origine religieuse ne veulent pas se laisser simplement récupérer au service de telle ou telle option éthique, en passe de devenir alors une idéologie au sens négatif du terme.
3. De même, dira A. GORZ, il ne s'agit pas de réfuter la mondialisation en train de se dérouler devant nos yeux, mais de s'interroger sur *quelle* mondialisation nous voulons et de concevoir une mondialisation *différente*, voir *Misères du présent, richesse du possible*, Paris, Galilée, 1997, p. 31 s.
4. Je pense ici à celle proposée par Jean Ansaldi, voir ici, chapitre V.

la *subvertissant de l'intérieur*: dépouillée de son pouvoir d'autojustification, la Loi est restituée dans sa force de décentrement et de transcendance, elle apparaît comme le signe radical de l'Autre venant constituer le soi, le sujet humain, le sujet religieux et éthique finalement. Il y a, comme dit Éric Fuchs, un Autre de la Loi. L'opposition *irréductible* entre l'enseignement de Jésus chez Matthieu et celui de l'apôtre Paul se révèle dès lors intenable: subvertir ce qui, dans la Loi, donne prise à une norme désincarnée ne signifie pas en finir avec ce qui, dans la Loi, transcende la norme de l'intérieur au point de lui redonner une pertinence libératrice[5].

RÉPONDRE DU MAL: LA TÂCHE ANTHROPOLOGIQUE

Ici aussi, il convient de lever un redoutable malentendu, dans lequel il arrive aux théologiens et théologiennes, aux chrétiens et chrétiennes ou aux Églises elles-mêmes de se laisser piéger ou enfermer. Le rôle de la foi chrétienne n'est pas de donner réponse à l'énigme du mal, au sens d'une théodicée rationnelle ou d'une apologétique spiritualiste. La philosophie moderne elle-même, de Kant à Ricœur en passant par Schelling, a su reconnaître ses propres limites et nommer le mal radical dans sa constitutive non-disponibilité, dans son inscrutabilité irréductible.

Pourtant, la théologie chrétienne ne s'arrête pas sur ce seuil. Elle ne saurait se contenter de *tenir le mal à distance*, dans un sorte de respect sacré s'apparentant à une théologie négative. Le fait, pour parler comme Ricœur, que le néant ne nous soit saisissable qu'au moyen d'une dialectique brisée ne nous permet *pas encore* de comprendre réellement, dans l'histoire et dans notre vie, ce que veut dire la lutte avec le mal. La source théologique de la lutte avec le mal se trouve résumée et éclairée centralement dans le combat de Jésus, combat qui le mène à la croix et qu'il accomplit sur la croix, combat qui transcende la simple opposition du pâtir et de l'agir, dans la mesure où se condense en lui le sens même de toute l'existence de Jésus, de ses actes et de ses paroles.

Trop souvent, la théologie chrétienne a cependant réduit ce mystère de la lutte de Jésus avec et contre le mal à une dramaturgie exclusivement christocentrique, ne concernant que le mystère de Jésus lui-même en sa

---

5. Sur ce point, les analyses de É. Fuchs et de D. Marguerat, signalées au chapitre V, comme nos propres remarques ici, nous paraissent rejoindre l'*intention* théologique exprimée par K. BARTH en 1935 dans *Évangile et loi*, malgré toutes les critiques formelles qui demeurent valides face à la modélisation barthienne. J'ajoute que cette intention, *dans la mesure* où elle entend bien faire valoir la *différence principielle* entre l'Évangile et la Loi, et non conduire à leur confusion, n'est pas si éloignée de l'intention présidant au modèle luthérien dans l'interprétation qu'en propose par exemple G. Ebeling.

portée salvifique. Il importe au contraire d'étendre cette portée salvifique de la lutte de Jésus en croix à la compréhension même de l'homme, dans la perspective d'un universalisme inchoatif. C'est pourquoi nous parlons ici d'une tâche spécifiquement anthropologique de la théologie. Dans la figure combattante de Jésus se révèle à nous une manière insoupçonnée de répondre du mal, puisqu'en effet la réponse au mal n'advient que dans la *prise sur soi* du mal.

Il ne s'agit évidemment pas de confondre ici l'apport particulier et unique du Christ avec les possibilités simplement humaines de l'homme, mais d'approfondir la relation humaine au mal à la lumière de l'événement christique.

Dietrich Bonhoeffer a entrevu la dimension la plus radicale de ce mystère, en interprétant l'action du Christ le menant à la croix comme la *Stellvertetung Gottes*. La traduction de ce terme est difficile. La version française de l'*Éthique* parle de *substitution* (*Éthique*, p. 182), un concept qui a reçu depuis un sens très fort dans l'éthique philosophique d'Emmanuel Lévinas, sans qu'une réflexion sérieuse se soit encore essayée à comparer l'apport décisif de ces deux penseurs.

Dans une critique célèbre de Bonhoeffer, Dorothée Sölle avait proposé de comprendre la substitution comme une représentation, afin de donner pleine portée à l'action et à la responsabilité humaines[6]. Nous nous y sommes brièvement référé nous-même dans notre discussion de l'éthique bonhoefférienne (voir chapitre VII).

La problématique de Dorothée Sölle était de trouver une nouvelle synthèse entre le remplacement et la représentation. Elle formula sa solution de la manière suivante: «L'homme ne peut pas être remplacé, *mais* il peut être représenté» (51). Son approche relevait de l'anthropologie politique: il s'agissait pour elle de montrer que la seule conception éthiquement et politiquement acceptable de l'échange interhumain était la représentation provisoire et temporelle (97), de type uniquement fonctionnel, et renvoyant tout être responsable à sa propre dépendance envers un autre. L'enjeu était l'égalité des sujets et le caractère inappropriable et irremplaçable de leur personnalité.

Or, le propos de Bonhoeffer était différent. Par-delà le langage assez paternaliste et traditionnel qui lui servait d'argumentaire (le père, le patron, l'homme d'État...) et qui nourrissait les réserves légitimes de Sölle, sa question allait au cœur de l'anthropologie *théologique*: comment un homme, sujet prétendument isolé, peut-il *se substituer inconditionnellement à d'autres, donner sa vie pour les autres?* Comment les sujets éthiques et les citoyens politiques que nous sommes peuvent-ils *renoncer à eux-mêmes* et échanger leur destin individuel en faveur du destin de la communauté nationale, politique et humaine? Tel était le fond de

6. *La Représentation* (1965), Paris, Desclée, 1969. Les chiffres entre parenthèses dans le texte renvoient à cet ouvrage.

l'interrogation dramatique de Bonhoeffer, en 1941, peu après sa décision de se joindre à la conspiration contre Hitler.

En apparence, la réponse bonhoefférienne n'avait pour but que de légitimer sa conception d'un sujet social et communautaire, celle qu'il avait construite et développée sociologiquement et ecclésiologiquement dans son ouvrage de jeunesse intitulé *Sanctorum Communio*. Mais cette lecture reste en surface. Une lecture «en profondeur», pour reprendre une expression de William Peck, nous oblige à comprendre ce qui est en jeu: *le lien constitutif qui unit la substitution et la responsabilité et qui éclaire la dramatique théologale de la décision éthique.*

Le *paradigme* de ce lien réside naturellement pour Bonhoeffer dans la figure du Christ. Mais ce que *vise* sa réflexion n'est autre que l'application de ce paradigme au déploiement d'un *concept éthique universel de responsabilité humaine*. Christ révèle que l'*essence de la responsabilité humaine*, de *toute* responsabilité dont nous puissions jamais être capables, découle du fait que le sens de notre vie est d'*assumer le moi de tous les autres êtres humains* (*Éthique*, 183). Par un chemin profondément différent, puisque christologique de part en part, le théologien chrétien Bonhoeffer fait *imploser* le concept de responsabilité avec une *violence* que seul le philosophe juif Emmanuel Lévinas saura trouver et peut-être même dépasser par la suite[7].

Quel est en effet le présupposé anthropologique qui conditionne cette nouvelle vision de la responsabilité? *C'est que la vie humaine elle-même se définit uniquement et radicalement par l'être-pour-les-autres. Le sujet est décentré par une responsabilité vitale qui le précède et le structure. La substitution est la structure de la subjectivité et le moteur de la responsabilité.*

Le propos anthropologique de Dietrich Bonhoeffer est clairement théocentrique et christocentrique: l'homme ne peut réaliser son être, atteindre la vraie vie, qu'en comprenant sa responsabilité, à l'image du Christ, comme un *oubli total de soi*, c'est-à-dire, en termes positifs, comme une *ouverture radicale* aux autres, et non comme une utilité pratique au service de valeurs humaines et de projets terrestres (184).

Théologiquement parlant, l'homme est à interpréter comme l'*index radical d'une altérité constitutive, comme un signal incarné de transcendance*. Il *est* lui-même, en personne, par sa vie et ses actes, signal de transcendance. Il n'agit ou ne vit pas *pour* signaler le transcendance, mais c'est dans la mesure où il signale la transcendance qu'il vit réellement.

Répondre du mal n'a donc non seulement rien à voir avec une théodicée rationnelle, mais dépasse infiniment la simple description phénoménologique d'existentiaux de la sensibilité, comme le sentir, le pâtir ou

---

7. Il faudrait conduire ici une étude comparative serrée avec l'analyse de Lévinas dans *Autrement qu'être ou Au-delà de l'essence*, La Haye, Nijhoff, 1974, chap. IV: «La substitution».

l'agir. Répondre du mal, c'est reconnaître soi-même, dans sa vie, que le combat contre le mal passe par la défaite du soi, par l'abandon en quelque sorte kénotique du soi, par l'aveu de notre radicale impuissance contre les puissances de mort.

Si l'on a pu dire que Ricœur avait philosophiquement raison de maintenir une certaine priorité ontique et épistémologique du soi, on doit énoncer ici que Lévinas et Bonhoeffer ont théologiquement raison d'affirmer la priorité dramatique et traumatique de l'autre, source déchirante et incontournable de la substitution qui nous fait responsables.

RÉSISTER AUX INJUSTICES: LA TÂCHE PRATIQUE

Rien n'est plus difficile, dans la délibération et dans la prise de décision en éthique, que de parvenir à *identifier l'injuste*, puis à *résister* à sa puissance. Il nous paraît crucial de distinguer le moment *cognitif* de l'identification et le moment *pratique* de la résistance.

L'éthique théologique n'est pas spécialement équipée ou instruite dans la tâche consistant à *identifier* les injustices. Elle participe ici au processus de la délibération rationnelle la plus large. Le débat commence pourtant, déjà à ce premier niveau, lorsqu'il s'agit de se mettre d'accord sur le *sens* de l'injustice. À l'aune de quelle conception de la justice ou de l'équité va-t-on évaluer l'injustice? La théologie doit apporter son propre éclairage sur la justice, en montrant par exemple, à partir du thème de la justification par la grâce *via* le moyen de la foi, qu'un idéal de justice purement humain ou social peut dégénérer en un système d'asservissement des consciences et de paralysie de la dynamique culturelle, politique et sociale. On cite toujours l'exemple du système communiste, avec sa mise en place d'une vie bonne obligatoire pour tous, mais on devrait aussi s'interroger aujourd'hui, dans un sens critique identique, sur le totalitarisme larvé du néo-libéralisme contemporain. L'expérience et le sentiment de l'injustice, plutôt que de se référer abstraitement à une théorie préalable de la justice, doivent être compris *à partir de l'atteinte morale portée à l'égale dignité de chaque personne*, en tant que créature de Dieu. La justification par le moyen de la foi a dès lors un double but: elle désigne *ad intra* par quel moyen le croyant peut cheminer sous la grâce sans retomber sous la Norme, mais elle désigne aussi *ad extra* la priorité éthique de la personne sur le système.

La contribution de l'éthique théologique à la tâche d'identification des injustices est donc importante, dans la mesure où elle déconstruit l'abstraction normative des théories de la justice pour mieux faire surgir l'expérience vécue de l'injustice.

De l'autre côté, la catégorie d'instabilité normative, introduite plus haut, a précisément pour fonction de signaler le *décrochage théologique* par rapport à une norme tendant à s'enfermer dans sa propre logique et à se comprendre elle-même comme intangible. L'éthique théologique dispose de ce fait d'un *potentiel critique et autocritique* spécifique, lorsqu'il s'agit de mettre en place une stratégie de résistance à l'injustice.

Loin d'être purement théorique, ce potentiel est inséparable de la réalité ecclésiale et croyante. Tout en pouvant selon les circonstances s'associer aux mouvements sociaux de résistance et de solidarité (partis politiques, syndicats, manifestations publiques, etc.), les chrétiennes et les chrétiens, de même que les différentes communautés ecclésiales formant l'*oikouméné*, ont *vocation de désigner l'injuste et de dévoiler l'inique*.

Il faut donc en finir une fois pour toutes avec un certain *idéalisme éthique*, omniprésent dans les débats publics et en particulier dans leur couverture médiatique: la pertinence et la plausibilité *pratiques* des convictions éthiques ne saurait être purement l'affaire des individus, comme voudrait nous le faire accroire une vision molle de l'éthique de conviction. Une éthique de responsabilité bien comprise commande au contraire de respecter le *cadrage institutionnel* inhérent à la formation des jugements éthiques sur la place publique. Ainsi, il est illusoire de penser que les convictions éthiques naissent isolément les unes des autres, hors de leur *Sitz im Leben* socioculturel et religieux. Le fait que les propositions morales adviennent dans le cadre et sous l'impulsion de communautés spécifiques (partis politiques, syndicats, organisations patronales, entreprises, instances professionnelles, organisations militantes ou non gouvernementales, Églises) n'est en aucune manière indifférent à la qualité et à la substance de la discussion éthique publique.

La communauté chrétienne apparaît ainsi comme un lieu décisif de mise en œuvre pratique de l'éthique théologique comme puissance d'instabilité normative. Elle n'épuise certes pas sa fonction critique dans le seul objectif de la résistance. D'ailleurs, la résistance dont nous parlons n'est pas seulement résistance au mal extérieur ou à l'injustice d'autrui: elle se comprend aussi comme résistance vitale ou comme position dans l'existence. Résister, c'est supporter le choc des puissances destructives, c'est faire face au malheur, à la répétition, à l'usure. C'est donner droit à la puissance de l'être et de l'amour, qui se tient à l'origine du devenir soi-même.

Quelle que soit la modélisation pratique des différents apports de l'éthique théologique à la discussion éthique publique, ce moment de la résistance, avec son double aspect de lutte contre les puissances adverses et d'affirmation de soi, constitue un test crucial. Toute contribution constructive de la foi chrétienne à l'éthique commune comporte en effet la déconstruction des illusions humaines et des totalisations sociales; toute éthique théologique insérée dans le tissu communautaire et culturel de l'Église recèle la promesse d'une transformation et le signal d'une brèche. Jamais l'Église ne fait nombre avec la société, l'État ou la culture, parce que, théologiquement parlant, le Dieu créateur et sauveur veut transformer la vie humaine en lui insufflant son Esprit de transcendance, source de joie, de liberté et de courage. Dans ce décrochage constitutif, l'éthique des chrétiens et des chrétiennes trouve des forces neuves, des raisons d'espérer et de l'imagination à revendre. Elle est mise au défi d'une authentique reconstruction, à la fois ecclésiale, culturelle, sociale et individuelle.

LA DIMENSION SPIRITUELLE

Pour honorer les valeurs vers lesquelles elle est appelée à s'orienter et auxquelles elle fait référence, une éthique suppose toujours aussi une intégration subjective, qui permette au sujet humain de déployer les puissances arétiques de sa destination. Ce que l'éthique traditionnelle pensait par le biais d'une architectonique des vertus doit être médité aujourd'hui en termes de potentialités du sujet éthique, correspondant aux qualités référentielles des valeurs. Valeurs et vertus se répondent ainsi, sur l'axe d'une dynamique subjective et historique.

La foi chrétienne place la dynamique des vertus sous un éclairage nouveau, les décentrant de leur possible étroitesse morale ou de leur repli individualiste et les relançant au cœur de la réalité sociale. Un chemin est ainsi tracé, qui conduit de l'éthique à la spiritualité et de la spiritualité à l'espace public.

La joie.

Il n'est pas si courant en éthique théologique de faire place à la joie, un thème qui a été remis en lumière récemment par Lytta Basset[8]. C'est pourtant un des résultats décisifs du triple passage par la généalogie, la déconstruction et la reconstruction de nous redonner accès à un rapport à soi de type oblatif et doxologique. Le lâcher-prise dont il est beaucoup question dans le monde des soins recouvre ici une dimension anthropologique, éthique et spirituelle essentielle, rejoignant la déconstruction de la maîtrise et du pouvoir conduite par Derrida[9].

8. *La Joie imprenable*, Genève, Labor et Fides, 1996.
9. «Passages – du traumatisme à la promesse», in *Points de suspension*, Paris, Galilée, 1992, p. 385-409, 394, 399.

La joie n'est pas d'abord à penser comme un détachement de soi ou comme un déchirement, mais comme une explicitation de la puissance d'agir[10] découlant de la grâce. Trop souvent, en contexte chrétien, nous avons déconnecté la joie du rapport à soi, d'un rapport qui soit le lieu de cette puissance d'agir. Si la généalogie critique et déconstructive du sujet éthique a rappelé ce dernier à sa béance constitutive, au dénuement et à la pauvreté, ce n'est pas dans l'optique d'une démobilisation sociale et politique, mais afin que se trouve relancée et réactivée la puissance de la responsabilité et de l'engagement. L'éthique chrétienne échappe ainsi, en principe tout au moins, au double écueil du quiétisme et de l'activisme; elle récuse la scission mortelle de la contemplation et de la lutte.

Contre tous les risques de réduction de la joie et de l'esprit à de simples pouvoirs vertueux ou cognitifs, il faut réaffirmer avec force que la «subversion de l'Esprit» (P. Gisel) constitue une dynamique de transcendance au cœur de l'immanence. La dimension pneumatologique de l'éthique chrétienne, sur laquelle nous avons fortement mis l'accent dans cet ouvrage, n'a rien à voir avec un repli charismatique sur moins de raison et moins d'action responsable: elle signifie, au contraire, la radicalisation critique des possibles de l'être humain, l'intensification qualitative du pouvoir d'être et d'aimer. Elle signale la percée concrète et paradoxale de la transcendance dans un monde de contraintes, par voie de subversion et sur mode d'espérance. Elle ne dit pas que le monde est effectivement changé en sa totalité, mais elle nous aide à vivre et à annoncer dans ce monde-ci la puissance de changement du Royaume qui vient.

Dans l'évangile de Matthieu, les Béatitudes se tiennent sur le porche des vertus subjectives, pour que la joie du Royaume réactive la responsabilité des disciples en marche (Matthieu 5, 3-12)[11]. Le lien de la joie et d'agir, base du courage de vivre, est ainsi pensé dans une radicalité neuve.

La reconnaissance, le pardon et la réparation.

La joie évangélique ouvre ainsi un flux neuf et imprévu, source d'inspiration et d'action. Elle est la condition première d'une éthique puisée aux sources vives de l'Évangile[12].

---

10. Il y aurait lieu de discuter ici en profondeur la conception spinoziste de la joie, qui semble bien aller dans cette direction, mais en ne laissant guère de place à la transcendance théologale de la grâce.
11. Voir É. FUCHS, «L'éthique du Sermon sur la montage, in R. BÉLANGER-S. PLOURDE, *Actualiser la morale*, p. 317-332.
12. K. STOCK a développé ici une très intéressante réflexion sur le sens éthique de la joie, voir *Grundlegung der protestantischen Tugendlehre*, Gütersloh, Kaiser-Gütersloher Verlagshaus, 1995, p. 146 ss. («*Freude an dem, was sein soll*»).

Il n'est pas d'éthique sans mise en œuvre, au moins intentionnelle et programmatique, d'un espace de promesse et d'action structuré autour de la reconnaissance et de la réparation. Au cœur de cette dialectique historique et existentielle, personnelle et sociale se situent l'offre, la possibilité et la réalité du pardon.

L'éthique reconstructive ne se limite pas, nous l'avons vu, à une généalogie critique et constructive des discours et des pratiques, elle propose aussi, en sa finalité la plus profonde, une option de reconnaissance et de réparation.

Dans le modèle d'éthique reconstructive le plus complet dont nous disposions actuellement, celui de Jean-Marc Ferry, la reconstruction n'est pas seulement un «stade discursif plus englobant que l'argumentation[13]», dépassant ainsi la théorie habermassienne, elle thématise l'identité morale dans sa globalité historique et existentielle, en nous faisant découvrir à chaque fois l'irréductible présence d'un autrui vulnérable au sein des passés invoqués par la reconstruction. «Je fais attention à une réalité qui *compte*, non pas à la manière d'un obstacle physique qu'il convient d'éviter pour mon propre confort, mais parce qu'en n'y prenant pas garde, je pourrais infliger une blessure[14].» Ainsi s'explique le lien étroit qui relie le projet généalogique et émancipatoire d'une reconstruction des discours et des pratiques et le redéploiement d'une éthique elle-même reconstructive: dans l'attention portée aux traditions, l'enjeu ne se réduit pas à l'affirmation d'un sujet éthique et d'une identité morale pensés pour eux-mêmes, mais nous oblige à reconnaître l'ouverture déchirante constitutive par laquelle tout sujet, toute identité et toute tradition donatrice de sens en viennent à se comprendre comme décentrés par autrui.

Appliquée à l'éthique théologique, dans sa traduction protestante comme dans ses autres versions confessionnelles, cela implique l'impossibilité radicale d'un recentrement égocentrique sur soi. Il ne suffira pas de dire, comme c'est encore fréquemment le cas dans les milieux ecclésiastiques, que la spécificité chrétienne de l'éthique et de l'identité spirituelle réside dans le service d'autrui. Cette vision des choses demeure trop marquée à notre sens par une conception altruiste du rapport à autrui, conception virant bien vite à des formes subtiles de paternalisme et de moralisme. Il convient au contraire de penser le renversement profond et la subversion radicale par lesquels le sujet se trouve compris lui-même comme un autre. «Soi-même comme un autre»: le titre célèbre de la grande et difficile éthique de Paul Ricœur ne signifie en fin de compte pas autre chose que cette vérité pratique crucifiante et renouvelante: je ne me retrouverai jamais que dans l'acceptation de ma totale ressemblance avec

---

13. La formule est de J.-M. LAROUCHE et G. JOBIN, «Vers une "pragmatique contextuelle". L'éthique reconstructive de Jean Marc Ferry», *Ethica* 9/2, t. 1, 1997, p. 181-196, 192.
14. J.-M. FERRY, *Les Puissances de l'expérience* II, p. 145 s.

autrui, par exemple avec ce petit *squeegee*[15] rencontré au coin de la rue Sainte-Catherine-Est, en plein cœur de Montréal, peu avant d'écrire ces lignes. Il ne s'agit pas *d'abord* pour moi, pour nous, chrétiennes et chrétiens plus ou moins actifs en Église, de nous occuper de ces jeunes, de nous pencher sur leur situation, sur les raisons qui les y ont poussés (cela, nous pourrons et nous devrons le faire ensuite, avec d'autres et avec eux), *mais de nous reconnaître comme eux, de les reconnaître eux-mêmes comme d'autres «soi-même comme un autre»*. C'est en effet cette attitude de conversion intérieure, de déchirement, qui nous est le plus difficile, mais c'est elle aussi qui est source et condition de notre cheminement à leurs côtés.

L'éthique reconstructive, avant de pouvoir se déployer en éthique réparatrice, est mémoire des victimes et des démunis comme sujets égaux à nous. Elle est mémoire de notre propre dénuement, de notre arrachement aux sécurités trompeuses du salut, de la santé, de la réussite et du savoir. Elle récuse le paternalisme technocratique de la chirurgie reconstructive, tournée vers la seule beauté externe de l'apparence et du paraître, pour laisser surgir dans la reconnaissance l'égale dignité des visages, des cœurs et des corps.

Existentiellement, l'éthique reconstructive est aux antipodes d'une éthique déductive et condescendante, passant du pardon accordé au pardon reçu sans réciproque possible; elle est une éthique anti-pharisienne du pardon échangé, du pardon comme don de l'autre à soi.

Socialement, l'éthique reconstructive est une éthique de la réparation, débouchant sur la justice et le droit, selon la logique propre à une éthique de la responsabilité.

Mémoire et espérance.

Sous ses formes philosophiques les plus récentes, l'éthique reconstructive s'est avant tout comprise comme orientée vers la mémoire du passé (ainsi, J.-M. Ferry, à la suite de J. Habermas et de W. Benjamin), donnant lieu à ce qu'on pourrait appeler techniquement une éthique négative, prioritairement occupée à réparer les blessures et à reconstruire les ruines. L'accent ainsi donné s'explique sans doute par les réticences à reproduire les illusions totalitaires des éthiques du Bien. Le Juste, plus sobrement, s'opérationnaliserait uniquement dans la reconstruction et la réparation.

---

15. Jeune homme vêtu de cuir et de vêtements élimés, à la coiffure excentrique, offrant contre menue monnaie ses services de nettoyeur de vitres aux automobilistes à l'arrêt. Les *squeegees* dorment en plein air, à même la rue, avec les toxicomanes et les sans-abri.

Nous avons tenté de montrer pour notre part (voir notre chapitre VIII sur les liens entre généalogie et reconstruction, ainsi que nos remarques sur le rôle de l'Esprit en éthique théologique) que la reconstruction et la réparation ne sont pas séparables de la dynamique positive de l'espérance.

Certes, le passé, avec son cortège de blessures et d'injustices, demeure la matière vive, le chantier et parfois même le charnier à partir desquels naissent et se structurent nos intuitions morales. Il n'est pas question d'occulter ou d'adoucir d'une quelconque manière la cruauté de cette expérience enchâssée dans le passé. Une éthique de l'espérance, à l'instar de la théologie de l'espérance proposée naguère par J. Moltmann, est à jamais indissociable de la mémoire du Crucifié et de toutes celles et ceux qui font l'expérience de la déréliction absolue.

L'émergence de discours et de pratiques centrés sur l'espérance n'a donc rien d'un stratagème consolateur ou d'un marché de dupes; le sursaut moral et existentiel à l'œuvre dans l'espérance ne saurait se confondre avec un oubli du passé, une banalisation du mal commis ou subi, un pardon à bon marché. Lorsque des femmes et des hommes se lèvent, se dressant courageusement devant l'inéluctable, devant ce qui peut paraître la causalité du destin[16] ou l'aveuglement brutal de l'inexplicable, ils permettent également à l'espérance de prendre forme: leur résistance est porteuse de leur propre avenir.

Ainsi, le jeune toxicomane qui se dresse contre l'exclusion de ses pairs et s'engage en leur faveur, par son discours ou par son engagement, ne pose-t-il pas seulement des signes de réparation, pour lui et pour ses compagnons de détresse; il balise aussi, de toute évidence, la voie de sa délivrance, la possibilité même de sa réaffirmation comme sujet responsable et libre, envers les fatalités de son histoire et les encerclements économiques et sociaux dans lesquels l'avaient enclos aussi bien la logique impitoyable du trafic de drogues que celle, non moins implacable, du Marché tacitement admis par tous et lieu d'une déshumanisation sourdement symétrique. Il sera temps, un jour, de dresser le bilan des procédures d'exclusion et de désaffiliation (R. Castel) par lesquelles la société libérale avancée, sous couvert de l'intégration du plus grand nombre, aura recouvert l'espérance des sujets du voile illusoire et aliénant de l'avoir et du paraître.

Vos enfants ne sont pas vos enfants:
de la généalogie au mystère de la liberté.

En variant les différentes formes de la généalogie, source ambivalente de la construction de notre identité, assumant tantôt le geste de la critique,

---

16. J.-M. FERRY reprend cette expression de Hegel, *L'Éthique reconstructive*, Paris, Éd. du Cerf, 1995, p. 17-31.

tantôt celui de la déconstruction, pour mieux marier exigence de rationalité, aspiration à la justice et genèse de soi, nous nous surprenons à découvrir, au terme provisoire de ce parcours fragile, le secret qui gisait peut-être au cœur même de notre projet: *il n'est de construction que dans la généalogie critique, mais aussi dans la critique de la généalogie.* Pour nous tenir sur pied, accéder à notre maturité de sujet responsable et authentique, capable de recourir à son propre langage, nous avions donc besoin de «partir en voyage», au propre et au figuré, de remonter généalogiquement le long fleuve agité de nos traditions et de notre mémoire commune, de prendre le risque d'un passage. Au terme provisoire du parcours, ayant bouclé la boucle rétroactive et rétrospective de l'herméneutique de soi et des communautés interprétatives et agissantes, toujours exposées au monde, ce n'est point d'une origine, d'un havre ou d'un fondement que nous disposons, mais d'un sentiment de dénuement et de retournement. Nous avions impérativement besoin, pour survivre et pour exister, de ce jeu de miroirs en spirale; il n'en ressort, contre toute attente, que notre conscience avivée de la pauvreté et de l'authenticité, l'obligation d'exister comme un sujet plus dépouillé qu'adossé ou arrimé, ayant besoin, avant tout, d'une promesse qui nous garde en confiance et de gestes qui nous redonnent du courage.

Il nous vient à l'esprit la métaphore de la parentalité et de la filiation, si souvent mobilisée dans les discours contemporains de la responsabilité, chez Hans Jonas et Pierre Legendre par exemple[17]. Une certaine illusion généalogique voudrait nous faire croire que l'identité se forme à l'aune du passé, en se moulant dans le discours, le geste, l'institution et les pratiques de nos parents. L'éthique protestante, souvent drapée dans sa légende dorée et accrochée à ses idéalisations, a pu elle aussi participer de ce leurre. Comme toute tradition appelée à se renouveler, elle requiert l'éclairage nouveau d'un présent mis au défi de l'avenir. Toute quête généalogique trouve son sens dans le présent du dire et de l'être, à cette interface insaisissable et fugace de la vie, de l'instant, de l'amour en acte, de la force d'espérer contre toute espérance. Sur la lancée de cette fulgurante concentration de la généalogie sur la genèse, perce, au plus secret de notre identification, la parole de l'enfant, la trace indicible et imprévisible que laisse la descendance sur l'identité. Nous croyions chercher ce que nous sommes dans ce que nous avions reçu, et c'est au contraire dans l'altérité sans précédent de nos descendants immédiats, de notre propre chair, que s'annoncent le mystère du temps, la non-disponibilité du futur, le miracle même d'une promesse. Je ne spécule pas ici d'abord sur l'éthique anonyme des générations futures, mais seulement

---

17. Voir mes réflexions à ce sujet: «La fonction et le sens du sacré dans l'éthique rationnelle de Jonas» in D. MÜLLER et R. SIMON éd., *Nature et descendance. Le principe Responsabilité de Hans Jonas*, Genève, Labor et Fides, 1992, p. 85-100.

sur le terrible, splendide et stimulant défi de ces enfants «qui ne sont pas nos enfants» (Khalil Gibran) et qui, dans cette fuite hors de toute détermination ontologique, éducative, religieuse ou sociale, trouvent la simple nudité de leur liberté, le mystère même de notre propre devenir a-généalogique.

Il devient possible, en filant la métaphore, de rêver d'un christianisme et, pourquoi pas, d'une éthique protestante qui ne soit pas la pure déduction généalogique de nos ambitions toujours déçues, mais l'imprévisible renaissance du jamais soupçonné, la surprise d'un Dieu défiant l'imagination et relançant l'agir. Dans un renversement si puissant s'accomplirait alors la reconstruction sans pareille d'une destinée qui, pour demeurer ancrée dans le passé, n'en cesse pas moins de déployer l'ouverture eschatologique de sa responsabilité.

La résistance, que l'éthique protestante nous a appris à décliner en termes politiques (le *Widerstand* de Bonhoeffer), rejoint la force vive du courage d'être, cette «résistance à l'irrésistible[18]» (Françoise Proust) que l'ipséité morale oppose, par voie transcendentale et jamais simplement vitale, à la puissance de la mort comme à celle du mal. Sans doute n'a-t-elle plus besoin aujourd'hui autant qu'hier de fondement ou de justification ultimes, dans notre présente condition postmoderne; mais la résistance demeure à notre sens portée par ce qui la dépasse; elle ne fait pas cercle avec elle-même, pas davantage que la vie ne trouve en elle-même la source de l'être ou la puissance d'être la grâce de l'amour. Ne restent, précieuses et gratuites, que des traces de subversion, magnifiant humblement l'«impossible possibilité» d'une vie plus forte que la mort, d'un agir responsable révoquant toute résignation ultime, d'un bien «plus originaire que le mal» (P. Ricœur), d'une vérité plus tranchante et plus libératrice que le déni, voire d'un silence et d'une paix que rien ne laisserait prévoir.

---

18. *De la résistance*, Paris, Éd. du Cerf, 1997, p. 138.

INDEX DES CITATIONS BIBLIQUES

Les chiffres suivis de la lettre *n* renvoient aux notes de bas de page.

Genèse 2: 188.
Genèse 4, 9-10: 312.
Deutéronome 16, 11: 325.
Juges 7, 1 ss.: 197.
1 Samuel 10, 12: 197.
1 Samuel 19, 24: 197.
Ésaïe 61: 197.
Matthieu 5, 3-12: 338.
Matthieu 19, 1-9: 182, 311n.
Matthieu 19, 16-21: 44.

Luc 4, 16 ss.: 197.
Romains 3, 19-20: 184.
Romains 5, 20: 255.
Romains 7, 7: 184.
Romains 7, 8-11: 254.
Romains 8, 2: 254.
Romains 10, 4: 187.
Romains 12, 1-2: 45.
1 Corinthiens 15, 56: 254.
Jacques 5, 13-15: 192.

INDEX DES NOMS PROPRES

Les chiffres suivis de la lettre *n* renvoient aux notes de bas de page. Si le mot ou la citation figure dans une page et en note, on indique seulement la page.

Les adjectifs directement dérivés des noms sont répertoriés (« barthien » pour « Barth », « ricœurien » pour « Ricœur », par exemple); on a en revanche laissé de côté les adjectifs composés avec « néo- » ou « post- ». Voir aussi l'«Index des notions» pour certaines traditions (calvinisme, kantisme, thomisme, par exemple).

Abel O.: 8n, 54n, 192n, 193, 307n, 314n, 320n, 323n.
Althusius J.: 135.
Altizer Th.: 150.
Ambroise (saint): 107, 109, 190.
Angelus Silesius: 138.
Ansaldi J.: 54n, 112, 183-190, 193-194, 331n.
Apel K.-O.: 32-33, 130-131, 155.
Arendt H.: 281, 318.
Arens E.: 96n.
Aristote: 105-106, 109-110, 163n, 164-166, 168-171, 190, 205-206, 227.
Arnauld A.: 207.
Aron R.: 79n, 82, 86n, 92.
Auer A.: 111.
Augustin (saint): 108-109, 135, 165, 170, 244, 314-315.

Badiou A.: 199n.
Baertschi B.: 64n.
Bahnsen G. L.: 123n.

Ballanche P.-S.: 91.
Barraud D.: 22.
Barth K.: 9n, 21, 47, 50n, 56n, 57, 62n, 79, 81-82, 85, 110, 112, 118-119, 120n, 121n, 133, 135, 145, 158, 177, 178n, 187n, 204, 214-217, 225, 228, 230, 232n, 233, 237n, 238, 245, 247-277, 279-280, 282-286, 288, 293, 296, 315, 321, 330, 332n.
Basset L.: 337.
Baum G.: 63n, 65, 72n, 74n, 129n, 130n, 145n, 157n.
Bauman Z.: 146-148, 158.
Baxter R.: 207.
Bayer O.: 283n.
Beardsworth R.: 143n.
Beauchamp P.: 199.
Beauchamp T. L.: 34, 127.
Beckmann K.-M.: 280n.
Bélanger R.: 26n, 186n, 338n.
Bellah R.: 90, 93-94.

INDEX DES NOMS PROPRES

Bellet M.: 52n, 198.
Benjamin W.: 308n, 340.
Bennington G.: 132n, 136-137.
Benoît (saint): 164.
Berger P.: 79n, 80-84, 90, 93-95, 102, 305n.
Berkouwer G.: 254.
Berner Chr.: 209n, 213n, 216n.
Berthoud G.: 103n.
Best Th. F.: 300n.
Bethge E.: 269-270, 280, 285.
Bethge R.: 274n.
Bèze Th. de: 206.
Biéler A.: 80, 85, 304.
Biggar N.: 43n.
Birch B. C.: 14n, 180, 194.
Birkner H.-J.: 208n, 209n, 210n, 211n, 212n.
Birmelé A.: 45n.
Birnbacher D.: 316n.
Bisaillon R.: 189n.
Blaser K.: 50n, 63n, 66n, 74n, 77n, 133n, 149n, 150n, 157n, 247n, 253n, 264n, 292n.
Bloch E.: 318.
Blum F. H.: 87n.
Böckle F.: 111, 115n, 157.
Boinnard Y.: 198n.
Boisset M.-C.: 316n.
Bonald L. de: 90-91.
Bondolfi A.: 96n, 110n.
Bonhoeffer D.: 15, 21, 47, 58, 83-85, 88, 103, 109, 112-113, 119, 120n, 145, 194n, 203, 216, 247, 255n, 257n, 259n, 261, 264, 267, 268-286, 295, 300n, 301, 305, 315n, 333-335, 343.
Bost H.: 17n.
Bourgeault G.: 7n, 29n, 53.
Bouveresse J.: 131.
Bovon F.: 192.

Brito E.: 209n, 210n, 211n, 212n, 213n.
Brown D.: 133n.
Brown P.: 15n, 94, 176.
Brunner E.: 216, 220n, 264, 276n, 277n.
Bühler P.: 26n, 96n, 121n, 122n, 128n, 203, 309, 310n.
Bultmann R.: 112, 176n, 187, 193-194, 222n, 225, 269, 283, 286n, 322.
Burbach H.: 209n, 212n, 213n.
Burnham F. B.: 157n.

Cahill L. S.: 180n.
Calixte G.: 206n.
Callahan D.: 27n.
Calvin J.: 17, 57, 80, 109, 172, 184, 187n, 190, 202n, 204-207, 217-220, 225, 242, 245, 254, 259n, 301.
Campbell C. S.: 331n.
Campiche R.: 307n.
Camus A.: 144.
Canto-Sperber M.: 7n, 54n.
Caputo J. D.: 140, 143-146, 150, 159, 294n.
Carter G.: 268n.
Cartwright M.: 181-182.
Casalis G.: 253n.
Castel R.: 341.
Castelli E. A.: 193.
Centlivres P.: 103n.
Changeux J.-P.: 54n.
Childress J. F.: 34, 127, 180n.
Cicéron: 107, 205.
Clayton J. P.: 121n, 292n.
Clément d'Alexandrie: 107.
Cobb J. Jr.: 156, 157n, 215.
Colin P.: 309n.
Collange J.-F.: 54n, 157n, 221n.
Colli G.: 14n.

Comité Consultatif National d'Éthique: 53n.
Comité mixte catholique-protestant: 45n, 300n.
Comte A.: 90.
Conseil œcuménique des Églises: 300.
Coombs J. R.: 34n.
Couture D.: 291n.
Craddock F.: 61n.
Critchley S.: 136-137, 141-142, 143n.
Cromwell O.: 227.
Crüsemann F.: 93n.
Curran Ch.: 180n.

Daneau L.: 110, 205-206, 208.
Danner-Clouser K.: 27n.
Delkeskamp-Hayes C.: 50n, 51n, 52.
Dermange F.: 64n.
Derrida J.: 21, 37, 129n, 130-133, 136-151, 156, 158-159, 167n, 173n, 199, 267, 285n, 337.
Desclos J.: 43n, 46.
Disselkamp A.: 103n, 242n, 304-306.
Dominicé P.: 64n.
Dosse F.: 307n, 327n.
Dotta M.: 268.
Doucet H.: 27n, 29n, 33n, 128n.
Douglas M.: 94.
Drehsen V.: 228n.
Drewermann E.: 145n, 176, 198n, 320n.
Dreyfus H.: 10n, 11-12.
Dubied P.-L.: 62n, 73n.
Dufoix G.: 308, 311, 317.
Duhaime J.: 111n.
Dumas A.: 26n, 54n, 274n, 278, 283-284, 307n.
Duméry H.: 326.

Dumont F.: 287n.
Duquoc C.: 43n.
Durand G.: 26n.
Durkheim É.: 79n, 86n, 90-91, 93-95.

Ebeling G.: 56n, 57-58, 70, 112, 202n, 215, 218n, 286n, 332n.
Ellul J.: 28n.
Engel L.: 309n.
Engelhardt H. T.: 29-42.
Erdmann J. E.: 206n.
Eslin J.-C.: 320n.
Eusèbe de Césarée: 108.
Evrard P.: 17n, 129n, 130n, 133n, 150n, 157n, 158n, 250n.
Ewald F.: 309n.
Eyden R. van: 268n.

Fabius L.: 308.
Fatio O.: 206n.
Feil E.: 269.
Femia J. V.: 68n.
Ferenczi Th.: 309n.
Ferry J.-M.: 31, 124, 132, 178n, 197, 201, 239n, 267, 289-291, 302, 308n, 327-328, 339-340, 341n.
Ferry L.: 28n, 32, 307n, 330.
Feuerbach L.: 82, 237n.
Fichte J. G.: 251.
Fischer H.: 219n, 233n, 235n, 239n.
Fischer J.: 47n, 124-125.
Fish S.: 182n.
Floyd W. W.: 269n, 278n, 285n.
Fortin P.: 20n.
Fortin-Melkevik A.: 53n, 63n, 66n, 74n, 77n.
Foucault M.: 10-17, 35, 130, 176, 179, 193, 243.
Fowl S. E.: 162n.

INDEX DES NOMS PROPRES

Fowles S. E.: 182-183.
Franco A.: 129n.
Frei H.: 50, 178n.
Freud S.: 324.
Frey Chr.: 114n, 202, 209n, 219n, 247n, 286n.
Freyer H.: 84.
Fuchs É.: 43n, 86n, 176, 183-190, 193, 202, 221n, 243n, 259n, 295n, 302n, 304n, 305, 309n, 310n, 332, 338n.
Fuchs J.: 111.
Furet F.: 176.
Fürst W.: 264n.

Gadamer H.-G.: 31, 74, 162n, 173n, 174-179, 289, 291.
Gager J. G.: 93n.
Gasse J.-L.: 207n, 216n.
Gauchet M.: 53.
Gaziaux É.: 47n.
Geertz C.: 69, 93-94, 297-298.
Génard J.-L.: 9n, 48.
Gerhard J.: 217.
Gert B.: 40.
Gestrich Chr.: 264n.
Gibellini R.: 269n.
Gibran K.: 343.
Giddens A.: 66, 90, 129, 156n.
Gillon R.: 127n.
Giordano Chr.: 103n.
Girard R.: 91n.
Gisel P.: 7n, 11n, 17n, 54-55, 56n, 70n, 102n, 113n, 122n, 123n, 129n, 130n, 133n, 150n, 157n, 158n, 180n, 198, 219n, 224n, 226n, 233n, 250n, 265n, 287n, 288n, 292n, 307n, 338.
Goethe J. W. von: 311.
Gogarten F.: 276n, 281.
Gomes P.: 194.
Goodchild Ph.: 129n.

Gorz A.: 153n, 244, 331n.
Gottwald N.: 94.
Goud J. F.: 251n, 267n.
Gracia D.: 27n, 34n.
Graf F. W.: 85n, 217n, 218n, 219n, 221n, 239n.
Gramsci A.: 68.
Granberg-Michaelson W.: 300n.
Green C.: 269.
Greeve Davaney Sh.: 133n.
Grégoire Ier le Grand (saint): 109n.
Grégoire VII: 172.
Greisch J.: 131, 148, 309n, 319n, 322.
Griffin D. R.: 151-152.
Groll W.: 237n.
Groupe de recherche sur la culture de Weimar: 207n.
Gustafson J.: 51, 180-182, 192, 194, 216, 302n.

Haas J.: 37n.
Habermacher J.-F.: 128n.
Habermas J.: 31-33, 37-38, 53n, 68n, 96-100, 101n, 104, 130-131, 140n, 145, 147, 153-155, 162n, 168n, 173, 178n, 195, 197, 289-290, 306, 308n, 328, 339-340.
Haendler K.: 252n, 253n.
Halter H.: 115n.
Hamelin O.: 91.
Hamilton P.: 86n.
Harnack A. von: 17, 223.
Harrison P.: 87n.
Hauerwas S.: 50-52, 55, 57, 62n, 124, 126n, 134, 157, 178n, 194n, 215-216, 222n, 262, 321, 330.
Hayat P.: 142n, 143n.
Hegel G. W. F.: 9n, 10, 50, 84, 89, 94, 97, 117, 146, 149-150,

167, 177, 178n, 189, 212-213, 216, 226, 233, 318, 326, 341n.
Heidegger M.: 28n, 130, 142, 226n, 239-240, 290-291.
Heimpel H.: 217n.
Herrmann W.: 57, 215, 225-231, 248, 250-252, 260.
Hervieu-Léger D.: 169n.
Hillis Miller J.: 132n.
Hirsch E.: 276.
Hitler A.: 176, 268, 272, 334.
Höffe O.: 31, 113n.
Holderegger A.: 110n, 309n.
Holl K.: 275.
Holm S.: 127n.
Honecker M.: 111n, 113.
Honneth A.: 153.
Hoogstraten H.-D. van: 268n.
Hottois G.: 27n, 29n, 33n.
Huber W.: 278, 281n, 282n, 284.
Hübner J.: 26n.
Hume D.: 119.
Huntermann G.: 282n.
Hunyadi M.: 221n, 309n.
Husserl E.: 137.
Hütter R.: 157n.

Isambert F.-A.: 48, 53n, 86n.
Isidore de Séville (saint): 109n.

Jacobi F. H.: 209.
Janicaud D.: 142n.
Jarczyk G.: 198n.
Jaspers K.: 281, 314.
Jeammet N.: 316n.
Jean-Paul II: 42, 111, 279, 301.
Jellinek G.: 281.
Jobin G.: 48n, 308n, 339n.
Jonas H.: 28n, 37, 131, 310-311, 316n, 318-319, 342.
Jonas L.: 210n.

Jones L. G.: 182-183.
Jüngel E.: 112, 187n, 215, 252n, 253n, 255n, 256n, 258n, 298, 300n, 322.
Jurieu P.: 207.

Kaennel L.: 22.
Kant E.: 33, 37, 40, 87-88, 90-93, 98n, 113, 119, 130, 134-135, 143, 169, 189, 208-209, 225, 227, 229, 239n, 251-252, 261, 294, 310-314, 318, 324-326, 332.
Kaufman G.: 63n, 70n, 71, 74n, 196, 198n, 202, 215, 291-294, 296.
Kearney R.: 319n.
Kemp P.: 319n.
Kierkegaard S.: 122n, 143, 145, 251, 268n.
Kilani M.: 9n, 103n.
Kinder E.: 252n, 253n.
Kodalle K.-M.: 268, 281, 282n.
Korsch D.: 129n, 250, 267n.
Koselleck R.: 175.
Kress H.: 9n, 111n, 112n.
Krieg L.: 115n.
Krötke W.: 268n.
Kuhlmann W.: 29n, 33n.
Kurtz P.: 30n, 36, 40.

Labarrière P.-J.: 130.
LaCocque A.: 327n.
Lacoue-Labarthe Ph.: 141-142.
Ladrière P.: 86n.
Lamau M.-L.: 26n, 27n.
Lammers S.: 29n, 50n, 51n.
Lange D.: 16n, 50n, 52, 59, 60n, 113, 114n, 123n, 247n, 275n, 276-278, 281.
Lange F. de: 268n.
Lapointe G.: 189n.

… INDEX DES NOMS PROPRES 351

Larmore Ch.: 19n, 154-155.
Larouche J.-M.: 48n, 54n, 55n, 308n, 339n.
Laruelle F.: 136n.
Lascoumes P.: 309n.
Lefort Cl.: 142.
Legendre P.: 342.
Leimgruber S.: 115n.
Leites E.: 176, 243n.
Lenoir F.: 316n.
Leroy-Walters W.: 34n.
Lesch W.: 96n, 311n.
Létourneau P.: 111n.
Leuba J.-L.: 138n, 204n, 205, 252n.
Lévinas E.: 25, 60n, 136-137, 142-143, 145, 147-148, 199, 251n, 267, 310n, 311-312, 322, 325, 333-335.
Lévi-Strauss Cl.: 326n.
Lindbeck G.: 50, 63n, 133, 157.
Link Chr.: 264n.
Lipovetsky G.: 147.
Locke J.: 135, 281n.
Løgstrup K.: 58-59, 286n.
Lonergan B.: 70, 77.
Lowe W.: 285n.
Lübbe H.: 102.
Lucas Ph.: 53n.
Luckmann Th.: 93.
Luhmann N.: 59, 77, 95, 98-100, 101n.
Luther M.: 17, 92, 109-110, 184-186, 190, 194n, 202n, 203-206, 217-220, 225, 242, 245, 254-255, 256n, 259, 262, 275, 282, 295n, 301, 331, 332n.
Luz U.: 181n.
Lyotard J.-F.: 129, 130n, 143, 151, 224, 306.

MacIntyre A.: 50, 57, 110, 146n, 154n, 155, 162-173, 290.

Mac Kinnon M. H.: 304n.
Mainville O.: 111n.
Maistre J. de: 90.
Malebranche N.: 90-91.
Malherbe J.-F.: 34n.
Mandela N.: 141.
Marguerat D.: 187n, 192n, 332n.
Marheineke Ph.: 292n.
Marsh Ch.: 269n, 278n, 285n.
Martini C. (cardinal): 134n.
Matthes J.: 83-84, 103.
Matthieu (saint): 183-184, 186-187, 332, 338.
McCormack B. L.: 248n.
McCormick R.: 180n.
McGrath A. E.: 133n.
Mead G.-H.: 93.
Meckenstock G.: 209n, 214n.
Médevielle G.: 221n, 225n, 233n.
Meeks W.: 93n, 94, 191-192.
Mehl P. J.: 162n.
Mehl R.: 54n, 81n, 278n, 307n, 320n.
Melanchthon Ph.: 110, 205-206, 208, 217.
Ménard C.: 63n.
Mengus R.: 268n, 274n, 280, 284n.
Metz J.-B.: 70-71, 74n.
Miegge M.: 207n.
Mieth D.: 309n.
Milbank J.: 80, 82, 89-97, 101-102, 157, 194n.
Miller B.: 33n.
Mitterrand F.: 53n.
Moltmann J.: 79, 109, 121n, 198, 248n, 280n, 323, 327, 341.
Montaigne M. de: 139.
Montesquieu Ch.: 281n.
Montinari M.: 14n.
Müller D.: 55n, 70n, 128n, 150n, 221n, 233n, 274n, 311n, 342n.

Müller H.: 275n, 284.
Müller W.-E.: 9n.

Nadeau J.-G.: 297n.
Nancy J.-L.: 141-142.
National Bioethics Advisory Commission: 331n.
Niebuhr H. R.: 67.
Niebuhr R.: 216, 276.
Nietzsche F.: 14-15, 19, 34, 38-39, 57, 60, 107, 143-144, 164, 167, 178n, 196, 226, 238n, 239-241, 316, 331.
Nisbet R.: 82, 90.
Novak M.: 304n.
Nygren A.: 70.

Odgen S.: 292.
O'Donovan O.: 262.
Olbrechts-Tyteca L.: 61.
Osborn E.: 108, 190n.
Ostervald J.-F.: 207.

Pannenberg W.: 9n, 56n, 57, 59n, 69n, 70, 79, 82n, 109, 134-135, 202n, 205n, 215, 233n, 237n, 238, 262, 288, 292n, 316n, 323n, 327.
Parfit D.: 154n.
Parizeau M.-H.: 26n, 27n, 29n.
Parsons Th.: 90, 93-95, 98-100.
Paul (saint): 45, 110, 183-188, 191, 193, 198, 199n, 203, 254-255, 315, 331-332.
Paul VI: 111.
Peck W. J.: 268n, 275n, 279, 334.
Peiter H.: 206n.
Pélage: 314.
Perelman Ch.: 61, 68.
Perkins W.: 207.
Peter A.: 22, 136n.
Peters A.: 252n.
Peters Th. R.: 280.
Petit J.-C.: 115n.
Petrosino S.: 136n, 137.
Peukert H.: 96n.
Pieper A.: 113n.
Pinckaers S.: 252n.
Pinto de Oliveira C. J.: 115n.
Placher W.: 63n, 72n, 126n, 134, 178n, 202, 215, 222n, 296, 321.
Platon: 105-106, 108, 135, 138n, 165, 190, 209.
Plourde S.: 26n, 186n, 338n.
Pohier J.: 291.
Poirier J.: 9n.
Popper K.: 32, 289.
Preiswerk M.: 63-64, 66, 68n.
Proust F.: 343.

Quéré F.: 54n.

Rabinow P.: 10n, 11-12.
Rajchman J.: 13n, 14n.
Ramsey P.: 51, 216.
Rasmussen L. L.: 14n, 180, 194, 274-275.
Rasmusson A.: 50n.
Rawls J.: 31, 37, 135, 178n.
Redeker M.: 214n.
Reich W. T.: 7n, 27n.
Rendtorff T.: 47, 57, 83n, 99-100, 113, 120n, 135, 215, 217n, 218n, 219n, 221n, 239n, 249, 255n, 265-267, 285n, 288, 293.
Renouvier Ch.: 91.
Rensselaer-Potter V.: 27.
Rex J.: 86n.
Rich A.: 69n, 85n, 86-88, 103, 157, 195n, 202n, 276n, 297n.
Rickert H.: 92.
Ricœur P.: 25-26, 31, 41, 44, 60, 92, 104, 115n, 124-125, 128n,

132, 134n, 137, 145, 158, 162n, 165n, 166, 173n, 175, 178n, 197, 199, 239n, 263n, 289, 291, 307-328, 329, 332, 335, 339, 343.
Rippe K.-P.: 25n, 54n.
Ritschl A.: 215, 228, 251.
Ritschl D.: 124, 195, 258n.
Robertson E. H.: 269n.
Robinson J. A. T.: 284.
Robra M.: 300n.
Rogozinski J.: 130n.
Rohls J.: 8n, 10n, 106-108, 109n, 202, 208n, 229n.
Roman J.: 318n.
Rordorf B.: 195n.
Rorty R.: 130n, 133, 151, 154n.
Rosenzweig F.: 324.
Rothe R.: 215, 228, 249, 251.
Rotter H.: 110n.
Roviello A.-M.: 134n.
Roy D.: 26n.
Ruh H.: 124.
Rumpf L.: 252n.

Sartre J.-P.: 316.
Schapp W.: 290.
Schelling F. W. J.: 254, 310, 332.
Schellong D.: 212n.
Schleiermacher F. D. E.: 21, 50n, 56n, 59, 71, 109-110, 120n, 135, 137, 169, 177n, 178n, 179n, 201, 206n, 208-216, 225-230, 239n, 247, 251, 258n, 276, 306n, 315.
Schluchter W.: 85n, 86n, 93n, 101-102.
Schneewind J.-B.: 8n.
Schoch M.: 115n.
Scholtz G.: 209n, 213n.
Schönherr A.: 268n.
Schorn-Schütte L.: 217n.
Schubert H. von: 26n.
Schüssler I.: 226n, 238-240.
Schwarz F. H. Chr.: 211.
Seeberg R.: 84, 275-276.
Serres M.: 28n.
Sesboüé B.: 45n.
Sève L.: 54n.
Shanks A.: 89n.
Sheitoyan V.: 239n.
Shelp E. F.: 27n.
Sibony D.: 177n.
Siegwalt G.: 85.
Simmel G.: 92.
Simon R.: 309n, 310n, 311n, 342n.
Sölle D.: 274n, 333.
Sols-Lucia J.: 66n.
Soosten J. von: 83-85, 283n.
Sparn W.: 218.
Spinoza B.: 209.
Staline J.: 176.
Stegemann W.: 221n.
Stegmaier W.: 196n.
Steinmetz R.: 131n, 132, 136-137.
Stock K.: 338n.
Stout J.: 154n, 169.
Streiff S.: 124.
Strohm Chr.: 280n.
Stucki P.-A.: 307n.

Tanner K.: 16n, 19n, 220n, 221, 295n.
Taylor Ch.: 104n, 153.
Taylor M. C.: 146, 148-152.
Terrenoire J.-P.: 86n.
Tétaz J.-M.: 128n, 220n, 223n.
The Bible and Culture Collective: 181n.
Theissen G.: 81, 82n, 199n, 299.

Theobald Chr.: 322n, 323n.
Thévenaz P.: 326.
Thévenot X.: 42n.
Thévoz J.-M.: 26n, 111n, 316n.
Thielicke H.: 112.
Thiemann R. F.: 70n, 75n.
Thomas d'Aquin (saint): 109-110, 135, 165, 171, 190, 315.
Thomasset A.: 134n, 307n, 322n, 323n, 327n.
Tillich P.: 19-21, 47, 60n, 67, 77, 85n, 112, 114n, 115-123, 125-126, 128, 156, 213, 216, 224, 232n, 233, 238, 245, 247, 249, 277, 283-284, 286n, 291-292, 311, 315, 319n, 324.
Tödt H.-E.: 269, 286n.
Tödt I.: 269, 270n.
Tönnies F.: 84, 283.
Toulmin S.: 70, 106.
Touraine A.: 153, 155, 159n.
Tracy D.: 62-78, 96n, 104, 126n, 145, 178n, 179n, 201, 202n, 215, 267, 283, 292-293, 296.
Troeltsch E.: 11n, 17n, 21, 48n, 51, 56n, 69, 80, 83, 86, 92-93, 101-102, 107-109, 112, 114-115, 117, 120n, 122n, 135, 145, 156-157, 201-202, 207n, 208, 212, 215-242, 244-245, 247, 251, 276, 281, 283, 295n, 303-304.
Trotski L.: 164.
Tschannen O.: 30n.
Tubbs J. B. Jr.: 27n.
Tugendhat E.: 98n, 113n.

Valadier P.: 15.
Vattimo G.: 132n, 175.
Vergauwen G.: 115n, 118.

Verhey A.: 29n, 50n, 180-181, 185.
Viganaux d'Hollande M.: 162n.
Villeneuve F.: 63n.
Vincent G.: 202n.
Virt G.: 110n.
Volf M.: 70n, 115n, 146n, 159, 324n.

Waardenburg J.: 102n.
Wachbroit R.: 163n, 165n.
Walzer M.: 159n.
Ward G.: 267n.
Weber M.: 18, 31, 81, 83, 85, 86n, 87, 90, 92-95, 98, 100-101, 103, 130, 202, 207n, 216, 234n, 242, 272, 281, 303-306, 317-318.
Webster J.: 264n.
Weil É.: 318.
Weischedel W.: 322.
Weisser G.: 85n, 86-87.
Welker M.: 112n, 113n, 123n, 180n, 197, 198n, 249n.
Wendland H.-D.: 157.
Wentzel-van Huyssteen J.: 77n.
West C.: 144.
Weyembergh M.: 29n, 30n.
Whitehead A. N.: 154.
Wiersma J.: 268n.
Willaime J.-P.: 48n, 114n, 224.
Wils J.-P.: 309n.
Winkler R.: 34n.
Wittgenstein L.: 13, 50, 133, 174.
Wolterstorff N.: 70n.

Yoder J. H.: 158.

Zumstein J.: 192n.
Zwingli U.: 109, 202n, 204, 276n, 301.

INDEX DES NOTIONS

Les chiffres suivis de la lettre *n* renvoient aux notes de bas de page. Si le mot ou la citation figure dans une page et en note, on indique seulement la page.

Les mots dérivés des notions inscrites ci-dessous sont généralement répertoriés.

Action: 88, 92-93, 100, 196-198, 204, 207, 213-214, 229, 235, 257, 260-261, 263, 273-275, 285, 308, 316, 320, 333, 338-339.

Amour: 84, 108, 203, 234-238, 243, 285, 315, 322-326, 336, 338, 342-343.

Anthropologie culturelle: 53, 80.

Anthropologie théologique: 80, 159, 260, 333.

Anti-fondationnalisme, voir Fondement.

Antimoderne: 90, 114, 120n, 153-154, 267, 281, 285.

Archéologie du savoir, de l'éthique: 9-11, 19.

Ascèse: 15, 36, 235, 237, 240, 242-243, 322.

ATEM: 157.

Athéisme: 28, 30, 32, 36-39, 52, 76, 81, 97, 134n, 143, 199n.

Auditoire, voir Public.

Augustinisme: 95, 108-110, 170-172, 314.

Autonomie: 21, 29n, 32-35, 40-41, 43, 47-48, 55-56, 71, 77-80, 84-85, 88, 92, 105-128, 154, 157, 190, 198, 203-204, 208, 216, 223, 226-227, 229, 231, 247, 249-250, 259, 265-266, 273-279, 281-285, 298-299, 305, 311, 318, 321, 323-327.

Autorité: 33, 45, 137, 139-140, 182, 185-186, 227, 229, 281, 291-293, 329-330.

Autre, altérité: 13, 16, 41, 48, 71, 123, 137-140, 142-143, 149, 171, 186-189, 198, 244, 280, 302-303, 305, 309-315, 319, 322, 324-325, 332-336, 339-340, 342.

Avant-dernier, voir Dernier.

Avortement: 127, 279-280, 301.

Axiologie, voir Valeurs.

Barthisme, post-barthisme: 55, 150, 258, 264.

Bible, voir Écriture.

Bien(s): 44, 108, 134-135, 154, 165, 169, 194n, 209, 211, 227-231, 252, 271, 299, 313-314, 319, 340, 343.

Bioéthique: 26-42, 48, 51, 106, 126, 195, 279, 285, 331n.
Biotechnologies, voir Technique.
Calvinisme: 184, 194n, 207, 217-219, 223, 243, 304-305.
Canon: 181, 189, 191-193.
Capitalisme, esprit du capitalisme: 176, 242, 303-305.
Casuistique: 14, 261, 263.
Catholicisme, morale catholique: 17-18, 20, 42-46, 53, 62, 71-72, 90-91, 101, 111, 114, 115n, 157-158, 164, 184, 186, 224, 226, 262, 268, 275, 279, 299-304, 311n.
Centesimus annus: 44.
Chrétiens-Allemands: 203, 253, 264.
Christ, voir Jésus.
Christocentrisme: 257, 276-277, 282, 332, 334.
Christologie: 100, 124, 126, 149, 184, 214, 221, 228, 238, 252, 266, 272, 284-285, 334.
Chute, infralapsaire, supralapsaire: 13, 108, 252, 253n.
Clonage: 78, 331n.
Commandement: 119, 134-135, 188, 209-210, 256, 259-263, 271, 273, 275-277, 324-325.
Commissions d'éthique: 25n, 54n.
Communautarisme : 30n, 31, 33, 51, 104, 153, 164-165, 171, 325.
Communication, éthique communicationnelle, voir Procédure.
Compromis: 221-222, 232-233.
Conscience morale: 59, 203, 206, 241, 243, 274-275, 314, 317, 320, 324-325, 335, 342.
Construction: 11, 18-19, 59, 83, 85, 94, 109, 124, 140, 146, 148, 150-152, 154, 156, 185-186, 191, 194-196, 198, 202, 216, 220, 244, 266, 271, 287-295, 329, 336, 339, 341-342.
Contenu: 13, 18, 40, 44, 59, 76, 89, 93, 97-98, 102n, 104, 116-117, 123, 125, 127, 130, 138-139, 163, 173, 188, 191, 211, 215, 226, 228-229, 232, 238, 240, 249, 254, 268, 272-273.
Contexte, contextualité: 9, 16, 33, 41, 43, 45-46, 49-50, 63-64, 67, 68n, 77, 81, 106, 126n, 128, 133-134, 148, 154-155, 165, 171, 183, 191-192, 194-195, 201, 234, 263, 269, 279, 285n, 288, 290-291, 292n, 304, 325.
Convictions, éthique de conviction: 30-31, 36-42, 59, 74, 87, 96, 234, 244, 283n, 288, 312, 317, 321-323, 336.
Corrélation: 82, 58n, 97, 121, 122n, 126n, 128, 159, 292, 296.
Courage: 66n, 337-338, 341-343.
Création, ordres de la création: 56-58, 199, 216, 250, 252, 260-261, 263-265, 270, 277, 324.
Crise: 21, 57, 65, 105, 120, 122n, 129-130, 138n, 154, 157-158, 167, 250-251, 267.
Critique: 17, 19, 21-22, 44-46, 58, 69, 71, 97-98, 102, 108, 110, 113, 117, 123, 125, 130, 142, 147-149, 155-156, 158-159, 164, 168, 173, 179-180, 182, 196-197, 199, 201, 205, 210-211, 215, 224-226, 228-229, 239-245, 248-251, 255, 266-268, 269, 271, 278, 280, 282-286, 287-299, 304-305, 307, 313-314, 316, 319, 321, 327-328, 329-331, 336, 338-339, 341-342.

INDEX DES NOTIONS

Croix: 149, 184, 241, 272, 278, 291, 299, 332-333.

Culture, culturel: 16, 18-20, 29, 35, 41, 43, 48, 56, 61, 67, 69, 73, 75-76, 101, 115-116, 118, 130, 133, 134, 161, 183, 190-192, 194-196, 201, 207-208, 210, 212-213, 215, 217, 219, 221-224, 226-228, 230, 233-234, 245, 248-250, 267, 269, 283-284, 286, 292n, 293, 295-300, 303-304, 317, 322, 335-337.

Décalogue: 186, 188, 206, 226.

Décision, voir Indécision.

Déconstruction: 9n, 14, 19, 21, 57n, 66, 79, 129-159, 161, 173, 179-180, 185, 193, 220, 224, 231, 240, 245, 247, 266-267, 283, 285n, 292, 294, 302, 306, 322, 328, 331, 336-338, 342.

Démaîtrise, critique de la maîtrise: 22, 145, 157-158, 196, 199, 259, 303, 337.

Déontologie: 46, 244, 275.

Dernier, avant-dernier: 85n, 109, 131, 203, 226, 268, 277, 301, 305, 312.

Devoir(s): 58, 107, 132, 135, 169, 191, 209, 228n, 230, 309, 311, 317.

Dieu, théocentrique : 25, 38, 44-45, 49, 57, 59-60, 72, 82, 84, 90-91, 95, 99-101, 108, 110, 116, 135, 138, 140, 149-152, 154-155, 159, 170, 172, 186-188, 191, 197-199, 203-207, 214-215, 228, 235-238, 249-252, 254-263, 265, 271-275, 277-278, 281, 283-285, 292-294, 299, 310, 312, 314-316, 322, 324, 331, 334, 336-337, 343.

Discussion, éthique de la discussion, voir Procédure.

Doctrine(s): 13-14, 16, 40, 56, 145, 171, 178, 188, 190-191, 211, 221, 224, 227, 237n, 238, 253, 256, 258, 287-288, 301, 305.

Dogmatique: 11, 20, 42, 46, 55-57, 83-84, 86, 88-89, 103, 146, 150, 156, 172, 178, 190, 193, 196, 202, 208, 210-211, 215, 219n, 221, 227-228, 230, 232n, 248-249, 252, 255-258, 260, 266-267, 272, 283, 288, 291, 293, 305, 314.

Droit: 36, 39, 59, 88, 139-140, 144, 209, 219, 279-280, 340.

Droit naturel: 108, 109n, 134-135, 218, 220-224, 232, 301.

Droits de l'homme: 41.

Ecclésialité, ecclésiologie, voir Église(s).

Ecclésiaste, Qohéleth: 189.

Économie, éthique économique: 65-67, 69, 92-94, 207, 219, 244, 249, 297, 304, 317, 341.

Écriture, Bible, rôle de la Bible en éthique, usage de l'Écriture: 21, 44-45, 55-56, 122n, 131-132, 135, 149-150, 161, 174-175, 179, 181-185, 187-197, 199, 247, 266, 272, 282, 287, 291, 293, 299, 311n, 312, 321-322, 324, 327.

Église(s), ecclésialité, ecclésiologie: 45, 48-52, 55, 62, 66-74, 75-89, 99, 102-103, 107-109, 124-125, 134, 157-158, 181-183, 186, 191-196, 201, 206, 210-214, 218, 221-224, 228,

232, 249, 262, 266-268, 277-278, 281-284, 286, 299-302, 332, 336-337, 339-340.

Enfant(s), enfance, filiation: 144, 342.

Engagement, désengagement: 38, 68, 76, 99, 167, 218, 231, 239, 242, 272, 292, 295, 300, 305, 338.

Épicurisme, éthique épicurienne: 190.

Eschatologie, Royaume de Dieu: 79, 83, 85, 108-109, 122, 135, 138, 149, 151, 153, 180, 188, 191, 198, 211-213, 219n, 230-240, 250-252, 265, 268, 281, 299, 315, 338, 343.

Espace public, voir Public.

Espérance: 159, 178, 186, 197-198, 308n, 313-314, 316, 319-320, 324, 338, 341-342.

Esprit, Saint-Esprit, pneumatologie: 22, 117-122, 124-126, 180, 185-186, 193, 196-199, 204-205, 209n, 210, 215, 221, 224-225, 238, 241, 284, 294, 299, 315, 337-338, 341.

Essence du christianisme: 17n, 223.

État: 50, 108, 203, 206, 212, 219, 228n, 230, 244, 249, 279-280, 318-319, 337.

Éthique appliquée: 44, 46, 48, 126-128, 329.

Éthique philosophique, philosophie morale: 8, 25-26, 54, 76, 106, 110, 118-120, 131, 169, 172, 205-215, 227-229, 258n, 285, 326-327, 333.

Éthique séculière: 16, 20, 29-31, 34-35, 37-38, 42.

Éthique sociale: 16, 26, 28, 41, 52, 86-87, 127, 152-153, 157, 178, 221-222, 224-225, 229-230, 232, 234, 238, 282.

Éthique théologique, théologie morale: 8, 11, 16-19, 20-22, 25-26, 29, 42-48, 51, 53-56, 76-78, 105-106, 109-110, 115, 118-120, 125-126, 131, 153, 157-158, 161, 169, 181, 185, 189, 196, 210, 212-213, 215, 228, 238-240, 252-253, 261, 272-273, 284-285, 287, 295-299, 302, 321, 329-331, 335-336, 339.

Euthanasie: 127, 279-280, 301.

Evangelium vitae: 44.

Évangile: 19, 52, 58, 62, 66, 111n, 117, 126, 173, 184-185, 187-188, 203-204, 206, 221-222, 224, 232, 241, 248, 252, 254, 256-258, 261-262, 272, 276, 281, 296, 298, 301-302, 304, 310n, 338.

Évidence: 57-58, 91, 226, 228, 230-231, 251, 260-261.

Exclusion: 64, 74, 341.

Exigence: 22, 57, 59, 87, 140, 148, 178, 185-188, 196, 198, 204, 222, 251, 253, 256-257, 261-263, 265-266, 271, 296, 299, 312, 314, 331.

Filiation, voir Enfant(s).

Fin(s), voir Téléologie.

Finitude, limites: 13, 56, 58, 60, 87, 120, 128, 141, 158, 188-189, 196, 213, 235-237, 240, 261, 280-281, 295, 309, 314, 321, 326.

Foi: 32, 49, 52, 54, 58, 62, 75-76, 100, 102n, 107, 109, 124-125, 128, 155, 173, 189-191, 194n, 204, 206, 211-214, 218, 221, 226-227, 232, 241, 250-

251, 281n, 294, 300, 305, 322, 326, 330, 332, 336-337.
Fonctionnalisme: 11, 49, 93-96, 104, 299.
Fondement, fondationnalisme, anti-fondationnalisme: 11, 14, 28-29, 33, 38-42, 44, 51, 57n, 59, 74, 77, 81, 91-93, 98, 105, 118-119, 122-123, 125, 128, 130-137, 139-140, 146-148, 154-156, 158, 175, 189, 211, 214, 235, 240, 250, 257, 260-261, 272, 287, 290, 294, 312, 314, 327, 331, 342-343.
Forensique: 205, 313, 315.

Généalogie: 8-22, 27, 44-46, 90, 109n, 113-114, 120n, 130, 145, 147-148, 153, 155-156, 170, 172, 179-180, 182, 192-193, 196, 199, 201, 208, 215, 239-240, 242-243, 245, 248, 250, 267, 269, 286-287, 289-291, 295n, 299, 307, 329, 337-339, 341-343.
Génétique: 28, 84.

Hégélianisme: 10, 97, 107, 165, 234-235, 267, 283, 291, 318.
Herméneutique, interprétation: 12, 19, 21-22, 33, 37, 40, 44-45, 60, 72-74, 79, 86-87, 97, 100, 104, 124-125, 132, 152, 173-180, 221, 239-241, 247, 254, 269, 282, 287-291, 294, 299, 303, 322-323, 327, 342.
Hétéronomie: 12, 116-117, 119-120, 123-124, 126, 229, 249, 277, 311, 324, 326.
Histoire, historicisme, post-historicisme: 7-9, 14, 16-18, 65, 79, 89, 94-95, 100, 108-109, 112-113, 117, 126, 130, 140, 149-153, 155, 161, 172, 175-177, 179-180, 181-183, 185, 187, 189, 194, 197, 201-202, 207, 209-213, 215-219, 221, 230-235, 238-240, 242-245, 249-251, 255, 259, 262, 267, 276, 278, 281, 284, 288, 290-291, 293-294, 295n, 297, 300, 304-305, 315, 318-319, 341.
Homilétique, rhétorique: 45, 61, 68, 86, 97, 161, 175, 179-180, 267.
Homosexualité: 182, 188-189, 195.
Humanae vitae: 111.
Humanisme: 10, 12, 30-38, 49, 172, 205, 215, 314.
Humanisme Séculier: 30-40.
Humanité: 37, 42, 73, 76, 92, 147, 170, 223, 242, 277, 299.

Identité, identité narrative: 14, 103, 124-125, 128, 149, 153, 161, 171, 184, 193-195, 201, 289-291, 302-303, 312, 321n, 327, 339, 341-342.
Imagination: 82, 141, 171, 195-196, 224, 231, 286, 293-294, 317, 337, 343.
Immanence: 36, 85n, 102, 122, 155, 163, 176n, 227, 229, 233, 237-238, 310n, 319, 330, 338.
Indécision, indécidabilité, critique de la décision, décision: 39, 132, 137-138, 140-141, 148, 150, 167, 170, 179, 257, 261, 263, 271, 273-274, 285n, 317-318, 329, 334-335.
Individu, individualité: 16, 39-41, 55, 90-93, 99-100, 103, 125, 135, 143n, 159, 164, 175n, 179, 192, 197, 201, 209, 211, 218, 219n, 224, 231, 234-236, 243-244, 297, 308n, 317, 337.

Infralapsaire, supralapsaire, voir Chute.
Instabilité normative: 126, 328, 331, 336.
Institution: 19n, 28, 36-37, 49, 55, 68, 70, 72-73, 85, 95, 103, 108, 114, 130, 141, 158, 172, 197-198, 203, 224, 232n, 262, 283, 287, 306n, 313, 317-319, 336, 342.
Interdisciplinarité: 20, 28-29, 77.
Intérêt(s): 19.
Interprétation, voir Herméneutique.
Intersubjectivité: 39, 41, 78, 123-124, 140n, 303.
Ipséité, voir Sujet.

Jansénisme: 169, 207.
Jésus, Jésus-Christ, Christ: 44-45, 67, 82, 150, 184, 187-188, 193, 197-198, 213-215, 221, 228-229, 241, 249, 257, 260, 262, 265, 272, 274-275, 277, 284-285, 294, 297, 310n, 331-334, 341.
Joie: 337-338.
Judaïsme, éthique juive: 42, 182, 204, 222, 312-313, 317.
Juste: 100, 140, 154, 177, 299, 340.
Justice, injustice: 34, 39-41, 65, 67, 87, 127, 135-136, 139-144, 146, 148, 158-159, 162-163, 184, 187, 199, 205, 250, 297, 322, 325, 335-337, 340-342.
Justification par la foi: 155, 183-185, 187-188, 199n, 203, 205-207, 241, 253, 255-256, 298, 300, 305, 315, 335.

Kantisme, néo-kantisme: 88, 90-92, 95, 107, 131, 164, 196, 212, 227, 230-231, 239n, 283.

Koinonomie: 124-125.
Laïcité: 48, 53-54, 120, 170-171, 281, 300, 330.
Libéralisme, post-libéralisme: 21, 39, 41, 50-52, 77, 79, 82, 90, 93, 95, 102n, 114n, 133-135, 156-157, 166, 173, 178n, 181, 215, 218, 222, 228, 230, 233, 249, 251, 266, 269, 282-283, 296, 319, 341.
Liberté, libération: 14, 16, 43, 58, 60, 100, 108, 111-115, 121, 126, 128, 135, 145-146, 154, 188, 198n, 205, 207, 218, 220, 224, 227, 229, 241, 243-244, 251, 258-263, 265, 279, 281, 282n, 298, 305-306, 311n, 312-314, 316, 318-319, 324-325, 332, 337, 341, 343.
Loi, loi morale: 39, 57, 109, 117, 137, 141-144, 170, 181, 184-187, 198n, 199, 202-206, 219-220, 223, 226, 228, 248, 252, 254-258, 261-263, 272, 274, 276, 281n, 290, 297, 301, 314, 318, 324-325, 331-332.
Loi et Évangile: 203, 253, 255-256, 261, 274, 276, 301, 332.
Luthéranisme: 112, 203-204, 206, 217-218, 235n, 253-254, 269, 276-277, 280, 282, 283n, 304.

Magistère: 26, 42-46, 48, 111n, 262, 301, 304n, 311n.
Maîtrise, voir Démaîtrise.
Mal: 13, 42, 95, 104, 108, 122n, 123, 128, 159, 191, 194n, 199, 229, 240, 262-263, 271, 280, 298, 310, 312-315, 318-319, 325, 333-336, 341, 343.
Mandat(s): 264, 271, 275n, 277-278, 280, 311-312.

INDEX DES NOTIONS

Marginaux, marginalité: 66, 69, 94.

Médecine, éthique médicale, éthique clinique: 27-28, 126n, 243.

Messianisme, messianicité: 138-140, 144, 317n.

Méta-éthique: 157, 320, 322-323.

Métamoderne, métamodernité: 21, 102, 129, 153, 156, 158, 170, 266, 278.

Métaphysique, onto-théologie: 9n, 31, 90-93, 103, 106-107, 109, 117, 132, 137, 139, 143, 146, 151, 153-154, 177, 214, 226-228, 232n, 234-240, 257, 260, 314, 320, 322.

Méthode: 11, 15, 36-38, 58n, 77, 79, 81-82, 85n, 86, 88-91, 93, 102n, 106, 174, 177-178, 181, 183, 189n, 190, 194, 211-212, 222, 234, 239n, 257, 274-275, 287, 291, 293-294, 295n, 329.

Modernité, moderne: 17, 20-21, 26-27, 31, 46, 52-54, 60, 62, 65-66, 78, 89, 91n, 101-104, 111-114, 116, 120n, 124n, 125, 129-159, 163-164, 167-170, 172-173, 178n, 207-208, 212, 217, 219-221, 223-224, 227, 233, 239n, 241, 247-249, 260, 265-267, 269, 278, 281-285, 288, 302-304, 306, 324, 332.

Moral strangers: 31, 36-37, 39-41.

Morale catholique, voir Catholicisme.

Mort: 38, 138, 249-250, 254, 326, 335, 343.

Mort de Dieu: 49, 142, 149, 151-152, 178n, 283-284.

Narration: 89, 92-93, 124-126, 129, 132, 151, 191, 202, 238, 289-291, 303, 306, 312, 324-325, 327.

Nature, naturel: 19, 31, 37, 57-59, 91, 107-109, 131, 171, 198, 205, 209-210, 213-214, 218, 221-222, 226-228, 231, 234, 236-237, 261-265, 275-280, 282, 285, 297, 301, 320.

Nazisme: 37, 203-204, 264, 268, 276, 279-280.

Néo-aristotélisme: 31, 50, 155, 162n, 164, 290.

Néo-kantisme, voir Kantisme.

Néo-libéralisme: 65, 72, 114n, 224, 335.

Néo-protestantisme: 217, 219-220, 223, 224.

Néo-thomisme, voir Thomisme.

Nihilisme: 11, 37, 39, 157, 240, 281, 285.

Normes, normatif: 26, 28, 31, 34, 41, 43-44, 48, 72, 86-89, 100, 104, 106, 118, 127, 130, 155, 181, 184-186, 192-195, 218, 221, 224, 232, 301, 312-313, 318-319, 327-328, 331-332, 335-336.

Obéissance: 45, 184, 199n, 203-204, 217, 257, 261-263, 275n, 315, 325.

Œcuménisme: 21, 113-114, 202n, 216, 220, 300, 302.

Ontologie: 79, 85n, 89, 91, 93, 119, 122n, 123-124, 131, 144, 148, 150, 174, 178-179, 189, 238, 240, 250, 251n, 260, 262, 275, 279, 290, 317-318, 322-323, 343.

Onto-théologie, voir Métaphysique.

Ordres de la création, voir Création.

Orthodoxie orientale: 30n, 31n, 201.
Orthodoxie protestante, orthodoxie luthérienne: 208, 217, 227.
Pardon: 159, 202n, 339-341.
Parentalité: 318, 342.
Pastorales, épîtres: 189.
Patient, malade: 33-34.
Paulinisme: 107, 170, 183-184, 186, 254, 298.
Péché: 42, 57, 59-60, 108, 123, 135, 184, 203, 205-206, 223, 226, 229, 252-254, 310, 314-317, 319.
Pertinence, plausibilité: 9, 18, 21, 40, 42, 49, 56, 69, 72-74, 76, 78, 80, 88-89, 102, 113, 122, 125, 134, 158, 166, 176, 179, 183, 191, 202, 215, 217-218, 221, 223, 240, 243, 259, 272-273, 275n, 284, 290, 293, 295-297, 299-302, 305-306, 317, 319, 328, 331-332, 336.
Phénoménologie: 36, 84, 85n, 169, 177, 309, 312, 322-323, 334.
Plausibilité, voir Pertinence.
Pluralité, pluralisme: 19, 31-32, 39, 43-46, 50, 59, 62n, 70, 74, 85, 103-104, 124, 130, 153, 159, 172, 174, 179, 189, 195, 197, 209, 240, 244.
Pneumatologie, voir Esprit.
Politique: 14, 25, 41, 65-67, 69, 92-93, 101-102, 106-107, 109, 112-113, 123, 128, 134, 136n, 138-143, 165, 176, 178, 203, 205, 217-218, 223, 228n, 244, 268-269, 272, 276-277, 279-282, 288-290, 297, 301, 304, 308, 317-320, 333, 336, 338, 343.

Postmodernité, postmoderne: 17, 20-21, 31, 35, 37-38, 46, 49, 52-54, 57n, 60, 65, 71, 77-78, 90, 102, 105, 114, 129-159, 161, 167, 180-181, 185, 193, 201, 212, 221, 224, 241, 247-248, 267, 278n, 281n, 283, 285, 293, 302, 306, 335, 343.
Précarité: 114, 224, 306.
Principe(s): 27-29, 35, 40-41, 43-44, 127, 165, 181, 223, 238, 244, 260, 262, 273, 324, 326.
Principe protestant: 19, 224, 249.
Procédure, éthique procédurale, communication, éthique communicationnelle, discussion, éthique de la discussion: 20, 32-33, 61, 62n, 68, 69n, 75, 96-97, 104, 127, 130, 140n, 164, 171, 174, 179, 194-195, 312, 325-326, 328, 330, 336.
Process, théologie du *Process*: 148, 292.
Promesse: 138-139, 144-146, 186, 188, 206, 250, 337n, 339, 342.
Prostitution: 297.
Public, espace public, auditoire: 21-22, 25, 37, 48, 52, 58, 61-78, 80, 104-105, 107, 126n, 128, 145, 152, 159, 171, 179, 183, 195, 202, 227, 243, 296, 300, 307, 320, 327-328, 330-331, 336, 337.
Puritanisme, éthique puritaine: 207, 227, 241-244, 305.
Raison, rationalité: 30, 33, 37-40, 48, 65-66, 73, 92, 96, 100, 113, 121, 130, 135, 147, 153, 156-157, 159, 162-163, 165-166, 168-173, 197, 205-207, 209-210, 212-217, 223, 226n, 227-228, 234, 239n, 248, 262,

INDEX DES NOTIONS

267, 289-291, 303-306, 309, 312-314, 318, 322, 325-326, 328, 332, 334-335, 338, 342.

Rationalisme: 28, 30, 32, 36-37, 65, 87, 91, 97, 109, 208, 212, 223, 229, 290, 330.

Reconnaissance: 65, 145, 159, 201, 234, 255-256, 262, 275-276, 290, 329, 339-340.

Reconstruction: 9-11, 13-14, 21-22, 37, 52, 57, 86, 113-114, 120n, 124, 146, 148-149, 151, 153, 156, 162, 173, 179-180, 182, 193, 196-197, 199, 201-202, 208, 216-217, 222, 224, 231, 239-240, 245, 247, 267, 269, 274, 282, 287, 291, 294-295, 299-300, 302-303, 306-307, 308n, 327, 337, 339-341, 343.

Règnes, doctrine des deux: 110, 203, 205-206, 276, 280-282.

Relativisme: 37-38, 40, 46, 68n, 74, 81, 102-103, 147, 155, 158, 163n, 164-167, 187.

Religion(s): 25, 35, 42, 48-58, 67, 69, 76, 79-82, 85n, 90-103, 107, 116, 118, 120, 132, 138, 143-144, 153-154, 156, 158, 163, 165, 169, 173, 176, 214-215, 217-218, 225-227, 232n, 239, 243, 250, 283, 290, 294, 298, 300, 306, 312, 315, 322, 326-327.

Réparation: 339-341.

Représentation, substitution: 315n, 322, 333-335.

Représentations, culturelles ou symboliques: 17, 20, 29, 34, 40-41, 48, 71, 76, 79-80, 88, 91, 94, 97, 99, 104, 158, 174, 209, 283, 290, 292-293, 297, 305, 320, 322, 325-326, 328, 331n.

Résistance: 16, 131-132, 137, 139, 141, 143n, 198n, 241, 279, 282, 335-336, 341, 343.

Responsabilité, éthique de responsabilité: 41, 71, 124-125, 132, 137-138, 147-148, 150, 159, 180, 182-183, 185, 188, 196-198, 206, 218, 234, 236, 250, 256-259, 262-263, 268, 272-273, 275, 282n, 285, 307-320, 325, 333-336, 338, 340-343.

Résurrection: 198, 249-250, 272, 291, 299.

Rethéologisation: 47, 56, 90, 121, 146, 286.

Rhétorique, voir Homilétique.

Royaume de Dieu, voir Eschatologie.

Sagesse, éthique sapientiale: 49, 189, 190, 324.

Sanctification: 184, 188, 203, 206-207, 252, 256, 274, 315.

Sécularisation, séculier: 26, 30-31, 35, 48-49, 51-53, 55, 79, 91, 95, 101-102, 113, 116, 124-125, 151, 165, 178n, 242, 248, 276-277, 281, 284, 286, 292, 298, 330.

Sens: 10, 16, 18-19, 38, 69n, 72, 76, 81, 84, 89, 102, 139, 174, 176-177, 179, 181, 190, 193, 231, 236, 258, 283, 288, 290, 292-293, 315, 327, 331, 334, 335, 339.

Sermon sur la montagne: 183-187, 228, 325.

Societas ethica: 157.

Sociologie, sciences sociales: 12, 20, 28, 48, 53-54, 65, 78-104, 156, 158, 226, 230, 232, 239n, 283-284, 297, 305.

Soi, voir Sujet.

Solidarité: 35, 41, 65, 144, 146, 196, 198-199, 205, 250, 336.

Spinozisme: 338n.

Stoïcisme, éthique stoïcienne: 107-109, 135, 190.

Substitution, voir Représentation.

Sujet, soi, ipséité: 11-19, 41, 99-100, 123, 126, 130, 141-143, 146-155, 158-159, 171, 175, 177, 187, 191-192, 195, 197-199, 205, 207, 209, 213, 231, 240, 242-244, 251, 255, 259, 266, 279, 285, 291, 298, 303, 308-309, 311-315, 318, 320, 326, 332-343.

Symbolique, voir Représentation.

Synergisme: 257, 275n.

Technique, biotechnologies: 27-28, 49, 66-67, 69, 117, 126, 128, 243, 317.

Téléologie, fin, fins: 38, 95, 97, 132, 166, 171, 180, 195, 204, 207, 210-212, 226, 228n, 230-231, 238, 299, 319.

Théologie de la libération: 63.

Théologie dialectique: 21, 47, 112, 120n, 138, 201, 208, 212, 215-216, 228, 230, 247, 269, 276, 286, 299.

Théologie négative: 137, 332.

Théonomie: 21, 115-126, 128, 226, 245, 277, 284, 311, 323-327, 330.

Thomisme, néo-thomisme: 95, 109-110, 170, 184n, 186, 203, 226, 301.

Toxicomanes, toxicomanie: 66n, 340n, 341.

Tradition(s): 17-19, 21, 31-32, 37-38, 40, 44-45, 48, 51-52, 72, 73n, 98, 103, 113, 120, 125, 128, 133, 146n, 147, 154-155, 161-173, 175, 178-179, 181, 186, 191, 196-197, 201, 217, 221, 247, 266, 287-290, 292n, 293-294, 304, 327, 329, 342.

Tragique: 123, 125-126, 212, 250, 262, 274-275, 280, 314, 320.

Transcendance: 28, 34-36, 42, 60, 65, 82, 92, 102, 116, 122, 126, 128, 134n, 154-155, 168, 235-237, 310n, 311, 319-320, 329-332, 334, 337-338.

Transcendantal: 10, 33, 59, 91, 98n, 121, 123, 124n, 130, 135, 137, 144, 165-166, 235, 237, 259, 294, 323, 325, 330, 343.

Transgression: 141, 149, 280.

Transplantation d'organes: 127.

Travail, métier: 207, 236, 242, 244.

Universalité, universalisme: 20, 31, 37, 40-42, 51, 59, 68-71, 79-80, 87, 92-93, 97-98, 100, 103-104, 108-109, 130, 133, 147, 153, 163-167, 171, 173-174, 189, 194n, 206, 209, 213, 221, 223-224, 236, 290, 308n, 309, 318, 324-325, 333-334.

Usage(s) de la Loi, usage politique, usage théologique (ou élenchtique), usage didactique: 184, 203-206, 218, 220, 254-255, 259.

Usage de l'Écriture, voir Écriture.

Utilitarisme: 37, 72, 147, 154, 164, 182-183, 186, 233, 245, 299.

Valeurs, axiologie: 14, 20, 31, 35, 37-38, 40, 43, 48, 86-88, 92, 98, 127, 130, 153, 165, 178n, 181-182, 226, 229, 231, 234, 236, 240, 245, 316, 331, 334, 337.

INDEX DES NOTIONS

Vatican II, Concile de: 111, 114, 301.
Veritatis splendor: 42-46, 59, 111, 311n.
Vérité: 11-12, 14, 42-46, 69, 71, 74, 81, 89, 92, 104, 110, 111n, 135, 145, 152, 163, 165-167, 171, 174-179, 184, 193-195, 215, 232, 237, 253-255, 260, 276, 289, 299, 330, 339, 343.

Vertu(s): 107-108, 206, 209, 218n, 230-231, 244, 317, 337-338.
Vieux protestantisme: 217, 219-220, 224.

Wertrationalität: 92.

Zweckrationalität: 85, 92.

TABLE DES MATIÈRES

Introduction. – **Généalogie, critique et reconstruction de l'éthique théologique** 7

Le temps des bilans 7
Par delà la description pure et la déduction dogmatique : quelle généalogie? 8
Une généalogie critique de l'éthique théologique a-t-elle un sens? 16
La démarche de l'ouvrage 20

Chapitre premier. – **La modification du rôle des théologien(ne)s et des Églises dans l'espace public** 25

L'expansion publique de la bioéthique et son défi à la théologie 26
La *Splendeur de la vérité*, ou l'absolutisme de la théologie morale 42
Les aléas de la conscience théologique de soi de l'éthique protestante 46

Chapitre II. – **Les publics de la théologie et les défis de la sociologie** 61

Dépasser le point de vue purement homilétique de la rhétorique ecclésiastique classique 61
Portrait du théologien en communicateur social 62
L'ecclésialité comme condition nécessaire mais non suffisante 75
Perspective critique 77
Théologie, éthique, sociologie 78

Chapitre III. – **Centralité et débordement de l'autonomie: la théologie dans la crise de la modernité** 105

Les origines philosophiques de l'éthique et la tâche de la théologie 105

Autonomie et théonomie 110
Pour une interprétation théologique et théonome de l'autonomie 115
La reprise théologique contemporaine
de la question éthique de l'autonomie 124
Incidences dans le domaine de l'éthique appliquée 126

Chapitre IV. – La présente condition postmoderne de l'éthique théologique 129

Modernité et postmodernité en théologie:
déplacement des frontières traditionnelles 129
La remise en cause des fondements 131
L'éthique déconstructive chez Jacques Derrida:
religion, justice et résistance 136
Une éthique postmoderne?
La solution différente de Zygmunt Bauman 146
L'éthique théologique face au défi de la postmodernité 148

Chapitre V. – Tradition, herméneutique et usage de l'Écriture 161

Tradition 162
Herméneutique 173
L'usage de l'Écriture en éthique théologique 180

Chapitre VI. – Essai de reconstruction de l'éthique protestante 201

L'éthique des Réformateurs: généalogie et reprise 202
Une tension qui demeure entre l'éthique philosophique
et la morale chrétienne (Friedrich Schleiermacher) 208
La reconstruction critique de l'éthique protestante
chez Ernst Troeltsch 216
Éthique protestante et puritanisme 241

Chapitre VII. – L'éthique de la théologie dialectique entre modernité et postmodernité 247

L'éthique de Barth: une éthique de l'autonomie paradoxale 247
L'*Éthique* de Bonhoeffer: une relation contrastée
avec la modernité 268

Chapitre VIII. – **Plausibilité culturelle et œcuménique de l'éthique protestante** 287

Construction et reconstruction 287
Sens et critères de la plausibilité culturelle de l'éthique protestante.... 295
Le défi d'une éthique chrétienne réconciliée 300

Chapitre IX. – **L'éthique de la responsabilité: avec et autrement que Paul Ricœur** 307

Penser la responsabilité: une tâche philosophique? 308
La théologie comme facteur d'instabilité normative 320

Chapitre X. – **L'avenir public de l'éthique théologique** 329

Signaler la transcendance: la tâche critique 329
Répondre du mal: la tâche anthropologique 332
Résister aux injustices: la tâche pratique 335
La dimension spirituelle 337

Index des citations bibliques 345
Index des noms propres 346
Index des notions 355

«PASSAGES»

COLLECTION DIRIGÉE PAR HEINZ WISMANN

Initiation rituelle ou découverte scientifique, la connaissance humaine se fonde sur l'expérience du passage. Celle-ci structure et, par là même, valide les certitudes dont nous sommes capables. En son absence, le savoir se sclérose et finit par devenir sa propre négation, mythe ou idéologie. D'où la nécessité, quels que soient l'horizon et le niveau des opérations intellectuelles, de restituer sans cesse l'écart qui sépare la connaissance finie de ses objets. Ce n'est qu'à ce prix que la pensée reste féconde, apte à avancer de nouvelles hypothèses, en prenant appui sur les limites mêmes que lui assigne la réflexion. Pour défétichiser les traditions savantes et redonner vigueur au projet dont elles se réclament, il est ainsi indispensable de rappeler le caractère expérimental, essentiellement provisoire, de la science. Mais au-delà de cette mise en garde qui reste, quant à son développement approfondi, du ressort de la philosophie, il convient d'encourager les recherches concrètes, tournées vers l'exploration du réel sous toutes ses formes, afin de contribuer au nécessaire renouvellement des problématiques. Critique et constructive à la fois, une telle démarche conduit à multiplier les ouvertures, sans crainte de bousculer la hiérarchie des questions admises, à libérer l'imagination méthodologique, au risque de transgresser les règles institutionnalisées, bref, à laisser l'expérience plaider pour elle-même.

La collection « Passages » accueillera les tentatives les plus exigeantes, récentes et moins récentes, de briser l'enchaînement de la routine scientifique, en proposant une triple orientation prioritaire :

1) Contre le cloisonnement des compétences et des corporations savantes, mettre l'accent sur le *passage entre disciplines*.

2) Contre la rivalité néfaste des civilisations et des paradigmes collectifs, faire valoir le *passage entre cultures*.

3) Contre la fiction paresseuse d'une histoire linéaire et d'un progrès continu, rendre manifeste le *passage entre époques*.

Déjà parus :

— Heinz Wismann (éd.), *Walter Benjamin et Paris*.
— Bernard Guibert, *L'Ordre marchand*.
— Martine Broda (éd.), *Contre-jour. Études sur Paul Celan*.
— Jürgen Habermas, *Morale et communication*.
— *Devant l'Histoire. Les documents de la controverse sur la question de la singularité de l'extermination des Juifs par le régime nazi*.
— Tibor Papp et Pierre Pica (éd.), *Transparence et opacité. Littérature et sciences cognitives*. (Hommages à Mitsou Ronat.)
— Peter Szondi, *Introduction à l'herméneutique littéraire*.
— Edmund Leites, *La Passion du bonheur*.
— Friedrich Daniel Ernst Schleiermacher, *Herméneutique*.
— Manfred Frank, *Qu'est-ce que le néo-structuralisme ?*

- Wilhelm Dilthey, *Œuvres*, t. III. *L'Édification du monde historique dans les sciences de l'esprit*.
- Walter Benjamin, *Paris, capitale du XIXe siècle. Le livre des Passages*.
- Ernst Cassirer, *L'Idée de l'histoire*.
- Jean Seidengart (éd.), *Ernst Cassirer. De Marbourg à New-York, l'itinéraire philosophique* (actes du colloque de Nanterre, 12-14 oct. 1988).
- Ernst Cassirer, *Logique des sciences de la culture*.
- Yannis Thanassekos et Heinz Wismann (éd.), *Révision de l'histoire. Totalitarisme, crimes et génocides nazis*.
- Hans Jonas, *Le Principe Responsabilité*.
- Éric Fauquet, *Michelet ou la Gloire du professeur d'histoire*.
- Jürgen Habermas, *Écrits politiques*.
- Éric Alliez, *Les Temps capitaux*, t. I. *Récits de la conquête du Temps*.
- Pier Cesare Bori, *L'Interprétation infinie. Écriture, lecture, écriture*.
- Jacques Poulain (éd.), *Critique de la raison phénoménologique*.
- Jean Greisch et Richard Kearney (éd.), *Paul Ricœur. Les métamorphoses de la raison herméneutique* (actes du colloque de Cerisy-la-Salle, 1er-11 août 1988).
- Jacques Jaffelin, *Le Promeneur d'Einstein. Vers une théorie de l'information générale*.
- Jean-Marc Ferry, *Les Puissances de l'expérience*, t. I, *Le Sujet et le Verbe* ; t. II, *Les Ordres de la reconnaissance*.
- Ludwig Feuerbach, *Pensées sur la mort et l'immortalité*.
- Shmuel Trigano, *Philosophie de la Loi. L'origine de la politique dans la Tora*.
- Maurice de Gandillac, *Genèses de la modernité*.
- Heinrich Grätz, *La Construction de l'histoire juive* suivi de *Gnosticisme et judaïsme*.
- Wilhelm Dilthey, *Œuvres*, t. I, *Critique de la raison historique. Introduction aux sciences de l'esprit et autres textes*.
- Otfried Höffe, *Principes du droit*.
- Jürgen Habermas, *De l'éthique de la discussion. Que signifie Diskursethik ?*
- Peter Koslowski (éd.), *Imaginer l'Europe. Le marché européen comme tâche culturelle et économique*.
- Gérard Nahon, *Métropoles et périphéries sefarades d'Occident, Kairouan, Amsterdam, Bayonne, Bordeaux, Jérusalem*.
- Éric Alliez, *La Signature du monde ou Qu'est-ce que la philosophie de Deleuze et Guattari ?*
- Jacek Trznadel, *La Honte. Des intellectuels polonais face au communisme*.
- Robert A. Pois, *La Religion de la nature et le national-socialisme*.
- Alfred North Whitehead, *Aventures d'idées*.
- Ernst Tugendhat, *Être juif en Allemagne*.
- Françoise Proust, *L'Histoire à contretemps. Le temps historique chez Walter Benjamin*.
- Guitta Pessis-Pasternak, *Dérives savantes ou les Paradoxes de la vérité*.
- Christine, reine de Suède, *Apologies*. Texte présenté, établi et annoté par Jean-François de Raymond.
- Hermann Cohen, *L'Éthique du judaïsme*. Texte présenté, traduit et annoté par Maurice-Ruben Hayoun.
- Jonas Cohn, *Histoire de l'infini*. Texte présenté et traduit par Jean Seidengart.
- Alexis Philonenko, *Bergson ou de la philosophie comme science rigoureuse*.

- Georg Rusche et Otto Kirchheimer, *Peine et structure sociale. Histoire et « Théorie critique » du régime pénal*. Texte présenté et établi par René Lévy et Hartwig Zander. Traduit de l'allemand par Françoise Laroche.
- Jürgen Habermas, *Textes et contextes. Essais de reconnaissance théorique*. Traduit de l'allemand par Mark Hunyadi et Reiner Rochlitz.
- Wilhelm Dilthey, *Écrits d'esthétique* suivi de *La Naissance de l'herméneutique*. Édition et annotation par Sylvie Masure, présentation par Danièle Cohn, traduction par Danièle Cohn et Évelyne Lafon.
- Charles Sanders Peirce, *Le Raisonnement et la logique des choses. Les conférences de Cambridge (1898)*. Édition anglo-américaine et introduction par Kenneth Laine Ketner, traduction par Christiane Chauviré, Pierre Thibaud et Claudine Tiercelin.
- Christian Berner, *La Philosophie de Schleiermacher. « Herméneutique », « Dialectique », « Éthique »*.
- Ernst Cassirer, *Écrits sur l'art*. Édition et postface par Fabien Capeillères, présentation par John M. Krois, textes traduits par Christian Berner, Fabien Capeillères, Jean Carro et Joël Gaubert.
- Ernst Cassirer, *Le Problème de la connaissance dans la philosophie et la science des temps modernes*, IV. Textes traduits de l'allemand par Jean Carro, Joël Gaubert, Pierre Osmo, Isabelle Thomas-Fogiel.
- François Lurçat, *L'Autorité de la science. Neurosciences, espace et temps, chaos, cosmologie*.
- Pierre-Henri Tavoillot, *Le Crépuscule des Lumières. Les documents de la « querelle du panthéisme » (1780-1789)*.
- Pierre-André Stucki, *La Clarté des intentions. Savoir, devoir, croire*.
- Ernst Cassirer, *Éloge de la métaphysique. Axel Hägerström. Une étude sur la philosophie suédoise contemporaine*.
- Ernst Troeltsch, *Histoire des religions et destin de la théologie, Œuvres III*.
- Pierre-Yves Bourdil, *Faire la philosophie*.
- Karl-Otto Apel, *Discussion et responsabilité. I. L'Éthique après Kant*.
- K. E. Logstrup, *Norme et spontanéité. Éthique et politique entre technocratie et « dilettantocratie »*.
- Enzo Traverso, *L'Histoire déchirée. Essai sur Auschwitz et les intellectuels*.
- Ernst Cassirer, *Trois essais sur le symbolique*. Traduit de l'allemand par Jean Carro, avec la collaboration de Joël Gaubert.
- Peter Kemp, *L'Irremplaçable. Une éthique de la technologie*. Traduit de l'allemand par Pierre Rusch.
- Antoine Vergote, *La Psychanalyse à l'épreuve de la sublimation*.
- Georges Hobeika, *Lessing. De la révélation à l'âge adulte de la raison*. Préface de Jacques Colette.
- Françoise Proust, *De la résistance*.
- F. D. E. Schleiermacher, *Dialectique*. Présentation, traduction de l'allemand et notes par Christian Berner et Denis Thouard, avec la collaboration scientifique de Jean-Marc Tétaz.
- Heinz D. Kittsteiner, *La Naissance de la conscience morale*. Traduit de l'allemand par Jean-Luc Evard et Joseph Morsel.
- Pierre-Yves Bourdil, *L'Écriture et la Pensée. Spinoza et le problème de la métaphysique*.
- John Laurence Hylton Thomas, *En quête du sérieux. Carnets philosophiques*.
- Nestor Capdevila, *Las Casas : une politique de l'humanité. L'homme et l'empire de la foi*.

- Dick Howard, *Pour une critique du jugement politique. Comment repolitiser le jeu démocratique.*
- Peter Koslowski, *Principes d'économie éthique.* Traduit de l'allemand par Anne Saada.
- Charles Taylor, *Hegel et la société moderne.* Traduit de l'anglais par Pierre R. Desrosiers.
- Ernst Cassirer, Hermann Cohen, Paul Natorp, *L'École de Marbourg.* Préface par Massimo Ferrari. Textes traduits de l'allemand par Christian Berner, Fabien Capeillères, Marc de Launay, Carole Prompsy, Isabelle Thomas-Fogiel.
- Jacques Poulain, Françoise Gaillard et Richard Schusternan (éd.), *La Modernité en questions. De Richard Rorty à Jürgen Habermas.*
- Karl Otto Apel, *Discussion et responsabilité. II. Contribution à une éthique de la responsabilité.*
- Denis Müller, *L'Éthique protestante dans la crise de la modernité. Généalogie, critique et reconstruction.*
- Jacques Poulain, *Les Possédés du vrai ou l'Enchaînement pragmatique de l'esprit. Exorcismes philosophiques.*
- José Maria Aguirre Oraa, *Raison critique ou raison herméneutique ? Une analyse de la controverse entre Habermas et Gadamer.* Préface par Jean Ladrière.

Achevé d'imprimer en décembre 1998
dans les ateliers de Normandie Roto Impression s.a.
61250 Lonrai

N° d'édition : 10942
N° d'impression : 982841
Dépôt légal : décembre 1998

Imprimé en France